中世纪思想史

下卷

文聘元 著

商务印书馆
The Commercial Press

目 录

下 卷

第十八章 圣人哲学家 ·· 571
    第一节 大阿尔伯特及其思想 ································· 571
    第二节 "圣师"托马斯·阿奎那 ······························ 580
    第三节 基督教哲学的最高权威 ······························ 591

第十九章 托马斯·阿奎那的思想 ·································· 594
    第一节 哲学乃神学之婢女 ···································· 594
    第二节 理性与信仰 ··· 606
    第三节 对世界的基本认识 ···································· 615
    第四节 对人的基本认识 ······································· 625
    第五节 上帝何以存在 ·· 630
    第六节 论上帝本身 ··· 645
    第七节 上帝如何创造万物 ···································· 656
    第八节 人的灵魂与肉体 ······································· 667
    第九节 论知识 ··· 679

第十节　论道德与幸福 …………………………… 691

　　　第十一节　论政治、政体与法律 ………………………… 702

第二十章　托马斯·阿奎那和邓·司各脱之间的三哲人 ……… 723

　　　第一节　"悲惨博士"罗吉尔·培根 ……………………… 723

　　　第二节　罗马的吉尔兹 ……………………………………… 735

　　　第三节　关于教皇的权威 …………………………………… 740

　　　第四节　"庄严博士"根特的亨利 ………………………… 744

第二十一章　"精微博士"邓·司各脱 …………………………… 755

　　　第一节　短暂、多谜而光辉的一生 ………………………… 755

　　　第二节　论知识与存在 ……………………………………… 762

　　　第三节　以"存在"为核心的形而上学知识 …………… 777

　　　第四节　同一性 ……………………………………………… 789

　　　第五节　如何认识个体之物 ………………………………… 797

　　　第六节　对上帝及其存在的认识与证明 …………………… 800

　　　第七节　论灵魂与自由意志 ………………………………… 811

　　　第八节　论善与恶 …………………………………………… 818

第二十二章　没落的世纪与没落世纪的第一个哲学家 ………… 826

　　　第一节　为什么没落？ ……………………………………… 826

　　　第二节　神秘的异端思想家埃克哈特 ……………………… 832

　　　第三节　对上帝的理解 ……………………………………… 838

　　　第四节　泛神论 ……………………………………………… 850

第五节 《上帝慰藉之书》……857

第二十三章 奥康——中世纪哲学的"掘墓者"……863
　第一节 争议人生……864
　第二节 对传统神学的"破坏"……867
　第三节 最伟大的成就……872
　第四节 唯名论思想……888
　第五节 经验主义思想……893
　第六节 奥康的剃刀……902
　第七节 对因果关系的认识……906
　第八节 对神的独特理解……909
　第九节 关于灵魂……917
　第十节 反对因果报应的伦理学……920
　第十一节 以天赋人权为核心的政治哲学……927

第二十四章 奥特库尔的尼古拉……939
　第一节 感觉之意义……939
　第二节 关于逻辑……944
　第三节 关于上帝存在的确定性……948
　第四节 中世纪的休谟……953

第二十五章 帕多瓦的马西利奥……958
　第一节 "异教首领"……959
　第二节 反对教廷干政……961

第三节 国家万能 ………………………………… 968

第四节 法之三类 ………………………………… 971

第五节 三权分立 ………………………………… 975

第二十六章 库萨的尼古拉 ………………………… 978

第一节 有没有独立的文艺复兴时期的哲学 ………… 978

第二节 红衣主教库萨的尼古拉 ………………… 985

第三节 基督教之和谐 …………………………… 990

第四节 神圣的无知 ……………………………… 994

第五节 关于耶稣 ………………………………… 1003

第六节 上帝、宇宙与万物之大统一 …………… 1011

第二十七章 文艺复兴时期的三大科学思想家 ……… 1021

第一节 科学与哲学 ……………………………… 1021

第二节 修士哥白尼 ……………………………… 1027

第三节 《天体运行论》与日心说 ………………… 1034

第四节 天空的立法者 …………………………… 1040

第五节 伽利略的人生与成就（上）……………… 1044

第六节 伽利略的人生与成就（下）……………… 1051

第二十八章 布鲁诺及其思想 ……………………… 1067

第一节 布鲁诺的苦难人生 ……………………… 1068

第二节 无限的宇宙 ……………………………… 1075

第三节 单子论 …………………………………… 1083

第四节　既对立又统一的宇宙 ……………………… 1090

第二十九章　三位政治哲学家 ……………………………… 1097
　　第一节　马基雅维里与《君王论》……………………… 1098
　　第二节　托马斯·莫尔与乌托邦 ………………………… 1116
　　第三节　康帕内拉及其《太阳城》……………………… 1131

第三十章　中世纪最后一位杰出的思想家苏亚雷 ………… 1136
　　第一节　奇怪的苏亚雷 ………………………………… 1136
　　第二节　《形而上学论辩集》…………………………… 1142
　　第三节　论存在 ………………………………………… 1145
　　第四节　存在之分类 …………………………………… 1153
　　第五节　神之存在 ……………………………………… 1161
　　第六节　法之哲学 ……………………………………… 1165

尾声 …………………………………………………………… 1184
后记 …………………………………………………………… 1190

第十八章　圣人哲学家

这应该算是本书内容最特殊的一章，但却是不得已而为之，因为我们要在这里讲两个比较特殊的人物，这就是大阿尔伯特和托马斯·阿奎那。至于为什么要将他们放在一章，看后面就明白了。

第一节　大阿尔伯特及其思想

大阿尔伯特是中世纪哲学中比较重要而特殊的人物。这种重要性与特殊性主要表现在两个方面：

第一个方面是在哲学或神学上，他是一个过渡性的人物，这与波纳文德也是相似的，不过大阿尔伯特与波纳文德有很大的差异，一则他没有波纳文德那样伟大的哲学成就，二则他比波纳文德的过渡性更强。

这主要表现在对于亚里士多德的接受程度上。我们知道，波纳文德主要是一个奥古斯丁主义者，奥古斯丁思想是他的核心与支柱，但他在这个基础之上接受了一部分亚里士多德，大阿尔伯特却已经开始离开奥古斯丁主义而走向了亚里士多德，他接受了比波纳文德多得多的亚里士多德思想，并且将这种思想引入到神学之中，虽然他自己还不能称在这方面达到了大成，却为他的弟子托马斯·阿奎那的辉煌奠定了坚实的基础。

第二个方面是大阿尔伯特最主要的成就也许不是他自己的思想成就,而是他乃托马斯·阿奎那的老师,也许可以说,没有他就没有托马斯·阿奎那;因为他不但在名义上是托马斯·阿奎那的老师,在思想上也是,正是他将托马斯·阿奎那带入了亚里士多德哲学辽阔的沃野,正是在这片沃野之上,托马斯·阿奎那开垦出了中世纪哲学最丰收的土地。

因为大阿尔伯特晚年名声大振,我们对于他的晚年生活是相当了解的,但对于他的早年生活却所知甚少,包括他出生时间,有1193、1200、1206、1207等各种说法,他的卒年则是确定的,1280年。他活了七十岁以上,在中世纪算是高寿了。

他是德意志人,出生在德意志的士瓦本,父亲大概是霍亨斯陶芬王朝下的一位小官,他很早就有志于学,在家乡接受了基础教育之后,就到了意大利的帕多瓦,1223年时加入了多明我会。大约就在这个时候他回到了德国,开始在科隆等地讲授神学,到了1240年,他又到了巴黎,进了巴黎大学,1245年成了巴黎大学的主讲教师,并且获得了巴黎大学的博士学位,开始声名鹊起、闻名遐迩。

正是在这个时候,托马斯·阿奎那慕名来到了巴黎,成了他的学生。当时的托马斯·阿奎那不喜欢说话,被同学们称为"哑牛"。据说有一次在课堂上,大阿尔伯特对学生们说,你们说这位托马斯·阿奎那同学是哑牛,但有一天他的声音将让全世界侧耳倾听。

他们之间一直有着温馨而浓厚的师生情谊,这对于一向冷冰冰、不动感情的神学研究者而言是相当罕见的。有两件事可以见证他们的友谊,一件是1248年,当他受命回到科隆去建立多明我会的研究书院时,带着托马斯·阿奎那一起去了。第二件是他比他的学生还要活得久,心爱弟子的英年早逝对他的打击之大可想而知,即便到了垂暮之年,他在教堂里做弥撒时,也会经常记起他的学生,因思念而掉下泪来。

托马斯·阿奎那大概是在1252年离开老师独自去闯荡江湖的,此后大阿尔伯特则继续大放其光,声誉日隆,这既表现在神学上,也表现在他在教会中的地位上。

神学上,他已经被认为是当时最伟大的神学家了,简直是奥古斯丁再世,因此和他同时代的罗吉尔·培根带着些许醋意说:

"在学校里,人们就像引用亚里士多德、阿维森那和阿维罗依一样引证他,而且他还在世时,就算作一位权威了,跟别人不一样。"[1]

我们知道中世纪的哲学家们是特别喜欢引用的,一切学术都讲究要有出典,很怕创新,但他们的引用却有一个重要传统,就是一般不引用仍然活着的人,除非这个人已经是世所公认的伟大权威,这样的人不用说少之又少,但大阿尔伯特就是这样的凤毛麟角。

至于教会中的地位,大阿尔伯特在1254年被任命为整个德意志教区的首席主教,大概相当于英国的坎特伯雷大主教,1260年,他又被任命为里根斯堡的主教。但由于这些职位占用了他太多的时间,1262年他辞了主教之职,将大部分精力用于研究与著述。此后除了1277年为了替自己伟大的学生辩护去过巴黎之外,其余时间

---

[1] 大卫·璐尔斯:《中世纪思想的演化》,杨选译,商务印书馆,2012年5月第一版,第331页。

大都生活在科隆，1280年在这里辞世。

关于大阿尔伯特的总体形象，瑙尔斯是这样说的：

"他给我们留下了很清楚的印象：他是个魁伟、坦率、大胆而又充满热情的人，而他著作则显示出他完完全全地具有条顿人那种对吸收知识的勤奋与热情。"[1]

这种描述是很贴切的，不但描述清楚了他的外表，还讲清楚了他思想的特色，这特色主要就表现在他勤奋而热情地吸收知识。他因此拥有了在同时代人中也许无与伦比的渊博学识，这也是他"大"的来源。在这里的"大"字之意，在他还活着的年代，主要是形容他那几乎无所不知的渊博知识。

也许大阿尔伯特的渊博知识最鲜明的表现是他和当时那些只关注神学、对于自然界与自然科学毫不关心的神学家们不一样，他对于自然界与自然科学都有着浓厚的兴趣，他经常观察天上的太阳月亮星星还有周围的地理环境与动植物，并且得出了许多很有见地的看法。例如他认为地球两极的天气因为十分寒冷而不适合于人类居住，那里的动物应该也是很少的，倘若有的话，身体应该有很好的保暖结构，例如有厚厚的毛皮，还应该是白色的。很厉害吧！事实上正是如此，在北极生活的动物，当然主要指大型的哺乳动物，正是这样的情形，例如北极熊和北极狐，都有着洁白的厚厚的毛皮。我们要知道在大阿尔伯特的年代，人们对于北极几乎是一无所知的。大概正因为他有着渊博的知识，因此获得了"全能

---

[1] 大卫·瑙尔斯：《中世纪思想的演化》，杨选译，商务印书馆，2012年5月第一版，第330页。

博士"的称号。

还有，他虽然对亚里士多德的科学是很熟悉并且尊崇的，但却并不盲目崇拜，例如亚里士多德在其著作中说月晕或彩虹五十年才出现两次，[1]但他经过自己的观察，发现一年中就可以出现两次，就这样否定了亚里士多德的错误见解，这比伽利略的比萨斜塔实验可早多了！如此等等，大阿尔伯特作过了大量的观察，还写出了相应的著作，例如《论植物》与《论动物》，等等。

乍看上去，也许会以为这只是大阿尔伯特的个人爱好，和神学无甚关系，但事实上这是大有关系的，因为这正代表了后来经院哲学的一个新方向，即开始关注自然，通过对自然本身的分析去论证神学主题例如证明上帝的存在，而亚里士多德哲学里关于自然科学的极其丰富的内容也成为了这样的论证的理论基础。这也是亚里士多德和柏拉图以及新柏拉图主义最大的不同与优越之处，也是新的以亚里士多德为基础而不是以柏拉图和奥古斯丁为基础的新神学与新经院哲学的高明之处。因此瑠尔斯在谈到大阿尔伯特的这个特色时说：

"首要的是他接受了自然哲学，他是在这个词传统的和最宽泛的意义上接受的，作为基督教宇宙观无可逃避的、必然的基础。"[2]

正因为对哲学的重视，并且将之当成是神学的一种重要基础，但又不能以哲学代替神学，因此大阿尔伯特将哲学与神学也作了明

---

[1] 参见柯普斯登:《西洋哲学史》(第二卷)，庄雅棠译，台湾黎明文化事业有限公司，1988年3月第一版，第419页。

[2] 大卫·瑠尔斯:《中世纪思想的演化》，杨选译，商务印书馆，2012年5月第一版，第333页。

确的区分，并且他可能是第一个这么做的，对此赵老师说：

"为了维护哲学的科学性，大阿尔伯特第一次明确地区分了哲学与神学，他在《神学大全》的开端指出：'启示有两种方式，一种通过我们同样自然的光，这是向哲学家启示的方式。正如奥古斯丁在《论教师》中所说，这种光只能来自上帝的初始光，《论原因》也完全证明了这一点。另一种光朝向高于世界的实在的知觉，它高于我们，神学在这种光中被揭示。第一种光照耀着在自身便可知的事物，第二种光照耀着信条里的事物。'"[①]

在这里大阿尔伯特借用了奥古斯丁的光启说，不过将光分为自然之光与超自然之光，前者产生了哲学，而后者则揭示了神学。通过光既指明了哲学与神学之间的关联——它们都来自于光，又指明了哲学与神学之间的本质差异：一者是自然的，另一者是超自然的。这是很深刻的思想，对后世的神学家们包括托马斯·阿奎那都有着重要影响。

至于大阿尔伯特的哲学著作，那更是丰富之极了，简直和奥古斯丁有得一比，例如十九世纪末出版的他的著作集就多达38卷！其中比较重要的有《被造物大全》、《神学大全》，等等，另外还有大量的亚里士多德注释著作，对亚里士多德的《论灵魂》、《论天》、《物理学》、《动物志》、《政治学》、《后分析篇》等都作了详细的注释，其中也包含了他自己的许多思想。

倘若我们仅仅就思想本身来说，大阿尔伯特的成就是相当有

[①] 参见赵敦华：《基督教哲学1500年》，人民出版社，2005年5月第一版，第348—349页。

第十八章 圣人哲学家

限的,甚至可以说极其有限,倘若不是因为他的特殊身份,是没有资格进入这本书里面的,甚至比不上前面的圣维克我学派的修夫等人,因此之故,我们只很简单地述说几句他的思想。

大阿尔伯特思想最大的特色是综合,也就是说,在他的思想里综合了柏拉图、新柏拉图主义、亚里士多德、奥古斯丁、伪名丹尼斯等人的思想,他将这些人的思想全部糅杂在一起,使他自己的思想成为了一个他人思想的大观园。例如他也论证了上帝的存在,他论证上帝存在时,就主要借用了亚里士多德的方法,例如从第一推动的角度去论证。我们谈亚里士多德时说过,亚里士多德认为实体是不动的,但它又是最初的推动者,即第一推动。因为一切事物的运动都不是偶然的、碰巧的,而是一种结果,也就是说是有原因的,有一个推动者使之运动。[1]这个第一推动当然就是上帝了,而第一推动的存在也是上帝存在的证明。

还有,之所以要有第一推动,是因为在亚里士多德看来,任何运动都是其来有自的,不会无缘无故地运动,但这个过程却不是可以无限推移的,不仅如此,任何过程都不能是无限推移的,必须有一个起点——这同时也是一个终点,这个起点乃是最初的推动者,其他一切的运动都是由之而发起、开始的。[2]在大阿尔伯特看来,这起点就是第一原理,而且,正因为它是第一原理,因此其存在必须是自于自己,即上帝必然是自有的、是自有本身,像我们在前面讲波纳文德时说过的一样:"天主的适当名字就是存有本身

---

[1] 参见亚里士多德:《亚里士多德全集》(第七卷),苗力田主编,中国人民大学出版社,1993年1月第一版,第276页。

[2] 同上,第283页。

(Being)。"①

在谈到世界的创造时,大阿尔伯特则借用了新柏拉图主义有名的"流溢说",说由第一原理也就是上帝流溢出了理智,然后又有第二、第三的理智,而每个理智也流溢出了它们自己,因此就创造了大地万物。②这些思想显然来自柏罗丁,他的第一原理的上帝就有类于柏罗丁的太一,柏罗丁认为太一生理智,然后理智生灵魂、灵魂生万物,这样的思想基本上就被大阿尔伯特搬过来了,当然他也略微改造了一下,只是他的改造似乎并没有使柏罗丁的理论生色,甚至有点儿失色了。

在论到万物的创造时,大阿尔伯特还强调了一点,就是一切都要强调上帝的绝对权威,强调上帝在整个创造活动之中有着绝对的主导地位和绝对的自由意志。这个思想又是来自于奥古斯丁的。③

大阿尔伯特又认为,所有我们能够用的词语,例如伟大、实体、存在、全能、全知、至善,等等,其实都不可能充分地表达上帝,例如当我们说上帝是实体时,真正的上帝实际上是超越于实体的、当我们说上帝存在时,上帝的真正含义是超越于存在的。简而言之,上帝超越于我们一切的言辞所能够表达的。这样一来,我们与其肯定地说上帝是如此这般,不如否定地说上帝不是如此这般,也就是说,"提到上帝时,实际上我们知道祂是什么总比不上我们

---

① 参见吉尔松:《中世纪哲学精神》,沈清松译,上海人民出版社,2008年11月第一版,第57页。

② 参见柯普斯登:《西洋哲学史》(第二卷),庄雅棠译,台湾黎明文化事业有限公司,1988年3月第一版,第422页。

③ 参见奥古斯丁:《忏悔录》,周士良译,商务印书馆,1963年8月第一版,第276—277页。

知道祂不是什么。"①

显然，在这里大阿尔伯特是用上了伪名丹尼斯的否定神学，就像《神秘神学》中所言："难道否定祂会'醉'或'怒'，不比否定祂有语言或思想更正确吗？"②

大阿尔伯特的思想是他人思想的大综合的最明显体现也许在他关于灵魂的论述里。

大阿尔伯特写过不止一本关于灵魂的著作，如《论灵魂》、《论灵魂的本性和起源》、《反阿维洛伊灵魂单一性理论札记》，等等。特别地，大阿尔伯特在著作中用了六十余个论证对阿维洛伊的灵魂理论进行了大批判。③吉尔松说，正是这样的大批判表明了阿维洛伊的思想与基督教的思想就本质而言是水火不容的。④

对于大阿尔伯特关于灵魂的思想，吉尔松是这样说的：

"圣大雅尔伯虽然不承认灵魂的形质组合论（hylemorphic composition of the soul），却也主张亚味森纳所给的才是真正的定义，没有谁能比大雅尔伯更明白这种学说拼凑的性质，也知道这种学说代表了想调和那原无法调和者的绝望的尝试。大雅尔伯写道：'在定义灵魂本身时，我们追随柏拉图，相反地，当我们定义灵魂

---

① 柯普斯登：《西洋哲学史》（第二卷），庄雅棠译，台湾黎明文化事业有限公司，1988年3月第一版，第421页。

② "神秘的神学"，（托名）狄奥尼修斯：《神秘神学》，包利民译，商务印书馆，2012年6月第一版，第100页。

③ 参见柯普斯登：《西洋哲学史》（第二卷），庄雅棠译，台湾黎明文化事业有限公司，1988年3月第一版，第424页。

④ 参见吉尔松：《中世纪哲学精神》，沈清松译，上海人民出版社，2008年11月第一版，第152页。

为肉体之形式时，我们追随亚里斯多德。'"①

在这段话里，吉尔松指出大阿尔伯特关于灵魂的思想有三个来源：阿维森那、柏拉图与亚里士多德。所以我们前面谈到大阿尔伯特思想的来源时除了柏拉图、新柏拉图主义、亚里士多德、奥古斯丁、伪名丹尼斯等之外，还可以加上"阿维森那"或者"阿拉伯哲学"。

文中吉尔松用了一个很合适的字眼"拼凑"，它既可以用来描述大阿尔伯特关于灵魂的思想，也可以用来描述他整个的思想。

总言之，大阿尔伯特的思想乃是一个"大杂烩"，这是大阿尔伯特思想最大的特色，也是最大的缺点，同时也是他对后世产生巨大影响一个主要的基础。

不过，就他的思想本身而言，由于缺乏原创性，因此也缺乏一种实质性的伟大，又由于他最大的贡献其实是培养了托马斯·阿奎那，因此我们在这里将他放在这里，作为讲托马斯·阿奎那一章的前缀。

第二节 "圣师"托马斯·阿奎那

现在我们来讲托马斯·阿奎那。

这一章可以说是整个中世纪哲学最重要的一章，正如托马斯·阿奎那可以说是最重要的中世纪哲学家一样。就如赵老师所言：

---

① 吉尔松：《中世纪哲学精神》，沈清松译，上海人民出版社，2008年11月第一版，第153页。

第十八章 圣人哲学家

"托马斯无疑是中世纪最重要的哲学家。托马斯主义不仅是经院哲学的最高成果，也是中世纪神学与哲学的最大、最全面的体系。"[①]

当然，对托马斯·阿奎那是否是中世纪最重要的哲学家或者说神学家，是有不同看法的，因为除托马斯·阿奎那外，还有一个人也许和他一样伟大，甚至有些人认为比托马斯·阿奎那还要伟大，那就是奥古斯丁了。有这样看法的人当中包括现在大名鼎鼎的神学家汉斯·昆，他在《基督教大思想家》开讲托马斯·阿奎那就说：

"如果没有奥斯丁的神学，也就不会有阿奎那的神学。天主教重要神学家福里斯（H. Fries）正确地指出过深入并超出中世纪的奥古斯丁神学的影响：'奥古斯丁的神学影响了他之后的整个西方基督教。他是基督教西方最伟大的神学家。'"[②]

也就是说，在汉斯·昆看来，基督教世界最伟大的神学家乃是奥古斯丁而非托马斯·阿奎那，这种观点诚然是有道理的，我们在前面讲奥古斯丁的思想时也讲到过了。不过，托马斯·阿奎那至少是第二位最伟大的，这却是没有疑义的了。

此外，对于经院哲学而言，托马斯·阿奎那还是一个重要的标志性人物，就是他乃是中世纪哲学或者说经院哲学的黄金时代——十三世纪——的代表人物，从这个角度上看，他也是整个中世纪哲学或者说经院哲学的代表人物，倘若将中世纪哲学比作一座山脉的话，他就是那座最高的巅峰，至少从这个角度而言，他是比奥古斯丁更为显要的，就像《中世纪思想的演化》的第二版导言中所言：

[①] 赵敦华：《基督教哲学1500年》，人民出版社，2005年5月第一版，第364页。
[②] 汉斯·昆：《基督教大思想家》，包利民译，社会科学文献出版社，2001年5月第一版，第90页。

"大卫·瑙尔斯先生是一位伟大的修道院史专家,他还是一位保守的天主教神学家,在他看来,十三世纪的经院哲学家,特别是圣托马斯·阿奎那,代表了中世纪成就的顶峰。"[①]

对于这样一位重要的哲学家,我们当然要大书特书,将他的思想好好地分析一番。

按惯例,我们还是先来讲他的人生。

托马斯·阿奎那的父亲杜尔夫·阿奎那伯爵在意大利享有盛名,一则因为他出身高贵,阿奎那家族是全意大利最有名望的世家之一,是伦巴底王族的分支,神圣罗马帝国的皇帝以及统治意大利大部分地区的两西西王国国王菲特烈·霍恩斯陶芬是他的亲戚。二则因为他不是光靠祖先的名望来吃饭,自己也是一位出色的军人。令他倍感自豪的是他有七个儿子,其中六个与他一样成了军人。他们个个身强体壮、武艺高强,当然谈不上有多少文化。

但他的第七个儿子却与兄长们都不一样,他竟然不愿做将军,而要做一个乞丐一样的苦行僧!

这第七个儿子就是托马斯·阿奎那了。

托马斯·阿奎那生于1225年,也有人说生于1224年,他大概是生于1224年年底1225年年初,所以后来连他的父母都记不准了。因为像他这样的人的生日是不大可能像那些死后几十上百年才被追认为伟大的人的生日一样被人们忘了的,托马斯·阿奎那在他生前就已经很著名了,只要他的家人记得准,自会有人忠实地记

[①] 大卫·瑙尔斯:《中世纪思想的演化》,杨选译,商务印书馆,2012年5月第一版,第7页。

录下来。

他出生在属于两西西里王国的特拉迪拉瓦罗阿奎诺的罗卡塞卡城堡，这个城堡位于罗马和那不勒斯之间。

托马斯·阿奎那5岁时，父亲便把他送进了学堂，这是一所叫蒙特·卡西诺的修道院，就在他家那座古老的城堡附近。不过，他到这里也可能是父母想让他长大后当修士，最好能够当上这个修道院的院长。这所蒙特·卡西诺修道院在当时既有名气又财产丰厚，原来是一座大神庙，用以祭祀小爱神丘比特。

托马斯·阿奎那在那里一待就差不多十年，到1239年时被赶出去为止。至于被赶的原因，说法不一。但肯定和这时候腓特烈二世与教皇之间的战争有关，其中一个说法是，皇帝亲率大军攻克了卡西诺修道院，并且下令彻底摧毁之。[①]这直接导致了托马斯·阿奎那离开了修道院。

离开修道院后，托马斯·阿奎那回了家，但不久之后就离开，前往皇帝刚建立不久的那不勒斯大学深造去了。

在那不勒斯大学他又学习了4年，学习的内容当然主要是神学，但也有自然科学、修辞学和哲学等方面的课程，尤其是亚里士多德哲学。亚氏哲学对托马斯·阿奎那一生都有重大影响。

这时候托马斯·阿奎那已经18岁了，后面发生的事又不止一个版本，简而言之就是他加入了多明我会，这使他和家里人爆发了大冲突。

争吵的原因就是他要加入多明我会这件事。这时候托马斯·阿

---

① 参见傅乐安：《托马斯·阿奎那传》，河北人民出版社，1997年1月第一版，第6页。

奎那有两条路是最好走的：一条是从军，以他的出身和强壮巨大的体格，天生是个打仗的料；或者他可以继续在某座修道院当修士，然后当院长，也是很尊荣富贵的人生。这两条路他的家人都不会反对，但他却要当多明我会的修士！这就意味着从此过一种托钵僧式的贫困生活，这当然是他的家人不想看到的。还有，我们前面讲过多明我会，加入多明我会就意味着此后必须绝对服从教皇，这是与他家追随皇帝的传统相对立的，因而更让他的家人接受不了。所以他们决心不惜采取一切措施来阻挡他的疯狂举动，据说他的母亲甚至直接给教皇写了一封信，请求教皇"把她的儿子从疯狂中拯救出来"。①

　　托马斯·阿奎那对这种阻挠的回答是从家里跑了出来，可能是先到了那不勒斯，和那里的多明我会负责人商量好了，送他去巴黎学习，也可能是他自己想去巴黎，总之他离开那不勒斯，一路往巴黎跑去。但半路上被两个哥哥带领的一群武士抓住了，他们不顾小弟的反抗，把弟弟送回家里，幽禁起来。

　　以阿奎那家族的身份，这可是一件大事，据说为了解决家庭矛盾，当时的教皇英诺森四世都亲自出面了，提出让托马斯·阿奎那继续当修士，并且任命他为修道院的院长。②这种妥协也没有结果，于是托马斯·阿奎那就这样被关在了自家的城堡里，不用说亲人们想尽了办法要他听话，但他坚决不从。后来他们甚至使出了最后的

---

　　① 参见亨利·托马斯：《大哲学家小传》，华岳文艺出版社，1988年3月第一版，第66页。
　　② 参见博乐安：《托马斯·阿奎那传》，河北人民出版社，1997年1月第一版，第12页。

绝招——美人计。

据说，在一个冬日寒冷的日子里，托马斯·阿奎那穿着单薄的衣衫坐在暖暖的火堆旁，这时门开了，一个苗条的身影闪进来，托马斯·阿奎那以为是母亲又来劝了，可生了十来个孩子的母亲似乎没这么苗条的身材，他定睛一看，原来是个美貌之极的姑娘。他看了一眼，定了定神，什么也没说，就从火堆里抓出一根一头正在燃烧的木材向那位美女刺去，仿佛她是一条毒蛇。

大家可以想象姑娘的反应——尖叫一声，撒腿就跑。

后来又有一个美女来到了他面前，不过不是来引诱他，而是来帮助他的，就是他亲爱的妹妹。她给了他一根绳子和一个篓筐，把他从关他的塔楼里放了下来。

获得了自由的托马斯·阿奎那像一阵风一般逃出了家乡，继续朝巴黎方向跑去。

他跨过了滔滔波河，走过了一望无际的伦巴底平原，翻越了白雪皑皑的阿尔卑斯山，奔波了千里漫漫长路后，终于到达了他梦想的地方——巴黎。这是1245年的事。

这一次他在巴黎大学待了三年，这三年中他可能是大阿尔伯特的学生，但也有说法不是，直到1248年才当了大阿尔伯特的学生。[1]但这时候他已经不在巴黎，而是到了德国的科隆。

1250年，托马斯·阿奎那成了神父，两年后，经老师力荐，他离开科隆，前往巴黎大学执教。

---

[1] 参见大卫·瑙尔斯：《中世纪思想的演化》，杨选译，商务印书馆，2012年5月第一版，第339页。

不过，据《不列颠百科全书》说，托马斯·阿奎那刚回来时并不是当老师的，似乎还是攻读硕士学位的学生，直到1256年才拿到了"授课证"和硕士学位，开始在巴黎大学讲课。①

当然更有可能是像柯普斯登所说的，回到巴黎大学后，托马斯·阿奎那先是以学士的身份讲《圣经》和隆巴特的《言语录》。特别是后者，他对之进行了逐字逐句的讲述，后来成为洋洋四大卷的专著。据说这部书的手稿现在还保存在梵蒂冈的图书馆。编号为拉丁经典第9851号。②

1256年，托马斯·阿奎那终于戴上了博士帽，并且成为神学教授，与他一同成为教授的是代表方济各会的波纳文德。这时候他才30岁刚出头，在那个时代简直太年轻了。据说他之所以能够如此快速地升迁，教皇在其中起了很大的作用。

是的，虽然还很年轻，这时候的托马斯·阿奎那即使在罗马教廷也有着相当显赫的地位了。因此，当教授才三年后，他就应教皇的要求离开了巴黎，前往罗马，担任教皇的神学顾问。

对了，这时候的教廷所在地并非罗马一城，或者说教皇并不是只住在罗马一城内，事实上，这时候罗马及其周围相当广阔的地带都属于教皇，被称为"教皇国"。托马斯·阿奎那虽然是在罗马教廷，但并不一直住在罗马城，而是和教皇待在一起，教皇则根据需要在其所属的各城之间居住问政。

---

① 参见《不列颠百科全书》，中国大百科全书出版社，1999年第一版，第17卷，第28页。

② 参见傅乐安：《托马斯·阿奎那传》，河北人民出版社，1997年1月第一版，第23页。

召托马斯·阿奎那前去的是亚历山大四世教皇，两年后他去世了，继任的乌尔班四世教皇同样重视托马斯·阿奎那，然后是克雷芒四世教皇，他们都器重托马斯·阿奎那。特别是乌尔班四世，他对哲学与神学都很感兴趣。1262年左右，正是在这位教皇那里，他重逢了老师大阿尔伯特，此外还遇到了一个对他的哲学产生重要影响的人物，就是精通希腊文的曼培克的威廉。

我们知道，托马斯·阿奎那的主要思想工具是亚里士多德哲学，这当然首先就要掌握亚里士多德哲学，然后才能把它作为工具去用，正所谓"工欲善其事，必先利其器"。但当时有许多亚里士多德著作或者没有译成拉丁文，或者虽译出来了，但译文并不准确。曼培克的威廉帮他弥补了这个缺憾。他们先弄来了亚里士多德著作的希腊文原本，再由威廉仔细地译成拉丁文，译过来了的则再次仔细地校对，勘正误译。通过这一过程，托马斯·阿奎那全面深刻地掌握了亚里士多德，为他以后的哲学创作打下了坚实的基础。

托马斯·阿奎那这次在罗马教廷一直待了近十年，直到1268年才返回巴黎。

他这次回巴黎不是偶然的，而是有目的的，是要参加一场论战。

这次论战的主要对象是那些自称"真正亚里士多德"的巴黎大学的一些同仁，最著名的就是布拉班的西格，阿奎那和他们展开了激烈的辩论。辩论的结果不用说，对手们哪读过他那么多的亚里士多德呢？也没有他那样的口才，托马斯·阿奎那取得了胜利。

这次他在巴黎又待了四年，直到1672年。我们可以乘此机会提提托马斯·阿奎那授课的风格。

那时大学里的讲课方式主要有两种，即宣讲和辩论。宣讲就是老师拿出《圣经》等课本来，自己读一段，然后就给学生们讲一段；辩论则分三种形式，第一种最常用，是老师自己提问题，然后向学生们解释。这其实就是宣讲，第二种是学生甚至外来听课者向老师提问题，然后由老师回答，这当然要难得多，因为鬼知道学生们要提什么古怪问题。但最令老师们发怵的还是第三种——老师与老师之间的互相问答。这实际上是老师们之间的辩论大赛，这种辩论大赛每次进行时都有专门的人进行笔录，那紧张刺激的程度可想而知！

一般老师面对这样的辩论无不头痛三分，因为弄不好一场辩论就足以断送一世英名。然而托马斯·阿奎那却是迎难而上。他不但大搞辩论，还增加了辩论的次数，甚至设立了另一种辩论会，在这里，任何人，无论教师还是学生都可以向他提问，并且对提问没有任何限制，随问随答。

这种讲课或者辩论的方式无疑是最有难度的，对辩论者的知识、智慧与辩论的技巧等都有着绝高的要求，但哲学史上托马斯·阿奎那可不是绝无仅有的。例如古希腊的智者高尔吉亚就是一个了不起的演说家，曾经在演说中要求听众可以随意提问，不设任何限制。不过他也遭到了一些讽刺，阿里斯托芬就说高尔吉亚专门"靠舌头过活"，"春种秋收植葡萄，连采果子都用舌头。"[①]还有一个是中国的玄奘，他在东归之前就在印度曲女城参加了可以随意提

---

① 参见阿里斯托芬：《阿里斯托芬喜剧集》，罗念生等译，人民文学出版社1954年11月第一版，第33页。

问的"无遮大会",由戒日王亲自主持,是一场佛学的超级辩论大会。全印18位国王、3000个大小乘佛教学者和外道2000人也前来参加,这些都是专家,而一般听众据说达数十万之多。玄奘在无遮大会上讲论佛学,并且任人问难,前后多日,竟然没有一人能够难倒他。一时名震全印度,被大乘佛教尊为"大乘天"、被小乘佛教尊为"解脱天",无与伦比。

托马斯·阿奎那这样的讲课方式自然大大提高了他的知名度,他早在上次去教廷之前就这样教学了,也许可以说,正是他这种教学的方式使他获得了大名声,一直传到了教皇那里。托马斯·阿奎那不但这样教学,还将讲课与写作结合起来,完成了他几部最伟大的哲学与神学作品,如《神学大全》、《反异教大全》等。

到了1272年,托马斯·阿奎那再一次离开了巴黎,回到了意大利,这次去了那不勒斯,这里刚刚建立了一所多明我会研究院,托马斯·阿奎那这位多明我会最著名的大师当然是最好的教授和导师人选。那不勒斯距他的家乡很近,他乘机回到了还生活着许多亲人的家,处理了一些家事,然后就到了那不勒斯大学,开始在这里讲学。

这时候托马斯·阿奎那还不到五十岁,正当壮年,虽然已经著作等身,但一般而论还应当有更多的著作问世,但他却永远地停止写作了。关于此事汉斯·昆是这样说的:

"直到今天,这还是阿奎那传记研究中的一个谜:为什么他在《神学大全》的第三部分中间(讨论赎罪圣事)突然中断了他的写作工作?已经能完全证实的是:一二七三年十二月六日,据同时代人记载,一分钟也不浪费地研究、教学、写作和祈祷的阿奎那,在早晨弥撒后对他最忠诚的伙伴皮波诺的莱基那德（Reginald of Pipemo）宣布说他再也不能写下去了。为什么？'我一点也不能再做了，因为我已经写的一切在我看来像稻草！'全是稻草？到底发生了什么事？至今人们还对这句自我评价以及弥撒当中发生了什么事感到困惑不解：是不是这位以肥胖著称的人中风了？是不是这位年纪不到五十岁已写了四十多卷大书的人健康垮了？要么是他有了迷狂体验？或是二者都有？天国荣耀的幻觉体验还是看穿了自己的双层神学系统的短暂不稳性？全是稻草？"①

这个记载简而言之就是说，一天早上，一向勤奋异常的托马斯·阿奎那突然说自己过去写的东西都是废物，从此再也不写了，他事实上也确实没写过一行字了。

不过，对于这件事还有另一个说法，或者另一个翻译：

"其秘书曾记述，1273年12月6日早晨做弥撒时，托马斯入神忘形，笔直地站着，好像在同谁对话似的。而从这种出神现象出现起，他的写作工作也就全部停止了。秘书请他同以往一样继续撰写时，他回答：'我不能写了'。不久，秘书提醒他《神学大全》尚未完成，他却断然声明：'我再也不能写了。同我在圣书中所看到的相比，我写的东西变得一文不值了。'"②

这两段文章的内容大体相似，但有一个地方有差异，就是前面一段中托马斯·阿奎那说自己写的东西全是稻草，后一段文中托马

---

① 汉斯·昆：《基督教大思想家》，包利民译，社会科学文献出版社，2001年5月第一版，第118页。

② 傅乐安：《托马斯·阿奎那传》，河北人民出版社，1997年1月第一版，第109—110页。

斯·阿奎那只是说自己写的东西不能与圣书中看到的相比。二者中有同有异，同者都是看不起自己写的东西，异者原因，前者没有说原因，后者则是说不能与圣书相比。表面上差别不大，实际上差别很大。

还有一种可能也许是，托马斯·阿奎那预感到了他的生命行将结束，因而觉得一切了无意义？因为此后仅仅四个月，他就匆匆而逝了。

他去世的具体经过是这样的：1274年1月，格里哥利十世亲自传唤托马斯·阿奎那，要他出席第二次里昂大公会议，目的是试图结束东西两个基督教会的分裂。教皇亲自来召，托马斯·阿奎那不敢不从。但走了不远就体力不支了。这时候他正在他的侄女、女伯爵法兰西斯伽的城堡附近，他进去休息。他的身体状况急剧恶化，自感生命之火行将熄灭，基于他的修士的身份，要求将他移往附近的西斯特西安（Cistercian）修道院，不久就在那瑞安然而逝。

这是1274年3月7日的事，托马斯·阿奎那时年约49岁。

第三节　基督教哲学的最高权威

托马斯·阿奎那的一生是短暂的，但也是永恒的，他的名字与他的思想将永存人间。

当然，还有许多哲学家的名字也将永恒，然而托马斯·阿奎那的永恒却更有保障一些，因为那些哲者的永恒只是出于人们对他们曾经做出的伟大业绩的一种自发的尊敬，托马斯·阿奎那却不是这样。

虽然他的思想也曾经遭到抨击，例如巴黎的主教1277年时对219条命题表示谴责，其中托马斯·阿奎那的占了12条，但总的来说，他的思想很快就登上了基督教正宗的宝座，主要证据如下：

1323年，托马斯·阿奎那被教廷正式谥为圣徒，后来他还获得了"圣师"、"天使博士"等响亮无比的称号。

从1545直到1879年，教皇们屡次发布通谕，申明托马斯·阿奎那的思想乃是基督教哲学唯一的正统与权威，直到700年后的今天他仍牢牢地占据着这个地位，例如1980年，前任教皇约翰·保罗二世在第8届国际托马斯主义大会上作了一场重要宣讲，其中再次申明了托马斯·阿奎那的思想乃是基督教哲学的最高正统。在可以预见的未来他将一直占据这样的地位。

从上面托马斯·阿奎那的生平事迹可以看到，他的生平其实是很简单的，除了早年和家庭作过些不平凡的斗争之外，其余的人生不过是在巴黎、科隆、罗马、那不勒斯几座城市间转了几圈，其中最主要的是巴黎和罗马这两个当时天主教最重要的城市：巴黎是哲学与神学之城，罗马则是教廷所在地。总而言之人生看似比较简单而平静。

但这简单只是外表，实际上，托马斯·阿奎那的人生一点也不简单、更不平静，但这主要不表现于日常生活，而是表现于内心的思想与激情。

为什么呢？这是因为托马斯·阿奎那的一生充满了各种各样的思想斗争，前面我们看到了，他在巴黎大学就同当时一度流行的以布拉班的西格为代表的阿维洛伊主义展开了斗争，此外，他虽然和波纳文德是好朋友，两人互相尊重，但基于波纳文德的思想是沿袭柏拉图与奥古斯丁路线的，与托马斯·阿奎那所宗的亚里士多德是不一样的，因此他同波纳文德一派也有辩论。还有，他上课的主要方式其实就是辩论，甚至可以说，托马斯·阿奎那的教师与学术生涯就是在一场场辩论之中度过的，而他的著作实质上也是对这一场场辩论内容的记述。

之所以如此，那原因也是明显的：当托马斯·阿奎那崛起之时，在基督教哲学中处于核心与主导甚至垄断地位的乃是传统的柏拉图与奥古斯丁神学，这种神学的基础乃是柏拉图，而阿奎那的思想之基础却是亚里士多德。因此，他之采用亚里士多德乃是对当时传统神学形式的颠覆，必然会遭到传统神学家们的拒斥与抨击。

更有甚者，当时还有另一股亚里士多德哲学——阿维洛伊主义——正试图将自己打扮为"真正的亚里士多德"，而这种亚里士多德乃是来自于异教伊斯兰教的，大有流行之势，其对托马斯·阿奎那产生的冲击甚至比传统的柏拉图与奥古斯丁神学还要大。因此，新崛起的托马斯·阿奎那要同时面对两个都很强大的对手，要同时与两个强大的对手辩论、斗争，其艰难的程度可想而知！可以打个我们三国时的例子，三国之中蜀国最后崛起，它的对手有强大的魏晋和孙吴，前者相当于传统的柏拉图与奥古斯丁神学，后者相当于阿维洛伊主义，蜀国要同时打败这两个对手，容易吗？当然不容易！事实上不可能，因此三国之中蜀国最先被灭。但托马斯·阿奎那却不一样，虽然他后起，最后却终究能够一统天下，成为基督教神学的唯一正统，不能不说是完成了不可思议之伟业！

第十九章　托马斯·阿奎那的思想

作为基督教神学的正统与最高权威，托马斯·阿奎那哲学的重要性不言而喻，我们也不必多言，现在直接来讲他的思想。

第一节　哲学乃神学之婢女

我们要讲的托马斯·阿奎那的第一个思想就是他对神学与哲学的区分。

这个问题——哲学与神学的关系问题——此前我们就该说了，但一直未说，直到现在才来说。为什么呢？原因很简单：虽然哲学与神学的关系一直是个问题，但直到托马斯·阿奎那，这个问题才明显而着重地提了出来，就像柯普斯登所言：

"多玛斯在教义神学与哲学之间做了形式的、显明的区分，这是确实且无可怀疑的事实。"[1]

托马斯·阿奎那为什么要提出这个问题呢？就是因为他看到了哲学与神学之间虽然有着千丝万缕的联系，但还是有着明显区分

---

[1] 柯普斯登：《西洋哲学史》（第二卷），庄雅棠译，台湾黎明文化事业有限公司，1988年3月第一版，第441页。

的，有时候甚至是本质性的区分。

现在我们就来简单地分析一下这个区分。

首先，总的来说，作为神学家，托马斯·阿奎那当然认为神学的地位高于哲学，以托马斯·阿奎那自己的话来说，就是"哲学乃神学之婢女"：

"神圣知识之运用某些哲学学科，并不是出于必然需要它们，而是为了更清楚地阐明自己的道理。因为它的原理不是从其它知识里引进的，而是直接来自上帝的启示。神圣知识运用其它知识，不是把它们作为高级的，而是看作低级的，当作使女那样利用它们，好比建筑知识利用建材的知识，政治知识利用军事知识。神圣理论之所以利用它们，并非是自身的欠缺或不足，而是我们理智的缺陷。因为我们比较容易为自然的理性（各种知识由此而产生）掌握的东西所引导，然后进入到神圣知识所论述的超越理性以上的事。"[1]

托马斯·阿奎那在这里明显表明哲学乃神学之婢女即使女。婢女这个词不是用以描述整体和部分的，我们不能说婢女是主人的一部分，就像不能说晴雯姑娘是贾宝玉的一部分一样，婢女这个词乃是用来描述社会地位之高低的，婢女与主人之区分乃是他们之间地位有差别，一者要服从另一者，晴雯要听贾宝玉的话，虽然有时她可以撒点娇，但总的说来她得听话。"哲学乃神学之婢女"基本上也是这个意思，哲学之所以是神学的婢女，乃是因为它的地位比神

---

[1] 赵敦华、傅乐安主编：《中世纪哲学》（下卷），商务印书馆，2013年3月第一版，第1314页。

学要低。我们首先要清楚这一点。对此赵老师则更加系统地指出：

"托马斯在新的思想条件下调整了神学与哲学关系，他一方面明确地区分了哲学和神学，指出它们是两门不同的科学；另一方面又坚持神学高于哲学的传统立场，杜绝用哲学批判神学的可能性。他的立场是主张哲学消融在神学之中的保守立场与主张使哲学与神学彻底分离的激进立场的折中。虽然他重申'哲学是神学的婢女'的传统口号，但却赋予它新的含义：哲学好像是有独立人格的婢女，为主人服务是她的工作性质，但她的人身并不依附主人。"[①]

这种观点当然是有道理的，因为托马斯·阿奎那对于哲学与神学一个总的观念是，神学虽然比哲学高贵，但哲学同样是需要的并且有自己相对独立的地位。不过，我们同样要注意的是托马斯·阿奎那毕竟是一个神学家，因此他也是很强调哲学的地位是次于神学的，甚至神学并不是非得要哲学不可，即依赖哲学。可以这样说，神学之所以需要哲学这个婢女，原因并不在于神学不得不要，或者说是因为它有什么缺陷所以需要哲学，而是因为哲学或者说我们人自身的不足，不能够直接达至于神学的境界，因此才需要哲学作为一种辅佐。还是拿婢女来作类比吧，例如贾宝玉要晴雯给他倒茶，难道是他自己不能倒茶、没有倒茶的能力？当然不是，他自己完全会倒茶的，而晴雯之所以要为宝玉倒茶，乃是因为她是婢女，这可以说是她的一种"缺陷"。

这时大家一定会问：为什么说哲学地位比神学要低呢？我觉得不是这样呢。毕竟，哲学与神学之区分可不像宝玉与晴雯的区分那

[①] 赵敦华：《基督教哲学1500年》，人民出版社，2005年5月第一版，第364—365页。

第十九章 托马斯·阿奎那的思想

样显明,要分析才能明白。这也就是我们下面要分析的在哲学与神学之间具体的不同,而这些具体的不同乃是导致哲学与神学地位不同、哲学乃神学之婢女的原因。

也许在这里提醒一下要注意两点:一、这里讨论的是托马斯·阿奎那的观点,不是你我的观点;二、我们讨论的是中世纪的哲学与神学,不是现在的哲学与神学。在中世纪时这样说是很自然的,倘若现在谁还这样说,一定会被耻笑。因为这个时代神学已经越来越陷于孤立,相对而言,哲学的力量似乎越来越强大,就像人们越来越相信"科学"而不是"上帝"一样,对于宗教或者说神学而言,现在这个时代乃是一个"礼崩乐坏"的时代。

那么托马斯·阿奎那为什么认为哲学乃神学之婢女?也就是说,为什么认为哲学的地位比神学低呢?

这先得从它们所研究的对象来看。

我们知道,神学研究的是神,哲学研究的智慧。这智慧乃是人类的智慧,也就是说,哲学所研究的对象是人。这样哲学的地位当然要比神学低了,正如人的地位比神要低一样,哲学乃神学之婢女就像人乃神之仆人一样。

基本上来说,托马斯·阿奎那正是从这个角度看待神学与哲学,从而把哲学当作神学之婢女的。

那么,具体地,托马斯·阿奎那是如何分析这个问题的呢?我们可以从两个角度来阐明:一是托马斯·阿奎那认为,神学所探讨的是"最高的知识"、"最高的真理",二是一切哲学研究的最终目的和结果必然归结于神。

我们首先来看第一个角度。

托马斯·阿奎那认为，人类大体上有两类知识：一类是自然的知识，另一类是超自然的知识。

所谓自然的知识可以从两个角度去理解：首先，它是关于自然之物的知识，例如日月星辰、花草树木等；其次，获得关于这些自然之物的知识的方法也是"自然的"，也就是我们平常所说的感觉、知性与理性之类了，我们可以通过感觉、知性与理性去了解这些知识之物，获得关于它们的知识，这些都是自然的知识。

超自然的知识同样可以从两个角度去理解。首先，它是关于超自然之物的知识，例如灵魂、天堂与地狱之类，都是超自然之物。其次，要了解这些超自然之物所用的方法当然不是感觉、知性与理性之类，例如我们能够看到灵魂吗？——也许有人说看到过，但我们能够像看花草树木一样看灵魂吗？天堂地狱也一样，也就是说我们不可能像感觉自然之物一样感觉这些超自然之物。既然不能如此感觉，建立于感觉之上的知性与理性当然也不能了。那么我们如何去了解这些超自然之物呢？根据托马斯·阿奎那的看法，这个要靠上帝的启示，也就是说需要依赖信仰。①

这种对知识的划分对于我们了解托马斯·阿奎那是很重要的，正如汉斯·昆在《基督教大思想家》中所言：

"所以要理解阿奎那，必须先理解他的基本的解释学的方法论决断。这主要在于他对知识方式、知识层级以及由此而来的诸科学之间根本的划分：

---

① 参见傅乐安：《托马斯·阿奎那传》，河北人民出版社，1997年1月第一版，第163页。

第十九章 托马斯·阿奎那的思想

1. 人类知识有两种方式（知识的取向），关键在于精确地分析自然理性能力所及者以及通过恩典而从信仰中来的知识。

2. 人类知识有两种方式（知识的视角），关键在于精确区分人类'自下而上'所知者即限于人的经验视野之中者，以及人类'自上而下'所知者，亦即从上帝自己的视野并通过《圣经》的灵感启示所认识的；换句话说，要区分属于低级层次的自然真理和属于高层的启示的、超自然的知识。

3. 所以有两种科学：必须精确地区分哲学在原则上可知者和神学可知者。我们从'哲学家'亚里士多德可以知道什么，从《圣经》又能知道什么？

所以根据阿奎那，人的理性拥有了可以独立地产生知识的广阔领域。"[1]

通过汉斯·昆这样的划分，我们可以清楚地看到，在托马斯·阿奎那看来，超自然的知识也就是来自于上帝的知识，这些知识是由上帝的启示而来的，它具体的出处主要是《圣经》。

可以看到，这两类知识的来源是不同的，一者是人类自身的能力，另一类则是上帝的启示。前者就是我们平常所说的知识，例如天文、地理、物理、化学、生物，等等，哲学也包括在内；后者则是神学。它们一者来自于人，另一者来自于神；一者的工具是人类的自然能力如感知之类，另一者则是上帝的启示。其间地位的高低不言而喻。

---

[1] 汉斯·昆：《基督教大思想家》，包利民译，社会科学文献出版社，2001年5月第一版，第101页。

还有，正因为神学有了这超乎理智之外的神示天启，使得神学与哲学有了另一个不同：可靠性不同。

托马斯·阿奎那认为，人的理智毕竟是属于人的，是软弱的，所以它不可避免地会犯错误，因而由理智得来的普通知识即自然知识、以及与之相关的哲学和科学等都可能是错误的，甚至必定会犯错误。但神学就不同了，它来自天启，来自上帝的智慧之光，所以它当然不会犯错误。也就是说，它乃是绝对的、至高的真理，以阿奎那的话来说就是一种"神圣的真理"，只有依赖于这种神圣的真理，人类才可能获得"完全的拯救"：

"既然人只能在上帝之中才能获得完全的拯救，这取决于对上帝的真理的认识，人类为了以更合适、更确定的方式获救，必然要通过神圣启示获得神圣真理的教诲，因此，除了理性研究的哲学科学之外，还必须有一门通过启示的神圣科学。"①

相对于这种神圣真理的真理性，一般科学的真理，即通过人类理性产生的真理及其权威性都是软弱的。而正由于理智或者说理性是软弱的，因此就导致了这样一个结果：理性认识为了要使自己正确、是真理而不是谬误，就需要信仰的帮助，"以保证其确切性"。②

总之，就知识之来源、获得的方式与所得到的结果的可靠性来说，哲学都是次于神学的。这是从第一个角度分析哲学与神学的地

---

① 转引自赵敦华：《基督教哲学1500年》，人民出版社，2005年5月第一版，第367页。

② 转引自傅乐安：《托马斯·阿奎那传》，河北人民出版社，1997年1月第一版，第164页。

位不同,现在我们来分析第二个角度。

这第二个角度就是在托马斯·阿奎那看来,哲学甚至一切的知识的目的以及最终的归宿乃是神学或者说上帝。

为什么这么说呢?我们知道,哲学的目的是认识。至于认识的对象原则上可以包括一切,但由于哲学自身局限的缘故,它的对象一般而论只限于可感知的对象,即自然之物。这些自然之物都有一个特点,就是都是有限的。但与此同时,我们的理性却又自然而然或者说天生地具有一种倾向,就是希望认识一个"更大的"的对象。这是一个无限的过程,即想到一个大的之后,总会想到一个更大的,也就是说,人的理性自然地倾向于认识一个"无限大的"对象。以托马斯·阿奎那自己的话来说是:

"无论有多少个有限的对象,我们的理智还能设想一个更大的对象。可是,假如不存在一个可知的无限对象,我们的理智倾向无限则是徒劳的。所以,必须存在着一个可知的无限对象,而且它必须是万事万物的最高存在者。它就是我们所说的上帝。"[①]

这里托马斯·阿奎那似乎是在证明上帝的存在了,实际上不是。我们后面会看到,托马斯·阿奎那证明上帝所采用的方法不是这种纯粹理性推理形式的证明,而是另有高招。他在这里所要表明的只是我们的理性总是自然而然地趋向要认识上帝,而这个上帝可以说是一切知识所指向的对象,即我们无论认识什么,最后都将归向认识上帝:"任何知识,在其认识任何一个事物时,都隐约地认

[①] 转引自傅乐安:《托马斯·阿奎那传》,河北人民出版社,1997年1月第一版,第166页。

识上帝。"① 所以他又在《反异教大全》中说："全部哲学的研究，几乎都是以认识天主为目的。"②

这里托马斯·阿奎那将人类想要认识的无限的对象归向于认识上帝，因为在他看来，只有上帝是无限的，这是不言而喻的。这个我们姑且不论，但有一点是可以肯定的，即我们人类的确自然而然地趋向于认识无限。

这里的无限大致包括两者：空间上的无限与时间上的无限。空间上的无限用一句通俗易懂的话来说就是"宇宙有没有尽头？"对此科学家们向我们提供了许多答案，例如爱因斯坦也思考过宇宙学问题，并且是现代宇宙学的奠基者之一，而他是这样思考宇宙的界限的：

"这种思考的迷人之处在于认识到，这些生物的宇宙是有限的，但却没有边界。"③

一般而论，我们似乎想当然地认为宇宙应该是无边无际的，是"无限的"，但这个无限太可怕了，深思它足以使人发疯，而科学家们实际上都是默默地认为宇宙是有限的，无论空间与时间上还是如此。也正因为如此，他们才要去探讨宇宙起源的问题。大家想想吧，倘若宇宙是无限的，时间与空间上都无穷无尽，那么怎么可能探讨它的起源呢？一个无穷无尽的东西有起源吗？诚然是不可能有的。当然，这个问题实在太复杂，我们在这里不能作

---

① 转引自傅乐安：《托马斯·阿奎那传》，河北人民出版社，1997年1月第一版，第166页。

② 见圣多玛·阿奎纳：《阿奎纳著作集·论真原》，吕穆迪译，安徽人民出版社，2013年8月第一版，第13—14页。

③ 沃尔特·艾萨克森：《爱因斯坦传》，张卜天译，湖南科学技术出版社，2012年1月第一版，第224页。

进一步的讨论了。

然而，对于这个我们实在太复杂、事实上从科学与常识都不可能回答的问题，神学却可以轻易地作出回答，那就是求诸上帝。将上帝作为一切事物、时间、空间、宇宙等等的最高概念，祂是一切的创造者、终极的原因与最后的目的，一切的解释到此结束、到此戛然而止。而它所提供的解释至少从某个角度而言是可行的，也是可以理解的。

当然，我们还可以从另一个角度看这个目的。我们之所以要追求知性或者其它的东西，一个终极的目的应当是幸福，而我们最大的、终极的幸福在哪里呢？托马斯·阿奎那说，就是上帝了，而这乃是神学所要为之事，它的目的就是要为我们求得这种终极的幸福，即"永恒的幸福"：

"而在实践知识之中，那高级的服务于更加终极的目的，例如政治（知识）之所以高于军事（知识），正是因为军队的善服务于国家的善。神圣理论的目的，就实践来说，就是永恒的幸福，而一切实践学问的目的归根到底都以达到这永恒的幸福为最终目的。"①

这样一来，神学当然比哲学或者其它的任何学科都要高贵了。

就这样，通过从这两个角度的分析，即无论就知识之来源、获得的方式与所得到的结果还是所要追求的目的以及可靠性等来说，哲学都是次于神学的，且一切的认识与知识最终都将归向上帝。通过这样的分析，我们便可以知道为什么托马斯·阿奎那认为哲学乃

---

① 赵敦华、傅乐安主编：《中世纪哲学》（下卷），商务印书馆，2013年3月第一版，第1313页。

神学之婢女了。

这里我们还要说明的是，托马斯·阿奎那说哲学乃神学之婢女并不是一味地贬抑哲学而弘扬神学，甚至认为哲学是可有可无的谬误性的东西，不是这样的。在托马斯·阿奎那看来，哲学也是重要的，这也是很明显的。哲学对于神学之意义就像理性对于上帝之意义一样。

由于神的存在并不是自明的，与神有关的一切知识也不是自明的，因此之故，要想理解这些知识，在通常的情况下需要去证明，包括上帝的存在也需要证明。那么我们靠什么去证明呢？当然靠理性了。还有，不用说那么远，我们此刻、现在所说的这一切，靠的是什么呢？当然是理性了，我们对为什么神学高于哲学进行分析，靠的就是理性。所以，理性以及奠基于理性之上的哲学当然是必要的，甚至是重要的，这是显而易见的。

尽管如此，托马斯·阿奎那还是指出，在哲学与神学之间地位是不同的，即使当我们探讨与证明上帝时需要用到理性与哲学，但那种探讨与证明也是需要上帝的启示的，因为哲学或者说神学之外的其它学问都来自"人理性的自然之光"，而理性是可能犯错误的，神学则来自"天主的知识之光"，因此是不可能犯错的，因而具有更大的确实性。此外，一个最明显之点是，神学讨论的是有关神的学问或者说知识，而其它学问包括哲学讨论的则是神所创造的万物的学问，上帝当然高于万物，所以有关神的学问当然高于有关万物的学问在，这是不言而喻的，以托马斯·阿奎那的话来说就是：

"我的答复是：当一门知识在对待问题时既是思辨的又是实践的，则它超过任何思辨的或实践的知识。

第十九章 托马斯·阿奎那的思想

一门思辨知识之所以比其它思辨知识高级，或者由于其确实性，或是由于其题材高尚，而神圣学问这门知识在这两点上都超过其它思辨知识。就确实性来说，其它知识的确实性是靠人类理性的自然之光获得的，而人类理性是会犯错误的，神圣学问的确实性则基于神的知识之光，它是不会错误的。就题材的高尚来说，由于神圣理论自身崇高无比，它主要讨论超越理性以上的事，而其它学问则只考虑理性范围内的事。"[①]

在此我们不妨用探讨宇宙的无限来分析这个问题。那些聪明人甚至科学家，他们花费了移山心力去探讨宇宙有没有边际，是无限还是有限，又是如何诞生的之类，提供了许多观点，这些观点当然是有一定道理的，例如爱因斯坦关于宇宙的"有限无边"理论就是如此。而在中世纪，托勒密的地心说也是如此。但这些理论全对吗？当然不！也不可能！但这个问题对于一个基督徒来说却很好回答，那就是上帝：上帝创造了宇宙，宇宙是有限的，只有上帝是无限的。这就够了，并且这是绝对正确的。这个基督徒可能并没有科学家那么聪明，但他们却可以用比科学家少得多的智力与努力得到可靠得多的甚至绝对正确的、终极性的答案——对于托马斯·阿奎那诚然如此。这就足以显示了神学较之哲学的优越之处。

甚至于，托马斯·阿奎那还进一步说，虽然神学要以哲学或者理性为工具，要运用逻辑进行思辨，但这并不是非得如此的，就如我们前面引用过的，"（圣道）这一学问从哲学学科能有所领受，并

[①] 赵敦华、傅乐安主编：《中世纪哲学》（下卷），商务印书馆，2013年3月第一版，第1313页。

不是被迫需要它们,"而只是"加以利用"而已。

这就是说,神学确实要利用哲学,但那只是纯粹的"利用"而已,是居高临下的使唤,即它也许是重要的,但不是必要的,神学完全可以摆脱哲学自己为之。

我们还可以拿晴雯为宝玉倒茶作为例子,宝玉只是利用晴雯倒茶而已,他自己完全可以倒茶,虽然晴雯对于他也是重要的,但他们之间的关系可绝不是平等的,而是主仆的关系,他之利用晴雯乃是将之作为奴仆来使用。

哲学与神学也是一样,哲学不但是神学之婢女,而且对于神学它并不是必要的,神学不是非要哲学不可。这句话可以看作是托马斯·阿奎那眼中哲学与神学之关系的总结性表达。还是以托马斯·阿奎那的话来总结就是:

"其它知识被称为神学理论的使女。"[1]

或者以托马斯·阿奎那的另一句话来说就是:

"由此可知,明显不过的是,无论从哪一方面来说,神圣理论都比其它任何学问高级。"[2]

第二节 理性与信仰

谈完了哲学乃神学之婢女后,我们还要来谈谈与之相关的另一个命题,即理性与信仰的问题。

---

[1] 赵敦华、傅乐安主编:《中世纪哲学》(下卷),商务印书馆,2013年3月第一版,第1313页。

[2] 同上,第1314页。

第十九章 托马斯·阿奎那的思想

这个问题实际上已经大体蕴含在前面的问题中了,哲学所代表的就是理性,神学所代表的就是信仰。哲学是有关理性的,它力图理性地寻求真理、探讨世界、追溯其本质与规律;而信仰同样是有关真理、世界的本质与起源之类的,所不同的是它不是理性地去探讨这些课题而是依赖上帝;神学直截了当地指明:上帝乃是最高的真理、乃是世界之创造者!因此哲学与神学的关系换言之就是理性与信仰的关系,两者之间本质相同,但表达方式和程度有所差异。

为了理解理性与信仰,我们也许应该先了解一下什么是信仰。这是一个很基本的概念,它的意义似乎是自明的,但在托马斯·阿奎那看来也有必要说清楚。

首先,他是用"相信着"这个词去表述信仰的,在他看来:

"'相信着'意味着对一个事物牢固地把握着,这使信仰近似于知识和理解;但这种认识并没达到那种完满(清晰的洞见),这使信仰近似于疑惑、猜疑和意见。"[1]

从这里我们可以看到信仰的两个特点:一是信仰是对事物牢固的把握,也就是说清楚地了解了它。二是这种认识本身并不是完满的、清晰的,也就是说它是有所缺陷的,即有可疑与不可证实之处。

这听起来有些自相矛盾,但正显示了信仰的基本之点。首先,信仰是一种牢固的把握,这种牢固性表现在两个方面:一方面它本身是可靠的,另一方面是信仰者对它的可靠性或者说真理性毫不怀疑、绝对相信,对上帝的信仰就是如此。其次,信仰本身是有缺陷

---

[1] 凯利·克拉克、吴天岳等编:《托马斯·阿奎那读本》,北京大学出版社,2011年9月第一版,第36页。

的，有可疑与不可证实之处。这也是同样明显的，是信仰之为信仰天然具有的。例如我们为什么要去信仰上帝？那是因为上帝的存在本身并不是自明的，相反，它是超越的，不但不自明，我们人实际上也不可能真的了解上帝。还有，即便我们对上帝的存在作出了许多证明，但这种证明依然是有限的，即并不能确凿无疑地证明上帝的存在。这换言之就是说，若只从理性的角度而言，上帝的存在乃是可疑的、缺乏证实的。但正是因为这样，我们才需要去信仰上帝的存在。举个例子吧，请问我们用得着去信仰太阳的存在吗？当然不用，因为太阳的存在是非常明显、不用证明的，它就在天上高高地亮着、热着。但上帝的存在有这么明显么？当然没有！正因为如此，我们才需要去证明上帝的存在。而且，这证明不可能是确证，即确凿无疑的证明——这是所有有关上帝存在证明的共同之点，从奥古斯丁到安瑟尔谟到波纳文德到托马斯·阿奎那到邓·司各脱直到奥康与苏亚雷都清楚地意识到了这一点。

于是，在这样的情形之下，对于上帝的存在我们最终需要的就是信仰了，即我们不去证明，而是简单而坚定地相信上帝的存在！这就是信仰的根源与必要性之所在。对此我们在前面讲奥古斯丁时就指出过：即使后来托马斯·阿奎那如此系统地证明了上帝的存在，对于上帝的存在，我们更要清楚的是，归根结底，无论奥古斯丁还是托马斯·阿奎那，都只是给出一种论证的方式，并不能毫无疑义地证明上帝的存在，而上帝的存在之终极的证明并非任何的论证，而是信仰，就像奥古斯丁在《论自由意志》中所言：

"奥：你至少确知上帝存在吧。

埃：即便这一点也是靠信仰，不是自己知道的。"[1]

这既是奥古斯丁，也是托马斯·阿奎那对信仰的理解。

分析了什么是信仰之后，我们再来具体看信仰与理性的关系。托马斯·阿奎那从三个方面分析了这个问题。

首先他认为理性与信仰是和谐统一的。在它们探讨真理的过程之中，理性可以成为信仰有用的工具，是信仰的真实伙伴。至于原因前面就提过了，当我们探究信仰问题，例如为什么上帝是存在着的时，需要运用理性来进行论证——后面我们就可以看到托马斯·阿奎那是如何去论证的，同时信仰可以大大地扩充理性的视野，使理性达到其目的——探求真理。以托马斯·阿奎那的话来说就是：

"神恩如此附加在人的本性上，不仅不破坏人的本性，而且使人的本性更加完善。所以，上帝赐给我们的信仰之光并不破坏我们所拥有的自然理性的光辉。"[2]

这里的神恩可以理解成信仰，我们为什么要信仰上帝？为什么会信仰上帝？这其实乃是一种神的恩典。当然，理解这一点不是那么容易的。我这里可以简单地说吧，例如人信了神之后，就能回答那些最困扰人们的问题，例如生老病死的问题，例如什么是死？死后人要往哪里去？这些问题是最智慧的人——科学家或者哲学家——都无法回答的，但只要有了信仰，人便可以轻松地回答道：死亡，就是肉体腐朽，灵魂离开肉体。这时候它有三个可能的去

---

[1] 奥古斯丁：《论自由意志》，成官泯译，上海人民出版社，2010年1月第一版，第102页。

[2] 傅乐安：《托马斯·阿奎那传》，河北人民出版社，1997年1月第一版，第164页。

处：地狱、炼狱或者天堂，根据你此生所行之事去决定你死后的归宿。而且这归宿乃是永恒的：在地狱里是永恒之苦，在天堂里则是永恒之福。只要信仰了，人对于那些最艰深的问题就这么轻松地回答了，而且可以指导此生的生活，并且可能在来世享受永恒之福，这难道不是福分吗？诚然是的！所以说，信仰乃是一种神恩——神赐予人的恩德。

托马斯·阿奎那鲜明地指出来，信仰的神恩并不会破坏我们人的本性——也就是我们人的理性。相反，只会使它更加完善。为什么呢？这原因我们前面其实分析过了，简而言之就是，因为神的存在并不是自明的，所以它在通常的情形之下需要证明，这个证明所需要的就是理性，通过这种证明我们可以更加坚定对神的信仰。但理性的证明毕竟是有限的，还常常会出错，例如理性不可能完全地、确凿无疑地证明神的存在，这就凸显了理性的有限性，而信仰可以弥补理性的这个缺陷，即一方面通过理性的证明，另一方面在更深的、更本质的层次上通过信仰，我们才可以、就可以了解神的存在，树立对神的信仰。在达到这信仰之后，我们的人性也就趋向于神了，也就是趋向于更加的完善了。

在托马斯·阿奎那看来，除了坚定对上帝的信仰之外，理性与信仰的这种和谐统一性最直接的表现就是对真理的认识。

托马斯·阿奎那认为有三种不同的真理。一种是只能通过启示和信仰去认识的真理，例如三位一体的真理就是如此；二是可以通过人的自然理性直接去理解的真理，我们除神学之外的所有知识例如科学与哲学的知识都是如此，这些知识是用不着上帝启示的；三是虽然可以通过理性去学习，但理解之仍需要上帝启示的真理，例如关于上帝的种种真理,像上帝的万能、至善、唯一等,当然,首先是上帝的存在,都是这样的真理。

在托马斯·阿奎那看来,这三种真理本质上是一致的,不会相互冲突,但有时候,第一种真理,即启示的真理可能与通过自然理性所发现的真理相冲突,但要么这种冲突只是表象,实际上不是这样的,要么是人的理性发生了错误,没有理解神的启示的真正意涵。[①]

不过在这里要特别指出来的是,在托马斯·阿奎那的哲学体系里,理性较之他之前的哲人们例如奥古斯丁还是有着更为重要地位的,这也正是托马斯·阿奎那哲学体系的特点之一。在他的体系里,对于上帝的信仰固然重要,然而对其进行理性的思考几乎同样重要。我们知道,奥古斯丁的原则是"信以致知",即先信而后知,但在托马斯·阿奎那这里则几乎是"欲信之,先知之",即要信仰上帝,先要了解上帝。怎么了解上帝呢?当然是通过理性。是要通过人类的理性去重新审视上帝,包括上帝的存在以及我们对之的信仰等,简而言之就是,他重新审视了理性与信仰之间的关系,这正如汉斯·昆所言:

"无可争议,理性有其独立性,有自己的权利和自己的领域,与信仰并不一样。应当认真地对待知识和科学的新的欲求。"

正如阿奎那在他的两部《大全》的导言中所指出的,他感到自己不得不在理性前提下论证信仰的合理性。这是一个全新的挑战,它迫使他以一种新的、根本的方式彻底思考信仰与理性之间

[①] 参见凯利·克拉克、吴天岳等编:《托马斯·阿奎那读本》,北京大学出版社,2011年9月第一版,第37页。

的关系。"①

实际上,托马斯·阿奎那的整个哲学体系都是他重新审视理性与信仰之间的关系所得出来的结果,这在我们后面的进一步分析中都可以看到。

理性与信仰之统一的最后一点是,在托马斯·阿奎那看来,由于理性与信仰所追求的终极目的都是上帝,因此它们将殊途而同归:

"人的理性通过受造物上升到认识上帝,而信仰则相反,使我们通过上帝的启示去认识上帝。前者是上升法,后者是下降法,但二者是同一的。无论是由超越理性而获得信仰,或是通过理性获得对上帝的认识,其实是殊途同归。"②

托马斯·阿奎那的这番话说的就是伪名丹尼斯的否定神学与肯定神学,它们一直是认识神的两种基本方法。当然,托马斯·阿奎那的上升与下降有所不同,上升指的是我们的理性通过对万物的了解而了解上帝的存在与万能,是由下面的万物一步步往上去认识高高在上的上帝;下降则先直接肯定了上帝,再由上帝一步步地下降去认识万物。两者的目的都是一样的:都是为了上帝,这乃是一切认识的终极目的。

还有,虽然认为信仰与理性是和谐的,但它们的地位并不平等,信仰高于理性,这也是很重要的。托马斯·阿奎那认为,理性

---

① 汉斯·昆:《基督教大思想家》,包利民译,社会科学文献出版社,2001年5月第一版,第100页。
② 转引自"约翰·保罗二世谈天主教哲学的现状与趋势",见《哲学译丛》1981年第3期,第72页。

与信仰之间的关系可不是平等的,就像哲学与神学之间不是平等的一样,它们之间是上级与下级、主人与仆从的关系。总之一句话,理性要服从信仰,就像哲学要服从神学一样。

这就是基督教的基本信条之一——信仰高于理性。

这是理性与信仰之间的基本关系,至于原因和神学高于哲学是一样的,这里不必多说了。

直到今天,对于这个基本的信条,从教皇到基督教哲学家们都在坚持之。例如1980年,前任教皇约翰·保罗二世在第8届国际托马斯主义大会上作了一场重要宣讲,宣讲中他旗帜鲜明地指出了理性与信仰的统一,反对理性与信仰双重真理论,重申了信仰高于理性的基本原则。

宣讲中他引述托马斯·阿奎那的话说:

"真正的哲学引导人归向上帝。正如上帝的启示使上帝接近人一样。"[①]

这实际上就是用另一句话更为持重地语重申了托马斯·阿奎那的"哲学乃神学之婢女"。

与此相似地,历史哲学家维科也说过这样一句话:

"总之,从本书上文所已提出的一切,最后应得出这样的结论:本科学以对宗教虔敬的研究为它的不可分割的一部分,而且一个对宗教不虔敬的人,就不可能是一个真正具有智慧的人。"[②]

这是其巨著《新科学》的结尾之辞,表达了他对于哲学与宗教

[①] "约翰·保罗二世谈天主教哲学的现状与趋势",见《哲学译丛》1981年第3期,第72页。

[②] 维科:《新科学》,朱光潜译,商务印书馆,1989年6月第一版,第612页。

之关系，以及对于哲学家的终极见解，与保罗教皇和托马斯·阿奎那见解一致吧！

到这里我们探讨完了托马斯·阿奎那关于哲学乃神学之婢女的命题。但我还想进一步地谈几句。我想说明的是，这个命题虽然是托马斯·阿奎那在几百年前提出来的，并且看起来好像很荒唐。但实际上并非如此，可以说，即便到了现在，当我们真正深入地、寻根究源地探讨哲学命题之时，我们从某个角度上来说仍不得不接受这样一个现实：信仰乃一切哲学命题之根。

这个问题详说起来很复杂，我们后面还会谈到，这里只略微说几句。

凡研究哲学的人都知道，任何命题——不仅是哲学命题——如果不断地考问下去，最后必然会归结到一个无法用理性去分析的"根命题"，对这样的命题人们便只能用信仰来描述之。例如如果我们问：为什么雷锋是个好人？那么可以回答：因为雷锋做好事。又问为什么雷锋做好事？你就可以举出许多例子，例如他扶老大娘过马路之类，但我们还可以问：为什么扶老大娘过马路就是好事呢？如果你研究了弗洛伊德之类，那么可以本能之类来回答——那时也还可以再提"为什么？"，对于一般人，恐怕答案是这样的：扶老大娘过马路就是好事呗，这还用问！那意思是说：问者要么是傻瓜要么是神经病。

在这里，"扶老大娘过马路是好事"就是一个根命题，它是不需要证明的，也就是说，它是一种信仰。

与此相类，任何哲学命题如果进行不断地考问，最终也必会归结到类似的根命题，对于这样的命题，如果不想进行循环论证的话，只能用"我相信"来回答。

从这个角度上来说，说信仰高于理性也未尝不可。

第三节　对世界的基本认识

对哲学与神学以及理性与信仰的分析可以看作是托马斯·阿奎那对于哲学总体性的认识，即"哲学是什么？"我们在讨论托马斯·阿奎那的哲学时首先讨论了这个问题。讨论完这个问题之后，我们当进入更加实在的内容了，那就是托马斯·阿奎那对于世界的认识，这也就是他的哲学体系的具体内容。

当我使用"世界"这个词的时候，一以贯之的含义是它囊括一切，一切均在世界之内，哲学乃是对这个世界的解释，这是我对于哲学的一个基本性的定义。

对于我们而言，世界的领域大致是物质与意识，即那些存在于我们头脑之内的虚无缥缈的、不可感知的精神性的意念以及存在于我们头脑之外的可以感知或者原则上可以感知的东西。存在于头脑之内还是之外，便是对于物质与意识一个更加简单的说明。

无疑，一切事物事实上只有这两种存在的形式，即只可能存在于这两个地方：头脑之内或者头脑之外，这是托马斯·阿奎那也无法否认的。但在这里还是产生了矛盾，就是对于有些特殊的事物其究竟是只可能存在于头脑之内还是可以存在于头脑之外，人们产生了截然不同的看法。这些特殊的事物就是灵魂、天堂与地狱、作为外星人座驾的UFO以及作为恐龙的尼斯湖怪、魔鬼、地狱与天堂，诸如此类。当然还有那个更响亮的名号——上帝。对于这些的存在，有些人主张是可以存在于头脑之外的，有些人则主张只可能存在于头脑之内，但究竟哪方面对，我们却无法确切地证明，至少在目前无法如此。于是，它们就只和相信或者说信仰有关了。对这类的特殊事物不妨统称之为"信仰之在"，以之作为在物质与意识之外的第三种存在的方式。

上帝当然是信仰之在最高的、终极的表达，但我将上帝作为信仰之在，托马斯·阿奎那当然是不会同意的，对于像托马斯·阿奎那这样虔诚的基督徒而言，上帝的存在是比物质的存在更加明确而无疑义的——这正是信仰之在主要的特征之一，虽然其无法被正常地感知，但信者却认为其存在是比日月星辰这些可感知之物更加可靠的。上帝如此，天使灵魂等也是如此，其客观的即在头脑之外的存在都是毫无疑义的。这乃是托马斯·阿奎那也是基督徒们的基本信念，是我们首先要说明的。

我们这里要讲的托马斯·阿奎那哲学的第一项内容就与存在的形式或者说方式有关。

在托马斯·阿奎那的哲学里，整个世界的存在者大致包括以下五级：可以感知的个体之物、人类、灵魂、天使、上帝。他对这些存在者进行了逐一的分析。

首先是个体之物。

个体之物最基本的特点是可以被感知，即可以被我们的感官感觉到。在托马斯·阿奎那的哲学体系里，它居于极为重要的地位，因为它乃是其哲学或者说神学体系的出发之点，就像柯普斯登所言："阐述多玛斯哲学最自然的出发点似乎应该是对有形具体的实体的考察。毕竟，多玛斯明确地教导，在此生中人类理智最直接最恰当的对象是物质事物的本质。"[1]

这段话说得很明白，就是托马斯·阿奎那哲学的出发之点是可感知的具体事物即物质。明了这一点对我们理解托马斯·阿奎那的哲学体系是很重要的，因为托马斯·阿奎那的哲学体系可不是一般的体系，而是整个西方哲学史上最繁难的体系之一，几乎就像一个迷宫一样，要在这个迷宫里闯荡可不是件容易的事，首先得找到一个入口，也就是其哲学的出发之点。

这个出发之点并不是那么容易找的，例如许多著作便是将他对上帝存在的证明作为出发之点，但这似乎是有问题的。因为在托马斯·阿奎那的体系里，上帝并非自明的，而恰恰是需要证明的，是结论而不是原因，将一个结论作为出发之点似乎不那么恰当。那作为出发之点的更应当是这个结论所由之得到的东西，即托马斯·阿奎那由之证明上帝存在的东西。

托马斯·阿奎那由之证明上帝存在的是什么东西呢？就是物质了，或者说由物质构成的万物。所以说，这个万物乃是托马斯·阿奎那哲学真正的起点，他乃是由这个起点出发去构建他的思想体系的，其中当然包括他体系之中那个最为核心、最为崇高的对象——上帝。

之所以如此，这还与托马斯·阿奎那所使用的哲学工具或者其立论的基础有关，这个基础就是亚里士多德哲学。

托马斯·阿奎那的哲学有两个基础，除了前面讲过的奥古斯丁

---

[1] 柯普斯登：《西洋哲学史》（第二卷），庄雅棠译，台湾黎明文化事业有限公司，1988年3月第一版，第457页。

外，其次就是亚里士多德了，就如汉斯·昆所言：

"奥古斯丁之旁便是亚里士多德，这是第二位的伟人。没有他，阿奎那的神学也不可想象。他的哲学在基督教中世纪又被重新发现，并对阿奎那哲学的形成产生了决定性影响。"[①]

当然也有某些人认为，托马斯·阿奎那最重要的哲学基础应该是奥古斯丁才对，不过这关系不大，反正奥古斯丁和亚里士多德是对托马斯·阿奎那产生最大影响的人，这是毋庸置疑的。

我们知道，在亚里士多德哲学里，实体也是范畴，并且是第一的或者说最基本的范畴，这个内容列于他哲学体系的起首，在《亚里士多德全集》中它也居于第一卷中的卷首。这是亚里士多德哲学一个鲜明的特点。

亚里士多德还将实体区分为第一实体和第二实体，他说：

"实体，在最严格、最原始、最根本的意义上说，是既不述说一个主体，也不存在一个主体之中，如'个别的人'、'个别的马'。而人们所说的第二实体，是指作为属而包含第一实体的东西，就像种包含属一样，如某个具体的人被包含在'人'这个属之中，而'人'这个属自身又被包含在'动物'这个种之中。所以，这些是第二实体，如'人'、'动物'。"[②]

这一段话很好理解，第一实体就是那些个体之物，例如日月星辰、花草树木，或者某个特别的人，像苏格拉底或者亚里士多德自

[①] 汉斯·昆：《基督教大思想家》，包利民译，社会科学文献出版社，2001年5月第一版，第92页。

[②] 亚里士多德：《亚里士多德全集》（第一卷），苗力田主编，中国人民大学出版社，1990年9月第一版，第6页。

己，都是第一实体。

这个第一实体换而言之就是个体之物或物质，这也就是说，亚里士多德哲学的起点乃是物质，这是亚里士多德哲学最显著与最重要的特点之一，托马斯·阿奎那将亚里士多德当作自己哲学体系的基础，当然也会尊重亚里士多德体系的这个基本特点。

在明了这一点后，我们对于托马斯·阿奎那哲学中的一些比较特殊的甚至有些奇怪的特点就不会感到奇怪了，因为这些特点乃是其来有自的，就是来自于亚里士多德。例如说吧，在托马斯·阿奎那的著作里，例如在他的《反异教大全》与《神学大全》里，有许多内容似乎是与神学乃至哲学无关的，而是一些科学的内容，如物理学、天文学、生物学等方面的内容。对这些内容，汉斯·昆说道：

"虽然阿奎那当时勇敢地面对来自亚里士多德的和阿拉伯哲学的大量新的和专门科学的知识，他的新哲学-神学体系在根子上却仍然是古代希腊人的世界观。这不是批评，只是一个事实。不理解阿奎那的形而上学就不可能对他的神学有真正的理解，而不理解他的物理学、化学和生物学，也就不可能理解他的形而上学。任何仔细地读两部《大全》的人都会发现一桩初看颇令人困惑的事：阿奎那的神学解释的模式与其说借助于亚里士多德的形而上学，不如说更多地借助于其科学，比如重力、光、热、化学过程和属性，生物繁殖与生长，感觉与情绪的生理学等等。甚至连最为重要的形而上学概念，像存在本身、行动与潜能、关系等等，也建立在来自科学与自然哲学的见识之上。"[①]

---

① 汉斯·昆：《基督教大思想家》，包利民译，社会科学文献出版社，2001年5月第一版，第109页。

汉斯·昆说得当然没有错,这样的论述方式在托马斯·阿奎那的著作里是所在多有的,例如在《反异教大全》里就有这样一段话:

"依物性自然的次第,万物中分先后,先者是原因,后者是效果,后者生于先者。准此而论,可知,性理的变动生于方位的变动。(例如摩擦生热。两物摩擦是方位的变动。由冷变热是性理的变动:后者是果,前者是因。)

然而最先的第一个方位变动,是天体的运行。故此,凡是性理的变动,都是乘天体之运行而发生变动。(例如日出而发光发暖。)不能乘天体运行而变化发生的事物,也不能是那非用物质变化,不能动作的作者,所能产生,或制造出来的。按(前段)已有的证明:只会在物质内缔造性理的作者,都是非用物质变化不能动作的作者。(例如火烧,水湿。)天体运行产生许多形体的性理,不能不用形体内根底上先备的同定因素:例如天体运行,四季循环,孳生某些动物,不能不用动物的精卵。新生动物的性理,预先具备于同种的老成动物以内。假设老成动物性理不备,天体运行,只靠自己,便无从产生新动物及其新性理。那么,最初第一辈那些性理的建立,必须是受造于惟一的造物者,不能是生于其他原因。(性理是物本性本体为成立起来必备的内在因素。)

又证:整体和部分的移动是一个移动,例如整个大地的移动,是它某一部分的移动。"[①]

[①] 托马斯·阿奎那:《阿奎纳著作集·论万事》,吕穆迪译,安徽人民出版社,2013年8月第一版,第147—148页。

在这短短的一段里，已经将天文学、物理学、生物学甚至地理学这些科学的内容囊括于内。还有，它很容易令我们联想起亚里士多德的著作来吧！的确，当我们读托马斯·阿奎那的作品，有时候的确会感到它具有鲜明的亚里士多德风格，他正是按照亚里士多德的方式去进行论证的，这种风格最大的特点就是从物质或万物入手，而不是从抽象的概念分析入手。

在汉斯·昆看来，这是托马斯·阿奎那接受了古希腊人的世界观，这个说法应当说的更为细致一点就是古希腊自然哲学的世界观。要知道古希腊人的世界观可不是都一样的，有些世界观可不是这样的，例如苏格拉底与柏拉图的世界观和亚里士多德的世界观就相当不一样，托马斯·阿奎那所接受的主要是亚里士多德以及与之有深刻关联的古代自然哲学的世界观。

还有，这种方式现在看来也许有些问题，但我们一定要注意到托马斯·阿奎那所在的时代。在那个时候，人们所采用的传统的论证神学的工具是柏拉图以及沿袭了柏拉图的奥古斯丁，到了与托马斯·阿奎那同时代的波纳文德那里，更是走到了一种有些极端的奥古斯丁的方式。这些方式诚然有其优点，但也有其鲜明的缺点，例如过分强调对上帝的信仰，相对而言忽略了理性的证明。而我们知道，上帝的存在并非自明的，倘若一切以信仰为出发点，那么对于那些并不信仰上帝的人，如异教徒与无神论者，这样的理论是没有什么说服力的。而且，随着时代的变迁，理性的力量也在自然而然地增强，而理性是与盲目的一味的信仰相冲突的。而与此同时，通过阿维洛伊和阿维森那等伊斯兰哲学家的努力，亚里士多德开始在欧洲广泛传播，亚里士多德恰恰就可以提供这种理性的力量。而这种理性的力量最为具体的表现就是尊重自然与逻辑，从自然与逻辑出发去认识一切包括上帝，以这样的方式去逐步树立对上帝的信仰，而不是一开始就将信仰甚至绝对的信仰作为起点。

所以这是一种适应时代潮流的新方法。一开始并不为人们所接受，也为传统的基督教神学甚至教会所不容，亚里士多德的有些哲学思想甚至一度被禁止讲授。后来也有人想调和亚里士多德与柏拉图，如夏尔特学派就是这样。但这种调和算不上成功，托马斯·阿奎那却在这些基础之上鲜明地提出要以亚里士多德哲学代替柏拉图作为论证上帝的工具、作为整个基督教哲学的立论基础，这无疑是既要有极大的勇气又要有极高的智慧的。而托马斯·阿奎那之所以这么做，一方面是他看到了亚里士多德哲学的优越之处，另一方面也是他看到了，倘若继续采用传统的柏拉图方式，神学必将面对危机，例如被认为是非理性的甚至反理性的，而与此同时那些正准备大行其道的属于异端的阿维洛伊主义之类，却可以借着亚里士多德的名义在基督教的核心地带大肆扩张，它所具有的力量是传统的柏拉图与奥古斯丁神学抵挡不了的。因此，为了要打败这些异端，就必须要以子之矛、攻子之盾，即同样用亚里士多德——并且是真正的亚里士多德——去打败这些既是基督教的异端、实质上又是假冒的或者说是异端的亚里士多德的阿维洛伊主义及其在欧洲的鼓吹者，例如布拉班的西格，这位托马斯·阿奎那主要的对手。

正因为如此，亚里士多德对于托马斯·阿奎那而言其实主要是一种新方法，即研究神学的新方法，对这种新方法的意义《不列颠百科全书》的"托马斯·阿奎那"条目说得很清楚：

"当希腊科学、文化和思想的发现似乎要粉碎基督教世界的时

第十九章 托马斯·阿奎那的思想

候,托马斯正处在它面临的神学危机的核心。托科的威廉生前就认识阿奎那,并且是他的第一位传记作者,能够提供他的老师讲课留下的印象的证言,他说:'托马斯兄弟在讲课时,提出新问题,发明新方法,采用新的证明体系。聆听他用新的论据讲授新的学说,人们不会怀疑,是上帝用这种新的光明给予他启迪,用这种灵感使他产生新奇感,赋予他才能,让他用口头的和书面的语言讲授新的观点和新的知识。'"[①]

所以,从以上的分析可以看到,托马斯·阿奎那遵照亚里士多德的体系,从物质出发去构建他的哲学与神学系统,这既是他思想的主要特点,也是他思想的重要之处。

那么,托马斯·阿奎那是如何理解物质的呢?

他的理解和亚里士多德是基本一致的,即物质是由形式与质料组成的。所以,为了理解托马斯·阿奎那的这个思想,我们要回过头去看看亚里士多德的思想,理解了亚里士多德也就理解了托马斯·阿奎那。

我们前面在讲亚里士多德时说过,在亚里士多德看来,形式与质料是可以组成一对概念的,它们合起来就可以从另外的角度说明事物成因,即事物的生成之因。所以,当说到形式与质料时,是和事物的生成紧密相联的。

在亚里士多德看来,所有事物特别是个体之物有两种生成途径,第一种是自然生成,他说:

"出于自然生成就是自然生成。所由生成的东西,我称为质料;

[①] 《不列颠百科全书》,中国大百科全书出版社,1999年第一版,第17卷,第29页。

由某种自然物而生成，有的成为人，有的成为植物，以及其他类似的东西，我们统称之为实体。"①

与此相应，另外一种生成则是"制作"：

"而另一类的生成叫做制作。全部制作者出于技术，或者出于潜能，或者出于思想。"②

不难看到，所有这些东西，无论是自然的，还是制作的，都具有质料，因此亚里士多德说："全部生成的东西，或者自然具有质料，或者人工具有质料。"③

亚里士多德也举了一个例子，就是一个青铜的圆形之物，例如一个青铜环，什么是它的质料与形式呢？他说：

"对青铜的圆形是什么，我们有两种说法，就质料而言我们说是青铜，就形式而言我们说是某种图形。"④

这就是说，一个青铜环的形式是一个环，就像雪人的形式是人，我们在这里可以大致地将这个"形式"理解成外表、形状，而质料就是组成这个外表与形状的东西：雪组成人的形状，就成了雪人；青铜组成环的形状，就成了青铜环。

通过这段论述，我们就可以知道什么是形式与质料了。

所有物质或者说个体之物都是由形式与质料组成的，这个质料我们可以大致地理解为原料，而形式则是某个东西之所以成为这个

---

① 亚里士多德：《亚里士多德全集》（第七卷），苗力田主编，中国人民大学出版社，1993年1月第一版，第163页。
② 同上。
③ 同上。
④ 同上，第165页。

东西的那个东西，或者用亚里士多德的潜能与现实理论来说，质料乃是一种潜能，而形式乃是现实。就像一堆雪一样，它是一堆雪，可以堆成一个雪人，因此它具有能够成为雪人的潜能，它也是雪人的质料。当它被实际上地堆成了一个雪人后，这个雪人的形状就是形式了，而原来的潜能也就成为了现实——那个现实地、生动地堆在那里的雪人。

这个过程也可以用另一个词来说，是一个"个体化"的过程，即原来潜能的现实化，也就是其个体的产生过程，潜能现实化后，个体就产生了。以形式与质料的角度来看，这个个体化的过程当然也就是形式与质料相结合的过程。

形式与质料的结合是托马斯·阿奎那对万物的基本认识，在他看来，万物，即有形物体，都是由形式与质料构成的，即"由质料和形式构成的事物都是有形物体"。[1]如前所言，这个观念是来自亚里士多德的。

第四节　对人的基本认识

但我们要注意的一点是，对于托马斯·阿奎那而言，万物指的是非人的万物。对于人，要另行分析。

当然人也有形式与质料，但人却不能简单地说是由形式与质料构成的，人是由灵魂与物质构成的。在他的《反异教大全》里有这

---

[1] 凯利·克拉克、吴天岳等编：《托马斯·阿奎那读本》，北京大学出版社，2011年9月第一版，第68页。

样一段话：

"在有形物体这个属中人的身体是最高的……人的身体与精神实体的属（比身体的属高）中最低的精神即人的灵魂发生关系（人的理解方式是人的灵魂层级的说明）。因此，理智灵魂被认为是'处于物质和非物质存在的边界或界限上'，既然它既是非物质实体又是身体的形式。"①

这段话的意思有些模糊，简而言之就是说，人是精神与物质的结合体。

这时候，我们应该来系统地看看三对概念：即形式与质料、精神与物质、灵魂与肉体。

这三对概念之间显然有着对应的关系，即形式、精神与灵魂相对应，而质料、物质与肉体相对应，当然，它们之间也有着微妙的区分，主要是论述的角度不一样、着重点不一样，由此而来的分析方式与分析内容也会不一样。由于篇幅有限，我们在这里不能深入分析了。我们要清楚的是，对于人而言，可以从这三对概念入手从多角度进行分析，这样就可以得到对人的深刻认识。

在这里我们要讨论的主要是灵魂与肉体。

人是由灵魂与肉体构成的，这是基督教一以贯之的传统，托马斯·阿奎那当然也不例外。还有，托马斯·阿奎那也并不认为只有人是由灵魂与肉体构成的，在他看来，所有生物——有生命之物质——都是如此，他在《反异教大全》中说：

---

① 凯利·克拉克、吴天岳等编：《托马斯·阿奎那读本》，北京大学出版社，2011年9月第一版，第61页。

"生物……由质料和形式构成，它们常常还拥有身体和灵魂，灵魂使得它们成为现实的生物。因此，身体与灵魂中的一个就是形式，另一个就是质料……而灵魂是形式。"①

这种观点也不是托马斯·阿奎那才有的，认为凡有生命者即有灵魂是古已有之的观念。当然人的灵魂与一般生物的灵魂是不一样的，人的灵魂用另一个词来说乃是一种"理智灵魂"，或者说就是理智，从这个角度上说人是唯一的，即人是唯一拥有理智或理智灵魂的生物或物质，或者用亚里士多德的话来说，人是理性动物，意谓有语言、言说或词语的动物。②

这就是托马斯·阿奎那对人的分析。在此基础上，我们再来看看灵魂、天使、上帝。

这些概念都是很复杂的，一方面由于篇幅的关系，另一方面也由于对这三者中最核心的一个上帝我们将在后面再深入分析，在这里我们就只从一个角度分析之，那就是存在的等级。

在亚里士多德那里，从是精神还是物质，即可否感知的角度出发，以及从存在的角度出发，可以清楚地看到物质、人、灵魂、天使与上帝是以梯级的方式呈现的：

首先是物质，即非人的万物，它们是可以感知的，是物质的实体，甚至可以说是纯物质的物质，虽然一般生物也有灵魂，但它们的灵魂与人的灵魂是有本质区分的，甚至可以不考虑它们的

---

① 凯利·克拉克、吴天岳等编：《托马斯·阿奎那读本》，北京大学出版社，2011年9月第一版，第67页。

② 参见《不列颠百科全书》，中国大百科全书出版社，1999年第一版第一卷，第470页。

灵魂。

其次是人，人是物质与精神的合体，也是物质与精神之间的一个交接之点，"对阿奎那来说，人类在连续的存在之链上是一个精确的临界点：精神实体与物质实体的类在人身上相交，即精神实体终止和物质身体出现的地方。由于人类同时具备物质存在和非物质存在的特征，因此把人类归入任何一类都是不恰当的。"[①]也就是说，整体的人既非物质也非精神，而是精神与物质的结合，并且，在这个梯级的秩序里，人的肉体可以说是物质的顶点、最高点，而人的灵魂则是精神的末点、最低点。这样一来，人就成了物质与精神之间的一种"临界"。

从人的灵魂继续往上就是天使了。在托马斯·阿奎那看来，天使是不具形体的精神实体，是灵，但又不是纯粹的灵，因为纯粹的灵乃是上帝。

也许有人要问：为什么要在灵魂之后有一个既不是纯粹的灵魂又不是纯粹的灵的天使呢？这当然是必要的，要知道上帝是至高的，而灵魂则是与人在一起的，如果没有这个中间的层次，难道人的灵魂能够直接与上帝相干或者就是上帝吗？那当然是不行的！这样的观点简直是对上帝的亵渎。因此之故，一定要在上帝与人之间产生一个中间的层次，这个层次就是天使了。

托马斯·阿奎那曾经在他的《论精神性受造物》中专门分析了这一点。在他看来，天使的存在是不需要启示的，完全可以证明其

[①] 凯利·克拉克、吴天岳等编：《托马斯·阿奎那读本》，北京大学出版社，2011年9月第一版，第61页。

存在，证明的方式也就是这个对从万物到人到灵魂到天使到上帝的梯级的划分了。也就是说，在他看来，在人的灵魂之上必须有另外一级即全是灵又不是纯粹的灵的天使，而后才可以过渡到作为纯灵的上帝。①

至于这个天使究竟是不是全是灵，这是有争议的，例如在波纳文德看来，天使也是形式与质料的结合，也就是说天使也应该是有形体的，但托马斯·阿奎那认为不是这样，天使没有质料只有形式，至少没有类似于物质的那种质料，它们只是一种精神的实体，是一种"睿智"，完全不具有物质性。②究竟如何恐怕见仁见智了。但若从常识的角度看，天使似乎是物质的呢，因为他们都是可见的，在《圣经》里就多次出现过。在但丁的《神曲》里也看得清清楚楚，西方的各种传说中更是如此。既然能够感知天使，那天使当然是物质的或者具有物质的属性了。

天使之后就是上帝了，在托马斯·阿奎那看来，上帝乃是一种纯灵，是至纯之灵，与物质相距最远，是一种完完全全的精神实体。当然，这只是从一个角度看上帝，后面对上帝还有许多从其它角度的分析。

上面我们分析了托马斯·阿奎那体系的出发之点物质，以及从万物到上帝的梯级秩序，下面我们要来谈其神学中最为基本也最为著名的一项内容，即对上帝存在的证明。

---

① 参见柯普斯登：《西洋哲学史》（第二卷），庄雅棠译，台湾黎明文化事业有限公司，1988年3月第一版，第462页。

② 同上，第463页。

第五节　上帝何以存在

托马斯·阿奎那的一切哲学其实是围绕着一个中心，那就是上帝。不光托马斯·阿奎那如此，一切神学都是如此。

那么，到底一些什么样的问题是有关上帝的问题呢？我们当然可以自己找出来，这第一个问题就是"上帝是否存在？"因为如果不先探讨这个问题，其它一切有关上帝的问题就都是无意义的了。例如上帝是否全知全能？是否能造出一块自己搬不动的石头之类。就像我们说"方之圆真美哟"这样一个命题一样，是一个没有意义的问题，因为所谓方之圆并不存在，所以也就无从说它是否美还是不美了。

自从有神学起，神学家们遭遇到的最大质疑是：上帝是否存在？因为众所周知，上帝不同于一只猫、不同于远处高楼上渺茫的歌声、不同于医院的药香，或者姑娘细腻的肌肤，这四者是分别可以看到、听到、嗅到、摸到的，甚至也不同于磁场或者超声波，这些虽然看不见、听不到、嗅不来也摸不着，但却可以通过仪器测量出来。上帝就不同了，人类不可能用上面那些直接或间接的方式测知。也就是说，我们无法用可以实实在在地感受的方法来证明其存在。

也正是因为这一点，古今中外都有无数的人不相信上帝存在，就像他们不相信方之圆的存在一样。对于这一点，大多数神学家都是承认的，即上帝的存在不是自明的，或者至少不是非常自明的。而上帝的存在即是有关上帝的其它一切问题或者说是整个神学的基础，因此证明上帝存在是极为重要的，是神学最基本的内容之一。

第十九章 托马斯·阿奎那的思想

所以,对于神学家们而言,他们如果要探究神学,第一要务当然是证明上帝的存在,否则哪怕他们说得口沫横飞、两眼翻白也将是毫无意义的。

托马斯·阿奎那当然也了解这点,就像奥古斯丁、安瑟尔谟与波纳文德等等都明白这一点一样,所以他提出了"上帝存在的五个证明",这乃是整个神学史上最著名的有关上帝存在的证明,也是托马斯·阿奎那最著名的理论之一。

不过,在这里我们要说明的是,托马斯·阿奎那虽然看到了上帝的存在并非自明的,但他同样强调了上帝存在的自明性,这是他在《神学大全》与《反异教大全》中都有的思想。

所以,在具体地证明上帝的存在之先,我们要先来分析上帝的存在究竟是否自明,这同样是一个很重要的问题,因为只有证明这个问题了,后面的问题——上帝存在的证明——才有存在的意义。否则的话,即倘若上帝的存在是自明的话,那么还用得着证明吗?而这个在神学之中实际上也是一个很重要而基础性的问题。

对于上帝的存在是否自明,托马斯·阿奎那总的态度是这样的:既自明,也不自明。为什么呢?看下面便知。

在《神学大全》中,托马斯·阿奎那专门有一章就叫"论上帝的存在",其中的第一讲就是"上帝存在是自明的吗?"在这里他写道:

"看来上帝存在是自明的,因为所谓自明,就是我们天生俱有关于它的知识,如第一原理就是如此。大马士革的约翰曾说:'上帝存在的知识是所有的人天生具有的。'所以上帝存在是自明的。"[1]

---

[1] 《神学大全》第二题"论上帝的存在",赵敦华、傅乐安主编:《中世纪哲学》(下卷),商务印书馆,2013年3月第一版,第1319页。

下面托马斯·阿奎那进一步推论了为什么上帝的存在是自明的。不过他也指出，上帝的存在不是自明的，因此需要证明：

"由于我们不知道上帝是什么，因而上帝存在这个命题对我们来说不是自明的，而需要通过那些就我们而言更易知，但就其本性而言不那么易知的事情来加以证明，也就是通过结果来证明。"①

而在《反异教大全》中，托马斯·阿奎那同样有专门的章节论证上帝存在的自明性问题，即《论真原》中的第十章和第十一章，名字就叫"天主的存在与不证自明"。在这里同样标示了两种似乎对立的观念，首先是上帝的存在是自明的：

"为证明天主存在，费思想，找寻理由，有人认为这或许是多余的。因为，他们主张'天主存在'，是自身明显的，甚以至于和它冲突的论句，是不可设想的。如此说来，'天主存在'，这个命题，不能是明证法可以证出的结论。"②

——这里的《论真原》指的就是论上帝，上帝即真原，这是台湾吕穆迪先生的译法，吕先生为台湾天主教"圣多玛斯国际中心"之创办人，精通西方哲学与神学，通晓多种外文，翻译或节译阿奎纳与亚里斯多德著作计十一种，其中最主要者就是《反异教大全》之全译本。之所以用"真原"去称呼上帝，吕先生也特别作了说明：

"清康熙帝尝以为'天主'是'万有真原'。故此，《论真原》

---

① 《神学大全》第二题"论上帝的存在"，赵敦华、傅乐安主编：《中世纪哲学》（下卷），商务印书馆，2013年3月第一版，第1321页。

② 托马斯·阿奎那：《阿奎纳著作集·论真原》，吕穆迪译，安徽人民出版社，2013年8月第一版，第32页。

第十九章 托马斯·阿奎那的思想

就是《论天主》。"[1]

指出上帝存在是自明的之后，托马斯·阿奎那接着便指出了为什么会有认为上帝的存在是自明的这种观念。首先是因为基督徒们生下来就耳濡目染周围的各种环境，于是习惯地认为上帝的存在是自明的。其次是因为关于上帝的存在实际上有两种自明，一种是绝对的自明，另一种是相对的自明。前者的意思就是说，就上帝存在本身而言，那当然是绝对自明的，即上帝是绝对存在的，这是毋庸置疑的。然而对于我们人而言，上帝的存在却并不是绝对自明的，即是相对自明的。原因就在于我们不知道上帝是什么，"因为，天主本体自身是什么？不是吾人心智所能接触的；故无适当的知识和定义。"[2] 后面托马斯·阿奎那还举了一个类似的例子，就是欧几里得在《几何原本》所说的"整体大于部分"这个公理，亚里士多德也在《后分析篇》里提到了有关的公理。[3] 托马斯·阿奎那说，这诚然是公理，但对于那些不了解"整体"二字是什么意思的人，这个公理当然不是自明的。

托马斯·阿奎那所说的当然有道理，我们可以进一步分析之。

对于上帝的自明，这里实际上存在着两类对象，因而有两类不同的自明：一是就人类的整体而言，上帝的存在显然不是自明的。一个简单的事实就可以看到这一点：世界上广泛存在着异教徒与无

---

[1] 托马斯·阿奎那：《阿奎纳著作集·论真原》，吕穆迪译，安徽人民出版社，2013年8月第一版，作者前言第1页。
[2] 同上，第35页。
[3] 参见亚里士多德：《亚里士多德全集》（第一卷），苗力田主编，中国人民大学出版社，1990年9月第一版，第267页。

神论者，尤其是前者，可以说无论在哪个时代都有的，对于基督教而言，异教徒也就是说是非基督徒的其它宗教的信徒是要多过基督徒的。因此，对于人类的整体而言，上帝——基督教的上帝耶和华——的存在当然不是自明的，甚至是相反，不存在的。这是一个连托马斯·阿奎那既不能否认也不会否认的事实；二是对当时的欧洲基督徒而言，上帝的存在则是自明的，这也是显而易见的。在中世纪，欧洲的基督徒们从小就受洗成为基督徒，从小就受到基督教的教育，如此耳濡目染，对于他们而言，上帝的存在当然是自明的。

同时，即使对于托马斯·阿奎那这样虔诚的基督徒，从另一个角度来说上帝的存在也不是自明的，根本原因就如他上面所说的"我们不知道上帝是什么"，即我们不了解上帝，这样就隐隐地包括着我们不知道上帝的存在了，因此之故，他们才要去证明上帝的存在。

所以，虽然一方面表明上帝的存在是自明的，但托马斯·阿奎那实际上更加强调的乃是上帝存在的非自明性。但同时他也强调了，虽然天主的存在是不自明的，但却是可以证明的，至于证明的方式，就是上帝存在的"效果"：

"虽然天主超越觉识，及觉识所知一切，但是天主的许多效果，是觉识可知的。明证法为证明'天主存在'，所用的出发点和前提，便是取源于这些效果。"[①]

不用说，这里的"效果"就是上帝存在的"效果"了，也就是

[①] 托马斯·阿奎那：《阿奎纳著作集·论真原》，吕穆迪译，安徽人民出版社，2013年8月第一版，第41页。

第十九章 托马斯·阿奎那的思想

上帝所创造的宇宙万物，托马斯·阿奎那正是从这些"效果"之中去证明上帝之存在的，这也就是我们马上要说的托马斯·阿奎那关于上帝存在的五个证明，它们无不来自于上帝存在的"效果"。

托马斯·阿奎那关于上帝存在的第一个证明就是运动的或者说第一推动的证明。

托马斯·阿奎那的第一个证明是"运动的证明"。

托马斯·阿奎那看到世界万物都在运动，而且我们根据常识知道，一个物体要运动必须要有某种力量推动它；物体是不会自己运动的，除非有什么力量去推而动之。例如黄叶飘零是因为瑟瑟秋风在吹它，马车飞奔是因为马儿在跑，马儿在跑则是因为它的头上有鞭子在响呢。也可以这样说，万物都在运动，同时每一运动之物必有其推动者，或者说都不是主动而是被动：

"凡是物体的动，不外上述数类：或附带变动，或自身变动。自身变动或动于迫力，或动于本性。动于本性者，或动于自己，例如动物，或不动于自己，例如火烟上升，水流下。凡此一切变动，都是被动而动。故此说，凡是物体变动，都是被动于他物。"[1]

这是托马斯·阿奎那在《反异教大全》之《论真原》之第十三章中的话，在这一章里，托马斯·阿奎那有些地方比在《神学大全》中更为细致地证明了上帝的存在，当然，论题与实质都完全是一样的。

托马斯·阿奎那的上述论证是可以理解的，因为确实，我们看

---

[1] 托马斯·阿奎那：《阿奎纳著作集·论真原》，吕穆迪译，安徽人民出版社，2013年8月第一版，第44页。

到的任何运动总可以找到一个使之运动的力量。但这时便出现了这样一个问题：假如物体A的运动是由B引起的，而B的运动是由C引起的，C是由D引起的，如此推下去，那么最后会是什么样的结果呢？

首先我们必须承认，这个推下去必然是有限的，因为万物虽然很多，但总有一个限止。那么这也就是说，最后我们必然会找到这样一个推动，它是一个推动者，自己却不为任何别的力量或物体所推动。这就是托马斯·阿奎那所说的"第一推动"。

这第一推动，托马斯·阿奎那说，就是上帝：

"比如手杖，如果不是手去推动，它是不会动的。所以最后必然追溯到一个不为其它事物所推动的第一推动者。它就是大家所理解的上帝。"①

在托马斯·阿奎那看来，这种证明上帝的方法乃是"最明显的方法"。

托马斯·阿奎那这个论证听起来的确是有道理的。因为一个物体的运动需要一个推动者，我们从自然界看到的任何运动物体都是如此，都恒有一个推动者。虽然牛顿说过当物体在没有外力作用时既可以是运动也可以是静止的，但我们也应该相信力是恒在的，而且一切物体都不可能不受力之作用，所以一切运动之物体的运动都不是因为没有外力的作用，而是因为外力作用的结果。而且理论上确实也可以像托马斯·阿奎那所称的那样不断地追问每个运动物体

---

① 《神学大全》第二题"论上帝的存在"，赵敦华、傅乐安主编：《中世纪哲学》（下卷），商务印书馆，2013年3月第一版，第1325页。

的推动者,直到那第一推动。

存在这第一推动的唯一前提是:宇宙运动之物是有限的,我们不能作无限的追溯。这也正是托马斯·阿奎那的观点,即我们不可能无限止地追溯下去。这个观点是亚里士多德再三强调了的,他认为当我们论证万物时,"向上固然有个开端,向下延伸也不能无限,"[1]即对万物之因的追求不能是无限的,也就是说必须有一个终点、一个界限,就像逻辑推理中必须有一个作为起点的公理,这就是推理的前提。而在证明上帝的存在之中也必须用到这个前提。在托马斯·阿奎那之前的圣维克多学派的修夫和之后的邓·司各脱在证明上帝之存在时也强调了这一点。

这简而言之就是,当以运动证明上帝之存在时,一切的追溯总会追到一个尽头,达到尽头之日也就是找到上帝之时。

以上我们比较详细地分析了阿奎那关于上帝存在的第一个证明。一则由于篇幅有限,二则由于这些证明并不难懂,对于其它四个证明我们就简略言之了。

托马斯·阿奎那第二个证明上帝存在的方法是利用原因与结果的证明。

我们知道,宇宙中任何物之所以存在必有某种原因,可以说宇宙万物就组成了一个因果之链,没有任何东西不是这因果之链的一环,就像没有任何孩子没有父亲一样。

这样,物A是物B的原因,而物B又是物C的原因,物C则是

---

[1] 亚里士多德:《亚里士多德全集》(第七卷),苗力田主编,中国人民大学出版社,1993年1月第一版,第61页。

物D的原因,如此下去,但是否可以至于无穷呢?

当然不! 就像推动之链不能至于无穷一样。

这也就是说,我们推溯上去必然会找到一个最初的原因,这个最初的原因就是上帝。我们可以引用托马斯·阿奎那自己的话来说:

"因为我们在一些可感事物中发现一个动力因的系列,可是找不到而且也不可能找到某事物是自身的动力因,因为如果这样,它的存在比自己为早,这是不可能的。然而,在动力因之间也不能永远地推论下去,因为在一系列的动力因中,最初者是中间原因的原因(causa medii),而中间者无论是许多或者只是一个,总是最后一个的原因(causa ultimi)。如果除掉原因,则等于除掉结果。所以,如果在一系列的动力因中不先有最初者,则没有中间者,也就没有最后者。然而,如果对动力因永远地推论下去,则就没有最初的动力因,这样也就没有中间的动力因和受后的结果,这显然是错误的。所以必须假定有一个最初的动力因,它就是大家说的上帝。"[1]

我们不难发现,托马斯·阿奎那的这个证明方法实际上同第一个差不多,不过把运动改成了因果而已。还有,这同样是亚里士多德早就作过了论证的,他在论证万物的本原时曾说:

"用不着证明,确乎存在着某种本原,它不是没有限制的,既不能在直接后果方面无限制、也不能在种类方面无限制。"[2] 这就是

---

[1] 赵敦华、傅乐安主编:《中世纪哲学》(下卷),商务印书馆,2013年3月第一版,第1326页。

[2] 亚里士多德:《亚里士多德全集》(第七卷),苗力田主编,中国人民大学出版社,1993年1月第一版,第60页。

说，万物之存在必须有一个本原或者说第一因，而且这个本原乃是有限的。当然，对于基督教而言，这个有限就是唯一的上帝了，祂乃是万物之唯一的因，也是第一原因。用托马斯·阿奎那的话来说：

"故此，必须肯定有一原因，是第一原因。它就是天主。"①

托马斯·阿奎那的第三个证明方法运用的是可能性和必然性。

亚里士多德同样谈过这个问题，在《形而上学》的第六卷中，亚里士多德就指出偶性是存在的：

"在存在着的东西中，有一些永远如此（且出于必然），不是在强制意义下的必然，而是说它不可能别样；有些则不：出于必然，不永远如此，而是经常这样，这就是偶性存在的本原和原因。"②

不过他认为，关于偶性我们是不能有任何知识的，"因为全部知识或是关于长久或是关于经常的事物。"③

也就是说，偶性既然是偶性——偶然具有的性质，它就是关于事物偶然的、暂时的性质，不会是经常的、长久的，更不是永恒的，而要成为知识则必须是这样的，因此不存在关于偶性的知识。

托马斯·阿奎那的必然与偶然和亚里士多德差异非小，但仍然是在亚里士多德的基础之上发展出来的。

托马斯·阿奎那认为，世间万物虽然存在着，然而它们的存在

---

① 托马斯·阿奎那：《阿奎纳著作集·论真原》，吕穆迪译，安徽人民出版社，2013年8月第一版，第56页。

② 亚里士多德：《亚里士多德全集》（第七卷），苗力田主编，中国人民大学出版社，1993年1月第一版，第148页。

③ 同上，第149页。

并非必然，而只是一种可能，这就是他这个证明方法的起点。

我们先来谈谈这个起点。它其实不难理解。因为确实地，我们在世界中看到的各式各样的事物，从太阳地球到花鸟虫鱼张三李四，虽然已经实实在在地存在着了，然而其存在却并非必然，就像释家所言，万物都因十二缘起而生。然而这缘起并非必然，而是一种"纯粹的偶然性"。

这里我要对偶然与原因作一下区分，万物的存在只是一种偶然，然而却不是没有原因的，万物皆果，有果必因，即使秋叶一片也不致无因落地。

了解这一点后，托马斯·阿奎那便问：世间万物都只是可能而非必然，且有生必有死，天之道也，那么有否必然之存在呢？永恒之事物呢？

答案是有的。因为托马斯·阿奎那还有一个想法，如果万物只是可能的、暂时的，即它们可以存在、也可以不存在；现在存在、待会儿就不再存在，即一切都会有统归于无的时候。那么就一定会存在某个时候，到那时候一切都不再存在了、都归于空无了。反过来也可以说，再逆序上推，也必有一天，那些可能与暂时的事物一个都不存在。以托马斯·阿奎那自己的话来说："如果一切事物都可以不存在，则有一个时候就什么都没有。"

但这行吗？不行！所以托马斯·阿奎那接着说：

"但是，如果这是真实的，则现在什么也没有了，因为凡是没有的，不会开始存在，除非是通过某种存在者。所以，如果从来什么都没有，则不可能有什么事物开始存在，而现在也就什么都没有。这种说法显然错误的。所以，不是一切存在者都属于可能的，而是有些事物势必是必然的。"①

这段话简而言之就是说，那些可有可无的万物已经存在乃是一个显而易见的事实。所以，在世间可有可无的万物之上，必然存在一个必然之存在。而且这个必然之存在乃是其它一切可能存在之根、之母，是一切可能性得以成为实在的原因。

不用说，这个必然就是上帝。

托马斯·阿奎那提出的第四个证明是"事物存在等级的证明"。

托马斯·阿奎那看到万物不但在运动、有因果、是可能，而且看到了它们一个更为具体的特征——等级性。即万物，从无生命的金木水火土到有生命但不能走不能叫的植物到能走能叫但不能说的动物直到能走能叫能说话的人，明显地形成了一个等级结构。它们有好坏美丑之分、有高级低级之别。

这样，托马斯·阿奎那就自然而然地问：那么，是否有一个最美、最纯、最高级的存在呢？

答案是：有的。

这个最美、最纯、最高级的存在就是上帝。

如果说存在物的等级结构是金字塔式的话，那么上帝就是金字塔的顶尖。

我们借用托马斯·阿奎那自己的话来说：

"第四种方法是根据可以在事物中发现的等级（gradibus）进行证明。人们在事物那里会发现或多或少的善、真、高贵等诸如此类

---

① 《神学大全》第二题"论上帝的存在"，赵敦华、傅乐安主编：《中世纪哲学》（下卷），商务印书馆，2013年3月第一版，第1326页。

的东西。所谓或多或少的不同,乃是就它们接近最高标准的不同程度而言的,比如很热,就是指它同最热很接近。所以,一个最真实的、最美好的、最高贵的东西,也就是至高无上的存在。正如《形而上学》第二卷中说的,凡是最真实的东西,就是至高无上的存在。凡是在同一类事物中称之为至高无上者,则它就是追这类事物的总的原因,例如火是最热的东西,它就是一切热的东西的原因。这也是《形而上学》第二卷中所说的。所以,必须存在一个完善性和完美性作为万事万物存在的原因。它就是我们说的上帝。"①

这段话很容易懂,我就原文引用了。我们不难发现,托马斯·阿奎那论述的前半部分是可以成立的,即万物确实形成了一个等级结构,但是否就此可以断定有一个最高等级的存在呢?抑或这个最高等级的存在是否便是上帝呢?这就可资考问了。但这将是一个信仰的问题,那最高的等级究竟是何者其实也是无从考问的。

比起前面的几个证明来,下面这个证明,即通过万物之目的证明上帝的存在,要复杂一点。

这个证明简而言之是这样的,托马斯·阿奎那发现,世间万物虽然看上去错综复杂,但却似乎都有某个目的,都围绕着目的行事,仿佛它们是有眼睛有智慧的一样。

但我们同时也知道,万物,除了人,当然是没有智能的,特别是花草树木石头这些东西更是感觉智慧都没有,它们自己是不可能有这个目的的。

---

① 《神学大全》第二题"论上帝的存在",赵敦华、傅乐安主编:《中世纪哲学》(下卷),商务印书馆,2013年3月第一版,第1327页。

第十九章 托马斯·阿奎那的思想

那么是什么令它们看起来像有目的似地生存、运动着呢？

那就是上帝，上帝就像百步穿杨的养由基一样，以自己为弓、以万物为矢，令万物，从无情木石到有情男女，准确地、互相协调地、有序地朝向一个目的前进，就像箭飞向靶标一样。托马斯·阿奎那如是说：

"我们看到有些事物如自然的物体，并无知识，却有目的地活动着，而且常常或者说往往按照同一种方式进行活动，以便达到最佳的效果。显而易见，它们之所以达到目的，不是出于偶然，而是遵循着一个意向（intentio）。可是，无知的东西如果没有受到某一个有意识者和有理智者指导，是不会追求什么目的的，如箭要射箭者来发射。所以必须有一个理智者（intelligens），由于它，一切自然界的事物才能指向目的。它就是我们说的上帝。"[①]

在《反异教大全》里，在这个论证之后，托马斯·阿奎那说：

"故此，必须有一个实体，用上智的计划，配给所需，布置秩序，照顾指引，统制宇宙。这样的实体，吾人称之为天主。"[②]

关于托马斯·阿奎那这个"万物存在、运动皆有目的"的观点，我曾经认为很有疑问，认为我们完全可以说："虽然我们相信万物存在皆有其原因，运动也有开始的一刻，但我们并没有看到万物有什么目的啊，不但木石如此，连有智慧的人都是如此呢，试看，古今有多少人终日生活于混沌之中，从来没有什么人生目的，

[①] 《神学大全》第二题"论上帝的存在"，赵敦华、傅乐安主编：《中世纪哲学》（下卷），商务印书馆，2013年3月第一版，第1327—1328页。

[②] 托马斯·阿奎那：《阿奎纳著作集·论真原》，吕穆迪译，安徽人民出版社，2013年8月第一版，第56页。

活着便是活着，如此而已。"也就是说，在万物之中，我们看不到这个目的，至少不能如看到万物的运动需要推动那样看到万物存在的目的性。因此认为托马斯·阿奎那的这个证明谈不上有多少说服力。但现在的观点则有所不同，我们也许不能说万物有一个明显的"目的"，但说宇宙万物的安排是如此之巧妙，这却是显而易见的。说其有一安排者并不是不可思议之事。反言之，说这如此复杂无比又巧妙无比的宇宙万物之安排是自然而然的则更加令人狐疑。进一步地，倘若有这样的安排者，其必定是极大能者。当然，这个极大能者是不是基督教中的上帝耶和华还是如《黑客帝国》中所说的那个制造帝国的电脑工程师或者其他神奇伟大的创造者，那就是另一码事了。

至此，我们就讲完了托马斯·阿奎那关于上帝存在的五个证明，它们只是中世纪哲学中有关上帝存在的若干个证明之几个，当然是最明晰的证明。这五个证明有一个共同的特点，就是一方面源自于对上帝的认识，另一方面又基于对万物的认识，即从可以感知的万物的某些特征去论证上帝之存在。这种证明的方法是奥古斯丁开始的，这个我们在前面讲奥古斯丁时就说过了。奥古斯丁证明上帝存在的第二个方法就是从我们生活于其中的世界开始的。这个世界是何等的伟大、丰富而复杂，这个如此伟大、丰富而复杂的世界是怎样来的呢？是自己产生的吗？这显然是难以理解的，甚至是不可能的。一个更为合理的设想应该是有一个创造者，一个无比伟大的、万能的创造者，用另一个词来表达，那就是神。也就是说，我们不必亲眼看到神，仅仅从这个世界的伟大、丰富而复杂就可以知晓神的存在与万能。这就如奥古斯丁所言：

"在一切可见事物中，这个世界是最伟大的；在一切不可见事物中，上帝是最伟大的。我们看见这个世界存在，而我们相信上帝存在。
……
即使撇开先知们的声音，这个世界本身，依据它的变化运动的完善秩序，依据它的一切可见事物的宏大瑰丽，也已经无声地既宣告了它是被造的，也宣告了它只能由一位在宏大瑰丽方面不可言说、不可见的上帝来创造。"[1]

这一段话可以说是托马斯·阿奎那一切证明的基础。

第六节　论上帝本身

谈完了上帝的存在之后，我们来更进一步地谈论上帝本身。

毋庸置疑，基督教神学或者说经院哲学的一切目的都在于认识上帝。一般地说，当我们说要去认识某个事物之时，它有一个前提，就是这个事物是可以认识的，这样我们才会要去认识之。但这时候——当我们去认识上帝的时候，却首先要牢记一点，就是上帝是不可认识的。

这里的不可认识，指的是上帝的本质，我们此前——如在讲奥古斯丁时——我们已经一再指出过，此后——如在讲邓·司各脱时——也将再指出，神的本质是不可认识的，或者说我们不可能本质性地认识神。这是神学中一个基本的共识，直到现在都是一样。

---

[1] 奥古斯丁：《上帝之城》（上卷），王晓朝译，人民出版社，2006年12月第一版，第446—447页。

然而，这并不意味着我们不可以去认识神，或者对神完全没有认识。相反，我们对神是有认识的，或者说有所认识的，只是我们要区分这种认识乃是我们的认识，与神的本质之间有着玄妙的差别。总之我们对于神的认识乃是一种"我们身上的神学"，这就如刘小枫博士所言：

"从根本上讲，自在的神学对于人来说是不可能的。所谓'我们身上的神学'，指的是在我们人的有限度的理智中通过一般观念认识上帝，因此只能'含混地'（confuse）把握上帝。人的认识能够把握的，只能是与其有限的理智相应的对象，我们身上的神学就是我们的有限理智能够把握的上帝的知识。"①

这就是我们对神的认识的主要特点，即它是一种通过我们人的有限的理智而得来的一种"含混"的认识。

托马斯·阿奎那对于神的认识也是如此，即一方面承认神的本质是不可认识的，但另一方面又承认人的理智可以认识上帝，即我们可以达到对上帝的某些真理性的认识，如他在《论真原》之第三章"理性的和超越理性的知识"中所言：

"吾人关于天主，所称扬的真理有两种。一种超越人的理智能力，例如天主三位一体。另一种，是本性理智能力所能达到的，例如天主实有，天主惟一，和其他类此的真理。众位哲人，受本性理智光明的引导，用明证法，证实了许多此类的真理。"②

---

① 司各脱：《论第一原理》中译本导言，华东师范大学出版社，2008年3月第一版，第25页。
② 托马斯·阿奎那：《阿奎纳著作集·论真原》，吕穆迪译，安徽人民出版社，2013年8月第一版，第9页。

第十九章 托马斯·阿奎那的思想

不仅如此,托马斯·阿奎那还将此——即认识上帝或者说使上帝显示出来,作为其哲学之最主要的任务与使命,对此汉斯·昆评论说:

"无疑的是,尽管他大量运用高度发达的并且常常是过于发达的经院哲学技巧,阿奎那从来没有忘记他生命中最重要的使命。他在自己的第一部伟大的著作《驳异教大全》的开首,便表明了他的终生任务:'我很清楚我生命中的第一要务当然是让上帝通过我的一切言说感受展现出来。'所以对于大学教授阿奎那,就像对主教奥古斯丁一样,'神学'(theology)是对上帝的负有责任的言说。"[①]

这不但是对托马斯·阿奎那说的,也是对所有神学家说的,从奥古斯丁到波纳文德到邓·司各脱直到最后一位重要的中世纪哲学家苏亚雷,甚至直到现在的神学家们,虽然一方面承认神的不可认识性,但同时却又强调认识神、使神通过某种方式展现出来,使我们认识之、信仰之,这乃是神学家们最主要与神圣的使命。

既然如此,那么,我们怎么去认识神呢?

对于这个同样重要的问题,托马斯·阿奎那的回答倒不复杂,他所采取的方式就是我们早就强调过的方式,也就是我们在讲伪名丹尼斯时所讲过的方式,即肯定神学与否定神学。这也是伪名丹尼斯之后几乎所有重要神学家都采取的方式。而且,在两种神学之中,主要采用的是否定神学。这他在《论真原》之第十四章中明确地强调了,这一章之名就叫"否定法",也就是我们所说

[①] 汉斯·昆:《基督教大思想家》,包利民译,社会科学文献出版社,2001年5月第一版,第99页。

的否定神学，它另外还有别的名字，如消除法等。在这里，托马斯·阿奎那说：

"为进行研究天主的实体，主要应用的方法，是消除法。

天主的实体，超越吾人灵智，所能接触而知的一切性理和形式。祂是无限无量的。如此，吾人无力领悟、肯定的、积极的、天主是什么。但我们有一些否定的、消极的知识，知道天主不是什么。从祂的名下，消除祂所不能有的宾辞，我们能消除的越多，对于祂的认识，也便越真确密切。"①

对于什么是否定神学与否定法，或者什么是肯定神学与肯定法，大家可以参考前面的伪名丹尼斯一章，了解这一章对于我们了解整个经院哲学与神学都是十分必要的，甚至可以说，不理解伪名丹尼斯，就不可能理解神学，也不可能理解经院哲学。

在《论真原》的第十四章里，托马斯·阿奎那就用否定神学的方式对神进行了简要的分析，最重要的是找到了认识上帝的"出发点"：

"故此，用否定法，进行研究，以认识天主，首先从上面已证明的结论中，采取一个原理，就是：'天主，完全不是被动的'。天主，不被动而动，不变动，不变化，没有生死变化。这个大原理，是认识天主实体的出发点。"②

在这里可以看到，通过否定神学，托马斯·阿奎那找到了认识神的出发之点，或者神的基本"性质"，就是祂是不动的，理解这

---

① 托马斯·阿奎那：《阿奎纳著作集·论真原》，吕穆迪译，安徽人民出版社，2013年8月第一版，第59页。

② 同上，第60页。

第十九章 托马斯·阿奎那的思想

一点的确是我们认识神的出发之点。

为何这么说呢？这里不能深谈，简而言之，我们可以这样去理解：无论我们怎样认识神，从哪个角度分析神有这样那样的特点，例如祂创造万物、祂至善至美，诸如此类，但我们一定要清楚的是，这一切都是我们的认识，神也的确如我们的认识，但无论我们怎样认识，这些认识是不会触动神的，至于神本身，祂永远是不动的，也没有任何的变化，即使神在创造万物之时，也是不动的。

这其中的含义我们有必要去好好品味，还可以联系一下巴门尼德，他对于存在即有是这样说的：

"'有'是不可分离的；因为它完全是自身同一的。它不在任何一处加多，不然它不会联系在一起；它也不减少，因为全体充满了'有'。"①

巴门尼德的观点简而言之就是存在是唯一的和不动的。在这一点上，存在与上帝的含义是基本一致的，我们可以由存在的不动而理解或者导出上帝的不动。

至于在认识上帝时为什么主要采用否定神学而不是肯定神学，这道理也和伪名丹尼斯所说的是一样的，因为神超越一切，我们对于神不是什么是可以确知的，例如我们说神不会喝水、不会吵架、不会胡思乱想，如此等等，当然都是成立的，而且确凿无疑。而对于神是智慧的、善的、美的，这些分析却不具有这样的特点，即不是确凿无疑的，当然不是说神不是智慧的、善的、美的，而是说这

---

① 黑格尔：《哲学史讲演录》（第一卷），贺麟、王太庆译，商务印书馆，1959年9月第一版，第266页。

些说法本身是有疑问的，即这些词用之于神本身是有问题的，所以不如前面的否定说法那么确凿无疑。

还有，我们同样要注意的是，当我说神是智慧的、善的、美的这些说法有问题时，它们主要的问题乃是在于这些词语本身并不是用来指称上帝的，而是用来指称一般之物的，因此它们不可能如实地描述上帝的特性。但这种不能如实具体指明的乃是上帝是超越于这些词所具有的含义的，而不是不够。即上帝是超越于智慧的、善的、美的，而不是不够智慧的、善的、美的。

还有，既然我们用智慧的、善的、美的这些词去描述上帝，这里其实就蕴含着一个预定的观念：上帝具有如智慧的、善的、美的这样类似的性质，正因为如此，我们才可以用智慧的、善的、美的去描述上帝。反言之，倘若上帝与智慧的、善的、美的这些性质完全不相关，那么我们如何可以用之去形容上帝呢？这是一个简单的逻辑问题。

但对于这个问题并没有统一的见解，因为这样的观念将导致另一种观念：上帝是可以认识的，智慧的、善的、美的乃是对于上帝真切的甚至确凿无疑的认识，这里又与上面所说的上帝的本质是不可认识的相矛盾了。

这确乎是一个矛盾，例如善，我们说上帝是善的，但如迈克·贝梯（Michael Beaty）在《阿奎那论神圣（上帝）之善"》中所言：

"'上帝是善的'这一说法在《圣经》之中被肯定，并被基督教、犹太教、伊斯兰教等有神论宗教所广泛接受。然而这一传统的信条给有神论者提出了一系列有趣而又复杂的哲学问题。例如，一

第十九章 托马斯·阿奎那的思想

方面,既然上帝不是作为这个世界中的某一世俗性的存在物,那么从根本上讲我们是否可以谈论上帝之善呢?"①

善如此,智慧的、美的同样如此,一方面,我们必须承认上帝是这样子的那样子的——这些都来源于人的认识,但同时却又要说上帝是超越于人的一切认识的,两者皆不可废,但它们又是显然存在矛盾的,其中的确产生了一系列"有趣而又复杂"的哲学问题,产生了许多的争议。这个争议我们将在后面讲邓·司各脱时再细说。

简单地说,司各脱认为存在、真、善等词汇可以用之于上帝,这是与否定神学不相同的肯定神学,是用肯定神学的方式来描述上帝。在托马斯·阿奎那看来,这种肯定神学对于我们认识上帝同样是必要的。

那么,为什么肯定神学是必要的呢?它的合理之处又在哪里?

这答案就在受造物之中,即我们所感受到的万物之中。

在托马斯·阿奎那看来,既然万物是由上帝所创造的,上帝通过祂的理念创造了万物,那么在万物与上帝之间必然有所联系,有所类似:

"凡起源于上帝的事物,也就相似于上帝,正如结果产生于原因而相似于第一原因。"②

这就是说,我们之所以可以通过万物去认识上帝,根本原因就在于在上帝与万物之间有一种相似性,正是这种相似性使得我们

---

① 凯利·克拉克、吴天岳等编:《托马斯·阿奎那读本》,北京大学出版社,2011年9月第一版,第100—101页。

② 《神学大全》第三题"论上帝的单纯性",赵敦华、傅乐安主编:《中世纪哲学》(下卷),商务印书馆,2013年3月第一版,第1340页。

可以通过了解万物去认识上帝。例如万物之中有智慧的、善的、美的，这些都是好的性质，所以我们由之可以认识到上帝也同样具有这样的性质。

在《论真原》中，托马斯·阿奎那对于这种万物与上帝之间的相似性以及基于其上的类比性的描述作了许多的说明，特别是在《美善：生存的盈极》中所在多有，① 例如在第三十四章"通指辞：同名通指"中，托马斯·阿奎那举了健康的例子：

"宾辞称指天主和万物时，既不是同名异指，也不是同名同指，而是同名通指：指示多方对于一方有某某秩序或关系相通相连。"

紧接上文，阿奎那指出多方之间，关系相通的方式有二：

"第一方式，是'多对一'。例如：相对着一个健康，说'动物健康'，是说：'动物是健康的主体'。说'医药健康'，是说：'医药治病恢复健康'，'医药是产生健康的原因'。说'食物健康'，是说：'食物保养身体的健康'。又说'尿色健康'，是说：'尿色是健康的症验'。'健康'二字，给这许多主辞作宾辞，指示它们对于健康有相通的关系；本此关系，彼此之间也有一些关系和秩序的连贯。"②

最后，托马斯·阿奎那得出这样的结论：

"如此，既然吾人先知万物，后知天主；由万物推知天主；故此吾人所定的名辞给天主和万物作宾辞，依所指的事物，先称天主，后称万物；依所包含的知识和名理，先称万物，后称天主：用

---

① 参见托马斯·阿奎那：《阿奎纳著作集·论真原》，吕穆迪译，安徽人民出版社，2013年8月第一版，第126页。

② 同上，第147页。

第十九章 托马斯·阿奎那的思想

之以称万物,便见其意义更显真确。吾人既在知识上是由果知因,故在制定名称时,也是借效果的名称,加以变通,称指原因。换言译之:原因的知识得自效果,原因的名称也是得自效果。"[1]

这时的效果就是万物了,也就是我们对于上帝的认识乃是从万物之中而来的,这万物乃是上帝的效果,也就是说是上帝创造的结果,我们是通过由果而知因去认识上帝的,在因与果之间必然有着相似之处。

托马斯·阿奎那更进一步地指出,上帝与万物之间的相似,更为具体地说乃是上帝存在于万物之中,他的《神学大全》的第八题名就叫"论上帝存在于万事万物中",在第一讲"上帝是否存在于万事万物中?"中,他说:

"所谓上帝是在万事万物中,并不等于上帝是万事万物本质的一部分或者是其偶性,而是指作者亲临其间。"[2]

这里的"亲临其间",托马斯·阿奎那在后面明确地指出是"上帝势必极其紧密地存在于万事万物之中"。

从字面意义上看,这些话可能导致泛神论,托马斯·阿奎那当然不是泛神论,他在这里所说的上帝存在于万物之中,其具体含义是说上帝乃是万物之原因:

"上帝由于其本性崇高无比而超越一切,可是他之所以存在于

---

[1] 托马斯·阿奎那:《阿奎纳著作集·论真原》,吕穆迪译,安徽人民出版社,2013年8月第一版,2013年8月第一版,第149页。
[2]《神学大全》第八题"论上帝存在于万事万物中",赵敦华、傅乐安主编:《中世纪哲学》(下卷),商务印书馆,2013年3月第一版,第1348页。

万事万物之中,如前面说的,是因为他是万事万物存在的原因。"[1]

这些话很明白,不用多解释。这里要指出两点:

一是在上帝与万物之间是万物相似于上帝而不是相反:

"根据类型的相似,果如上述,与其说天主相似万物,毋宁说万物相似天主,更为适当。天主是万物所仿效的标本。万物却不是天主所模仿的标本。天主本身之所有,全善全美。万物所得之秉赋,来自天主,偏而不全。"[2]

这是托马斯·阿奎那在《论真原》之第二十九章"模仿与模范"中之所言,这是不用说的,当然不能够说上帝类似于万物,而要说万物类似于上帝,就像我们不说父亲长的像儿子,而要说儿子长的像父亲一样。

二是正是基于这样的认识,托马斯·阿奎那鲜明地提出可以经由万物或者说受造物去认识上帝。他的《神学大全》的第十二题名就叫"我们怎样认识上帝?",在这里,托马斯·阿奎那指出:

"在现世我们不可能如实地认识上帝的本质,然而我们可以通过他在受造物的一些完美性中的表现去认识他的本质,我们给上帝起名称,就是指示他的本质。"[3]

至于认识的工具,当然就是上帝所赋予我们的理智了。在托马斯·阿奎那看来,我们人天生就有一种能力,能够认识具形象的个

---

[1] 《神学大全》第八题"论上帝存在于万事万物中",赵敦华、傅乐安主编:《中世纪哲学》(下卷),商务印书馆,2013年3月第一版,第1348页。

[2] 托马斯·阿奎那:《阿奎纳著作集·论真原》,吕穆迪译,安徽人民出版社,2013年8月第一版,2013年8月第一版,第131页。

[3] 《神学大全》第十二题"我们怎样认识上帝?",赵敦华、傅乐安主编:《中世纪哲学》(下卷),商务印书馆,2013年3月第一版,第1364页。

体之物之上的抽象之存在，正是这种本事可以让我们认识上帝。所以他在第十二题的第四讲"受造的理智凭其本能能否认识上帝的本质？"中说：

"受造的理智既然凭自己天赋的本性，通过抽象的分解方法，认识到具体的形式和具体的存在，那么通过神恩就能上升到认识独立的实体和独立的实体存在。"①

通过上面的分析我们就可以知道了为什么在托马斯·阿奎那看来我们人是可以认识上帝的，而且说明了我们当如何去认识上帝，以及这种认识所得到的结果是什么，当然就是如上帝是唯一的、不动的、智慧的、善的、美的，如此等等，不一而足、不言而喻，也不必多说了。

至于在上帝的所有这些性质或者说名称之中，那最重要的，从某个角度上说也是唯一的名，当然就是存在了，这也是经院哲学家们包括托马斯·阿奎那在内共通的观念，正如吉尔松所言：

"'啊！我主我天主，当梅瑟问你，最真实的导师，他应该用什么名字来向以色列子民称呼你，你深知他们会死的悟性会怎样理解，而向他们展示你祥福的名字，你回答说：我是自有者。可见你是真正的存有、完全的存有。我相信这点，设若可能，我也会明白这点。啊！我主，请帮助我，从你称呼你自己的存有开始，按照我所秉赋的理性能力，去明白你的真相。'这段文字之充实与重要无可比拟，因为它一来就设立了天主教哲学的真正方法，以及其他真

---

① 《神学大全》第十二题"我们怎样认识上帝？"，赵敦华、傅乐安主编：《中世纪哲学》(下卷)，商务印书馆，2013年3月第一版，第1359页。

理所从出的第一真理。"①

这第一的真理当然就是：上帝的存在，即上帝是存在的、上帝的存在与本质是一体的，乃是对上帝最好且最真的诠释。

第七节 上帝如何创造万物

上帝固然是至圣至善的，但对于我们人而言，或者说对于我们人来说，更为重要的也许是我们自己、我们所在的这个世界，因为正是在有了这个世界、有了我们有理智的人类，我们才能知道上帝、奉事上帝。

那么，我们这个世界是如何来的呢？这就是有关上帝的创造的问题了。

在这个问题上，托马斯·阿奎那的观点是很正统的，与奥古斯丁等的观点差别并不是很大，也没有那么复杂。

首先，在托马斯·阿奎那看来，上帝是从虚无之中创造万物的。

这是上帝创世的第一特点，它表明了两点：一是在上帝创造世界之前世界是不存在的，即是虚无的；二是上帝创造世界是不需要什么原料或质料的，祂可以从一无所有的空虚之中创造世界，即无中生有。

这个观点是不难理解的，但也是很基本的。世界万物究竟是怎样产生的？是从无中来还是从有中来？这个问题直到今天都依然是

---

① 吉尔松：《中世纪哲学精神》，沈清松译，上海人民出版社，2008年11月第一版，第58页。

第十九章 托马斯·阿奎那的思想

一个问题。早在古希腊时期恩培多克勒就说过，万物都是由水火土气四大元素按比例混合而成的，四大元素不会消灭，因此宇宙万物不会真的死亡或消失，而只是组成万物的四大元素的凑合与分裂。这是和现代科学的基本理论之一物质不灭定律相符合的。这种观点意味着世界是无所谓诞生的，有的只是物质形式的转化，但这又与现代科学的另外观念，例如宇宙的诞生理论存在一定的矛盾，在这种理论里，物质是有产生的，在产生之前并没有现在这样的物质世界。这也和我们中国的老子的观点是一致的，即有生于无，无中可以生有："天下万物生于有，有生于无。"[①]黑格尔后来更直接地说纯有就是无，而有就是从无中产生的。[②]在这个问题上，奥古斯丁的态度是很鲜明的，即认为上帝是从虚无中创造世界的，当然他也提出了一些似乎不同的假设，例如说上帝是以某些没有形式的质料来创造世界的，但这并不意味着这些质料是独立于上帝的，因为倘若这些质料是绝对没有形式的，那么它们就是虚无，"甚至比无更为无"。[③]

对于这个问题，托马斯·阿奎那的态度则比奥古斯丁的更加坚定，他认为上帝就是从虚无之中创造世界的，中间没有什么其它东西，也不需要其它环节。

我们还可以从另一个角度理解这个问题。我们知道，在托马斯·阿奎那等神学家们看来，上帝自身只是一个纯粹的存在，即上

[①] 《老子》第四十章。
[②] 参见黑格尔：《小逻辑》，贺麟译，商务印书馆，1980年7月第二版，第192页。
[③] 参见柯普斯登：《西洋哲学史》（第二卷），庄雅棠译，台湾黎明文化事业有限公司，1988年3月第一版，第105页。

帝本身是没有质料的，更不像这个世界的那些物质一样，是由一些小颗粒——可以称之为分子——组合而成的。如托马斯·阿奎那在《论真原》第十八章"实体单纯精一：纯生存"中所言："在天主以内，没有任何潜能和亏虚。故此，在祂以内，没有任何分子的组合。"[①]他在第二十章"形体"又说，天体也没有什么可感知的"形体"："凡是形体，都有广展连接的体积，是合成体，并含有许多部分。天主却不是合成体，故此，天主不是形体。"[②]这些都是神学中关于上帝一些基本的观念，这些观念所说的简而言之就是，上帝是不具有任何可感知的特性的，也就是，祂不是我们所谓的物质，或者说是一种纯粹的"精神"与"意念"，祂是先在于一切的。因此之故，祂也只可能从虚无之中创造万物。倘若不如此，即有一种物质的性的东西先在于非物质性的上帝的话，这是无论如何说不通的。也是与基督教神学的基本理念相违背的。

总之，上帝是从虚无中创造世界的，这是上帝之创造最基本的观念。

其次，上帝是以其自由意志创造世界的，或者说，当上帝创造世界之时，祂是绝对自由的。

这里面大致包括两个方向的内容：一是上帝不一定要创造世界；二是上帝将这个世界创造成什么样子完全依赖祂的意志。

这两点对于上帝的创世都是十分重要的，倘若上帝一定要创造世界——这是阿维洛伊所持的观点、也是托马斯·阿奎那极力反对

[①] 托马斯·阿奎那：《阿奎纳著作集·论真原》，吕穆迪译，安徽人民出版社，2013年8月第一版，第73页。

[②] 同上，第78页。

的观点，那么上帝当然在创造世界之时就不是绝对自由了，而且对于上帝的至上是一种亵渎。理由很简单，打个比方吧，倘若上帝一定要创造世界，就像一个铁匠一定要他打铁一样，不打不行，这样祂还是至高的上帝吗？当然不是的！就像那个工匠一样，他甚至都可能不是一个自由的工匠，而是一个作坊里的奴隶，不打铁不行，会被主人打骂甚至杀掉卖掉的。所以承认上帝一定要创造世界就等于说还存在着比上帝更高的力量，例如古希腊神话中的"命运"之类，那是基督教神学所绝对不能容忍的。

至于将这个世界创造成什么样子，那当然也是上帝的自由了，难道有一种更高的力量去命令或者促使上帝将万物创造成这样那样吗？当然没有！也不可能有，这是不言而喻的。

对于上帝的从虚无中创造世界及其创造时的自由，大卫·伯内尔有这样一段精彩的话：

"犹太教和基督教对《创世记》的阅读，将关于先在原料的言之不详当作文本内在叙述结构的一部分，坚持认为上帝从虚无中创造了宇宙；即，没有预设任何东西用来操作。因而哲学上的工作就是澄清'纯粹的起源'，而神学上的工作则是表明这一行为完全是无缘由的。如果造物主与创造像希伯来《圣经》所假设的那样，就不能预设任何原料或创世的动机。这就是索科罗斯基所认为的那一区分显得最为重要的地方：只有上帝能够不创造还是上帝，那创造才是创造。不存在任何外在的动机或内在的需求使得上帝要去创造。"①

还有，从上帝的创造并且是自由创造这个议题还可以让我们想起其它一些有关的问题，例如，既然世界是由上帝创造的，那么这个世界就不可能是永恒的，这也是显而易见的，也是基督教所坚持一个根本观点，如托马斯·阿奎那言：

"我们必须要坚定地支持，如天主教信仰所教导的，世界并不始终存在看，而且这个立场不为任何物理上的证明所动摇。"②

此外，既然上帝是万能的并且是自由地创造世界的，那么是否上帝可以创造一个比现在的世界更好的世界？或者可否创造很多个世界？与我们这个世界平行存在？这些问题又涉及到了另外的问题，即上帝的万能。

进一步地，既然上帝是万能的，那么祂是否可以创造一个和我们这个世界不同的世界？是否可以创造一个更好的世界？甚至更好的无数个世界？或者进而言之，上帝是否可以创造一块祂搬不动的石头？一头会说人话的驴，如此等等，随着上帝创造的来临，这些问题统统就都来了。

对于这些问题我们在这里只能简单地回答，首先，上帝是否可以创造一个比现在的世界更好的世界？或者同时创造多个世界？在托马斯·阿奎那看来，首先，上帝所创造的这个世界一定是善的，这是毋庸置疑的。因为上帝为什么要创造万物呢？也许有人会以

---

① 《阿奎那和司各脱论造物主与被造物的区分》，见凯利·克拉克、吴天岳等编：《托马斯·阿奎那读本》，北京大学出版社，2011年9月第一版，第150页。

② 柯普斯登：《西洋哲学史》（第二卷），庄雅棠译，台湾黎明文化事业有限公司，1988年3月第一版，第510页。

为上帝创造万物是为了显示祂的存在与伟大,需要人来崇拜祂、对祂歌功颂德。不是这样的,上帝是自我满足的,并不需要人去崇拜才能满足。上帝之所以要创造万物,在于上帝是无限的完美而且至善的,祂之所以要创造万物,乃是为了要让万物分享祂的至善与完美。这正如托马斯·阿奎那所言:

"正确的创世观,说上帝凭借圣言创造了万物,这排除了那些说上帝受必然性制约而产生万物的错误。当我们说在上帝之中有一个爱的过程,我们表明上帝不是因为需要万物而造他们,也不是因为任何外在的原因,而是由于对其自身的善的爱。"[①]

这样一来,就预示了两个结果:

一是万物能够分享上帝的善与美,这是显而易见的,既然上帝创造万物是为了要其分享祂的善与美,那么祂所创造的万物当然能够达到祂创造的目的,即分享祂的善与美。

二是上帝所创造的世界与万物是善与美的,这也是显而易见的,既然万物分享了上帝的善与美,那么万物自然也具备了善与美等,——当然不能与上帝的相比,上帝是绝对的、无限的善与美,是善与美等的本身,而万物只是相对的、有限的善与美,是善的或者美的。就像托马斯·阿奎那在《神学大全》中所言:

"任何事物,只要存在,都是善的。

任何事物,只要存在,都是现实的,而且具有一定的完美性,因为任何现实都是一种完美(perfectio),而完美则有其可追求性和

---

① 凯利·克拉克、吴天岳等编:《托马斯·阿奎那读本》,北京大学出版社,2011年9月第一版,第153页。

善性，所以一切存在都是善的。"①

于是，由此就可以回答那个问题了：上帝所创造的这个世界是善与美的，这是肯定的。我们可以进一步地设想，上帝应当说以一种可能的最好的方式来创造这个世界的，因为上帝是至善的，祂当然会这样做。但是，并不可以因此说上帝不能创造一个更好的世界，上帝既然是万能的，就原则上或者绝对的角度上说，祂当然可以创造一个更好的世界，或者甚至创造多个的世界，这些都是可以的。但是，这样一来，例如当上帝把我们的世界创造得更好之后，那实际上就不是我们的世界了，而是另一个世界了。这也就是说，对于万物或者世界，它们的存在与本质应当是一致的，例如我文某只是一个思考哲学的，百米跑要二十多秒，倘若我跑一百米只要9.8秒或者甚至只要9.57秒，这样假设当然可以，但这时候我的存在与本质将会一起变化，我将不是现在的文某了，而是短跑运动员文某了，是比博尔特跑得还快的世界第一飞人！因为现在博尔特的百米世界纪录是9.58秒。

这种存在与本质相一致的观念我们将在后面讨论苏亚雷的哲学时再细说。还有，正是因为认为上帝万能的观念，后来的布鲁诺提出来上帝可以甚至已经创造了无数个世界。②

至于上帝是否可以创造一块祂搬不动的石头或者一头会说人话的驴等这些问题，也是神学中的一个老问题了，前面我们在讲波

---

① 《神学大全》，第三题"论上帝的单纯性"，赵敦华、傅乐安主编：《中世纪哲学》（下卷），商务印书馆，2013年3月第一版，第1341页。
② 参见布鲁诺：《论无限、宇宙和诸世界》，田时纲译，人民出版社，2010年10月第一版，第111页。

纳文德和后面讲库萨的尼古拉时都讲到。在波纳文德看来,既然上帝是万能的,祂可以做一切的事,也知道自己为什么会做某事,但是否会做某事、怎样做此事,完全取决于上帝自身!我们人是无法干预,甚至于是无法理解的!库萨的尼古拉则说,既然上帝是万能的,当然什么都可以创造,包括那些似乎会导致上帝自相矛盾的事,包括创造一块自己搬不动的石头,上帝也是不在话下的。

托马斯·阿奎那的回答则是和奥古斯丁相似而与库萨的尼古拉不一样的,在托马斯·阿奎那看来,上帝既然是万能的,当然原则上可以做一切的事情,创造一切的东西。但这并不意味着上帝真的会去做一切的事,而是说,上帝是凭借祂意愿而做事的,有些事情上帝是不可能去做的,例如那些互相矛盾的东西,它们根本不可能成为上帝所要做的对象。在《论真原》第八十四章"意志与本身不可能的事物"中,托马斯·阿奎那专门讲了这个问题:

"理证一:本身不可能的事物,是自身以内,本体互相冲突。例如'既真是人,又真是驴'的一个动物,是本身不可能的,因为人的真性本体和驴的真性本体,是互相冲突的,不会合成一个动物;因为人的灵魂是有理性的,驴的灵魂却是无理性的。两物冲突,不但互不相容,而在所必有的事物上,也是互不相容,一方之所必有,必是对方之所必无。例如驴的生存,必无人性所必有的理智。

……

故此:'天主愿意本身绝对不可能的事物',这一个论句,是不可能的。"[①]

[①] 托马斯·阿奎那:《阿奎纳著作集·论真原》,吕穆迪译,安徽人民出版社,2013年8月第一版,第338页。

这也就是，虽然上帝是全能的，但并不表示上会做一切之事，上帝只是做那些所有可能的东西，即不自相矛盾的东西，这并不表示上帝能力有限制，而是说，那些有内在矛盾的东西根本不可能成为上帝要做的对象。

我们还可以从这个角度去理解：既然上帝是至善的，那么祂做的事情就也是善的，而自相矛盾，像那些是人又是驴的东西，上帝是不会去创造的，类似的事上帝也是不会去做的。

与此类似地，还有有关恶的问题，在托马斯·阿奎那看来，恶就像自相矛盾一样，并不是上帝所做的，上帝所创造的一切事物都是善的，恶乃是一种缺乏：

"任何事物，只要存在，决不能称之为恶。所谓恶，乃是缺乏某种存在，例如人之为恶，只是缺乏美德（virtus）眼睛有病只是缺乏视力。"[1]

托马斯·阿奎那的这个观点，即恶乃是一种缺乏，和此前新柏拉图主义的观点是相似的。这也不难理解，所谓恶当然就是缺乏善了，就像缺乏视力人就成了瞎子一样。我们还可以参考奥古斯丁有关恶的产生的思想，在奥古斯丁看来，上帝绝对不是恶的原因，即恶不是由上帝创造的，也没有决定人去为恶。[2]那么恶源自何方呢？奥古斯丁认为有两种类型的恶，一是具体的恶事，那来自贪婪。[3]

---

[1] 《神学大全》，第三题"论上帝的单纯性"，赵敦华、傅乐安主编：《中世纪哲学》（下卷），商务印书馆，2013年3月第一版，第1342页。

[2] 参见奥古斯丁：《论自由意志》，成官泯译，上海人民出版社，2010年1月第一版，卷一，第一章。

[3] 同上，第三章，第75页。

第十九章 托马斯·阿奎那的思想

至于哲学意义上的恶则起源于人的自由意志，奥古斯丁的《论自由意志》卷三第十七章名字就叫"意志是一切罪的根本原因"，里面指出"邪恶的意志是万恶之原因。"[①]

托马斯·阿奎那对恶的认识与奥古斯丁相似而不同，在他看来，恶抽象地说是缺乏善。但具体地说又分为两种，一种是自然之恶，即万物之恶，例如万物都有产生与灭亡，人也有生老病死，这些对于人来说可以说是一种恶，因为它们令人感到痛苦。但在托马斯·阿奎那看来，这种恶是必须的，因为自然界是和谐的，一个和谐的自然需要一种秩序才能美，美在于和谐吗！而要和谐，就必须有万物的等级秩序，也就是说，既要有必然的东西，也要有或然的东西，这也是万物等级的一种，对此托马斯·阿奎那说：

"天主首先愿爱自己全体效果共有的公善，次则爱及某一个体的私善。宇宙全体的公善，齐全美备，更肖似天主本体的美善，宇宙美善的完备，需要有某些或然性的事物：否则，物类品级不是应有尽有，则宇宙无以成全其美满。为此理由，天主的意志，也愿意宇宙间实有一些或然性的事物。"[②]

丑与恶都是这种或然的东西，即既要有美的东西，也要有丑的东西，如此等等，才能构成宇宙万物美与和谐的秩序。

无疑，托马斯·阿奎那的这个观点是很深刻的，也是有道理的，我们只要想想，倘若这个世界上没有生老病死，那么我们自己

[①] 奥古斯丁：《论自由意志》，成官泯译，上海人民出版社，2010年1月第一版卷三，第十七章，第170页。

[②] 托马斯·阿奎那：《阿奎纳著作集·论真原》，吕穆迪译，安徽人民出版社，2013年8月第一版，第340页。

还会存在吗？一切会是什么样子？不可思议吧！所以这些"恶"乃是宇宙的秩序之必需。

关于道德上的恶，托马斯·阿奎那认为其根基在于人的自由意志。在他看来，人是有自由意志的，上帝给了人自由意志。这也意味着，上帝知晓了，人在有了自由意志之后，就必然会为恶——倘若不可为恶，那还是什么自由意志呢！而上帝给人自由意志乃是给人莫大的善，所以，上帝是为了使人享有这个莫大之善才允许人有道德之恶。也就是，上帝是为了给人以善才允人以恶。但是，这些恶可不是必然的，而是偶然的。托马斯·阿奎那在《反异教大全》之《论万事》中专门详细地讨论了这个问题，在其中专门有一部分名"善恶：生存的得失"，详细地讲了恶之产生的问题。从名字就知道他认为恶的起源了，如第四章"恶劣是意外的偶然"、第五章"恶劣事与偶然事"、第六章"恶劣事与意外事"、第十章"恶劣生于善良"、第十一章"恶劣基于善良"、第十二章"善恶消长"、第十三章"恶劣出生的原因"、第十四章"恶劣的原因与物之附性"、第十五章"众恶无原"，等等，其观点简而言之就是只有善是必然的、由人之本质而来的，而恶只是一种偶然、人无有恶之本质：

"总结可知：恶劣、作原因，是由于附性的偶然，不能是由于自性的本然。"①

这种也许可以以我们的《三字经》中的观点简单地表述为："人之初，性本善，性相近，习相远。"

---

① 托马斯·阿奎那：《阿奎纳著作集·论万事》，吕穆迪译，安徽人民出版社，2013年8月第一版，第51页。

第八节　人的灵魂与肉体

在上帝所创造的万物之中，人无疑是最为核心的，也是托马斯·阿奎那的神学与哲学所必须要、必然会特别关注的。

而人最显明的特点是人是由灵魂与肉体结合而成的。肉体好说，要理解人就要理解灵魂及灵魂与肉体及这二者之间的关系。

关于灵魂与肉体，尤其是关于灵魂，是每一个神学家都需要面对的问题，此前的大分神学家都将灵魂与肉体看成大体是分立的，例如奥古斯丁，他对灵魂进行了许多的研究，例如他认为人是灵魂与肉体的结合、灵魂高于肉体，等等，这些都是基督教通常的思想。但他也提出了一些比较独特的思想，例如灵魂是怎么来的，他反对认为灵魂来自于上帝、与上帝相联的观念，而是说，灵魂是和肉体一样为上帝所创造的，甚至设想了上帝是如何创造灵魂的：

"神周围有一定的空气，他先吸进一些空气，然后又呼出来，当他把气吹在人的脸上的时候，就形成了人的灵魂。"[①]

当然，奥古斯丁承认这只是一种设想而已，在灵魂的问题上，他实际上是慎之又慎的。

托马斯·阿奎那没有这么谨慎，他对人之灵魂与肉体也提出了相关的理论，因为这对于神学理论是不可或缺的。

他关于人的第一个重要命题是：人是灵魂与肉体的统一。

[①] 奥古斯丁：《论灵魂及其起源》，石敏敏译，中国社会科学出版社，2004年10月第一版，第188页。

托马斯·阿奎那认为，人是灵魂与肉体二者的统一。这个统一表现在：任何个体的人，从王侯将相到平民乞丐都是灵魂与肉体的结合，二者同时存在于每一个活着的人身上，它们紧密联系、互相作用，共同构成了一个完整的人。对于任何现实的人而言这二者都是不可或缺的，它们一旦分离，那么人也就不存在了，就走向死亡了。

托马斯·阿奎那在这里强调了灵魂与肉体的不可分离性。在他看来，人的灵魂与肉体的结合乃是一种形式与质料的结合，肉体是质料，灵魂是形式，二者紧密结合共同构成了一个统一的人。

对于这个与肉体结合的灵魂，托马斯·阿奎那特别强调的一点就是：人只有一个灵魂：

"吾人却肯定，每人只有相同的一个灵魂：它结合肉身维持肉身的生活，它也用自己的理智治理自己。"[1]

每个人只有一个灵魂，它"用自己的理智治理自己"，也就是，灵魂是有理智的，因此托马斯·阿奎那还给了它一个名字，就是理智灵魂或理性灵魂，人只有这个灵魂。其《宇宙间的灵智实体问题》第三问就叫"人本体统一与灵肉无间"，他在这里说道：

"个体独立的'此某人'，除理性的灵魂以外，没有别的实体性理。人所以然是人，不但是人，而且同时是动物，又是生物，又是实体，又是物体。"[2]

这就是说，人虽然似乎具有众多的性质，例如既是人，又是

---

[1] 托马斯·阿奎那：《阿奎纳著作集·论万事》，吕穆迪译，安徽人民出版社，2013年8月第一版，第219页。

[2] 同上，第61—62页。

动物、生物——有生命之物,还是实体与物质,等等,人拥有不同的身份或者说归属不同的类别,但这些都由统一于人的理性灵魂之中。

这是什么意思呢?我们可以将理性灵魂理解成一种能力——在奥古斯丁那里也是这样的,这样一来,人作为动物,能够感觉与运动,作为生物,有生命、能够生长繁殖,如此等等,这些能力都结合在理性灵魂之内。正因为有了这个理性能力,当其与肉体结合之后,人才能成为人,也才能成为动物或者生物等。对此托马斯·阿奎那还说过:

"理智活动的原则我们称之为人的灵魂,是一个无形的、完全的实体的原则。它也被称之为心灵或理智,它的行动可以不以肉体为内在部分。只有独立的东西才能独立地行动。"[1]

将理性或者说理智灵魂当成一种能力,这乃是我们理解灵魂的一条很好的途径。当然,理性或者说理智与灵魂是不一样的,即二者不是一体的,这是显而易见的,因为理智只是一种能力,而灵魂乃是一种独立的存在者,二者当然不同。具体来说,理智只是灵魂的一种能力,托马斯·阿奎那《神学大全》的第七十九题名字就叫"论理智能力(potentiae)",其第一讲就叫"理智是灵魂的一种能力吗?",在这里他明确地说:

"理智是灵魂的一种能力,不是灵魂的本质。……在理性的受

---

[1] 转引自赵敦华:《基督教哲学1500年》,人民出版社,2005年5月第一版,第391页。

造物那里，理智则是一种理解能力。"①

既然理智是灵魂的一种能力，所以恰当的称呼应该是"理智的灵魂"或者说"拥有理智的灵魂"，这样的灵魂是一个独立的实体，就如托马斯·阿奎那所言，理性灵魂的本性在于"它是一个理智实体，它不是肉体，它的力量也不依赖肉体。"②

"理智实体"也就是拥有理知的实体，即灵魂是一个拥有理智的实体。这应该是托马斯·阿奎那对灵魂的一种基础性的理解了。

我们再来说肉体与灵魂。就像灵魂与理智一样，托马斯·阿奎那认为人是肉体与灵魂之统一，这也并不说明在他看来，灵魂与肉体是同等重要的。相反，他认为二者是有明显的区分的。

这种区分首先表现在肉体与灵魂都是各自独立的，肉体与灵魂虽然结合为人，但它们并不一定要结合，而是可以各自独立。

肉体是不用说的，它当然可以独立，例如人死后，灵魂离开了肉体，但肉体并没有消失，它还在，只是已经没有了生命，成了一个死的东西。

灵魂也和肉体一样是独立的，托马斯·阿奎那在《神学大全》的第七十五题的第二讲就是"人的灵魂是一种独立存在的东西（aliquid subsistens）吗？"在这里他说："人的灵魂，所谓理解和心灵，是一种非物质的和独立存在的东西。"③

---

① 《神学大全》第七十九题"论理智能力（potentiae）"，赵敦华、傅乐安主编：《中世纪哲学》（下卷），商务印书馆，2013年3月第一版，第1388页。

② 转引自赵敦华：《基督教哲学1500年》，人民出版社，2005年5月第一版，第391页。

③ 《神学大全》第七十五题"论人是由精神实体和物质实体组成的，然而灵魂是首要的"，赵敦华、傅乐安主编：《中世纪哲学》（下卷），商务印书馆，2013年3月第一版，第1385页。

第十九章 托马斯·阿奎那的思想

也就是,人死后,灵魂并没有消失,它只是离开了肉体而已。离开后怎么办呢?当然就是去三个可能的地方了:地狱、炼狱或者天堂。

肉体与灵魂的各自独立是它们区分的基础,在这个基础之上可以对它们作更进一步的区分。

我们可从两方面看这区分,一是特征,二是地位。

就最表面的特征而言,灵魂与肉体当然是不同的。灵魂是看不见摸不着的,就如老子所言,"视之不见名曰夷、听之不闻名曰希、搏之不得名曰微"[1],灵魂就类似于夷、希、微的整合了,因为它既看不见,也听不到,更摸不到。而这些恰恰是肉体的特征。

但这并不说明肉体要高于灵魂,而是相反。灵魂高于肉体,这是基督教神学的一个共通观点。托马斯·阿奎那的《神学大全》第七十五题的名字就叫"论人是由精神实体和物质实体组成的,然而灵魂是首要的。"[2]这明确地指出了灵魂高于肉体。

为什么灵魂比肉体要高级呢?这可以从多个角度去看。

首先,作为质料的肉体是速朽的,人的生命一旦终结,它也就腐朽了,不管这肉体生前是多么的美如西施貂蝉还是丑如无盐嫫母,都变成了骷髅一堆,最后化为尘土。这就是死亡,是任何人,哪怕是圣徒彼得或圣师托马斯·阿奎那都无法避免的死亡。就像西方一句俗语所言:"死神踏着公平的脚步,迈过穷人的茅屋和王侯的华府。"或者像《红楼梦》所言:"昨宵红绡帐底卧鸳鸯,今日黄

---

[1] 《老子》第十四章。
[2] 参见《神学大全》第七十五题,赵敦华、傅乐安主编:《中世纪哲学》(下卷),商务印书馆,2013年3月第一版,第1383页。

土垅中埋白骨。"

但灵魂就不同了。托马斯·阿奎那认为，人的灵魂是不朽的。即使肉体死灭了，灵魂也不会随同肉体一同腐朽，相反，它将永生，在"人本体统一与灵肉无间"中，他如此说："灵魂异于肉身，有如'不朽'之异于'可朽'。"①

还有，其《论万物》之第七十九章名字就叫"灵魂不灭、物质不灭"，在此章中托马斯·阿奎那论证了为何灵魂不灭，并且明确地说："人类的灵魂，随人而生，不随人而死。"②

这灵魂不死的观念我想大家都很熟悉。我们中国人自古以来就有这说法，不但中国人有，几乎一切民族都有，都相信人的肉体死后灵魂是不死的。但对这个肉体死后灵魂的出向就有不同的观点了。总的来看大体有两种：一是转世投胎说，二是永恒持一说。

转世投胎说是我们中国人的说法，其源则是印度。这是认为人死了后，阎王在对死者的一切进行清理后，善人就会立即投胎到富贵人家，享受来世的幸福，恶人则会被分别投入十八层地狱，处以各式各样的刑罚，轻者板打鞭抽，重则上刀山下油锅。我小时在乡下曾见过给死人"做道场"，挂着描述各种地狱刑罚的画，真是恐怖之极。令我感到古怪，怎么世间还有人竟敢做坏事！难道是因为这些下地狱的恶人并不是要在地狱永远受苦，而是受过苦后也会转世投胎吗？但那又有什么好？他们投胎也没资格投进富贵人家，而是要作奴作仆甚至作牛作马。

---

① 托马斯·阿奎那：《阿奎纳著作集·宇宙间的灵智实体问题》，吕穆迪译，安徽人民出版社，2013年8月第一版，第65页。

② 托马斯·阿奎那：《阿奎纳著作集·论万事》，同上，第337页。

第十九章　托马斯·阿奎那的思想

永恒持一说就是基督教的说法了。大家如果读过但丁的《神曲》，就会看见人死后会有三个去处：地狱、炼狱和天堂。那些纯洁的好基督徒们要上天堂，在那里享受永恒的幸福；总的来说是好基督徒，但也做过一点儿坏事，不那么纯洁的人则要先到炼狱去受上几年罪才能上天堂。至于那些坏蛋们就要到地狱去了，在那里他们将遭受无边的苦难。

然而对于地狱里受苦的人们，最可怕的痛苦并不是受火烤蛇缠之类的苦，而是他们将永受如此的苦，永远没有得救的希望。在地狱的大门之上镌刻着这样的铭文：

> 从我，是进入悲惨之城的道路；
> 从我，是走进永恒痛苦的道路；
> 从我，是走进永劫人群的道路；
> ……
> 你们走进这里的，把一切希望捐弃吧。[①]

我想大家会明白为什么说这是最可怕的苦，因为即使不讲地狱天堂这些死后才会知道到底有没有的事，对于我们每个现实的人而言、对于我们现实的人生而言，最可怕的难道是挫折与痛苦吗？不是，如果我们相信自己明天会更好，那么现在受苦又有什么关系？但如果我们被告知，我们将永远受这样的苦，永远没有幸福生活的希望——有什么比这更痛苦的呢？

[①] 但丁：《神曲·地狱篇》第三歌，朱维基译，上海译文出版社，1984年2月第一版。

但所幸的是，对于我们每个人而言，至少几乎对于每个人而言，希望是永在的。

我们回过头来说灵魂，不管是转世投胎也好，永享欢乐或永受痛苦也好，总之灵魂是不朽的，而肉体是必朽的。这就是灵魂与肉体的差别。

其次，尽管人的个体是由灵魂与肉体不可分离地构成的，但它们在这个构成之中所起的功能是不一样的。打个比方说吧，作为质料的肉体是一堆石头木料，而灵魂则是建筑师。如果没有石头木料当然建筑师也不能建成房屋，但如果没有建筑师，石头木料就只是一堆无意义的石头木料而已。当然，灵魂与肉体的结合较之石头与建筑师的联系还要紧密得多，也因此如果没有灵魂，肉体就较之没有建筑师的石头更无意义了。这是一，即无灵魂的肉体是无意义的，也可以这样说：是灵魂赋予了肉体以意义。按托马斯·阿奎那的说法，是灵魂成全了肉体：

"身体被动，而发生运动，是因为它在形体的构造和生存上，受到了灵魂的充实和成全。"[①]

从这一点就导出了灵魂与肉体之间关系的第三点，即当肉体与灵魂结合起来后，二者中起主导作用的是灵魂而非肉体。这里我们可以回到上面的比方：灵魂是建筑师，而肉体则是建筑师用以搞建筑设计的工具。工具当然要听人的，是为人所控制的。同样肉体也要听灵魂的，也是为灵魂所控制的。所以在《宇宙间的灵智实体问

[①] 托马斯·阿奎那：《阿奎纳著作集·宇宙间的灵智实体问题》，吕穆迪译，安徽人民出版社，2013年8月第一版，第64页。

题》里，托马斯·阿奎那说：

"灵魂是'施动者'，又是性理。施动的任务是经管。"①

这里的"经管"，就是经营管理之意，即灵魂是肉体的经营与管理者。他又说：

"灵魂，为成全自己，结合肉身，不但为从'事形物象'中，领悟事理和物性；而且为成全自己种名所指的性体；并为完成许多别的动作，运用形体。"②

在《论万物》中，托马斯·阿奎那也说："灵魂乃身体的性理和现实。"③这里的意思和上文也是相似的，就是说灵魂乃是身体实现现实价值与潜能的所在，或者说，只有有了灵魂，身体才有意义与存在之必要。

通过上面的分析，不但说了灵魂是肉体的主宰，还说明了灵魂之所以要结合肉体、利用肉体的原因，是为了要"成全自己"，即"成全自己种名所指的性体"，这就是指人了，也就是说，使身体成为人的"现实"、实现其成为人的"潜能"。因为没有灵魂的肉体是不能称为人的，当然没有肉体的灵魂也不能称为人，只有与肉体结合之后才能成为人，因此之故，灵魂为了成为人就必须和肉体结合，这就是它与肉体结合的基本原因。

还有一个原因是：灵魂要完成某些"动作"，例如要感觉，那是离不开肉体的。灵魂只是一种意识或者说意志，不是物质性的东

---

① 托马斯·阿奎那：《阿奎纳著作集·宇宙间的灵智实体问题》，吕穆迪译，安徽人民出版社，2013年8月第一版，第65页。
② 同上，第66页。
③ 托马斯·阿奎那：《阿奎纳著作集·论万物》，同上，第213页。

西，没有感觉器官，当然不能感觉，所以，倘若灵魂想要感觉，就必须依赖肉体，或者说是利用肉体。

以上我们说明了人肉体与灵魂的统一，二者不可分割，共同才构成了人，但二者地位不一样，即灵魂高于肉体。这乃是托马斯·阿奎那对于人基本的认识。

在此基础上，我们再来看一下他对于人的意志与自由意志的理解。

托马斯·阿奎那认为，人除了有感觉与理智这些能力之外，还有另外一种也很重要的能力，就是意志。

这也就是，意志乃是一种能力，并且是与理智相关的能力，具体地可以说，意志乃是来自于理智的，他说：

"因有智力，故有意志。有什么样的智力，便有什么样的意志。"①

这里的智力就是理智，在《神学大全》里，其第八十二题就是"论意志"，里面有这样一段话：

"为此，凡称之为自然的，就是它符合本性的倾向，同样，凡称之为意愿的，就是它符合意志的倾向。由此可见，既然不可能既是强制的又是自然的，同样也不可能既是强制的或侵犯的又是意愿的。可是，目的的必然性并不违背意志，因为要达到目的，不能不采取办法，例如想过海，必然想到有船。至于自然的必然性同样也不违背意志。正如理智必然要依靠第一原理，意志必然要追求最终

---

① 托马斯·阿奎那：《阿奎纳著作集·论真原》，吕穆迪译，安徽人民出版社，2013年8月第一版，第303页。

目的，即追求幸福。"①

从这里我们可以看到托马斯·阿奎那对于意志的四点理解：

一、意志就是人自己的意愿，所以它不能带有强制，否则就不是意志了。

二、意志是与目的相关的，有意志就是说要达到某个目的。

三、意志是与方法相关的，就是说为了要达到某个目的，就要采取某种方法，这是必然的，这种必然性并不违反意志，只是一种必要性而已。

四、意志是与幸福相关的，即意志必然要追求幸福。

这四点都不难理解，我们可以就自身举例说明，我有某个意志，指的当然是我有某个目的，意志当然总是与目的相联的，没有目的也就无从表明我有意志。例如我有结婚成家这个意志，当然也说明了结婚成家就是我的目的。还有，这个当然不能带有强制性，倘若我不想结婚成家，而想出家修行，当个僧人或者修士，那么结婚成家就不会是我的意志了。此外，为了达到目的，我当然要采取某些措施，要做某些事，这也是必然的，也是必需的。例如我想要结婚成家就必须去找对象，还要想法子找到自己心仪的对象，这些都需要想办法，正是在这些办法之中体现了我的意志。又，我们为什么要有这个那个意志？例如为什么要有结婚成家的意志？当然是为了幸福！这也是显而易见的。

与意志相关的是自由意志，在托马斯·阿奎那看来，人是有自

---

① 《神学大全》第八十二题"论意志"，赵敦华、傅乐安主编：《中世纪哲学》（下卷），商务印书馆，2013年3月第一版，第1393页。

由意志的,他的《神学大全》第八十三题就是"论自由意志",在其第一讲"人有无自由意志?"中,他说:"人是有自由意志的,否则忠告、鼓励、命令、禁令、奖励和惩罚,就毫无用处了。"①

具体来说什么是自由意志呢?很简单,自由意志是和意志相关的,上面说,意志是与方法相关的,即人为了达到目的、实现意志需要做一些事,采取某些方法,在这个过程之中,人有选择的自由,即人可以选择采取什么样的方法去达到目的、实现意志。这个自由选择就是人的自由意志。

另外,既然意志是一种能力,自由意志当然也是一种能力。我们前面谈过恶与自由意志的关系,在那里,自由意志就可以理解为人为恶的能力。这也正体现了托马斯·阿奎那对于自由意志的一种理解,即自由意志乃是一种中性的能力,即它没有善恶之分:

"由于有知识,我们很好地开展理智活动,直到认识真理。反之,由于恶习,就为非作歹。可是,自由意志对于好和坏是不偏不倚的。由此可见了自由意志不可能是一种习性,所以它是一种能力。"②

我们上面谈了理智与意志,它们都是人的能力,那么二者之间是平等的吗?有没有地位的差异呢?就像肉体与灵魂一样?

对于这个问题,托马斯·阿奎那也作了回答,《神学大全》的第八十二题"论意志"的第三讲就名为"意志的能力是否高于理智?"他认为,如果根据理智和意志各自的自身来考察,那么理智

---

① 《神学大全》第八十三题"论自由意志",赵敦华、傅乐安主编:《中世纪哲学》(下卷),商务印书馆,2013年3月第一版,第1397页。

② 同上,第1401页。

是比意志高级的，因为它们各自的对象不同。其中理智的对象乃是善的理念（ratio）本身，或者说善本身，而意志的对象则是善者，即具体的善的行为与表现，在这二者之中，善的理念当然是更抽象的纯粹的善，善的行为只是这个抽象的善的表现而已。托马斯·阿奎那指出："凡是越纯粹的和越抽象的东西，则其本身也就越高贵和越高级。所以，理智的对象比意志的对象要高尚。"[①]

但这只是说的通常而言，在某些情形之下则是相反的，例如当面对上帝时，理智是要去理解上帝，而意志则是直接地爱上帝，两相比较，当然爱上帝比理解上帝要高级。就像托马斯·阿奎那所言："爱上帝胜过认识上帝。"[②]这也是基督教神学中另一个很重要的原则。

第九节　论知识

对于我们人而言，我们拥有理智也罢、意志也罢、自由意志也罢，它们都是我们人的一种能力，这时候，我们可以继续问一个这样的问题：当我们拥有这些能力之后，我们要去干什么呢？或者说，我们拥有这些能力是为了什么呢？

对于这些问题，可以从这些能力之中获得的东西作为答案，那就是知识。

我们人之存在，当我们存在的一刻起，与这个世界接触，那结

[①] 《神学大全》第八十二题"论意志"，赵敦华、傅乐安主编：《中世纪哲学》（下卷），商务印书馆，2013年3月第一版，第1395页。

[②] 同上，第1396页。

果是什么?当然就是知识,即我们对于这个世界的认识,只有在认识之后才产生其余的一切。我存在,然后我认识,此后才有其它。

为什么如此?因为人不同于一般动物,人有普通动物所没有的认识能力,这种认识能力可以使我们形成知识,能够形成知识,乃是人之为人的一种标志。

现在我们就来看看知识是如何形成的。

关于托马斯·阿奎那认为的人的认识或者说知识的形成过程,赵老师有一个简明的总结:

"人的认识开始于感觉,经历了由感觉到理智知识的发展过程,在此过程中依次认识有形事物、可感形式与抽象形式,这三种认识对象分别为外感觉、内感觉与理智的活动把握。"[1]

这是不难理解的,我们下面将对之作出更详细的说明。

如上所言,在托马斯·阿奎那看来,人类知识的形成当然是一个过程,即是一个认识的过程,知识的形成就像产品的制成一样,先是原料,经过几道工序之后逐步加工而成为产品。

我们现在就来详细描述一下知识这个"产品"的"制成"过程。

我们知道,制造产品必须有三样基本的东西:生产者、生产工具和生产原料。制造富翁们用的奔驰轿车如此,制造"知识"这种产品同样如此。

那什么是制造知识所需的生产者、生产工具和生产原料呢?

生产者当然就是人。

人为什么能够"生产"知识?当然是因为我们有生产的能力,这

---

[1] 赵敦华:《基督教哲学1500年》,人民出版社,2005年5月第一版,第392页。

种能力既是一个整体,即产生知识的能力,又可以分成以下几个部分或者说几种:灵魂、感官、理智,正是这三者的综合形成了知识。

首先是灵魂。在托马斯·阿奎那看来,人是由肉体与灵魂组成的,肉体是质料,灵魂是形式,二者之中灵魂是主要的,肉体可以说是灵魂的一种必需的工具而已,灵魂需要这种工具才能够成为人。将这种观点移植到认识中就是说,当我们认识之时,首先起作用的是灵魂而非肉体,肉体只是灵魂的一种认识的工具而已。我们可以设想灵魂是居于我们肉体之中的一个看不见的"精灵",它指挥肉体干一切的事,包括认识,肉体则完全服从灵魂的指挥。所以在托马斯·阿奎那看来,知识的真正始源乃是灵魂,这是我们要注意的。

那灵魂是怎么开始认识的呢?第一步是与可感之物接触。由于灵魂完全可以统摄肉体,也与肉体融为一体,它当然有这样的能力。

这是不难理解的,但此后就要注意了,就是灵魂在接触可感之物后,这可感之物就被排除了其物质性,而以一种非物质的形式进入了人之内。例如一块黄金,它自身当然是一黄色的个体之物,但当我们认识了它的颜色时,那进入我们认识之中的只是一种黄色的"形式"而不再有原来的"物质性"了。[1]

这当然是好理解的,当我们感知到那块黄金,进入我们认识中的当然只会是那种黄色的"形式"而不可能是真的黄金。

还有,不难看出来,灵魂通过肉体获得的这种形式就是感性认

---

[1] 参见《神学大全》第八十四题、第一讲,赵敦华、傅乐安主编:《中世纪哲学》(下卷),商务印书馆,2013年3月第一版,第1404页。

识，托马斯·阿奎那认为，能够获得对事物的感性认识乃是人的认识能力的三个等级或者种类中的第一种，他说：

"认识的能力有三种等级：第一种认识能力是肉体感官的活动，如感觉。而任何一种感觉能力都是以存在于有形物质之中的形式为对象的。由于有形的物质又是个体化的原则，所以无论哪一部分的感觉功能都只能认识个别的东西。"①

这就是说，感觉乃是第一种认识能力，它认识的对象是物质之中的"形式"，并且是以个体之物为认识基础的。

但这里要注意的是，这个认识能力的三种等级并非都是人的，其中第三种乃是天使的，这种能力是纯粹以物质之外的形式即"纯形式"为对象的，只有天使才有，天使可以超越物质本身的物质性而从纯形式的角度去认识，他称之为"天使的理智"：

"……天使的理智，这种认识能力是以存在于物质之外的形式为对象的，因为即使天使认识物质的东西也不是从物质事物本身去观察它们的，而是从自身和上帝身上去观察它们的。"②

人的认识能力就是第一和第二种了，第一种是感觉，第二种就是理智，具体地说就是人的理智了，为了方便，以后我们都直接说理智，若是指天使的理智，会特别说明。

在托马斯·阿奎那看来，这第二种认识能力即人的理智，"既不是肉体感官的活动，也不是和有形物质有任何何联系的活动"，

---

① 《神学大全》第八十五题"论认识的方法和程序"，赵敦华、傅乐安主编：《中世纪哲学》（下卷），商务印书馆，2013年3月第一版，第1426页。

② 同上，第1427页。

第十九章 托马斯·阿奎那的思想

而是一种"灵魂的能力"。[①]

不用说,人从这种理智的结果所获得的认识就是理性认识了。

更为详细地,在托马斯·阿奎那看来,在从感性认识到理性认识的过程中,要经过一些环节,首先是灵魂通过肉体感知个体之物后,首先形成一种"心像",即心灵之印象,这些"心像"都是一种非物质的"形式",此后人的理智就接手了,这种理智我们又称为知性。知性又分为两种,即主动知性与被动知性,或者说主动理智与被动理智。在托马斯·阿奎那看来,主动理智起着主要的作用,他说:

"认识基本概念是人类的活动,所以大家必然具有作为这种活动根源的能力,这能力非主动的理智莫属。"[②]

为什么呢?因为主动理智能够形成"概念",也就是共相。托马斯·阿奎那认为,共相是主动理智通过对"心像"进行抽象加工而形成的,它形成了我们对于事物的普遍性的认识,例如从一个个的人经抽象加工形成了人的概念、从一棵棵的树形成了关于树的概念,这些概念或者说共相乃是理性认识直接的基础与源泉。

主动知性或理智在形成这些共相或概念之后,再将它们印入被动知性,然后它就在我们的认识之中"显现"出来了。也就是我们终于获得了对事物概念性的认识,例如了解了什么是树、人、野兽,如此等等。而这是普通动物所不具备的能力,例如猴子可以看到一棵棵树,它却无法形成关于树的概念,只有人有这个本事。

[①] 参见《神学大全》第八十五题"论认识的方法和程序",赵敦华、傅乐安主编:《中世纪哲学》(下卷),商务印书馆,2013年3月第一版,第1426—1427页。

[②] 《神学大全》第七十九题"论理智能力",同上,第1391页。

有了这样的共相或者概念性的认识作为基础,其它一切知识就自然地来到了,例如各种科学知识,还有形而上学知识,而最高级的当然是有关上帝的知识。

至于这其中所采用的具体方法,托马斯·阿奎那也作了说明,那就是综合与分析或者说推理。他在《神学大全》第八十五题"论认识的方法和程序"中的第五讲"我们的理智是否通过综合和分析而认识的?"中说:

"人的理智要有所认识,必然依靠综合和分析。……因此,必须对事物进行综合和分析才能获得一个完整的认识,或者说必须逐个进行综合和分析,这就是推理。"①

至于认识更加细致的过程,由于篇幅有限,我们就不多说了。

以上是托马斯·阿奎那关于知识形成的大致过程。

讲完这个之后,我们要来分析与知识或认识相关的三个问题:

一、理性认识与感性认识之间关系如何?

二、有没有天赋观念?

三、形而上学如何可能?

这三个问题是互相关联的,我们首先来看第一个问题。

从前面的认识过程中我们可能想当然地得到一些观念,例如认为感性认识先于甚至优于理性认识,因为感性认识乃理性之母吗!但托马斯·阿奎那恰恰不这么认为。他认为理性认识是高于感性认识的。因为我们从感性认识所获得的不过是一些模糊的心像而已,

---

① 《神学大全》第八十五题"论认识的方法和程序",赵敦华、傅乐安主编:《中世纪哲学》(下卷),商务印书馆,2013年3月第一版,第1441页。

这些心像只是一些原料，它们是朦胧不清的。虽然名为认识，但实质上不能称为认识，只有通过理智，具体来说是主动理智去对它们进行反映与抽象，使之变成抽象的共相才能真正为我们所认识，我们也才能形成有意义的真正的认识，也因此理性认识比感性认识更好、更完善。对此他说：

"越是非物质地把握所认识事物的形式，认识也就越完善。由此可见，理智不但把形式从物质中抽象出来，而且还从个体化了的物质条件下抽象出来，所以理智的认识比感觉完善。"①

还有，从上面也可以看出来，就认识而言，认识之为认识主要是理性认识的结果而非感性认识的结果，他说：

"就映像来说，理智活动是由感觉引起的。可是，映像不足以改变可能的理智，而必须由主动的理智使映像变成现实地可理解的，所以不能说，感性认识是理智知识总的原因和全部原因，它至多在一定程度上可被看作质料因。"②

我们可以打个比方，现在有一尊美丽的大理石雕像，它之成为一尊雕像主要是谁的功劳呢？是雕刻家还是石头？当然是雕刻家。这也是亚里士多德一贯持有的观点。因为在他看来，质料永远离不开形式，质料只是一种"可能性"或者"潜能"，是形式使之显现与存在的，没有形式，它就永远不可能存在与显现。③还有，个

---

① 《神学大全》第八十四题"灵魂如何认识那些与自己相关的而又比自己低级的有形体"，赵敦华、傅乐安主编：《中世纪哲学》（下卷），商务印书馆，2013年3月第一版，第1408页。

② 同上，第1424页。

③ 参见亚里士多德：《亚里士多德全集》（第七卷），苗力田主编，中国人民大学出版社，1993年1月第一版，第172页。

别事物之所以是这个东西，例如一尊大理石雕像，我们不称其为大理石——虽然它的质料是大理石，而称其为雕像——这是它的形式，在这里质料是用来形容形式的，也就是说，形式是中心词，而质料只是某种类似的"形容词"而已，是其次的，总而言之就是说：

"质料就是一个部分，因为只有含有质料，某物才得以生成。"①

前面波纳文德也采用了亚里士多德的这个观点，同样认识物质由形式与质料构成，其中形式高于质料。

所以，托马斯·阿奎那在总结感性认识与理性认识时说：

"感性认识并不是理智认识的全部原因，所以，如果理智认识超越感性认识，就没有什么可奇怪的。"②

更进一步地，托马斯·阿奎那说虽然在认识的某一阶段——开始的阶段，感性认识是先于理性认识的，即我们先认识个体之物然后才认识普遍事物即共相：

"理智认识在某一阶段时是以感性认识为先导的，而感性是以个别事物为对象的，理智却是以普遍事物为对象的。所以，对我们来说，认识个别事物先于认识普遍事物。"③

但这只是表面现象，到最后，真正先认识的是普遍的事物即共相，然后才是个体之物。这也好理解。什么是认识？或者说什么是

---

① 亚里士多德：《亚里士多德全集》（第七卷），苗力田主编，中国人民大学出版社，1993年1月第一版，第165页。

② 《神学大全》第八十四题"灵魂如何认识那些与自己相关的而又比自己低级的有形体"，赵敦华、傅乐安主编：《中世纪哲学》（下卷），商务印书馆，2013年3月第一版，第1425页。

③ 《神学大全》第八十五题"论认识的方法和程序"，同上，第1436页。

人的认识？那一定要对事物有比较深刻的理解，这些理解当然只能在形成对事物的概念性认识之上才能形成。而在一开始的感性认识之中，对事物的认识肯定是模糊的、不清楚的，只有在形成概念之后才能形成对事物清楚的认识。例如人，我们怎样才能深刻地理解人？首先要知道人是一种动物，然后才能在这个基础之上深刻地认识人，所以托马斯·阿奎那说：

"我们的理智首先是认识动物，然后是认识人。由此可见，普遍的事物比不太普遍的事物为我们先认识。"①

第二个问题是有没有天赋观念？

这是哲学史上的一个大问题，特别是到了近代西方哲学中，从笛卡尔开始对这个问题将有很多的讨论，这些讨论实际上主要是从托马斯·阿奎那开始的。

托马斯·阿奎那对这个问题的态度是很明确的，就是没有天赋观念。我们知道，所谓天赋观念就是说我们人天生就有某些观念，这些观念当然不是存在于肉体之中，而是存在于灵魂之中，但灵魂中可能有这样的天赋观念或者说天赋的知识吗？没有！因为灵魂不会如此健忘，倘若有，灵魂是一定会自己记起来的，这样就会导致这样的结果：我们用不着感性认识也可以获得知识，其中包括那些逻辑上最为明确的知识，例如整体大于部分之类。但实际上我们没有，即倘若没有后天的感觉材料，我们是不能够获得这些知识的。他还举了盲人的例子：

---

① 《神学大全》第八十五题"论认识的方法和程序"，赵敦华、傅乐安主编：《中世纪哲学》(下卷)，商务印书馆，2013年3月第一版，第1437页。

"如果缺少某种感觉,那么就缺少这种感觉所能把握的事物的知识,例如天生的盲人不可能有颜色的知识,因此,如果理智灵魂天生具有一切可理解的事物的知识,就不会出现这种情况。所以,应当承认,心灵并不是凭天生具有的理念(rationes)去认识事物的。"①

他的意思就是说,倘若人有天赋观念,那么天生的盲人也会有关于颜色的知识,但这是不可能的,也就是说人没有生而就有的知识或者说天赋观念。

这个观点不难理解,我们不必多说。但托马斯·阿奎那的这个观念对后世的影响很大,例如罗吉尔·培根就认为有天赋观念,数学知识似乎是天生的、只需要回忆就能够得出来。而到了根特的亨利那里采取了一种折中的态度,一方面像托马斯·阿奎那一样否认了柏拉图式的天赋观念说和知识回忆说,也否认了罗吉尔·培根的观点,但又不绝对否认天赋观念的存在,认为关于上帝存在这样的观念是天赋的,然而这并不是说我们天生就一定能够认识这种观念,这种观念真正的形成并且为我们所认知还是和经验有关的,即我们要先依赖经验而形成某些知识,当我们得到这些知识之后,那关于上帝的观念才能够真正地显现给我们,我们也才能得到关于上帝的观念。再后来,到了邓·司各脱那里,又重新回到了托马斯·阿奎那的观念,认为知识都是来自于感觉经验的,一切知识都

---

① 《神学大全》第八十四题"灵魂如何认识那些与自己相关的而又比自己低级的有形体",赵敦华、傅乐安主编:《中世纪哲学》(下卷),商务印书馆,2013年3月第一版,第1411页。

第十九章 托马斯·阿奎那的思想

是来自后天的，没有天赋观念，人生下来时是一块"白板"。[①] 不用说，这些思想是直接源自托马斯·阿奎那的，并且更走向了极端。还有，后来的笛卡尔则会反对托马斯·阿奎那和邓·司各脱这类的观点的，他的同胞洛克则是举双手赞成，洛克后来就提出了"白板说"，但不能不说是他们都直接地或间接地受惠于托马斯·阿奎那。

最后我们来谈谈形而上学如何可能？

根据上面的天赋观念说，我们的一切知识都是来自于可感之物，而形而上学研究的对象是存在，更进一步地是作为纯存在的上帝，它们都是超越于可感之物的，既然如此，形而上学如何可能呢？

这个问题看起来难，实际上很好解释。形而上学当然是可能的。我们前面说过，理智在认识的过程之中并没有与可感之物直接接触，它能接触的只是由可感之物形成的心像，理智正是在这些心像的基础之上形成了共相，然后就是各种理性认识了。现在我请问：在心像与共相之间有没有联系呢？当然是有的！这些心像与共相实际上都是可感之物的形式，这些形式一方面是存在于可感之物中的——可感之物乃是形式与质料的结合，同时形式又可以为我们灵魂所知。因为形式是抽象的，当然可以为我们的灵魂所知，也就是可以被我们认识。

托马斯·阿奎那在谈到这个时，说到，"有些人认为，我们具

[①] 参见柯普斯登：《西洋哲学史》（第二卷），庄雅棠译，台湾黎明文化事业有限公司，1988年3月第一版，第675页。

有的认识能力只能认识自身的感受,例如感觉只能感觉其器官的感受。按照这种观点,理智除了自己的感受之外,就无所认识了。"①但他分析道,这种观点是错误的,因为我们的理智所认识的并非那些可以感知的物质的东西,而是那些物质的东西的形式,这些东西的形式虽然存在于灵魂之外,但既然都是形式,灵魂当然可以认识它们,他说:

"……所以,如果我们接受到的是土的形式,而不是土本身,那么正如亚里士多德所说的那样:'在我们灵魂中的不是石头,而是石头的形式。'正由于这种理解形式,灵魂才认识灵魂之外的事物。"②

也就是灵魂或者说理智认识可感之物乃是认识其形式,而且这形式是可以认识的。

还有,我们知道,可感之物是由形式与质料组成的,在这些事物的形式与质料之中,形式乃是更高的,它才反映了事物的本质,因此之故,既然我们可以理解形式,那就当然可以理解事物的本质。

而在事物的"本质"之中哪个是最基本的呢?当然就是存在了!存在乃是事物最根本的形式,从某个角度上看也是最高的形式。所以,以存在为首要研究对象的形而上学当然是可能的。

---

① 《神学大全》第八十五题"论认识的方法和程序",赵敦华、傅乐安主编:《中世纪哲学》(下卷),商务印书馆,2013年3月第一版,第1432页。

② 同上,第1434页。

第十节　论道德与幸福

关于托马斯·阿奎那的思想我们最后要谈的两项是伦理学与政治学，这两部分思想在托马斯·阿奎那哲学中不居于主导地位，我们简要言之。

首先来看一下他的伦理学。

我们知道，伦理学主要包括两方面的内容，即道德与幸福。关于道德，道德的主要内容当然是关于善与恶，这个问题我们前面讲阿奎那的上帝创世时已经说过了，简而言之就是说，任何事物，只要存在，就都是善的，决不能称之为恶，所谓恶乃是缺乏某种存在，例如人之为恶，只是缺乏美德，就像眼睛有病只是缺乏视力。这是一种"自然之恶"，另有一种道德之恶，乃是为了人有自由意志，上帝就给了人为恶的机会。

这些主要是从形而上学的角度理解善与恶、分析道德，此外，托马斯·阿奎那还从人的角度去分析了道德。

在托马斯·阿奎那看来，人是有道德的，他关于道德的观念是来自于亚里士多德的，即认为道德或者说德性的主要内涵就是中庸。

我们在前面讲亚里士多德时说过，亚里士多德认为一种良好的道德的核心之点就是要中庸，所谓中庸就是位于过度与不及之间，即既不要过度，也不要不及，这与孔夫子著名的中庸之道的含义也是一样的，所谓"仲尼曰：'君子中庸；小人反中庸。'"[①] 亚里

---

① 参见《礼记·中庸》。

士多德还具体地说明了什么是中庸,例如勇敢这种美德。什么是勇敢?勇敢就是居于怯懦与鲁莽之间的禀性。"勇敢就是中间性,是中庸。"①

我们理解了亚里士多德的中庸,也就理解了托马斯·阿奎那的中庸。

与中庸相关的是理性,什么是理性呢?在这里它主要指人在力求实现自己的目的时所采用的方式。"人活动的规则和准绳是理性,因为指引人类活动向着最后目的,是属于理性的功能。"②我们人活着是有许多目的的,道德就是一种目的,上帝也是,幸福也是,这些都是我们追求的目的,我们要追求这些目的、达到这些目的,那么就需要理性。因此,我们可以这样简明地理解理性:所谓理性是人类一种能够评价、判断某一个行为、活动并且依据这种评价而采取相应的措施的能力。

所以,理性与目的是密切相关的,有目的才有理性的需要。而人有什么样的目的呢?人的目的是多层次的。正是在这里托马斯·阿奎那又提出了自然法的观念。

不过,有关自然法的分析我们还是等到后面讲托马斯·阿奎那的法的思想时统一去说吧。这里我们先谈道德,然后再谈幸福。

总的来说,在托马斯·阿奎那那里道德与幸福是统一的,因为幸福的目的就是追求最高的道德即至善,对此他说:"幸福是人类

---

① 亚里士多德:《亚里士多德全集》(第八卷),苗力田主编,中国人民大学出版社,1994年3月第一版,第60页。

② 柯普斯登:《西洋哲学史》(第二卷),庄雅棠译,台湾黎明文化事业有限公司,1988年3月第一版,第560页。

第十九章 托马斯·阿奎那的思想

的至善,是其它目的都要服从的目的。"① 至于为什么如此,我们下面进一步地分析之。

首先,托马斯·阿奎那认为人是有理想的,这个理想就是幸福,所以人生的意义就在于追求幸福,这可以说是托马斯·阿奎那对于人性的基本理解,即人活着就是要追求幸福,就像克里斯蒂娜·范戴克在"阿奎那的人性形而上学"中所言:"阿奎那把自己关于幸福的理解建立在他对人性的理解之上。"②

那为什么说人是有理想的呢?我们知道,理想这个词其实就是目的的另一种表达形式,是一种听起来更美的表达。前面我们在谈托马斯·阿奎那论证上帝的是否存在时说过他的第五个证明方式是说万物存在都有其目的。花草树木是否有其目的我们姑且不论,但我们应当肯定人是有目的的,这个目的有大小之分,例如我到学校小卖部买包方便面是为了当晚餐,这也是人的目的,不过这样的"小目的"是一时之需,而当我们讲到人生的"大目的"时就给它换个名字,曰之"理想"了。

那人为什么会有目的呢?这一方面是因为有神在引导,但另一方面也是因为人有自由意志。托马斯·阿奎那认为,人之所以成为人,乃是因为人有自由意志。也就是说我们人在行事时都会有所倾向,有自己确定的目的,人正是为了这个目的才如此行事的,这个驱使我们如此行事的便是人的自由意志,正是它确定了这目的。

---

① 转引自赵敦华:《基督教哲学1500年》,人民出版社,2005年5月第一版,第494页。

② 克里斯蒂娜·范戴克:"阿奎那的人性形而上学",见凯利·克拉克、吴天岳等编:《托马斯·阿奎那读本》,北京大学出版社,2011年9月第一版,第60页。

那么，自由意志驱使人朝向一个什么样的目的呢？这个目的一般而言就是"福利"。人的一生都在追求福利的满足，我们用另一个字眼来说，就是幸福，人的一生都在追求幸福，如果得到了满足，人生也就达到了目的。他说：

"正如理智必然要依靠第一原理，意志必然要追求最终目的，即追求幸福。"①

我想对这个说法大家一般不会有异议，但问题是，什么才是人生的幸福呢？人生的幸福到底在哪里呢？我记得以前听过一首歌，其中有词说："幸福在哪里？朋友啊告诉你，它不在柳荫下，也不在睡梦中，它在辛勤的工作中，它在汗水的淋漓里。"——不过我确乎不清楚是否真有人打心眼里认为这就是幸福呢。

确实，关于什么是幸福说到底是个见仁见智的问题，古往今来各种说法多如牛毛，说起来恐怕比长城还要长，这里且免谈其它，只来说说托马斯·阿奎那认为幸福在哪里。

在《反异教大全》之《论万事》里，托马斯·阿奎那比较系统地阐述了何谓幸福以及人要怎样去求得幸福的问题。我们主要依此部分内容简要地阐述一下托马斯·阿奎那的幸福观。

在一般人看来，最典型的幸福就是两种满足，即食与色，就像孟子云："食色，性也！"②《礼记》亦云："饮食男女，人之大欲存焉！"③亚里士多德也看到了这一点，托马斯·阿奎那同样对这个也

---

① 《神学大全》第八十二题"论意志"，赵敦华、傅乐安主编：《中世纪哲学》（下卷），商务印书馆，2013年3月第一版，第1393页。

② 《孟子·告子上》。

③ 《礼记·礼运》。

深有感触，他的《论万事》的第二十七章就叫"体肤的快乐"，开篇就指出：

"人生的真福，在于安享体肤的快乐，是不可能的。这一类的快乐，主要在于饮食和生殖器官的运用。"①

托马斯·阿奎那在这里说得更加直白，将性的具体动作都说出来了。接着他就系统地批判了这一类的观念，包括对哲学史上持有此类观念的哲学家们的批判，例如伊壁鸠鲁，说"他的学派，主张人生真福，在于食色欲乐。"②

其实，倘若我们了解伊壁鸠鲁的道德学说即他的"快乐主义"的真实内涵，我们就会看到托马斯·阿奎那的这种观点是错误的，是对伊壁鸠鲁的误会甚至冤枉，要是伊壁鸠鲁被当成了这种人，那他真是比窦娥还冤。

在此我们只要参考一下黑格尔对伊壁鸠鲁的"幸福生活"的评论就可知一斑：

"保持心境宁静，这是伊壁鸠鲁的原则；这条原则也正包含着放弃那种以及那许许多多种一方面使人快乐、但是另一方面支配着人的东西，自由、轻快、恬静、没有不安、没有欲望地生活着。"③

也就是，在伊壁鸠鲁看来，心灵宁静了，心灵的快乐就到来了，这实质上可以说是一种"无欲"，而伊壁鸠鲁的幸福其实就这

---

① 托马斯·阿奎那：《阿奎纳著作集·论万事》，吕穆迪译，安徽人民出版社，2013年8月第一版，第107页。
② 同上，第109页。
③ 黑格尔：《哲学史讲演录》(第三卷)，贺麟、王太庆译，商务印书馆，1959年12月第一版，第76页。

么简单，这和托马斯·阿奎那所称的"食色欲乐"差别是很大的！

饮食男女这些世俗的追求之事不是真正的幸福，那么一般的精神的或者说理智的享受是不是幸福呢？在《论真原》的第五章中，托马斯·阿奎那说，有许多哲人正是如此认为的：

"许多哲人，也处心积虑，证明在觉识所知的事物以上，尚有许多更优美的幸福；专务灵智静思所需有的美德，或专务身体行动，实践上，所应有的种种美德，便更能尝觉到那些福美有甘饴超绝的神趣；用类此种种理由，引导人戒绝觉识所知事物的欲乐，追慕精神的幸福。"[1]

也就是说，有许多的哲人，他们认识到了那些世俗之幸福不是真的幸福，于是转向知识与美德等，希望在这里找到真正的幸福，即"精神的幸福"。

但在托马斯·阿奎那看来，这些幸福也许算得上幸福，但仍不是真正的或者终极的幸福，在《论万事》的第三十九章"明证的知识"中，他说：

"真福不兼含丝毫的悲苦。真福的人，不会又同时是悲苦可怜的人。然而，人生的悲苦可怜，大部分在于知识错误。"[2]

也就是，我们人生的悲苦往往大都来自于错误的知识，错误的知识当然也是知识，因此也就是说，知识给我们带来的主要不是幸福而是不幸。

这句话的含义是十分深刻的，但要理解它并不难，我们只要

---

[1] 托马斯·阿奎那：《阿奎纳著作集·论真原》，吕穆迪译，安徽人民出版社，2013年8月第一版，第16—17页。

[2] 托马斯·阿奎那：《阿奎纳著作集·论万事》，同上，第129页。

第十九章 托马斯·阿奎那的思想

看看现实生活就是了,那些有知识的人就幸福吗?不!也许恰恰相反,就如尼采在一首诗中所言:

> 忧伤是知识;最能体会忧伤的人们
> 也最能为命运的真相深深悲哀,
> 知识之树决非生命之树。

那是不是没有真正的与终极的幸福呢?很多人认为没有,但托马斯·阿奎那认为是有的,在他看来,人天生就要追求幸福,并且追求终极的真福,这是自然而然的:

"人的目的是人本性自然愿望的真福,吾人不可主张它竟是人不能达到的某某事物。由这样的主张,必生出的结论应是:人的生存没有目的,是空幻的;人本性自然的愿望,是虚枉的。这样的结论是不可能的。"[①]

在托马斯·阿奎那看来,倘若承认人达不到真福,那么必将导致人生没有目的,是虚妄的,这当然是不对的。所以人生应该是要达到真福的,这也说明了托马斯·阿奎那的人生观是积极的。

那么,人所要追求的真正的与终极的幸福又是什么呢?托马斯·阿奎那说,那就是上帝。

为什么呢?原因很简单,因为不但人,而且万物的目的都在于上帝,在于归向上帝,《论万事》的第十八、十九章就名为"宇宙

[①] 托马斯·阿奎那:《阿奎纳著作集·论万事》,吕穆迪译,安徽人民出版社,2013年8月第一版,第154页。

万物的终向",在其中他说:

"万物归向天主,以天主为目的,不是呈献任何事物,供给天主收纳;而是从天主方面,万物各按已有的能力和容量,攫取天主本体:因为天主本体是目的。"①

在第二十五章"智性动作的目的"中,托马斯·阿奎那更进一步地说:

"一切受造物,连那些无智力的物类,也包括在内,都按自然规律,向往天主,以天主为最后目的。"②

这也就是说,包括人在内的万物的最终目的乃是归向上帝,上面已经说过,人生的幸福就是人生的目的,由于人生最高的目的乃是认识上帝,所以,人生最高的幸福当然就是上帝了,即归向上帝。

那么我们怎样才能达到这个幸福呢?倘若根据前面的说法,托马斯·阿奎那似乎认为我们可以达到,因为这样人生才有意义、才不致虚妄,但实际上,托马斯·阿奎那在这里绕了一个弯子,他一方面承认人有追求真福的自然倾向,也说明了这倾向就是归向上帝,但同时又说明要获得这种真福是不容易的,包括进行"哲学理证"与服从"信德的知识"——即基督教的道德标准——都不能使人达到这个目的。③

至于究竟怎样才能获得终极的幸福,托马斯·阿奎那的答案可

---

① 托马斯·阿奎那:《阿奎纳著作集·论万事》,吕穆迪译,安徽人民出版社,2013年8月第一版,第61页。
② 同上,第92页。
③ 同上,第130、131页。

能会令人失望。因为他说我们在此生中,即当我们活着的时候,是不可能获得这种幸福的。那原因很简单,因为这幸福在于归向上帝,也就是真正地认识上帝,甚至见到上帝,而这当我们活着的时候是不可能做到的。

但我们也并不要绝望,因为基督教的一个基本信仰是人有灵魂,人死后灵魂可以归向上帝——当然需要满足一定的条件,在那个时候我们才可以,也一定可以归向神。认识神乃是我们灵魂的本来就有的能力:

"当灵魂离开了身体,人的明悟,便能认识纯神之类的实体;并认识一切本体光明可知的事物:认识的方法,是用灵魂自有的灵明:吾人灵魂生来自有的灵明,相似纯神实体内具有的神智光明。

如此说来,吾人智力,认识纯神之类的实体,不是在今生,而是在死后。我们离开了物质世界的人间,将能识认和人间离开而自立生存的诸品天神。这也是我们的信德道理。"①

这一章的名字就叫"认识神类实体",也就是,在人死后,便可以通过灵魂认识神了。

认识神当然也就是归向神,归向神也就是获得了终极的幸福。

遗憾的是,这是人的此生不可能达到之目的,只有在死后来生。他的《论万事》之第四十八章就专门讨论了这个问题,其名就是"今生与来生",其中说道:

"人终极真福,在于认识天主;然而不在众人或大多数共有的

---

① 托马斯·阿奎那:《阿奎纳著作集·论万事》,吕穆迪译,安徽人民出版社,2013年8月第一版,第160页。

含浑知识；也不在于理论证明的知识，也不在于信德的知识，又不能在今生，至少用所谓的'神鉴知识'，认识天主的本体；足见人在今生而认识天主，以得终极的真福，是不可能的。然而真福实有，必在于认识天主，不在今生故在来生。"①

在这一章的最后，托马斯·阿奎那再次作了简短的总结：

"人生至极的真福，是在今生以后的来生：人的心灵，用纯神的知识方法，认识天主。"②

这可以看作是托马斯·阿奎那对人追求终极幸福最后的回答。

对于这样的回答，我想很多人都是不满足的，尤其是现在，人们越来越追求今生的幸福了，对于来生，除了少数虔诚的基督徒之外——这种人可能越来越少，其他人是基本上漠不关心的，倘若现在谁再持有这样的观念，大概会被认为是老古板，而持这种观念的托马斯·阿奎那关于幸福的思想，在今人中大概也会被认为是不合时宜的老古板了，这正如凯利·詹姆斯·克拉克（Kelly James Clark）在"道德与幸福"的"结语"中所言：

"中世纪思想家在当代哲学中总是很容易就被忽视，因为他们的宗教虔诚被许多学者看作是不合时宜的。如果你不是一个有神论者，无疑地，你就不会拒绝这种观点。但是，他们提出的关于道德的观点需要很仔细地考察。我们是一种什么样的创造物？什么样的行为将会使我们真正成为一个人？如果像中世纪学者所假设的那样，我们是由上帝创造的，那么完整的人的实现在此生中很难找到

---

① 托马斯·阿奎那：《阿奎纳著作集·论万事》，吕穆迪译，安徽人民出版社，2013年8月第一版，第170页。

② 同上，第173页。

就不足为奇了。如果我们不是被创造出来仅仅靠房子和伴侣就能满足的，那么我们尽管被大量的物质财富所包围却还常常感到空虚，这一点也是可以想见的了。如果像阿奎那所说，我们只能在上帝那里找到终极满足，那么任何有限的东西都不能使我们到达实现。但是这好像直接将实现放入了来生。花、鱼、青蛙似乎与它们的环境很协调，但另一方面，人类似乎并不适合这个世界。中世纪的学者声称我们是为了另一个世界而被创造的。我们的终极目标是不可获得的，在此生的目标总是不完美的。对实现的探寻使我们在来生与上帝结合。这将会使一些人以另外一些可以使人更容易获得快乐的理论来质疑中世纪学者的理论。还有一些人将它看作是对人类现状的证实并把它当作是改变世界的动力。通过神的恩典，他们会为了神的国在今生的实现而被激发去工作，为了这种层次的实现而努力奋斗，即，全心全意爱上帝，以及，爱人如己。"[①]

这段话写得很精彩，特别是其中的两点：

一是现代人往往在拥有很多被认为应该使其"幸福"的东西，如房子和伴侣——也就是说获得了大量物质财富的与性的满足——之后，却依然会感到空虚、不幸福，由此可见这些东西不能给人类带来终极的幸福。

二是我们人类似乎无论怎样，在这个世界中生活都不会感到有多么幸福或者满足，想想吧，这也确实是事实，我们能够想象什么这个世界的、此生所有的什么东西能够使我们达到终极的幸福吗？

[①] 凯利·詹姆斯·克拉克："道德与幸福"，见凯利·克拉克、吴天岳等编：《托马斯·阿奎那读本》，北京大学出版社，2011年9月第一版，第98—99页。

确实是没有的，就是想都想不出来。

这些都说明，我们在此生中、在这个世上无论怎样都不可能达到终极的幸福，这样一来，一个自然而然的甚至必然的逻辑就是，倘若存在着终极幸福的话，那就只好有待来世了。

这不由使我想起了巴尔扎克的小说《欧也妮·葛朗台》中的一幕场景，临死前，葛朗台太太对女儿说：

"孩子，幸福只有在天上！"

第十一节　论政治、政体与法律

关于托马斯·阿奎那我们最后要谈的是他的政治思想。

托马斯阿奎不像后来的马西利奥与马基雅维里那样是专门的政治哲学家，也不像苏亚雷那样虽然是经院哲学家但也是政治哲学领域的开拓者，甚至其政治哲学不是非常著名，然而托马斯·阿奎那却有着十分丰富的政治哲学思想，对政治领域的许多问题都作了深刻的分析，他的许多政治论述与所提出的方法即使放到今天的世界也是行得通的。

托马斯·阿奎那对于政治学是相当重视的，他在《亚里士多德〈政治学〉诠释》中说：

"如果我们要使人类知识学或哲学达到完善的境地，我们就必须把凡是能够通过理性了解的一切东西解释清楚。可是我们称之为城市的那个统一体是受理性的审查的。因此，为了哲学的完整起见，我们有必要设立一个研究城市的学科；这样的学科就称为政治学或治世之学。……与其它一切学科相比，我们可以特别提到政治学的崇高地位和价值。事实上，城市是人类的理性所构成的最重要的东西。因为它是一切比较小的社会的模仿对象和终极目的。"[1]

那么，托马斯·阿奎那是怎么看待人与政治的关系的呢？

首先，在托马斯·阿奎那看来，人天然就是一种政治动物，这也就是人是要过一种群居而不孤独的生活的，这乃是人类的天性。

托马斯·阿奎那的这个观点是来自于亚里士多德的。我们知道，在亚里士多德看来，人天生就是政治动物，就像他们天生就要聚集在一起生活一样，这乃是人之为人最主要的特点。人类的本性就是需要结合，这是人类为了存在而必然具有的特点。例如人是男人和女人结合而生的，这男人与女人的结合就是一种结合体。亚里士多德还特别指出来了，这并不是人有意为之：

"人们并不是有意如此，而是和其他动物、植物一样，出于这样一种本性，即欲望遗留下和自己相同的后代。"[2]

亚里士多德的这个说法确实是有道理的，无论群居还是男女之间的结合，都是人类的一种本能或者说本性。这样的本能不外乎两个：一是自己的生存，二是自己所属物种的生存，也就是说繁衍后代。

托马斯·阿奎那在亚里士多德的基础之上对这个问题进行了更进一步的论述，他认为，人比一般动物更需要也更能够群居地生活。为什么更需要呢？他说：

"人天然是个社会的和政治的动物，注定比其他一切动物要过

---

[1] 托马斯·阿奎那：《亚里士多德〈政治学〉诠释》第一篇，见《阿奎那政治著作选》，马清槐译，商务印书馆，1963年4月第一版，第159—160页。
[2] 亚里士多德：《亚里士多德全集》（第九卷），苗力田主编，中国人民大学出版社，1994年3月第一版，第4页。

更多的合群生活。其他的动物有大自然为它们准备的食物和一身毛皮。它们也赋有自卫的手段,不管那是牙齿、角、爪或至少是逃逸的速度。另一方面,人却没有这样的供应。"[1]

这是托马斯·阿奎那在《论君主政治》开篇中的话,说的确实是有道理的,人无爪牙之利、筋骨之强、更不能高飞,在这些方面和许多动物是没法相匹的,在这情形之下,人唯有群居在一起才有更大的力量。

还有,人也更有先天的本领适于群居生活,那就是语言,语言的功能就是交流,人类语言可是比普通动物要丰富得多也强大得多的交流工具,人类拥有了这个天赋的本领,当然就更有利于群居生活了。

进一步地,既然人过的是群居生活,这种生活就必须有一定的规则,否则的话,人人都只顾自己,互相争斗、弱肉强食,这样的群居是生活不下去的。不但对弱小的个体如此,对于强大的个体也是如此:个人再强大,也不能离开群体而孤独地生活,去面对那些比他更加强大的狮虎之类。

不用说这些规则是为了所有人的"公共幸福"而制订的,是对所有人都有好处的。

这样的规则有两类:

一类是必须在人与人之间分出统治者与被统治者,即由某些人去统治另一些人,另一些人要服从他们的统治。

---

[1] 托马斯·阿奎那:《论君主政治》,见《阿奎那政治著作选》,马清槐译,商务印书馆,1963年4月第一版,第44页。

二是统治必须依照一定的规则来进行，这就是法律了。

这也就是人类政治生活的两大基本特点，我们先来谈第一点。

首先是统治。托马斯·阿奎那有一个基本观点，就是认为人类社会是有秩序的，不但人类社会如此，整个宇宙都是如此，这个秩序的一个基本特点就是有一个控制者或者说统治者，"物质世界存在着天道的某种秩序，在这种秩序之下，所有的物体都受第一物体即天体的控制。"[1] 人类也是一样，在这种秩序之下，必然有统治者来统治人民。

而且，合乎逻辑地，如同宇宙只有一个主宰上帝一样，人类最自然的最理想的秩序也是由一个人来统治，以政治的术语来说，就是君主制度，即由一个君主统治人民。他的《论君主政治》的第二章名字就叫"君主制是最好的政体"，在这里他正是根据自然界的情形说君主制是最好的制度的：

"既然自然始终以最完善的方式进行活动，那么最接近自然过程的办法就是最好的办法。可是在自然界，支配权总是操在单一的个体手中的。"[2]

但这并不意味着托马斯·阿奎那是君主专制的拥护者，实际上，他只从理想的情形之下说君主制是最好的制度的。但他又指出，由于君主制有一个最大的缺陷，就是国家之好坏全系于君主一人手中，倘若遇到一个好君主，像奥古斯都与凯撒那样的，自然是最好的制度，但问题是这样的君主是极其少见的，而倘若是一个坏

---

[1] 托马斯·阿奎那：《论君主政治》，见《阿奎那政治著作选》，马清槐译，商务印书馆，1963年4月第一版，第45页。

[2] 同上，第49页。

君主，例如像尼禄那样的，那样君主制就会立即成为所有制度中最坏的制度。所以他的《论君主政治》的第三章名字就叫"暴君政治、即君主政治的腐化变质是最坏的政体"。①

对于这样的君主，托马斯·阿奎那说人民根本不必听从他们的摆布，他说：

"'暴虐的君王辖制贫民，好像吼呻的狮子，觅食的熊。'所以人们逃避暴君，像逃避凶恶的野兽一样；听任一个暴君摆布，也同听任一只野兽摆布没有什么分别。"②

引文中是所罗门王的话，他是西方万世君主中最有名的贤君与能君，是理想君主的象征。

对于那样的坏君主，托马斯·阿奎那认为人民根本没有义务服从他们、也完全有权推翻他们、废黜他们，他的《神学大全》第二部分之二的第四十二题、第二条的名字就叫的"抵抗暴政的权利。"③

此外，在《彼得·朗巴德〈嘉言录〉诠释》中，托马斯·阿奎那还指出，如果有机会的话，任何人都可以收回别人非法地从他那里夺走的东西。而许多的世俗君王们正是这样横暴地占据了他统治下人民的财产。"所以，当叛乱的机会发生时，他们的臣民并无对

---

① 参见托马斯·阿奎那：《论君主政治》，见《阿奎那政治著作选》，马清槐译，商务印书馆，1963年4月第一版，第50页。

② 同上，第53页。

③ 参见托马斯·阿奎那：《神学大全》第二部分之二的第四十二题、第二条"抵抗暴政的权利"，见《阿奎那政治著作选》，马清槐译，商务印书馆，1963年4月第一版，第136页。

他们服从的义务。"①

但托马斯·阿奎那不主张用暴力弑君的方式对付暴君，因为这样带来的后果往往比暴君治国更坏。

他还提出来，为了防止君主变成暴君，就必须采取各种有力的措施，这些记录在《论君主政治》的第六章中，其名字就是"君主制度的优点以及防止其蜕化为暴君政治的必要措施。"②

除了君主政治外，托马斯·阿奎那还提出了其它五种制度，也就是说共有六种政治制度，不用说这同样是来源于亚里士多德的，我们只要回顾一下亚里士多德的话就够了，说得比托马斯·阿奎那还要清楚明白。

亚里士多德对政体的基本定义是这样的：

"政体和政府表示的是同一个意思，后者是城邦的最高权力由一个人、少数人或多数人执掌。正确的政体必然是，这一个人、少数人或多数人以公民共同的利益为施政目标；然而倘若以私人的利益为目标，无论执政的是一人、少数人还是多人，都是正确政体的蜕变。"③

这是一个非常非常伟大的见解，其高度要远远超过许多现代人对于政体的认识，现代社会过于注重政体的表面形式，例如强调要搞民主政体，但亚里士多德指出：一个政体之好坏，主要看的不应

---

① 托马斯·阿奎那：《彼得·朗巴德〈嘉言录〉诠释》第二篇，见《阿奎那政治著作选》，马清槐译，商务印书馆，1963年4月第一版，第149—150页。

② 参见托马斯·阿奎那：《论君主政治》，见《阿奎那政治著作选》，马清槐译，商务印书馆，1963年4月第一版，第57页。

③ 亚里士多德：《亚里士多德全集》（第九卷），苗力田主编，中国人民大学出版社，1994年3月第一版，第86页。

该是其采取什么样的形式,而应当是看其为之服务的对象是什么,只要一个国家的执政者是为了整个国家的国家利益、为了全体公民的共同利益服务,那么就是一个好的政体,无论其形式是什么,是一个人、少数人还是多数人执政,都没有关系!简而言之就是说:没有坏的政体,只有坏的政府或者说执政者。

在分析了这一点后,亚里士多德接着指出了六种政体,三种是好的,三种是坏的。其中好的是君主制、贵族制、共和制;坏的是僭主制、寡头制、平民制,它们分别是由一个人、少数人与多数人执政。其中后三个是前三个的变体,所谓变体,就是说,其政府的形式是一样的,但其实质变了、变坏了,对这些变体亚里士多德是这样说的:

"僭主制是君主制的变体,寡头政体是贵族政体的变体,平民政体是共和政体的变体。因为僭主制也是一种君主政体,为单一的统治者谋求利益;寡头政体则为富人谋求利益,平民政体为穷人谋求利益。这些蜕变了的政体无一愿为全体公民谋取共同的利益。"[①]

托马斯·阿奎那的观点和亚里士多德是完全一致的,当他谈到一个君主的职责时,这样说:

"一个君主应当体会到,他对他的国家已经担当起类似灵魂对于肉体、上帝对于宇宙的那种职责。如果他对这一点有足够的认识,他就会一方面想到自己是被派定以上帝的名义在全国范围内施行仁政,从而激发出施民以德的热诚,另一方面在品性上日益敦

---

① 亚里士多德:《亚里士多德全集》(第九卷),苗力田主编,中国人民大学出版社,1994年3月第一版,第87页。

第十九章 托马斯·阿奎那的思想

厚,把受其治理的人们看作他自己身体的各个部分。"[1]

这段话听上去十分诚恳,可以说是他的政治主张的总结性表达:国家是应当由君主治理的,君主应当施行仁政,他应当爱自己的子民如上帝之爱世人一样、亦如爱自己的身体一样。还有,君主应当将国家治理得井井有条,有如上帝将宇宙创造得井然有序一样。

此外,他在《论对犹太人的统治——致布拉班女公爵》一文中,回答了女公爵向他提出的七个问题,这些回答中有些固然是不对的,例如他对犹太人分明的歧视,但总的来说他的回答是很合理的,对犹太人总体来说也相当仁慈宽大,特别是其中的第六个回答:

"您必须记住,各国的君主是由上帝任命的,其目的不是要为他们寻求私利,而是要叫他们繁荣公共的幸福。"[2]

此外,托马斯·阿奎那也十分尊重人的自由,因此他认为即使一种威权的统治也必须尊重人民的自由,对此他说:

"所有人的自由生来平等,虽然其它禀赋都不平等一个人不应像一个工具一样服从另一个人。因此,在完整的国家中没有废除属民自由的君主统治,只有不歧视自由的权威统治。"[3]

不用说,这些思想都是既深刻、又动人的。

---

[1] 托马斯·阿奎那:《论君主政治》,见《阿奎那政治著作选》,马清槐译,商务印书馆,1963年4月第一版,第80页。

[2] 托马斯·阿奎那:《论对犹太人的统治——致布拉班女公爵》,见《阿奎那政治著作选》,同上,第94页。

[3] 转引自赵敦华:《基督教哲学1500年》,人民出版社,2005年5月第一版,第408页。

正由于看到了理想的贤君太难找了，实际上的君主大都是些贪婪之辈，是为了自己的私利而非公共的幸福而进行统治的，因此托马斯·阿奎那提出了一种最理想的政体，这是一种"混合式的"政体。《神学大全》中，在分析人法时，托马斯·阿奎那在谈了君主制、贵族制、寡头制与暴君制等后，说：

"此外还有另一种混合政治的形式，由刚才提起的各种成分所组成，这是最好的政治形式。"①

在下面的第一百零五题"一种混合的政治制度"中，托马斯·阿奎那对这种制度进行了描述：

"当有一位德行高超的人治理着大家，他手下还有其他一些人实行仁政的时候，并且当大家由于具有当选的资格以及参加选举统治者而参与这种政治的时候，一个城市或一个王国的内部就获得了权力的最好的安排。在君主政治下，只有一人执掌政权，在寡头政治下，有许多人依据德行参加政府；在民主政治或平民政治下，统治者可以从人民中选出，而全体人民都有权选举他们的统治者——这些制度的适当的混合就造成最好的政体。"②

不难看出来，这种制度是一种贵族制、君主制和民主制的混合物。首先，有一位国王，这是君主制；但国王是由人民选举出来的，这体现了民主制；其次，国王不是一人治国，而是有一帮能干的人襄助他，这是贵族制。三制合一就成了托马斯·阿奎那的混

---

① 托马斯·阿奎那：《神学大全》第二部分之一之第九十五题"人法"，见《阿奎那政治著作选》，马清槐译，商务印书馆，1963年4月第一版，第118页。
② 托马斯·阿奎那：《神学大全》第二部分之一之第一百零五题"人法"，见《阿奎那政治著作选》，同上，第129页。

合式政体。显然，这种想法是很有吸引力的，的确集中了众体制之长，去了其短。总体而言有类于今天西方的民主制，只要将国王的称呼改为总统就可以了。例如美国，总统掌大权，但有内阁，同时总统是由人民选举出来的。

最后，在《〈尼各马可伦理学〉诠释》中，托马斯·阿奎那对人类之所以要有群居、要有政体，这样做有什么具体的好处，有一段精彩的综合性分析：

"人天生是个过社会生活的动物——由于他有许多需要不能单靠自己的力量求得满足，他就不得不过社会生活——这一事实又必然产生另一个事实：即人天生注定要构成一个使他能享受圆满生活的社会的一部分。这种社会生活的帮助对他来说有两层理由是必要的。首先，必须向他提供那些为维持生活所必需的东西。因此就有每个人构成其中一部分的家庭团体。我们大家都从我们的父母获得生命、食物和教育，并且一个家庭的各个成员都是像这样地用生活所需的东西互相支持的。但是，社会生活却能进一步使人达到人生的最高峰；不但能够生存，而且日子过得很圆满，幸福生活所必需的东西样样齐全。从这个意义来说，人成为其中一部分的政治社会不仅帮助他取得由一个国家的许多不同工业生产的这样一些物质福利，而且也帮助他求得精神上的幸福，例如在父母的训诫所无法控制的年轻人的任性受到公共权能的约束时就是如此。"[1]

---

[1] 托马斯·阿奎那：《〈尼各马可伦理学〉诠释》第一篇之"导言"，见《阿奎那政治著作选》，马清槐译，商务印书馆，1963年4月第一版，第155—156页。

相当精彩吧！以上是托马斯·阿奎那政治哲学的第一部分，也是其主体，即当人类分出统治者与被统治者后，该当以什么样的形式去统治他们。

现在我们来看第二部分，即统治必须依照一定的规则来进行，也就是法律。

托马斯·阿奎那关于法律的思想十分丰富，尤其在《神学大全》第二部分之一中对法律进行了系统的分析。

他对于法的基本含义是这样解释的：

"法是人们赖以导致某些行动和不作其它一些行动的行动准则或尺度。'法'这个名词（在语源上）由'拘束'一词而来，因为人们受法的拘束而不得不采取某种行径。但人类行动的准则和尺度是理性，因为理性是人类行动的第一原理；这一点根据我们在别处的阐述可以看得很清楚。正是理性在指导着行动以达到它的适当的目的，而按照亚里士多德的说法，这就是一切活动的第一原理。"①

这个解释极为妥切，凸显了法的两大基本特点：

一、法是法则、规则，即人们行事必须遵守的规则，这也就是，法限制、拘束人们在行为时不能逾越这些规则。

二、法的立法基础是人类的理性，理性这个词有着极为丰富的含义，这里不作解释，但大家都应该能领会的。

直到今天，法的基础都是如此的，将来也应该不会变。

接着托马斯·阿奎那对法进行了更为细致的分析，例如说法的

---

① 托马斯·阿奎那：《神学大全》第二部分之一之第九十题"一般的法"，见《阿奎那政治著作选》，马清槐译，商务印书馆，1963年4月第一版，第104页。

第十九章 托马斯·阿奎那的思想

目的是"公共幸福",这是他紧接着上面提出来的看法,这当然是有道理的,也和人类之所以要群居、之所以要建立国家的目的是一样的,即都是为了大家的好处,也就是公共福利。

在后面的第九十一题中,托马斯·阿奎那还分析了四种类型的法,即永恒法、自然法、人法与神法,我们分别简介一下。

永恒法是这样的:

"如果世界是像我们在第一篇中所论证的那样由神治理的话,宇宙的整个社会就是由神的理性支配的。所以上帝对于创造物的合理领导,就像宇宙的君王那样具有法律的性质……这种法律我们称之为永恒法。"[1]

也就是,永恒法是源自神的,"它起源于神的智慧",[2]神对世界的合理统治秩序就是永恒法的来源与基本的内涵。

再看自然法。

自然法是西方哲学中一个很重要的概念,早在古希腊时代,卡尔内亚德就提及了它,到了中世纪,有更多的哲学家分析了它,而到了近代西方哲学中,它更居于重要地位,变成了很有名的概念。在西方哲学史上第一个对自然法作出系统分析的则是托马斯·阿奎那,刘素民教授有专著论述这个问题。[3]

对于自然法,托马斯·阿奎那这样定义的:

---

[1] 托马斯·阿奎那:《神学大全》第二部分之一之第九十一题"各种类型的法",见《阿奎那政治著作选》,马清槐译,商务印书馆,1963年4月第一版,第106页。

[2] 托马斯·阿奎那:《神学大全》第二部分之一之第九十三题"永恒法",见《阿奎那政治著作选》,同上,第110页。

[3] 刘素民:《托马斯·阿奎那自然法思想研究》,人民出版社,2007年5月第一版。

"既然像我们已经指出的那样,所有受神意支配的东西都是由永恒法来判断和管理的,那么显而易见,一切事物在某种程度上都与永恒法有关,只要它们从永恒法产生某些意向,以从事它们所特有的行动和目的。但是,与其它一切动物不同,理性的动物以一种非常特殊的方式受着神意的支配;他们既然支配着自己的行动和其他动物的行动,就变成神意本身的参与者。所以他们在某种程度上分享神的智慧,并由此产生一种自然的倾向以从事适当的行动和目的。这种理性动物之参与永恒法,就叫做自然法。"[1]

这段话有些晦涩,我们简单来说。所谓自然法可以简单地理解为就是一种行为规则,所谓法就是一种规则,所以自然法也可以理解为就是那些自然而然地产生的,为所有人普遍认同的规则。"自然"意蕴着其是源自于自然的;法在这里有着双重的含义,一是规律,二是法则。将这些结合起来,我们就可以得到对自然法一个基本的观点,就是认为在人类社会之中、在大自然之中,都存在着某些自然而然的、本来就有的规律。对于自然,这是自然的规律,对于人,则是人类行为的法则。二者中我们当然更为关注人的自然法,其典型者也许就是《摩西十诫》了,其中就有一些"自然法",例如要孝敬父母,——这也许是最为古老的法律了,古今中外皆有之。

在托马斯·阿奎那看来,在所有的"自然法"之中,一个最为基本的自然法也许应该是活着,即人要尽量保存自己的生命,或

---

[1] 托马斯·阿奎那:《神学大全》第二部分之一之第九十一题"各种类型的法",见《阿奎那政治著作选》,马清槐译,商务印书馆,1963年4月第一版,第107页。

第十九章 托马斯·阿奎那的思想

者以哲学的方式说，人要维持自己的"存在"。这确实是有道理的，因为人的一切，包括他对上帝的崇拜与信仰，都是以他的存在为条件的，倘若他不存在了——死了，他还能崇拜上帝吗？就像进言之，上帝创造了人，就是让人类"存在"，这乃是人崇拜上帝、上帝有人崇拜的基础，也是神学最基础的基础；更进言之，上帝的第一特性不是祂的存在吗？所以，对人也是如此，其存在——保存生命——乃是其自然法中最基本的内容。就像柯普斯登分析托马斯·阿奎那的自然法思想时所言："自然法则的主要律令（如：生命要保存）是完全不可改变的，因为它们的实现对于人的善是绝对必要的。"[1]

这也是和理性一致的，人为了达到目的需要理性，人是有许许多多目的的，例如普通人要升官发财，虔诚的基督徒要信仰上帝，要达到所有这些目的就必须有一个更为基本的目的——活着，人只有先活着才能升官发财或者信仰上帝，这是不言而喻的。因此人的第一理性也是第一自然法则就是保存生命，用通俗的话来说，就是要"活着"，所以我们有俗话说："好死不如赖活着"，因为人只要活着，就"留得青山在，不怕没柴烧"，——即其它一切都是可能的。

当然，这种"绝对必要"其实也是一种相对，即并不是绝对地说在任何情况之下人都要把保命放在第一位，人为了更大的善而牺牲自己的小善——生命——的情形也是所在多有的，包括基督徒在内，那些为了上帝牺牲生命的虔诚的基督徒在基督教史上有多少

---

[1] 柯普斯登：《西洋哲学史》（第二卷），庄雅棠译，台湾黎明文化事业有限公司，1988年3月第一版，第561页。

啊！数不胜数！这些都同样是显而易见的，托马斯·阿奎那当然也是承认的，承认其是理性的、合乎自然法的。

如此等等，托马斯·阿奎那有着相当丰富的自然法思想，并且对后世产生了很大的影响。在他之后的中世纪哲学家们如马西利奥、邓·司各脱、奥康、苏亚雷等等都将谈到自然法，而且都谈得很好，特别是苏亚雷，对自然法作出了相当系统的分析，我们将在后面细言之。

人法托马斯·阿奎那是这样定义的：

"在推理时，我们从天然懂得的不言自明的原理出发，达到各种科学的结论，这类结论不是固有的，是运用推理的功夫得出的，同样地，人类的推理也必须从自然法的箴规出发，仿佛从某些普通的、不言自明的原理出发似的，达到其他比较特殊的安排。这种靠推理的力量得出的特殊的安排就叫做人法。"①

这个不难理解，人法就是人们在自然法的基础之上进行合理的推理以得到一些更为详细的行为规则，这就是人法了。人法，意谓就是人制定的法律。不用说，人类所现行的法律即成文法全都是人法，从某个角度上说，只有人法才是真正的法律。

最后一个神法，托马斯·阿奎那认为，除自然法和人法以外，还必须有神法。他还提出了这样做的四层理由。第一层就是"因为人注定要追求一个永恒福祉的目的，并且像我们已经指出的那样，这超过了与人类天然才能相称的目标，因此他为了达到这个目的，

---

① 托马斯·阿奎那：《神学大全》第二部分之一之第九十一题"各种类型的法"，见《阿奎那政治著作选》，马清槐译，商务印书馆，1963年4月第一版，第107页。

第十九章 托马斯·阿奎那的思想

就必须不但接受自然法和人法的指导，而且接受神所赋与的法律的指导。"[1] 其它几条也类似，简而言之就是，自然法与人法有时候顾及不到某些善的事情，甚至可能会发生错误，例如可能有些罪恶行为不遭禁止和不受惩罚，同时人类的最高追求是神，因此必须有一套神法来为人作进一步的规范，这也就是神法。

在作出如上的定义之后，托马斯·阿奎那对各法逐一进行了分析，然后总结了法的两个基本特点：

"法律有两个基本的特点：第一个是指导人类行动的规则的特点；第二个是强制力量的特点。"[2]

他还强调所有人，包括君主在内，都要服从法律，按中国古代的说法是"王子犯法与庶民同罪"，以现在的话来说"法律面前人人平等"。不过他也承认，就法论法而言，君主是超越法律的，因为法律是君主制定的，法起源于君主的权力，法拘束君主就像拘束自身一样。因此，君主之尊重法律是一种"自愿服从"。[3]

最后我们要谈的是托马斯·阿奎那对教皇权力与世俗君主权力的看法。

对于这个问题的看法主要集中于《论君主政治》的第十四章"教权和王权的比较"、《神学大全》的第二部分之二以及《彼得·朗巴德〈嘉言录〉诠释》中。总的来说，托马斯·阿奎那认为

---

[1] 托马斯·阿奎那：《神学大全》第二部分之一之第九十一题"各种类型的法"，见《阿奎那政治著作选》，马清槐译，商务印书馆，1963年4月第一版，第107页。

[2] 托马斯·阿奎那：《神学大全》第二部分之一之第九十六题"人法的效能"，见《阿奎那政治著作选》，同上，第121页。

[3] 参见托马斯·阿奎那：《神学大全》第二部分之一之第九十六题"人法的效能"，见《阿奎那政治著作选》，同上，第123页。

教权高于俗权，教皇在西方世界中是至高无上的，所有世俗君主都要服从之：

"基督教世界的一切君王都应当受他的支配，像受耶稣基督本人的支配一样。"①

原因很简单，因为宗教权力和世俗权力都是从神权得来的，而宗教权力当然比世俗的权力更接近神，因此世俗权力要受宗教权力的支配。他还举了罗马作为例子：

"由于这个缘故，根据赫赫的神意，在神选作基督教世界主要中心的罗马城里，城市统治者之服从教皇，才逐渐成为惯例。"②

这是符合当时的史实的，在托马斯·阿奎那时代，教皇已经在罗马及其周边地区建立了一个"教皇国"，也是四分五裂的意大利最强大的国家之一。在此基础上，托马斯·阿奎那认为宗教权力可以干预世俗事务，他说：

"正如圣格雷戈里·纳齐安哲斯所说，世俗权力之服从宗教权力，犹肉体之服从灵魂。所以，如果一位主教就世俗权力受其支配的那些事情对世俗事务发生兴趣，或对世俗权力交其处理的问题发生兴趣，那并不算是越权。"③

这是他总的态度，但他也指出在某些情形之下，宗教当局是可以服从世俗当局的，并举了两个例子，"基督是爽快地接受人间的

---

① 托马斯·阿奎那：《论君主政治》第十四章，见《阿奎那政治著作选》，马清槐译，商务印书馆，1963年4月第一版，第85页。
② 同上，第86页。
③ 托马斯·阿奎那：《神学大全》第二部分之二之第五十八题"正义和国家"，见《阿奎那政治著作选》，同上，第140页。

裁判的,教皇利奥也是甘愿接受皇帝的裁判的。"[1]

同时,他还强调了世俗领域和宗教领域的区别,就是各自的领域不同,教会要直接管理的是和人们的精神与灵魂有关的事务,世俗君主管理的则是有关国家的公共幸福的问题。总的来说二者应当各司其责。在各自的领域之内,各自都是老大:

"在有关拯救灵魂的事情方面。在这些问题上,人们应先服从宗教权力,然后再服从世俗权力。可是,在有关社会福利的事情方面,应该服从的是世俗权力而不是宗教权力,因为按照《马太福音》(第二十二章,第二十一节)给我们的指示,'凯撒之物应归凯撒。'"[2]

在《彼得·朗巴德〈嘉言录〉诠释》的最后,托马斯·阿奎那还指出了另一种可能,就是宗教权与世俗权集中于一人之身的情形,倘若有这个人,不用说就是教皇了!他说:

"当然,除非是宗教权力和世俗权力集中在同一个人的身上,如集中在教皇身上,因为根据既为祭司又为国王的基督的启示,教皇的权力在世俗问题和宗教问题上都是至高无上的;而按照麦基洗德的规定,基督是永远的祭司,是万王之王和万主之主,他的权力必然不会丧失,他的统治权将永不消逝。亚门。"[3]

"亚门"我们一般译为"阿门",意思就是"但愿如此!"这里

---

[1] 托马斯·阿奎那:《神学大全》第二部分之二之第五十八题"正义和国家",见《阿奎那政治著作选》,马清槐译,商务印书馆,1963年4月第一版,第140页。

[2] 托马斯·阿奎那:《彼得·朗巴德〈嘉言录〉诠释》第二篇,见《阿奎那政治著作选》,马清槐译,商务印书馆,1963年4月第一版,第152—153页。

[3] 同上,第153页。

显示了托马斯·阿奎那心目中终极理想的政体也许是一种政教合一的制度,将政权与教权集于教皇身上,也许这就是托马斯·阿奎那一直以来都如此受到教廷尊崇的原因之一吧!

至此我们就从多个方面讲完了托马斯·阿奎那这位整个中世纪最重要的神学家,也是西方哲学史上最重要的哲学家之一。

关于托马斯·阿奎那的思想就讨论到这,在这章中我们可以看到许多理论与大家平常所听所闻的有所不同,这就如上帝本身的存在与否一样,可能会使许多人感到困惑甚至反对,然而我在这里却不能介入、也劝大家慎重对待这个问题。对于上帝与神学我也曾不屑一顾,认为这太荒唐以至于讨论它都是可笑。然而现在,我却不能再采取这种态度了。

为什么呢?因为我发觉从前对这个问题采取的是一种想当然的态度,这种态度并非来自于理性的思索,而纯粹来自于我从小所受的教育。它使我否认上帝的存在,犹如承认 $1+1=2$ 一样。

然而,上帝是否存在这样的命题同 $1+1=2$ 这样的命题是同一类型吗?能够同样地想当然吗?

那时我没有想过这问题,但现在我认为——不能!这就像我们不能因为从小所看到天鹅都是白的就断言所有天鹅都是白的一样;或者不能因为看到一个铁匠能打出一把刀,就断言他能造出一枚原子弹;或者不能因为某人曾做过一些正确的事,就断言其掌握了所有真理一样。

上帝是否存在这个问题是如此之艰深,轻率的断言往往只象征着断言者的轻率甚至无知。

这并不是说,我认同了基督教的上帝即耶和华的存在,也许我

第十九章 托马斯·阿奎那的思想

们还是只能问这样一个问题：为什么世上竟有如此多的人虔诚地相信或真心地否认上帝之存在呢？难道是因为他们解决了这个如此深奥的问题了吗？

当然不是！要知道无论是信仰者抑或否认者绝大多数都是根本没有能力解决这个问题的人。

那么他们竟为何会信仰与否认呢？

我打一个比方：有一堵墙，墙上有许多草，风一吹来，有的东倒，有的西歪，只有那些最坚强者依旧挺直。

我们可以把人看作这些墙头草，他们因为受到某些影响，例如所在国的政治宗教传统、课本的教导、朋友的主张，甚至纯粹是时髦，——他们被这些风一吹就轻率地信仰或否认起上帝之存在来，往墙两边倒去。

只有那些有坚强的主见的人，有着如钢意志的人，才不会被那些风吹向两边，依旧挺立墙头。

他们将用自己的头脑进行思索，将用自己的意志作出判断，是信、不信抑或存疑。

也许，正是在这独立自由的思想之中他们表达了人的、人生的意义。

至此我们就讲完托马斯·阿奎那的思想了，毋庸置疑，他的思想是极为丰富而伟大的，我们在这里只是记录了其中相当少一部分，当然是我自己认为重要的部分，还有相当多的内容，有的也是比较重要的，如他对存在与本质之区分等，我在这里并没有涉及。倘若大家想更加系统地理解托马斯·阿奎那的思想，不妨参考赵老师在《基督教哲学1500年》中的相关内容，即其中的"新托马斯主义"一章。

在这一章的最后,我要引用1879年教皇利奥十三世在《永恒之父》的通谕中向全世界天主教徒,也应该是全体基督徒发出的号召:

"我敦促你们,尊敬的弟兄们,完全、认真地恢复圣托马斯的金子般的智慧。为了捍卫天主教信仰的完善性,为了社会利益和一切科学的利益,把它发扬光大。要仔细选拔教师,努力使托马斯·阿奎那的学说在学生心灵里扎根,阐明它的牢靠性以及高于其它学说的优越性。"①

这就是说,捍卫托马斯·阿奎那的思想不但是为了基督教,同样是为了我们全人类的社会利益与科学利益,倘若我思理解了托马斯·阿奎那的思想,也许会觉得这样说不是没有道理的。例如本章的最后他对于道德与幸福的理解、他的政治主张,其中的许多观念在今天依然是有益的,不但于基督徒有益,于全人类包括我们中国人都是有益的。正因为如此,所以我相信,托马斯·阿奎那永远不会过时。

---

① 转引自赵敦华:《基督教哲学1500年》,人民出版社,2005年5月第一版,第411页。

第二十章　托马斯·阿奎那和邓·司各脱之间的三哲人

1274年托马斯·阿奎那英年早逝之后，从某个角度说，经院哲学乃至整个的中世纪哲学就走过了它的巅峰期，就像爬山一样，此后的路就是下坡路了。

不过，这并不意味着中世纪哲学在托马斯·阿奎那之后就没有了不起的哲学家了，相反，在此后还涌现了不少杰出的哲学家，称得上伟大的就有两位，一位是十三世纪的邓·司各脱，另一位是十四世纪的奥康，这两位也是我们后面要讲的主要内容。

除了这两位大哲外，十三世纪和十四世纪都还有其他一些虽然不那么有名但仍然相当重要的哲学家，我们下面就先来讲十三世纪的三位，即罗吉尔·培根、罗马的吉尔兹和根特的亨利。

第一节　"悲惨博士"罗吉尔·培根

在这三位中，罗吉尔·培根既是最年长的，也是最有名的，当然也是最重要的。他之重要在于延续了中世纪哲学中一个独特而重要的传统——重视科学与经验的传统，并将这个传统往下继续传播，一直传播到三百年之后，另一位更伟大的培根的到来。

罗吉尔·培根的诞生年份不详，柯普斯登说是1212年，《美国百科全书》和赵老师则说是1214年，瑙尔斯又说是1219年，《西方哲学史·学术版》更说是1241年，不过我估计这是印刷错误，实为1214年。诞生地是英国，大概是依彻斯特郡。他家里可能相当富有，因此能够给他提供良好的学习条件，他还在十多岁时就进入了牛津大学，他的老师之一是格洛塞德斯特。我们上面讲过，他既是神学家，同时对自然科学有极大的兴趣，可以说开启了英国的经验科学之门。

　　大概是受了格洛塞德斯特老师的影响，罗吉尔·培根也对自然科学产生了极大的兴趣，这种兴趣将伴随他终身，并且成为他的标志。

　　在牛津大学，罗吉尔·培根的表现应该是很不错的，因此1240年左右时得以受聘为巴黎大学的教师，负责讲授当时还没有被认可的亚里士多德的《形而上学》和《物理学》。但他在巴黎大学的日子过得并不好，主要是因为他的性格。罗吉尔·培根从来就是个性格相当偏激的人，只要他认为不对就毫无顾忌地加以批判。更有甚者，他恰恰认为巴黎大学的那帮同事水平不行，这样一来，自然就得罪了很多人。在巴黎大学待了几年后，1250年左右，他又回到牛津大学当上了老师，同时加入了方济各会。这对他来说应该不是一种明智的做法，当他还在巴黎大学时，那些被他认为不行的人当中就包括波纳文德至为尊敬的老师海尔斯的亚历山大，说他著作的价值还比不上一匹马。但波纳文德何许人也？他这时候早就加入了方济各会并且在会中享有崇高的地位，1257年更是登上了方济各会会长的宝座，他可能对罗吉尔·培根有好感吗？当然我不是说他会给罗吉尔·培根穿小鞋,以波纳文德的品格,那是断乎不会的,但他也断乎不会欣赏或者提携罗吉尔·培根的。

大概就是在波纳文德当上会长的这一年,罗吉尔·培根可能是被迫离开了牛津大学,并且从此不能公开讲课了。但这对他影响不大,他从此将全部心思放在了研究与写作上。他研究的领域有两个:自然科学和神学,在两个领域之内都取得了堪称杰出的成就。到了1266年,当时的教皇克莱门特四世,可能他还在当教皇前就是罗吉尔·培根的朋友了,给培根写信,要他把著作寄过去,可惜的是不久之后教皇就去世了,培根寄过去的手稿也从此杳无音信。教皇去世后就更没有人为培根说话了,而他仍然在不断地批评这个那个,给自己树了一大堆敌人。到了1278年,他终于惹上了大麻烦,他当时正在巴黎,方济各会会长——这时候已经不是波纳文德而是艾斯科利的耶柔米了——下令把他关了起来,现在不清楚关了多久,但时间应该不短,甚至可能直到他去世这一年。终于得到自由后,他回到了英格兰,1292年逝世于牛津。

无论是由于什么样的缘故——显然既有思想的缘故也有性格的缘故,罗吉尔·培根的一生都是孤独而悲惨的,因此他在历史上便赢得了一个绰号"悲惨博士"。他的著作主要有三部,分别叫《大著作》、《小著作》和《第三著作》,但还有其它许多作品,如《亚里士多德物理学八本书的问题》、《哲学纲要》、《神学研究纲要》等,其中《神学研究纲要》到去世时都没有完成,但内容劲爆、很有争议。他的有些著作到现在还没有正式出版,现在已经出版的培根著作全集多达十六卷。

对于罗吉尔·培根的成就,《美国百科全书》是这样说的:

"在他多年科学研究中，培根视发现所有可以被知道的东西为己任，虽他也做过一些实验，而他真正的名望显然是来自他作为一科学思想家及综合他人研究方法方面的成就。过去他被误以为是火药、眼镜、望远镜和其他重要事物的发现者。在其著作中确有这些发明的记载，但他只是了解这些事物的基本原理，并不能把这些发明归功于他。晚近几个世纪他被后人视为著名的魔术师。"[1]

这个说法是很中肯的，首先罗吉尔·培根对后世最重要的贡献的确是他在科学方法上的贡献，就像布瑞奇在其《大著作简介》中所言："罗吉尔·培根……第一个把握住归纳法和演绎法，将它们连接起来，这是科学发现者的标志。"[2]

在培根的三部代表作中，后两部实际上是对第一部的注释，因此他主要的思想都展现在《大著作》中。我们也从《大著作》的主要内容去大致了解一下他的思想。

《大著作》共分七卷，第一卷中他提出了人类认识错误或者无知的四大根源，分别是：服从没有价值的权威、习惯的影响、大众的偏见、为了掩饰自己的无知而表现的小聪明，对此培根是这样说的：

"理解真理有四个主要障碍，它们妨碍着每一个人。无论人们如何学习，也无法获得真正智慧和学识。这些障碍是，（1）靠不住的、不适当的权威的榜样；（2）习俗的长期性；（3）无知民众的意见；（4）以虚夸的智慧掩饰无知。每一个人都陷入这些困难，人们

---

[1] 《美国百科全书》，台湾光复书局/外文出版社，1994年第一版，第3卷，第18页。
[2] 转引自柯普斯登：《西洋哲学史》（第二卷），庄雅棠译，台湾黎明文化事业有限公司，1988年3月第一版，第608页。

的日常状况靠它们维持,因为每个人在生活、学习和职业活动中都用下面三种糟糕的理由达到相同的结论,即:(1)这是我们前辈树立的榜样;(2)这是习俗;(3)这是共同信念,因此必须坚持它。所以,即使这三种错误被理性令人信服地驳倒,人们还可以原谅这类错误。第四个障碍总是出现在每个人的眼前或嘴边,虽然他不知道任何有价值的东西,但还是无耻地夸大所知道的一切。这样,他压制并避开真理、满足于可悲的愚蠢。"[1]

罗吉尔·培根对四大错误根源的解释是很好理解的,其实我们从名字就不难了解之。还有,由上可见,罗吉尔·培根认为其中的第四大尤其有害,因为它是前面三个的总结,或者说里面蕴含着前面三个的后果。因为人们正是为了掩饰自己的无知,于是每当遇到难题时就把前面三个搬出来,借口那是权威、习惯、大众的意见而不假思索接受之,这样的结果就是人们自己不去独立地思考,这样的结果就是普遍的愚昧。

不用说,培根的说法是有道理的,直到今天、今天的中国在某些方面包括哲学方面依然是这样。

看了培根的这四错误根源之后,我们一定会联想起十七世纪的那个培根——弗兰西斯·培根,他就提出了有名的四幻象说,所说的正是我们人类由于有某些缺憾,不能摘到知识之果,而走向错误、无知与愚昧。弗兰西斯·培根的第一个幻象叫"种族幻象"。[2]

---

[1] 转引自黄裕生主编:《西方哲学史·学术版》(第三卷),人民出版社,2011年5月第一版,第363页。
[2] 参见培根:《新工具》,许宝骙译,1984年10月第一版,第一部,第四十一节、五十二节。

指的就是人之作为人而导致的幻象,即人总是以自己为中心,而不是以客观事物为中心的独断态度所导致的错误;第二个幻象叫做"洞穴幻象",指人之作为个体而导致的幻象;第三个幻象是市场幻象,即经院哲学家们用一些空头概念建立了大量的哲学命题甚至哲学体系,这些东西其实只是表明了他们的无知,虽然他们竭力想用深沉的言语来掩而盖之,但只是掩耳盗铃,结果欲盖而弥彰;最后一个幻象剧场幻象,这个幻象就是指人们在认识世界的时候,并不是根据自己的所见所闻去朴素地认识的,而常常是在所谓权威们的指引下去认识的,这样就产生了错误。

不难看出来,两个培根指的都是人们认识的错误之源,其中的内容也多是重合的,实质上也是相通的,例如两人的第四个指的都是因盲目相信所谓的权威而导致的错误,这也是最有害的错误,直到今天都是如此。我们也应该可以合理地猜测,后一个培根完全可能是受了前一个培根的影响而得出这一思想来的。

所以,柯普斯登说,倘若把两个培根作一番比较的话,罗吉尔·培根绝不会全然落后于弗兰西斯·培根。[1]

在《大著作》的第二卷里,罗吉尔·培根分析了哲学的意义。他指出虽然神学是最主要的,但神学也需要哲学的帮助,它们之间是不相冲突的,因为哲学的目的不在于其它、正在于服事上帝。他还注意到了哲学史中一个简单的事实,那就是哲学似乎并不是来自基督教,而是来自异教徒,例如希腊人与阿拉伯人,但他指出这个

---

[1] 参见柯普斯登:《西洋哲学史》(第二卷),庄雅棠译,台湾黎明文化事业有限公司,1988年3月第一版,第608页。

说法是有问题的,哲学最早并不是异教徒发明的,而是由和基督徒同样信仰耶和华的以色列人发明的,只是后来以色列人的堕落,心智的晦暗,才使哲学湮没无闻,后来重新在希腊人那里出现,而基督徒重新在希腊人和阿拉伯人那里发现了哲学。他还特别指出了三个最伟大的异教哲学家,即亚里士多德、阿维森那和阿维洛伊,其中后面两位是因为注释了亚里士多德才重要。他还更加具体地指出了阿维森那和阿维洛伊的不同,前者是最重要的亚里士多德注释家,而后者则有自己独特的思想。人们应该怎样对待这些前人的哲学呢?正确的态度是既不盲目崇拜,也不盲目排斥,而应该以理性的态度正确地区别前人的思想,有选择地继承可称之为真理的思想并且将之发扬光大!最后,他还旗帜鲜明地指出:无论是哲学还是其它任何的真理,最后都只有一个目标,那就是引导人类归向上帝。

罗吉尔·培根的上述论述无疑是很在理的,他的结论同样无疑是重要而本质性的,我们上面讲托马斯·阿奎那时也提及过。

在《大著作》的第三卷里,罗吉尔·培根强调了语言的重要性,他的理由很简单:《圣经》最早是用希伯来文写就的,而最早的教父们是用希腊文来写作的,因此不掌握希伯来文和希腊文怎么可能很好地理解《圣经》呢?而不理解好《圣经》自然也就不可能理解好上帝。他还谈到了翻译的问题,那时候重要的哲学著作都是通过希腊文和阿拉伯文翻译成拉丁文的,人们是通过拉丁文去了解希腊和阿拉伯哲学的,就像我们现在主要通过汉语去了解西方哲学一样,因此一个好的译本也是很重要的。他认为翻译中要切忌那种"奴隶式的"翻译,也就是说生翻硬译,而是要精通你所要翻译的语言。

——这样的说法在今天仍具现实意义,我们现在的许多翻译特别是哲学翻译正是这样的,翻译者本人对于所要翻译的外语并没有达到精通之境,甚至于对汉语也只是粗通,就去搞翻译了,这样翻译起来要么就是照抄照搬已有的译人,略就改动就说成是自己的,要么就是照猫画虎、依葫芦画瓢,生搬硬套,翻译出来的东西文理不通,令人难以卒读。

在《大著作》的第四卷里,罗吉尔·培根一开篇仍然强调了前面一卷中的主题——语言问题,他说:

"知识众所周知的各种基础是同对语言的掌握分不开的,掌握了语言,我们才能入拉丁语著作方面的知识之门。"[①]

至于这一卷的主题则主要是"四艺",即几何、算术、音乐、天文,他认为这是四门"伟大的学科":"没有它们,人们既不能了解其它各门学科,也不能获得事物的知识。如果知道了这四种学科,任何人都可以毫不费力地在认识能力上取得巨大的进步,不仅在人类的学科方面是这样,在神学方面也是这样。"[②]

四艺之中,前两艺算术和几何合起来就是数学,乃是最为重要的。罗吉尔·培根还从九个方面指出了为什么如此,例如数学与理性之间的共通,即凡用数学证明的结论同样可以用理性去证明;在哲学的各分支中,数学是最早被发现的,具体来说是大洪水前后由挪亚及其后裔发明的;在知识各门类中,数学相对而言是最容易掌

[①] 《大著作》第四卷,第1章,赵敦华、傅乐安主编:《中世纪哲学》(下卷),商务印书馆,2013年3月第一版,第1181页。

[②] 同上,第1182页。

握的；数学是在其它学科中求得确凿无疑的真理的基础，如此等等。他还提到了人的数学理解力似乎是天赋的，引证了西塞罗在《图斯库兰论辩集》中的一个例子，说苏格拉底问一个小孩有关几何学的问题，从小孩的回答中可以知道他头脑中先天就有了这样的知识。

我们知道，这个例子实际上并不是出自西塞罗，而是柏拉图，出自他的知识回忆说。柏拉图认为知识是本来就存在于心灵之中的，但需要一种回忆的"引子"，即需要进行诱导，正是在《美诺篇》里，他举出了苏格拉底问小奴隶有关正方形的例子。①

正因为数学具有如此重要的意义，因此它才成为了掌握所有知识的禁宫之匙：

"古代的科学家为达到无所不知，全都辛勤地致力于数学，正如我们同代人中所见到的以及关于另一些人所听到的，他们借助于已经获得的卓越的数学知识学会了全部科学。"②

罗吉尔·培根对数学的这番认识无疑是深刻而有道理的，在他之后四百来年，1623年，伟大的伽利略出版了《分析者》，在书中明确地指出：大自然的书是用数学语言写成的。

数学之后，罗吉尔·培根还谈到了其它科学，如天文学与地学等，并特别提到了占星学。他认为占星学是有道理的，因为天体的运行会影响到人的行为与命运。这是不是真有道理就难说了，反正

---

① 参见柏拉图：《柏拉图全集》（第一卷），王晓朝译，人民出版社，2017年12月第一版，第508页。

② 《大著作》第四卷，第3章，赵敦华、傅乐安主编：《中世纪哲学》（下卷），商务印书馆，2013年3月第一版，第1189页。

直到今天依然有很多人相信。典型例子就是根据星座去算命，这也应该算占星术的一种。我本人对于各种算命大都是持高度怀疑态度的，但星座例外，我是阳历四月生，属金牛座，其中的各种描述可以说相当精准，令人惊讶。

《大著作》第五卷的主题变成了光学。正是在这里他不但分析了光的反射与折射等，还特别指明了光的具体用途，例如可以使小的东西变大、远的东西变近。也许正是因为这样的说辞，使得黑格尔以为罗吉尔·培根发明了望远镜。但这显然是不够的，罗吉尔·培根只是指出了望远镜的制造原理，但并不能因此说他发明了望远镜。就像牛顿在谈到向心力时，提到了一个假想实验：

"在高山上发射炮弹、炮力不足，炮弹飞了一阵便以弧形曲线下落地面。假如炮弹炮力够大，炮弹将绕地球球面飞行，这是向心力的表演。"①

大家都看得出来，这就是我们今日人造地球卫星的基本原理，但能够说牛顿发明了人造地球卫星吗？当然不能！那还早得很呢！

那么望远镜是谁发明的呢？就是伟大的伽利略了，1610年，伽利略就发明了能够放大32倍的望远镜，并于同年出版了《星际使者》，向世人报告了这个伟大的发明。

《大著作》的第六卷则是有关经验科学的，其中特别强调了经验的作用，他在一开篇就指出：

"在确定知识在语言、数学和光学方面的基本原则之后，现在

---

① 参见《自然哲学的数学原理》第一卷。

第二十章 托马斯·阿奎那和邓·司各脱之间的三哲人

我想阐明实验科学的原则,因为没有经验,我们就无法充分认识任何东西。"①

他说,我们可以通过两种方式获得知识,即经验与推理,两者之中以经验为最重要,因为只有经验能够使人心悦诚服,而推理却不能。

与经验相关的是实验,通过实验获得有关的经验之后,便可以打破旧的迷信从而获得新的知识。他还举了几个具体的例子,如当时人们一般认为用山羊血才能打碎钻石,但培根说这是不能被经验证实的,而用宝石的碎片能够切开钻石则可被经验证实。罗吉尔·培根还强调说这是他亲眼所见。另一个例子是有人说亚里士多德在《天象论》中指出在容器中,热水结冰比冷水快,于是就相信了。但事实上,亚里士多德既没有说过这样的话,事实上这也是不对的,亚里士多德说的是如果把冷水和热水同时泼到冷的地方,例如冰上,则热水结冰会比冷水快。这却是正确的。②

他还整体地强调了经验科学的作用,说只有通过经验科学,才能拆穿谬误、找到真理:

"经验科学……只有这门学科才知道怎样完满地检验出自然能做什么,人的艺术追求能达到什么,欺骗的伎俩为什么能得逞,咒语、魔法、祈祷、求恕、献身等神秘活动意味着或梦想着什么,它们中包含着什么。这样一来,一切虚假的东西都可以被清除掉,只

---

① 《大著作》第六卷,第1章,赵敦华、傅乐安主编:《中世纪哲学》(下卷),商务印书馆,2013年3月第一版,第1190页。

② 参见亚里士多德:《亚里士多德全集》(第二卷),苗力田主编,中国人民大学出版社,1991年11月第一版,第554—555页。

有艺术和自然的真理得以保存。"①

　　罗吉尔·培根这样的思想显然是极为重要的,他在格洛塞德斯特的基础之上更加明确而系统地强调了经验的作用,可以说直接地启迪了英国的经验主义传统,这也是英国哲学最主要的特色,从这一点上可以看出来罗吉尔·培根对于英国哲学甚至西方哲学的重要意义。

　　《大著作》的第七卷也是最后一卷则是有关道德哲学的。在罗吉尔·培根看来,道德哲学才是最高的,它比前面的四艺都要高妙,因为道德哲学与我们的行为直接相关,包括决定了我们对于神的态度,而神学则是最高的知识,道德哲学乃是和神学密切相联的。他还特别提到了个人的道德,其中引证了许多古希腊罗马哲学家的名言,特别是斯多葛派哲学家、尼禄的老师塞涅卡的著作,看得出他对古希腊罗马的哲学是相当熟悉的。

　　在最后的结论中,罗吉尔·培根说,基督徒可以仅仅因为信仰权威而信仰基督,但对于那些非基督徒则不能如此,他们并不相信基督教的那些权威,因此与他们对话时必须依靠理性,用理性去说服他们相信上帝,特别是上帝的存在。而上帝的存在是可以不依靠权威而依靠理性去证明的。

　　在几乎什么都依靠权威的中世纪,罗吉尔·培根说出这一点可以说是很有道理也很有勇气的。

　　关于这位悲惨博士,我最后要引用赵老师对他的评价,从这样

---

① 《大著作》第六卷,第2章,赵敦华、傅乐安主编:《中世纪哲学》(下卷),商务印书馆,2013年3月第一版,第1193页。

的评价之中可以看到他在历史上当享有的地位：

"罗吉尔·培根是一位不幸的天才。他的不幸在于他的超前思想，他比同时代人更早地认识到实验和数学的重要性和科学应有的实用价值。在这一方面，他比格罗斯特和大阿伯特走得更远，他不只是以'证明科学'的体系和方法介绍神学，而且要以实用科学的精神全盘改造经院哲学。他虽然使用奥古斯丁和亚里士多德的语言表述这些思想，但仍不能为同时代的神学家和当权者理解。直到14世纪末，他才获得应有的声誉。15纪时他的名字已成为牛津大学的骄傲，人们称他为'悲惨博士'，以示对他生前遭受的不公正待遇的哀悼。"①

第二节 罗马的吉尔兹

以上就是我们对罗吉尔·培根的简单述说，接下来我们来讲另外的两人，先讲罗马的吉尔兹。

这两个人在哲学或者神学史上的名气应该算是相当之小的，所以赵老师在他的堂皇大著中也没有专门述及之，只有两处提及，其中一处位了讲麦耶农的弗兰西斯中，其中有这样一句话：

"15世纪一个名叫威廉的司各脱主义者把托马斯、波纳文都和司各脱称作'博士三巨头'，把根特的亨利、罗马的吉尔斯和麦耶农的弗兰西斯称作次一级的'博士三巨头'。"②

---

① 赵敦华：《基督教哲学1500年》，人民出版社，2005年5月第一版，第338页。
② 同上，第486页。

这样看来，这个吉尔兹还应该是有一定成就的，否则就不能说仅次于三巨头了！不过赵老师选了麦耶农的弗兰西斯来讲，我则选择了前面两位，主要是基于柯普斯登的观点，在他看来，这两位还是有一定重要性与独特性的，从后面的论述中也可以看到这一点，所以我在这里挑出来简单说一下。

吉尔兹是罗马人，也是从罗马出来的极少数哲学家之一。虽然罗马乃是基督教的大本营，但却极少有罗马人能够成为名垂青史的哲学家。吉尔兹生于1247年左右，少年时就进入了属于奥古斯丁派的合米特修道院，后来到了巴黎大学留学，正是在那里成了托马斯·阿奎那的学生。但到巴黎大学时他已经有独立的思想与著述了。学成后他就在巴黎大学当了老师，但1277年左右时，由于他的作品中出现了被认为带有异端色彩的理论，被要求修正，但他认为自己没错，予以拒绝，于是被巴黎大学开除了。

到了1285年，他已经拥有了相当崇高的地位，特别是在他所在的奥古斯丁修会里，而奥古斯丁一贯被当成基督教思想的正宗，于是他被允许回到巴黎大学继续教书。几年后当上了所在的奥古斯丁修会的会长，后来还成为了鲍杰斯大主教，无论在当时的思想界还是在教会里都享有很高的地位。1316年，吉尔兹逝世于法国南部的名城亚威农。这时候乃是基督教会一个特殊的时期，教皇就生活在亚威农，吉尔兹大概就是在去见教皇时去世的。

至于吉尔兹的思想，首先，吉尔兹是一个很有独立思想的人，这是他最大的风格，也因为如此，他严格来说不属于任何一个流派，而是一个独立的思想家。只是因为他当过托马斯·阿奎那的学生，才有时候被称为托马斯·阿奎那派的，但他对于托马斯·阿奎那的思想和对任何其他人的思想一样，从来都不盲目接受，要是觉得不对，也会毫不犹豫地加以批评。

事实上，早在1270年吉尔兹就写了《哲学的错误》一书，书中大挑哲学家们的错误，从亚里士多德、阿维洛伊、阿维森那、迈蒙尼德等都挑了个遍。1277年时，发生了著名的"七七禁令"，由教皇下令巴黎大主教汤比尔颁布，禁令中对许多当时被认为可能是或者可能导致异端思想的观点，例如世界的统一性、质料个体化原则、天使的个体化等等都禁止研究和宣讲。十来天后，英国的坎特伯雷大主教又在牛津颁布了禁令，在巴黎的禁令之外加上了实体形式的单一性和质料的被动性。这些禁令实际上有的是针对托马斯·阿奎那的，那时候他还远没有后来的崇高地位。直到1325年，由于托马斯·阿奎那思想的广泛传播等原因，巴黎大主教才撤销了禁令。但就是在禁令施行的时候，吉尔兹还大胆地出书论述了禁令中禁止宣讲的观点，才因此被赶出了巴黎大学。

由上可见，吉尔兹的主要风格就是有独立之思想，对于自己认为是真理的东西，是一定要坚持的，哪怕被世人所不容，并且为此不惜付出惨重的代价。这称得上是一个伟大的品格，是在任何时代都需要的。

至于他具体的思想，他首先强调的是存在与本质的分离。

所谓存在与本质的分离指的就是说存在与本质不是一回事，是可以相互分离的。为什么要这么说呢，主要是因为吉尔兹认为，既然人是由上帝创造的，那么就意味着上帝将祂的存在给人分享了。但这存在却不是人全部的本质，否则的话，人的存在岂不就和上帝的存在完全是一回事了吗？那么何来上帝的创造呢？也因此之故，为了保证人是由上帝创造的，那么人的存在就必须和他的本质区分开来。

我们要看到，那些存在着的事物也具有存在这个性质，那么这个性质又是从何而来的呢？——是从上帝而来的，即上帝让万物"分享"了这个本质。换言之就是说，上帝乃是万物的创造者，祂创造万物，也就是赋予万物以存在这个性质。

吉尔兹的这个思想应该是和奥威涅的威廉有关的。我们前面讲过，奥威涅的威廉的主要思想之一是对于本质与存在关系的论述，他也区分了存在与本质。在他看来，只有对于上帝存在与本质才是同一的，即上帝的存在就是其本质，但对上帝之外的其它一切事物，则其存在与本质是相分离的。这也就是说，它们不一定具有存在这个本质。进一步地，这也就意味着它们的存在是暂时的、不是永恒的。吉尔兹坚持的思想大体上和奥威涅的威廉是一致的。

至于具体之物的本质，吉尔兹认为是质料与形式的组合，这就是其存在的方式，那些不可感知的非物质的东西则只有形式而无质料。

吉尔兹关于存在与本质分离的观点遭到了一个人的猛烈抨击，他就是我们后面要讲的根特的亨利，两人为此进行了多番的互相批判。在回答亨利的批判中，吉尔兹再次强调存在与本质必须分离，否则的话，不但上帝的创造是不可能的，而且万物的消灭也是不可能的，因为万物既然分享了上帝的存在，而倘若万物的存在与本质是一体而不可分离的，那么万物如何会消灭呢？

吉尔兹的这个观点无疑是有一定道理的，我们可以进行如下的逻辑推理：万物分享了上帝的存在，这是大前提，也是从奥古斯丁开始的基督教哲学家们大都接受的；如果万物的存在和本质是不可分离的，这是小前提，那么就可以逻辑地得出两个结论：一是万物不可能被创造，因为万物是由本质与存在组成的，而若此二者不可分离，则说明它们永恒地是在一起的，也就是说有了存在就有了本质，而这存在与本质的结合就是万物了，于是，就说明万物也是从来就有、永恒就有的，那么何来创造？同时，又何来毁灭？这两者都是可能合理地得出来的答案。

当然，吉尔兹的论证也不是不可辩驳的，亨利的对吉尔兹的反对也是有道理的，这我们在后面讲亨利时就会看到了。

吉尔兹的另一个重要理论是关于形式与质料的以及灵魂与肉体的。

在吉尔兹看来，灵魂与肉体之间的关系有类于存在与本质之间的关系，既然存在与本质是可以分离的，那么灵魂与肉体自然也是可以分离的，这个灵魂也相当于形式，而肉体相当于质料。这样一来，万物的形式与质料也是可以分离的，例如我们人可以通过自己的理智或者说知性抽象出事物的形式，而这形式当然是独立存在的，这个形式也就是事物的共相，上面所说的意思也即共相是可以独立存在的实体，就像人的灵魂是可以独立存在的一样，这显然是一种极端实在论的观点。

对于灵魂与肉体，吉尔兹除了强调它们是可以分离的，还进一步认为身体和灵魂都是独立的甚至它们的结构看上去是完全一样的，也就是说像两个"人"，只是一个是灵魂，另一个是肉体。这样的思想无疑和咱们中国的传统观念是很一致的，我们在很多的电影里都看到过，例如著名的《倩女幽魂》里，美女死后，灵魂和原来的人长得是一模一样的，还一样地漂亮迷人，只是她原来的身体已经死了，现在这个看上去依然那么迷人且一模一样的乃是灵魂而已。吉尔兹之所以提出这样的观点，大概是为了要解释基督的死而复活。

在耶稣死而复活的奇迹之中有一个问题，就是后来人们看见的耶稣究竟是何者？难道是耶稣原来的肉体吗？那似乎是不大可能的，因为经中说得很明白，耶稣已经死了，犹太人的祭司长们和长老们还带了重兵紧紧地守住耶稣的坟墓，以防耶稣的门徒来将他的尸体偷去，然后便说耶稣复活了。还有，《马太福音》中一再强调了，耶稣复活的不是他原来的肉体，例如有主的使者对那些来看耶稣坟墓的妇人说："他不在这里，照他所说的，已经复活了。你们来看安放主的地方。"[1]而当妇女们见了耶稣后，"耶稣对他们说，不要害怕，你们去告诉我的弟兄，叫他们往加利利去，在那里必见我。"[2]

这样一来，一个最自然而然的结论就是大家看见的不再是耶稣的肉体，而是他的灵魂了。而这个灵魂显而易见是和耶稣原来的肉体长得一模一样的。因此可以说吉尔兹的这个理论是和耶稣复活的事迹很相符合的，也提供了相当好的解释。

第三节　关于教皇的权威

以上这些思想记录在吉尔兹的《存在与本质的理论》、《基督肉

---

[1] 《马太福音》第28章，第6节。
[2] 同上，第10节。

身论》等著作中。除了这些关于神学理论的著作之外，吉尔兹还有另一种形式的著作，那就是关于教会的权威的，名叫《论教会的权威》，在历史上相当有影响，因此在这里要单独提出来说说。

在《论教会的权威》里，吉尔兹的主张简而言之就是教皇至高无上，应该享有绝对的权威，那些世俗的君王们必须服从教皇，他甚至主张教皇可以有世俗的统治权，将教权与政权合为一体。当然他也承认有"两把利剑"，即世俗权之剑和教权之剑，但认为前者必须服从于后者，就像肉体要服从于精神、我们的手脚要服从头脑的指挥一样。他说：

"所有尘世的事务都在教会的威权之下，特别是在最高主教威权的统治之下。"[①]

这里吉尔兹所说的"最高主教"指的当然就是教皇了，他之所以有这样的观点，还是有着深刻的背景的，在这里也值得一说。

这个背景总的来说就是教皇和世俗君主之间的权力之争。我们知道，中世纪从某种程度上是教权统治整个西方世界的时代，作为基督在人间代表的教皇有着至高无上的权力，甚至要求各国的君主们也服从他。他的这种权威一般而言是受到君主们尊重的，但并不总是如此，也有一些君主，主要是英法德那些大国有为的君主们对此是大为反感的，于是展开了和教皇的斗争，这种斗争在法国表现得特别明显，在教皇那里则是当卜尼法斯八世统治时最为猛烈。

卜尼法斯八世是意大利人，1294年至1303年在位，据说他是

[①] 参见柯普斯登：《西洋哲学史》（第二卷），庄雅棠译，台湾黎明文化事业有限公司，1988年3月第一版，第637页。

凭借阴谋当上教皇的。他的前任教皇切莱斯廷五世本来是个虔诚的隐士，因偶然而当上了教皇。本尼迪克特·加塔尼红衣主教是他的主要顾问，据说他在教皇的房间安了一根管子，每天晚上教皇就寝的时候，他就在管子那端低声呢喃道："切莱斯廷，切莱斯廷，放下你的政务吧。对你来说这件事太大了。"切莱斯廷五世本来就不想当这个教皇，现在以为听到了上帝的声音，于是立马就辞职了，本尼迪克特·加塔尼于是乘机当选为教皇，即卜尼法斯八世。后来他还谋害了圣洁的前教皇切莱斯廷五世，据说切莱斯廷五世曾预言道："你像狐狸一样溜了进来，你将像狮子一样统治，并像狗一样死去。"

切莱斯廷五世的预言是正确的，卜尼法斯八世上台后，立即展开了他的暴虐统治，和世俗君主们抢起了权，想成为整个西方世界至高无上的统治者，但这时候法国的国王乃是极有为的"漂亮腓力"即腓力四世。当时法国财产的一大半集中在教士们手里，腓力四世宣布教会必须把它收入的20%上缴国库，教皇当然不同意，他发布教皇敕谕，禁止教士交这20%的税，违者革除教籍。这在当时是同死刑差不多的惩罚。教士们有教皇撑腰，不买腓力四世的账了。收不到钱的腓力就找出了个与教皇"同归于尽"的法子——禁止金银珠宝离开法国输往国外。这样，一方面腓力四世固然不能从教士们那里收到税，另一方面教皇再也不能从法国弄到一个子儿。这个禁运对他的打击比对腓力四世大得多，教皇只得缴械投降，让腓力四世收他的20%。但不久教皇又想出一招来报一箭之仇。1302年，他颁布了著名的圣谕《一个圣盟》，说教皇乃是整个西方世界的领导者，所有的国王甚至皇帝都是他的手下，都得服从他，就像

第二十章 托马斯·阿奎那和邓·司各脱之间的三哲人

凡人要服从神一样——教皇在圣谕中就引用了吉尔兹的《论教会的权威》。但愤怒的腓力四世公开烧掉了教皇的圣谕，另外又想出了更狠的一招，他派人潜往罗马，同也与教皇过不去的罗马贵族合谋，带人袭击教皇的宫廷，制服了教皇很少的卫兵，把他关将起来，不久后卜尼法斯八世便像条狗一样地死去了，正合了切莱斯廷五世的预言。

卜尼法斯八世死后，1304年，腓力四世设法让法国波尔多地方的大主教被选为教皇，是为克莱门特四世，法王就此控制了教廷。后来他又设法将教廷从罗马迁到了亚威农城，教皇从此在此地为时约70年，这些驻跸在罗马的教皇就被称作"亚威农之囚"。

这个卜尼法斯八世是所有教皇中最被痛恨者之一，痛恨的人当中还包括伟大的诗人但丁。原来，1300年，但丁当选为佛罗伦萨行政官。这时候，对意大利和佛罗伦萨的自由产生最大威胁的就是卜尼法斯八世教皇，他一心想将教权与俗权结合起来，统治全意大利。但丁虽然一开始属教皇党，但在认识到教皇统治的种种弊端后便开始反对教皇干政。但丁反对教皇的详细经过就不说了，简而言之，1302年1月，和教皇沆瀣一气的佛罗伦萨共和国当局正式给但丁判罪：罚款5000弗罗林，流放5年，并永久剥夺他担任公职的权力。他们给但丁的罪名是贪污公款、反对教皇、扰乱佛罗伦萨共和国。

这样的判决太不公道，但丁当然不服，于是1302年3月10日，他更被判处以火刑。只是由于他一直在外，才幸免于难。

——这一年但丁才37岁，就被永远被驱逐出了故乡，从此不得不到处流浪，在异乡度过漫长的余生，如他自己所言："几乎是乞讨着走遍所有说这种语言的地方。"

不过但丁后来也复了一下仇，在不朽的巨著《神曲》中，在第八重天即恒星天里，但丁瞻仰了基督教中最为神圣之人物——基督、圣母玛丽亚、天使加百列，等等，还在这里接受了三个使徒的考验，第一个乃是大使徒圣彼得，他考试但丁关于信心的问题，还顺便骂了但丁痛恨的卜尼法斯八世教皇一顿。不用说，在《神曲》里，卜尼法斯八世是被关在地狱里，遭受永无止境的惩罚。

正由于他对教皇权威一贯的维护，思想又的确深刻且独特，因此早在1287年，当吉尔兹还只有40来岁的时候，就被尊为他所在的奥古斯丁修会的"博士"，这可不是某个大学的博士，而是一种代表着思想之至尊地位的崇高称号。

一方面拥有独立之思想，敢于批判，同时又在生前就能得享大名，这样的人物不但在中世纪，便是在整个哲学史上也极难得，堪称奇人。

第四节 "庄严博士"根特的亨利

说完了荣耀的吉尔兹，我们现在来说根特的亨利。

这位亨利也获得了一个尊贵的名号，那就是一个叫圣母会的修会在他去世之后追认他为本会成员，并且尊为"庄严博士"，以示他是修会的理论权威。[①]

根特的亨利之所以有这个名字，当然是因为他来自根特，但不

[①] 参见赵敦华：《基督教哲学1500年》，人民出版社，2005年5月第一版，第453页。

一定生于根特，而是他的家族是从根特来的。据说他约生于1217年，1267年成为图尔内大教堂的牧师，开始潜心研究神学，1276年起在比利时的图尔内、布鲁日等地当司祭，后来去了巴黎大学。先是学习，后来当了老师，但一开始时先在文学院任教，后来才到了神学院。当时巴黎的大主教汤比尔欣赏他，因此1277年当汤比尔组建一个神学委员会准备制定"七七禁令"时，亨利便成为了委员之一。他死于1293年。

亨利的主要著作有两部，《神学大全》和《特殊问题》，瑙尔斯是这样论述他的：

"世俗教师、根特的亨利……也许是自奥弗涅的威廉立于巴黎伟大人物之林以来的第一位世俗教师。他本人就值得注意，对于历史学家来说，他更重要之处在于他同时既是邓斯·司各脱的先驱，又是其批评的对象。"[1]

瑙尔斯称亨利为"世俗教师"指的大概是他虽然当过教堂的牧师，但并没有加入任何基督教修会，并且一直是以在大学当老师为生的，从这个角度看他是世俗的。瑙尔斯还评价说亨利在1277年直到他在1293年去世为止，都是"巴黎一位最主要的有影响的人物"，这指的就是他当时在巴黎思想界其至整个基督教思想界的影响之大。

瑙尔斯的话是否有所夸张不太清楚，不过事实上，若不讲社会地位，只讲哲学成就而言，亨利显然是要略大于吉尔兹的。这我们

---

[1] 大卫·瑙尔斯：《中世纪思想的演化》，杨选译，商务印书馆，2012年5月第一版，第391—392页。

马上就可以看到。

总的来说,亨利的思想有一种明显的折中色彩,即他既不依附于当时流行的柏拉图与奥古斯丁主义,也不依附于正准备流行的亚里士多德主义,当然更不会依附于阿维森那和阿维洛伊的伊斯兰哲学,但同时他对于这些思想又都有所吸收,可以说兼容并包,并在此基础之上进行加工,得出自己独特的思想。这就像《劳特利奇哲学史》所言:

"亨利在历史与哲学上的意义源自于他在13世纪的这样一个地位:他同时与阿奎那和司各脱都有一种重要和直接的关系。从一个方面讲,针对阿奎那的亚里士多德主义,亨利代表了13世纪晚期最为持续的和思辨性的、来自奥古斯丁传统的回应。在对亚里士多德思想的基本点持批判态度的同时,亨利回归到更为基本的奥古斯丁派的原则,并在其中融入了某些阿维森纳的因素。与阿奎那相比,可以公正地说,亨利表现出所谓的'阿维森纳化的奥古斯丁主义'的学说倾向。"[①]

这是对亨利思想的一个很好的总结。这样的特点在他的许多思想中都得到了相当鲜明的体现,例如他关于知识与真理的思想、天赋观念的思想、存在与本质的思想,等等。在关于知识与真理的理论中,亨利一方面强调经验对于认识的意义,甚至说过"所有我们的知识皆来自感觉"这样的话[②],但他是不是一位罗吉尔·培根甚至

---

① 约翰·马仁邦主编:《劳特利奇哲学史》(第三卷),孙毅等译,中国人民大学出版社,2009年1月第一版,第328页。
② 参见柯普斯登:《西洋哲学史》(第二卷),庄雅棠译,台湾黎明文化事业有限公司,1988年3月第一版,第638页。

洛克式的经验主义者呢？或者说像亚里士多德一样，认为所有知识都离不开感觉呢？关于这个值得分析一下。

对于感觉，亚里士多德说过这样的话：

"如果我们缺少感觉，我们就不能适用归纳。因为感觉才认识特殊，由于它们既不能通过缺乏归纳的普遍，也不可能通过没有感觉的归纳得到认识，所以对它们不可能获得知识。"[①]

这段话的意思简而言之就是，一切知识都离不开感觉，即必须通过感觉才能获得知识。对于亨利而言，表面上看也是这样的，但实际上不是，因为在亨利看来，知识是分为不同种类或等级的，我们的确可以只通过经验并且不经过神的帮助获得某些知识，但这些知识只是表面性的，只能够认识事物的表面现象，获得一些浅薄的知识，这些知识尽管也是真的，却既不是深刻的——我们不可能由之了解事物的本质，更不能称为真理，即"感觉之中没有任何纯粹的真理。"[②]

那么怎样才能对事物有深刻的了解，获得本质性与真理性的知识呢？那就必须经由上帝的"光启"了。这是奥古斯丁的思想，我们前面不止一次地谈到了，在奥古斯丁看来，人之所以能够获得真理，必须由上帝进行"光启"，上帝在创造人类的时候，就预先给了人类以理性与知性，这样就使得心灵能够接受光，也接受上帝光启给他的真理，此后波纳文德也接受了奥古斯丁这样的思想，亨利

---

① 亚里士多德：《亚里士多德全集》（第一卷），苗力田主编，中国人民大学出版社，1990年9月第一版，第283页。

② 转引自赵敦华：《基督教哲学1500年》，人民出版社，2005年5月第一版，第454页。

显然也是如此。

由上面的知识与经验出发，亨利在人是否存在天赋观念上也采取了一种折中的态度，即他一方面否认柏拉图式的天赋观念说和知识回忆说，关于这一点我们前面讲罗吉尔·培根时刚刚讲过，罗吉尔·培根认为数学知识似乎是天生的，只需要回忆就能够得出来，对于这一点亨利是否认的，但他又不绝对否认天赋观念的存在，他说，在关于上帝存在这样的观念上，我们是天赋的，即本来就有的，但并不是说我们天生就一定能够认识这种观念，那是不一定的，这种观念真正的形成并且为我们所认知还是和经验有关的，即我们要先依赖经验而形成某些知识，当我们得到这些知识之后，那关于上帝的观念才能够真正地显现给我们，我们也才能得到关于上帝的观念。

亨利的这个观念不但是折中性的，而且是很巧妙的，他一方面承认了关于上帝的天赋观念的存在——否定这样的存在不但是很难说得通的，也是危险的；但同时又不简单地说有这样的天赋观念，因为这样一来他就很容易被驳倒，例如有人可以很简单地反问：倘若有这样的天赋观念，为什么世界上还存在着那么多异教徒与无神论者呢？几百年之后，洛克就曾经以此去反驳笛卡尔的天赋观念论，但亨利却在这里先就避过了这样的指责。指出虽然人人都有关于上帝的天赋观念，但这种观念并不会自己显现出来，要显现出来，即人们要真正地获得关于上帝的观念还得有后天的经验知识。反言之就是说：倘若没有这些后天的经验知识，我们就自然不会有关于上帝的观念。据此就可以轻松地回答洛克式的反驳了：异教徒和无神论者之所以没有上帝的观念，乃是因为他们缺乏相应的后天经验知识。这个解释是很行得通的。

前面讲吉尔兹时我们说过他的主要观点之一就是将存在与本质明确分离，认为无此不能有上帝的创造万物，正是在这一点上吉尔兹和亨利产生了最大的分歧，双方展开了猛烈的对攻。我们上面讲了吉尔兹的观点，现在来看亨利又是怎样说的。

亨利首先强烈反对吉尔兹将存在与本质明确地分离，好像水与油分离一样。他认为，倘若如此，那么存在作为存在也必须有自己的本质，或者自己也是一种本质，这样一来这种本质又需要它的存在了，即它又是存在与本质的结合了，而对这个新的存在与本质的结合又可以作同样的分析，这个过程将一直至于无穷。这显然是行不通的。

这样的话理解起来似乎有点儿困难，它的意思是说，在吉尔兹所说的存在与本质里，存在它自己显然也是一种性质，而且是一种根本的性质，即本质，事物的存在乃是其本质，这是一个不难理解的观念，而作为一种本质，它当然也是存在的，即同样是存在与本质的结合，而这个新结合的存在与本质同样可以进行上面的分析，这个过程可以无限地分析下去，这显然是行不通的。

亨利进一步指出，对于任何一个事物，其存在与本质是不可能分离。事物的本质可能与存在完全分离吗？即事物的本质和存在一点儿关系也没有？这显然是不可能的，例如我们可以简单地问：这一事物的存在是不是它的本质呢？或者这种本质是否存在呢？这些问题都是成立的，并且都与存在和本质同时相关，因此将存在与本质截然分开是做不到的。我们还可以进行一种更为简单的问询：无论对于某个事物，还是对于本质或者任何其它东西，都可以问：

它存在呢还是不存在？这种问题都是成立的，从这里就可以简单地看出来，无论将存在与本质区分开来，还是将任何东西与存在完全区分开来，说它和存在一点关系都没有，都是说不通的。

亨利的这种观点无疑是有道理的，的确，存在并不是事物构成的一种元素，就像水是由氢与氧构成的一样，倘若这样的话就可以缺少，只是缺少了之后，水就不再成为水，而只是氧气或者氢气了。但存在不是这样的，它实质上是一种性质，而且是一种最为根本的性质，并且是事物不可能不具有、即必然具有的性质。例如当我们指称任何事物，哪怕仅仅是赋予它一个名称时，它就存在了，即具有了存在这个性质。当然，这时候存在就有各种的可能了，即可能有各种存在的方式，例如我说孙悟空或者弥诺陶洛斯是存在的、玫瑰花或者太阳是存在的、亿万年之前的某头恐龙或者我亿万年之后的儿子是存在的，更为本质的，上帝是存在的，那含义是大不一样的。对于这个问题，古希腊的巴门尼德曾经作过比较深入的分析，大家可以去参考之。总言之，亨利看到了将存在与本质截然分离是完全行不通的，他的反驳也是强有力的。

而对于前面吉尔兹的立论基础，说倘若不将存在与本质分离开来，那么将无以显现上帝的创造，同时任何存在的事物都不可能被消灭，亨利也进行了反驳。他说，万物的存在和万物依赖着上帝，是同一件事。[①]即万物的存在是必然地依赖于上帝的，至于万物的本质和存在，它们虽然似乎是不同的，但实际上是一致的，这种区

[①] 参见柯普斯登：《西洋哲学史》（第二卷），庄雅棠译，台湾黎明文化事业有限公司，1988年3月第一版，第644页。

分只是一种"意向的区分",是对于相同的对象有不同的意向,在这种意向之下,似乎存在的本质比简单的本质有更多的含义。这种更多的含义正可以从上帝的创造之中得到说明:当我们说到事物的存在时,即指向了上帝的创造,因为万物的存在都是由上帝而来的,上帝创造了一切。而当我们只说本质时,却不一定有这样深刻而丰富的含义。我们可能指的是从那些与经验相关的知识而得来的事物之本质,这样的本质只是一种可能的本质,并不是事物必然具有的,只是一种对于那和上帝有关的本质的一种模仿或者模拟。对于上帝之外的万物而言,是有这种本质和存在之区分的,但对于上帝而言则存在与本质完全是一码事,我们可以只经由存在去思考上帝,而不去考虑其它。

亨利的这种观点也是和传统的基督教一致的,上帝是"自有者",即"存在本身",这乃是上帝最真切最基本也最适当的名字。[1]

从上面的话我们还可以进一步推理出,万物之所以具有不同的形态,乃在于对于万物之"原型"即上帝的不同的模仿而造就了不同的本质,这样的本质显然是不必和上帝一起长存的,既可以产生,也可以消灭。而更为根本地,这一切,包括模仿在内,都是由上帝决定的,上帝决定着并且创造着一切,一切倘若离开上帝都不可能存在。

亨利这些话都显然是成立的,但是,我们前面也说过了,吉尔兹理论的关键点是倘若不将存在与本质分离,那么既然万物分享

---

[1] 参见吉尔松:《中世纪哲学精神》,沈清松译,上海人民出版社,2008年11月第一版,第57页。

了上帝的存在，而上帝的存在则是永恒的，这样一来，万物也是永恒的，即不可能创造，也不可能消灭。因此，为了彰显上帝的存在，就必须将存在与本质分离。亨利如何对此进行解释呢？对此的解释也是不难的，亨利只要说：因为一切的存在都依赖于上帝，万物的存在既然来自于上帝，那么上帝可以使万物分享这个存在，也可以在分享之后剥夺之，这样的分享与剥夺分享就是万物的存在与消灭了。因此，万物的存在与消灭并不是那存在本身的产生或者消灭，而只是体现着上帝的意志，从这个角度上说，这就更加强调了上帝的创造之大能。不过，在这样的情形之下，吉尔兹可以进一步质疑：倘若本质与存在不可分离，那么当上帝分享与剥夺事物存在之时，岂不要连同事物的本质一起分享或者剥夺吗？这样一来，因为存在是永恒的，岂不那本质也是永恒的了？更进一步，岂不万物也同样是永恒的了？这乃是问题的关键！当然，对于这样的问题，亨利一定是可以回答的，而同时吉尔兹又是一定可以继续回答的，这个过程是可以至于无穷的。这是一定的，这就是为什么神学的争论往往是没有结果、也没有胜负的，而最后就必须得由各种各样的"禁令"去制止这样的争论了，这其实就是中世纪之所以需要那么多禁令，甚至需要宗教裁判所的原因，那根本的原因就在于：不但是对于上帝的创造、万物的存在，甚至对于上帝的存在，或者其它几乎一切的问题，都可以有不同的回答，这其中永远没有结果，也永远不会有定论。于是就只有以武力与禁令去达至定论了。

还有，前面的论证中使用得最多的词就是存在，无论是关于上帝的存在还是万物的存在都是存在，当亨利反驳吉尔兹的时候，他可能是因为看到了一个很好的反驳他的方式，那就是对存在的不同解释，上帝的存在与万物的存在含义是不一样的，所以根本不必将上帝的存在与万物的存在联系在一起，更不必因为万物的存在与本质是否可以分离就去质疑上帝的存在与创造万物。这样的思想是久已有之的，即我们实际上不可能用任何词汇去描述上帝的本质或者本质性的上帝，上帝是超越一切的，也包括超越于我们的任何词汇，这就是伪名丹尼斯在《神秘神学》中特别强调的一点，这样的思想后来也被广泛地接受，亨利同样坚持这一点，即对于存在这一概念而言，当它用于万物或者用于上帝之时，实际上含义是不一样的，两者是不能共通的。存在如此，任何概念都是如此。这样一来也就是说，我们对上帝所创造的万物的任何描述与论证都不能够用于上帝，即以之去论证上帝之时就会产生谬误。但在这里亨利似乎走向了另一个极端：即认为当我们将存在等任何的概念用于上帝与万物之时永远是错的，没法共通。这种方式与传统的神秘神学显然又是相违背的了，神秘神学强调的是上帝的不能够认识，即我们即使有某种认识，也不能够知道这种认识是对还是错，因此，倘若我们要想对上帝有本质性的认识，那么我们就只有保持沉默，因为我们没法证明这确实是上帝的本质。但亨利在这里却强调了一点，就是我们的这个认识是错的，简而言之就是：一个认为不知道，而另一个说是错的。这两种态度显然是不同的，这里有点像古希腊的怀疑主义，真正的怀疑主义是既不认为对，也不认为错，而是悬搁，不作决定。而作出对的或者错的判定都不是怀疑主义。正因为亨利作出了这样的断定，因此他遭到了邓·司各脱的抨击。邓·司各脱进行这种抨击的理由很简单：这种观点实际上表明了认为人是可以认识上帝的本质的，断言上帝不是如此和断言祂是如此，实际上都是一种断言，这乃是基督教思想家们共有的大忌，也是大家经常以之进行相互批判的靶子，这正如吉尔松所言：

"'误把神当做人的认识能力之本性对象'正是中世思想家喜欢相互责备之词，正是因为大家都严肃地感受到这种危险，而且每个人都庆幸，自己比别人更能完全地幸免。圣伯纳文都尝以此责备葛罗塞德斯特，董司各都尝以此反对根特的亨利（Henry of Ghent）。"[①]

前面我们在开始讲亨利的思想时就说过，他的主要特点就是折中，他是一个折中主义的哲学家，他的思想受从柏拉图到亚里士多德到奥古斯丁到伊斯兰哲学的共同影响，他对于这些思想是既接受又不接受，换一个角度说，就是既接受每种观点中的这一点那一点，又批评每种观点中的这一点那一点。我们可以合理地推知：他之所以如此，在于他发现每一个哲学家的思想之中都有这样那样的缺陷，这也诚然是合理的甚至是显而易见的，正因为这个的事实，才使得后来产生了"奥康的剃刀"。还有，他身上的多面性与折中主义也对于后面邓·司各脱的思想产生了相当的影响，不过这影响对于他本人似乎不是好事，因为邓·司各脱经常是通过批判亨利的思想来表达自己的思想。

总而言之，从亨利这里我们看到了经院哲学的另一种走向——一种折中的，也显得有些混乱的甚至茫然的走向，这也是一种朝下的走向，这种走向是经院哲学经历了托马斯·阿奎那的巅峰之后，必然的走向。

[①] 吉尔松：《中世纪哲学精神》，沈清松译，上海人民出版社，2008年11月第一版，第203页。

第二十一章 "精微博士"邓·司各脱

邓·司各脱是很不好讲的,他的人生不好讲,作品不好讲,思想也不好讲。

邓·司各脱的人生之所以不好讲,是因为许多事情都是不好确定的,虽然邓·司各脱只活了40多岁,可谓英年早逝,但他的短暂人生却给后人留下了太多模糊。就像克卢克森在邓·司各脱的大作《论第一原理》的德译本导言中开门见山之所言:"关于约翰·邓斯·司各脱的生平,我们了解得少之又少。"①

第一节 短暂、多谜而光辉的一生

首先,邓·司各脱的出生日期是不确定的,只能说大概是1265年,至于出生地,大地方是可以肯定的,那就是苏格兰,接下去就难说了,瑙尔斯说是罗克堡郡的麦克斯顿,柯普斯登和赵老师也是这么说的,《西方哲学史·学术版》则说是伯维克郡,但这个伯维克郡可能是根据邓·司各脱的名字演绎来的,因为邓·司各

---

① 司各脱:《论第一原理》之德译本导言,吴增定译,华东师范大学出版社,2008年3月第一版,第1页。

脱的姓邓（Duns）即是伯维克郡一个地方的名字，现在叫邓斯镇，他是不是生在这儿就难说了。《不列颠百科全书》则说是洛锡安的邓斯[①]，这个洛锡安和伯维克可不是同一个地方。但不管怎么说，邓·司各脱毕竟可能是从邓斯个地方出来的，加上名字也相似，因此国际上大都把这里当成邓·司各脱的家乡。1966年时方济各会还在这里召开了一场盛大的纪念邓·司各脱诞辰700年的活动，还在这里的邓斯城堡的入口处立了块纪念碑，上书：

"约翰·邓斯·司各脱，精细博士，方济会成员，1266年出生于此，无论他的声名播向何处，他都在为邓斯和苏格兰这块生养他的土地增光。"[②]

关于邓·司各脱的早年生活，瑙尔斯说他早年在哈丁顿接受教育，1277年进了方济各会的隐修院，因为他叔叔是隐修院的院长，1281年就正式加入方济各会了，但对于这个日期，克卢克森说没根据。1291年3月17日，邓·司各脱正式成为神父，对于这事儿，克卢克森倒说这是我们唯一知道的关于邓·司各脱的确切日期，他的圣职是被林肯地区的主教萨顿授予的。

还有，邓·司各脱肯定在牛津大学学习过，但具体日期也很有争议，反正1291年时他已经在牛津大学学习过一阵子了，克卢克森又说，根据最新的资料，邓·司各脱还在剑桥大学学习过，甚至还在这里开过课，讲授我们前面说过的隆巴特的《言语录四篇》，

[①] 参见《不列颠百科全书》，中国大百科全书出版社，1999年第一版第5卷，第448页。

[②] 参见黄裕生主编：《西方哲学史·学术版》（第三卷），人民出版社，2011年5月第一版，第487页。

第二十一章 "精微博士"邓·司各脱

但1300年左右时他又在牛津大学讲这门课了。另外，1302年后他在巴黎大学当上了老师，讲的还是这门课，这门课在当时的神学界相当于我们中国现在的政治课，是哪所学校、哪个专业都要讲的，我们可以合理地推测邓·司各脱大概讲得很好、已经名闻遐迩了，所以三所知名大学都要他去讲这门课。这些都是克卢克森的说法。

不过这些说法是否成立都在未可知之数，例如据柯普斯登说，邓·司各脱1293至1296年可能在巴黎大学学习，还受教于当时的知名哲学家西班牙的贡什维夫，但这种说法显然是和克卢克森的说法矛盾的，要是现在倒可以，坐飞机一天之内就可以在英国和法国之间跑个来回，但要知道，当时从剑桥或者牛津跑到巴黎可不是件容易的事儿，至少也得个把月吧！还有，据《西方哲学史·学术版》说，1288至1301年间，邓·司各脱都在牛津大学学习。瑙尔斯倒很聪明，说邓·司各脱1290年至1293年在牛津大学学习、1293年至1296年在巴黎大学学习，后来的1297年至1301年又在牛津大学学习，而且在此时此地开始了教学生涯，说的有鼻子有眼，只是不知道根据在哪。[①]

总而言之，关于邓·司各脱的求学或者当老师的生涯，我们现在是很不清楚的，称得上是罗生门，我们只好不予深究了。

但1302年以后的事就好像比较明朗了，1303年左右，当卜尼法斯八世和法王腓力四世争权时，邓·司各脱像罗马的吉尔兹那样，是坚决站在教皇一边的，并且因此被赶出了巴黎和法国，可能

[①] 参见大卫·瑙尔斯：《中世纪思想的演化》，杨选译，商务印书馆，2012年5月第一版，第394页。

又回到牛津大学当了一年老师，但第二年又回巴黎大学当老师了，到这时，因为他在教学和著作上取得的成就，他当上了方济各会正式的神职教师，后来到了1307年左右时又拿到了"神职教师主任"这个更高级的职称，期间的1305年可能还在巴黎大学接受了神学博士的头衔。

1307年时，邓·司各脱已经成了方济各会的"首席教师"，并且以这个名义被派往德国的科隆，就是大阿尔伯特安息的地方，但第二年，1308年，11月8日，他突然地就这么死了，死因不得而知，又是一个谜团。这时候他只有42岁左右。

——西方历史上这种英年早逝的伟人不可谓少，例如拉斐尔只活了37岁、非欧几何的创立者之一黎曼40岁未满就去世了，近世代数的主要创立者伽罗瓦更只活了20岁，就是伟大的托马斯·阿奎那也不过活了40多岁，思来令人不胜唏嘘！

邓·司各脱去年后，被安葬在科隆的教堂里，据说墓志铭上有这样的话：

"苏格兰养育了我，英国接受了我，法国教育了我，科隆容纳了我。"①

邓·司各脱的人生有如此之多的谜团，他的著作同样如此，因为匆匆而逝，邓·司各脱自己并没有完成多少作品，他的作品大都是弟子们编撰而成的，依据的材料有的是他遗留的手稿，有的是他讲课的笔记，但这些笔记并不一定全是邓·司各脱讲的，应该有些

---

① 黄裕生主编：《西方哲学史·学术版》（第三卷），人民出版社，2011年5月第一版，第487页。

地方——可能还不少——是学生自己的心得体味之类，但后来全被算作邓·司各脱的著作了。这样一来，邓·司各脱究竟有哪些真作？哪些又是半真的著作？哪些又是伪作？就成了又一个谜团。其中包括邓·司各脱一些最著名的作品，例如《牛津著作》、《巴黎记述》，《美国百科全书》称之为"无疑是其真迹并为司各脱学说的最好资料"，[①] 但柯普斯登则说"皆不能全部归属于斯科特"[②]，原因就在于有的内容是他的学生们自己加上去的，究竟哪些又无从知晓。当然，总的来说，这两部书仍然称得上是邓·司各脱的真作，也是代表作之一。比较庆幸的是，邓·司各脱还有少数著作，例如《论第一原理》，是邓·司各脱原汁原味的真作，这是有邓·司各脱遗留的手稿作证明的，从这些著作我们可以一窥邓·司各脱思想的原貌。

正因为邓·司各脱很重要，所以早在十七世纪和十九世纪就有了两种他作品的全集，但这两种版本都有相当严重的问题，尤其是包含了不少被现代人的研究证明是伪作的作品，因此，现在方济各会又专门成立了一个委员会来编撰邓·司各脱的作品，这个版本叫《梵蒂冈版》，已经出版了若干卷。由此就可以看出来，邓·司各脱在经院哲学界甚至整个的基督教思想界有何等重要的地位！这种地位应该也是柯普斯登所认可的，在他的大作里，讲述邓·司各脱的篇幅要超过除托马斯·阿奎那外的所有中世纪哲学家。

[①] 参见《美国百科全书》，台湾光复书局/外文出版社，1994年第一版，第9卷，第217页。

[②] 参见柯普斯登：《西洋哲学史》（第二卷），庄雅棠译，台湾黎明文化事业有限公司，1988年3月第一版，第653页。

当然，由这个事实同样可以看出来编辑出版邓·司各脱的著作有多难！

理解邓·司各脱的思想也一样地难。我们知道，邓·司各脱有一个著名的绰号"精微博士"，这个称号有许多译法，《不列颠百科全书》译为"细密博士"、《美国百科全书》译为"精致博士"、《西方哲学史·学术版》和《中世纪思想的演化》都译为"精细博士"，这几个词都不可算错，但我觉得只有"精微博士"这个译法最为贴切，因为精致与细密一般而论都不是用来形容思想的词，用上去也不大好听，精细稍好些，但同样不大适合，因为它主要也不是用来形容思想的，"精细化工"是化学行业一个常用词，"精细思想"就未必如此了。唯有"精微"才既专用于思想又可以最为切近于邓·司各脱思想的特征，精微者，精微奥妙之简称也，我们后面会看到，用"精微奥妙"四字形容邓·司各脱的思想是再合适不过了。

也正因为邓·司各脱的思想是"精微奥妙"的，自然是不大好懂的，所以瑙尔斯说到邓·司各脱的难懂时略带幽默地说道：

"人们都认为他是一位难懂的思想家，而且，当吉尔松和他的方济各会主编、修道士巴利克（Balic）都同意他这样称呼他时，其他人就不必对于为偶然的糊涂辩解而感到羞愧了。"[①]

这位巴利克乃是方济各会成立的新版邓·司各脱著作集编委会的领头人，吉尔松乃是近代最伟大的中世纪哲学研究家，连瑙尔斯

[①] 大卫·瑙尔斯：《中世纪思想的演化》，杨选译，商务印书馆，2012年5月第一版，第394—395页。

和柯普斯登两位大家都要向他脱帽致敬的,这两人都称邓·司各脱难懂,他之难懂就可见一斑了!

对此赵老师也说:

"邓·司各脱是法兰西斯会的博士,他的称号是'精细博士','精细'这一经院哲学的一般风格在他著作中表现得淋漓尽致,他的著作因此比其它经院哲学著作更加复杂和难懂。"①

这里的法兰西斯会就是方济各会了,法兰西斯的译名从读音来说更准确,但我国久已习惯译为方济各会,所以我在这里尊重了老习惯。

司各脱虽然难懂,但并不妨碍人们努力去懂他,因为邓·司各脱的思想之伟大堪比任何中世纪哲学家,他是公认的最伟大的方济各思想家——或许要超过同为伟大的方济各会哲学家还当过会长的波纳文德,他的追随者之众一向都堪与那位一向号称最伟大的托马斯·阿奎那相比,有时候甚至超过了托马斯·阿奎那,就像《不列颠百科全书》的"邓·司各脱"条目中所言:

"16—18世纪的天主教神学家中其追随者与托马斯·阿奎那的追随者不相上下,而在17世纪时则在数量上曾超过一切其他学派追随者之总和。"②

而霍普金斯在他的《邓·司各脱的牛津》中甚至用了这样一首诗去形容邓·司各脱的伟大:

---

① 赵敦华:《基督教哲学1500年》,人民出版社,2005年5月第一版,第458页。
② 《不列颠百科全书》,中国大百科全书出版社,1999年第一版第5卷,第448页。

诚哉方家！秋毫明察。
无人可与之争锋，
堪媲意大利希腊！[①]

诗中说邓·司各脱堪与古希腊罗马的伟大哲学家相匹，足见其何等了不起了！这并非虚饰浮夸之辞，我们后面会看到，邓·司各脱的思想不但抽象地说可以和古希腊罗马的哲人相匹，具体地还与两位古希腊罗马的哲人相匹或者说相类，那就是同样以思想精微奥妙著称的两个新柏拉图主义者——柏罗丁和普洛克罗。

第二节 论知识与存在

谈完了邓·司各脱到处是谜团的人生、著作，我们现在来具体地分析他那难懂的、谜团般的思想。

我们首先要谈的是他对知识的理解。

看到这里，也许您会感到好奇，因为一般而言，神学家们都是从上帝或者上帝所创造的万物入手去构建他们的理论的，当我们讨论他们的理论之时也是如此，一般而论都是先谈上帝或者说上帝所创造的万物的，从奥古斯丁到波纳文德到托马斯·阿奎那都是如此，但在邓·司各脱这里却先谈起来了知识，这不能不令人感到有些奇怪。

其实这并不奇怪，因为邓·司各脱思想体系的一大特点是，它

[①] 大卫·瑙尔斯：《中世纪思想的演化》，杨选译，商务印书馆，2012年5月第一版，第402页。

主要地并非一种本体论或者说形而上学,而是一种认识论,或者可以说,邓·司各脱的思想之中存在着一种"认识论的转向",这不但表现于他的思想的整体特征之中,例如他的思想先讲的不是上帝或者其创造,而是属于认识论范畴的知识,也表现于他在分析一些具体的哲学与神学问题时,是从认识论的角度去分析的。例如对于万物创造的理解,我们如何理解上帝?如何理解上帝所创造的万物?如何理解上帝与其所创造的万物之间的关系?这里的理解当然也可以说成是认识。这些都是我们后面要讲的内容,也是邓·司各脱思想中最具特色的内容,是他区别于托马斯·阿奎那的地方。简而言之,如大卫·伯内尔(David B. Bunell)所言:"我们可以说,司各脱对包含在基督教传统下创造论中的形而上学问题的处理方式更带有认识论色彩而非形而上学色彩。"[1]

要理解知识,当然首先必须了解知识的首要对象是什么?我们在前面讲波纳文德时说过,对于基督教哲学而言,认识到上帝乃是自有者——自己存在者——是极为重要的。与波纳文德一样,邓·司各脱同样是属于方济各会的,自然也会将之放在首要位置。在邓·司各脱看来,我们人之获得知识,首先就要弄清楚知识的对象为何,而这个知识的对象就是存在之为存在。

这个存在之为存在理解起来是有些麻烦的,只能慢慢地、一步步地说明,不过这个过程不能止于邓·司各脱甚至中世纪哲学这里,而是指向整个的西方哲学史,直到现代西方哲学家海德格尔时才得到最深入的说明。

---

[1] 伯内尔:"阿奎那和司各脱论造物主与被造物的区分",见凯利·克拉克、吴天岳等编:《托马斯·阿奎那读本》,北京大学出版社,2011年9月第一版,第165页。

现在，我们要理解的存在之为存在、或者邓·司各脱的存在之为存在，有两个基本的含义：

首先，存在乃是一个抽象的概念，是人的感官所无法把握的，即我们的感觉器官能够感觉到事物的各种性质，却是不可能感觉到存在的。对于存在，我们首先要理解这一点。

其次，存在乃是一个最基本的概念，不但是哲学与神学一个最基本的概念，而且是我们人类理性或理智所有的第一个基本的概念，这也就是说，我们的理性而不是感官所能理解的第一个基本的概念就是存在。在吉尔松看来，邓·司各脱和托马斯·阿奎那对此是有共同观点的：

"存有是人类心灵所达到的第一个可理解的概念，这个学说两位哲学家（指托马斯·阿奎那与邓·司各脱）都同样接受。"①

对于这个观点，我们也可以用下述更广泛的方式表达，整部哲学史至少形而上学史所分析的其实就是存在，或者说存在之为存在。从古希腊罗马就是如此了，例如古希腊的智者高尔吉亚就讲过他的三个论题：无物存在；即使有物存在，我们也无法理解；即使我们能够理解，也无法将之传达给别人。其分析大家理解起来或许还有一定的难度，因为那些分析太抽象，是在一些抽象的概念之中转来转去，容易被转晕头，黑格尔都说高尔吉亚的辩证法是"纯粹地在概念中运动"，②这里的"辩证法"也可以改成"存在"。实际

---

① 吉尔松：《中世纪哲学精神》，沈清松译，上海人民出版社，2008年11月第一版，第214页。

② 参见黑格尔：《哲学史讲演录》（第二卷），贺麟、王太庆译，商务印书馆，1960年6月第一版，第33页。

上，不但高尔吉亚如此，其他哲学家也有相似的情形，即都在"存在"这个词里面绕来绕去，大做文章，就这样构成了整部西方哲学史的主体内容，至少是主体内容之一，西方哲学史大部分的悬案与争执都源于此。或者可以这样说：我们可以写一部从古希腊直至现代的《西方哲学通史》，对这个问题的讨论将贯穿整部《西方哲学通史》。当这部书结束的时候，我们那时候再回过头来总结一番，或者就可以理解何为存在了。

第三，对于上帝而言，存在同有是祂最主要的表达，甚至，从某个角度上来说，是唯一的表达、是我们对于神唯一可以称之为"本质性的"或"真理性的"理解。

邓·司各脱在《论第一原理》之开篇有这样的字句：

"我主上帝，当你的仆人摩西渴望知道你这位最真的老师叫什么名字，以便可以对以色列人说时，你大概完全知道以芸芸众生的理解力能够把握你些什么；你在'我是我之所是'这个回答中显示了你神圣的名字。你即是那真是，你即是那全是。如果可能的话，这（我相信，这）就是我想知道的。主啊，请帮助我研究，我们的自然理性在什么程度上能够从是者，即关于你所表述了的东西，达到一种关于真是——即你之所是——的认识。"[①]

吉尔松指出这段文字的重要性"无可比拟"，因为这标识了基督教哲学的真正方法与第一真理，这也就是说，基督教哲学的其它真理都必须从此而出。

为什么呢？这其实是好理解的，基督教哲学的第一要务当然是

[①] 司各脱：《论第一原理》，王路译，商务印书馆，2017年11月第一版，第1页。

理解上帝，那么我们要如何理解上帝呢？当然第一要务就是理解上帝的存在，所以基督教哲学的第一要务就是讲清楚上帝的存在，在这个基础之上才及于其它，这就是为什么前面我们讲中世纪哲学时，几乎所有神学家都将论证上帝的存在作为其哲学之核心内容的缘故。也正是这个原因，我们才将知识论放在了邓·司各脱思想的开篇来讲，并且首先论及了知识的对象乃是存在之为存在。

存在之为存在不但对于上帝是第一要义，对于一切事物皆是如此，即都要探讨其与存在有关的问题。当然，在这里我们一定要清楚的是，存在这个词虽然用于上帝与万物，但其含义是不一样的，这也是我们前面一再指出过的。不过，在邓·司各脱这里，和在根特的亨利那里不一样，存在在上帝和万物那里并不是截然不同的，或者说对于上帝的存在我们是完全不可理解的，在邓·司各脱看来，存在在上帝与万物那里还是有共通之处的，即上帝乃是无限的存在，万物则是有限的存在。这就是二者之间的区分。

所以，在这里我们要进一步地探讨一下上帝这个无限的存在。

在邓·司各脱看来，上帝的存在可以用另一个更为具体的词来表达，那就是无限的存在，证明上帝之存在即就是证明上帝是无限的存在，这是一样的。仍然像吉尔松所言：

"董氏认为，实际上'证明天主的存在'和'证明一个无限存有的存在'完全是一回事，而且，这无疑是说，除非先证立了一个无限存有的存在，否则就没有证明天主的存在。"[①]

---

① 吉尔松：《中世纪哲学精神》，沈清松译，上海人民出版社，2008年11月第一版，第61页。

第二十一章 "精微博士"邓·司各脱

这里的董氏就是邓·司各脱了，因为沈先生将邓·司各脱译为"董司各都"，因此就可以简称为董氏了，以后我们也不妨将邓·司各脱简称为邓氏，只是这样一来，就"一人两姓"了，似乎略有不妥。

吉尔松的观点无疑是正确的，也是邓·司各脱的观点，因为证明上帝的存在当然也就是要证明上帝是无限的存在，这里的"无限存有的存在"我们也可以简单地理解为无限的存在或者无限的存在者的存在，存在与存有这两个概念在某些场合之下的确含义有所差异，例如存有指存在者，这是容易区分的，但存在与存有还可能有更细微的差异，只是这种差异是不大的，并且至少在通常的情形之下我们可以将存有理解为存在，理解为只是译法不同而已，至于其中的差异，那就如同邓·司各脱的哲学一样，是"精微奥妙"的了，只是对于这样的精微奥妙我们一般地说不需要理会，否则的话，哲学分析就有可能沦为词汇分析、沦为咬文嚼字，在我看来，这是胶柱鼓瑟、大可不必的，而且乃是哲学研究之大忌，哲学所要分析的乃是包括上帝在内的事物本身，而不是字词的含义，这是我们一定要记住的。

谈了这么多，简而言之就是，在邓·司各脱看来，存在之为存在乃是知识的首要对象，这里的存在之为存在乃是超感觉的，只有通过理性才能通达。

但这时候又出现了两个问题：一是我们人的理性或理智能够理解上帝这个无限的存在者吗？二是我们人能够直接地理解存在吗？

这两个问题都很重要，对此邓·司各脱是这样回答的：神的本质，例如神的三位一体，是超越于我们的理解的，但并不意味着绝对不能理解，因为尽管依照我们人的自然能力不能理解之，我们乃是一种有限的存在，因此在自然的理解力之上是不可能理解那作为无限的存在之上帝的——这是肯定的，就像邓·司各脱所言："你是无限的，并且是由一个有限的东西所不能把握的"[①]——但有时候，经由上帝的某些恩典，我们可以有限度地理解上帝的本质，不过这乃是要依从于上帝的自由意志的，而不是我们人所能自己决定的。

对于第二个问题，这里相关这样的事实：我们人实际上的知识的对象并不是抽象的存在，这是我们前面已经说过了的，存在这种性质是超越于感觉的，但同时，我们也必须承认一个事实，我们认识所及的第一个对象是可感觉的事物，我们人天然具有认识这些可感事物的能力，我们由之得到的知识就是一种自然的知识，它是与有关存在与上帝的超自然的知识不一样的。对于这样的事实，邓·司各脱当然是不会看不到的，这样就联系到我们应该如何理解感觉了。

我们知道，方济各会总的特点是遵循奥古斯丁传统，更远来说是遵循柏拉图的传统。这个传统有一个共同特点，就是有些轻视感觉，认为从感觉得不出什么可靠的知识来，奥古斯丁就是这么认为的。与方济各会的传统相对，多明我会的传统则是亚里士多德的，托马斯·阿奎那也是这个传统，这个传统的特点是重视感觉，认为在知识与感觉之间有着密切的关系，如托马斯·阿奎那就认为人的认识对象乃是可感知的事物的本质，在这里可感知是居于重要地位

[①] 司各脱：《论第一原理》，王路译，商务印书馆，2017年11月第一版，第62页。

第二十一章 "精微博士"邓·司各脱

的。在这一点上,邓·司各脱没有盲目地遵循方济各会的或者柏拉图的与奥古斯丁的传统,相反倒是部分地承认了托马斯·阿奎那对于感觉的重视,就像吉尔松所言:

"例如董司各都是方济各学派,按照传统,他应该会奋起攻击圣多玛斯,并且会宣布其修会所主张的奥古斯丁派对于感觉的疑难。但是,他判断这个立场在哲学上站立不住,便予以拒绝,而保留自己的权利,改用其他途径来保护圣奥古斯丁的学说中所含的真理。"[1]

在邓·司各脱看来,由于人是有原罪的,上帝可能因此惩罚人类,使我们不能够直接理解存在之为存在,使我们的理性一般地说只能经由感觉去理解事物。当然这不是说理性不能理解抽象的本质,而是说,我们的理性在理解那些抽象的本质之时是要借助于感觉的。在这样的情形之下,理性的理解自然受到感觉直接的影响,这既是上帝决定的,但同样也可以看成是自然的秩序:人的感觉理解个体之物,理性则理解本质。当然,这种秩序也是由神去安排的。[2]

不过,虽然承认感觉的作用,但邓·司各脱对于托马斯·阿奎那认为知识的首要对象乃是那些可感知的个体之物的本质这样的理论是大加反对的,认为这无异于将可感知的事物作为了人类知识的首要对象,从而将感觉经验作为了知识的基础,这是极其错误的。

---

[1] 吉尔松:《中世纪哲学精神》,沈清松译,上海人民出版社,2008年11月第一版,第197页。

[2] 参见柯普斯登:《西洋哲学史》(第二卷),庄雅棠译,台湾黎明文化事业有限公司,1988年3月第一版,第667页。

邓·司各脱从多个角度进行了反驳。

首先,他从灵魂出发进行了分析。人是有灵魂的,而灵魂是可以直接了解非物质的东西的,这就如同我们的肉体可以了解物质的东西一样。他还举了灵魂在天堂的例子,在基督教里,人的灵魂是可以上天堂或者下地狱的,现在我们可以问这样一个问题:那上了天堂或者下了地狱的灵魂,它们在天堂里有知觉吗?当然是有的!在天堂里它们要享受极乐、在地狱里要受到永罚,这些都是基督教基本的教义,在但丁的巨作《神曲》里可以清楚地看到这样的情形。那么,这些灵魂们在天堂地狱里感受到的是什么呢?当然不是物质!也不可能是物质,就像灵魂不是物质一样,这也就是说,灵魂们在天堂或者地狱里感受到的是非物质的东西,是事物抽象的性质,包括事物抽象的本质。于是,邓·司各脱这样推论说:既然我们活着时和死后的灵魂是同一个灵魂,只是去了天堂或者地狱而已,那么,我们应该可以自然而然地推断:当我们活着时的这个灵魂同样是可以了解事物抽象的性质包括存在的。不用说,邓·司各脱这样的论证是很有力量的,也极为深刻而独特,值得我们好好咀嚼。

另外,邓·司各脱还从形而上学的角度进行了反驳,他说,倘若依据托马斯·阿奎那的说法,那么形而上学就是不可能的,因为形而上学所研究的对象可不是可感知的事物,而是存在,并且是存在之为存在,倘若可感知的事物乃是我们知识的首要对象,我们的知识不能逾越于感觉或者由这得来的事物的性质,那么如何会有形而上学呢?或者即使有,也只是基于感觉的物理学似的形而上学罢了,但在邓·司各脱看来,这样的形而上学可不是真正的形而上

第二十一章 "精微博士"邓·司各脱

学,真正形而上学研究的正是要超越于感觉的存在之为存在!这存在之为存是在根本上超越于感觉的。

不难看出,这里的关键实际上在于如何理解形而上学,或者如何对形而上学进行定义,倘若依据邓·司各脱的定义,那么根据托马斯·阿奎那的观点,形而上学就不存在了;但倘若依据托马斯·阿奎那对形而上学的认识,那形而上学当然依然是存在的。

还有,这样的论证也并不是说,邓·司各脱认为此生的灵魂可以直接通达于事物的本质,他也认为这是不行的,在这里灵魂有类于前面讲过的理性,理性不能直接理解存在之为存在,这也许是人犯了原罪的惩罚,灵魂也如此,灵魂本来应该是可以直接通达超越感觉的本质的,但是因为有了原罪这样的障碍,因此它不能直接了解之。当然这只是指在此生中,即当我们还活着,灵魂与肉体仍然在一起的时候。

看得出来,在灵魂不能直接了解抽象的本质例如存在之为存在这件事上,邓·司各脱和托马斯·阿奎那是没有异议的,差异在于原因:托马斯·阿奎那认为本来就是如此,邓·司各脱则认为本来不该如此,是某些原因以至于如此。

邓·司各脱是承认感觉的作用的,也认为客观上理性必须经由感觉才能认识事物及其抽象的本质。这时候,我们可以进一步地问这样一个问题:邓·司各脱究竟是如何看待、认识可感知的个体之物的呢?

这也是一个比较重要的问题,因为涉及到我们所直接面对的万物,太阳月亮、花草树木等等,对于这些个体之物,邓·司各脱是如何认识的呢?

对于这个问题,邓·司各脱的基本观念是我们的理性是可以了解这些个体之物的,而且可以对之有直接的了解。这又是与托马斯·阿奎那相对立的,因为在托马斯·阿奎那看来,我们的理性是不能够直接了解个体之物的,理性只能够了解事物的共相,即我们必须先将个体之物那些可感知的性质排除,然后形成不可感知的共相,再借助共相去了解事物。但邓·司各脱反对这样的观点,认为理性可以直接地了解个体之物,他的理由是理性是比感觉更高级的能力,既然如此,那么感觉所能够掌握的事物的可感知的性质理性自然也能够了解。

当然,对于这个问题邓·司各脱也是有一定矛盾的,也就是说,他一方面认为理性可以了解个体之物,但同时又认为这种了解是相当有限的,甚至于在某些情形下理性是不可了解的,对此他说过这样的话:"单独物在其自身是可理解的,只是更要涉及该东西本身。如果它对某些知性是不可理解的,譬如说对我们的知性,那么其原因不在于单独物本身的不可理解性。"[①] 他的意思就是说,我们的理性在某些情形之下不能够理解个体之物,这并不是由于个体之物的不可理解,而是说我们知识自身的局限性。我们可以将这种局限性和上面的原罪联系起来,也许这种局限性也是上帝对我们原罪的一种惩罚。

我们还要注意的是,这里的不可理解并不是说完全的不可理解,而是说部分的不可理解,至于对个体之物不完全的理解,邓·司各脱则认为理性是一定可以的,例如我们了解个体之物是存

---

① 柯普斯登:《西洋哲学史》(第二卷),庄雅棠译,台湾黎明文化事业有限公司,1988年3月第一版,第670页。

在着的，而且可以通过共相而了解它们，这是一定可以的。邓·司各脱对于共相的真实性是很重视的，在他看来，我们完全可以通过对共相的了解而拥有真理性的知识。这也是他一个很重要的观点。

当然，共相只是对个体之物部分的了解，而对于个体之物完整的理解是不可能的，在邓·司各脱看来这同样是显而易见的。他还举出了一个简单而有说服力的例子，就是对于任何的个体之物，倘若去除了它所有的那些可感知的性质，例如形状、大小、体积、重量、质量、颜色、气味、滋味，等等，那么我们的理性与感觉都将无法区分任何事物，但我们却知道这个体之物依然是存在着的，依然是一个个体之物，有着它的"单独性"。

这是一个极为深刻的思想，我们知道，事物之间是如此地不同，从一个红色的苹果到一只黑色的猫，从遥望似一圈银的月亮到用电子显微镜才能看到的病毒，它们是如此不同，必然地有某一种性质、某一种根本性的性质，即本质，令得万物是如此不同，使得一个红色的苹果不同于一只黑色的猫、遥望似一圈银的月亮不同于用电子显微镜才能看到的病毒。甚至必然有一种本质令得一个苹果不同于一个梨，虽然它们都是水果，或者说，一定具有某种本质使得水果之成为水果而不是一个梨或者不是任何其它的东西。这就是事物的"单独性"，但这个单独性是什么呢？是那些可感知的性质吗？当然不是，而是其"本质"，例如一只苹果，其颜色、重量、大小、滋味等这些性质是不是苹果的本质或者单独性呢？当然不是，但如果不是的话，一个苹果能够没有颜色、重量、大小、滋味等吗？显然不是的，因为没有它们就不成其为一个苹果了，我们也无法辨别一个苹果了。但如果说是的话，难道哲学要去研究颜色、重量、大小、滋味等等这些吗？当然也不能，哲学所要研究的恰恰不是这些，而是那个本质或者单独性，但这个本质或者单独性又是超越于我们的感觉的，这里面存在着一个深刻的矛盾，同时，这既显示了我们理性的能力，也显示了理性的局限。

有时候，这种局限简直会令人感到疯狂：我们明明知道任何的个体之物，例如一个苹果，一定有某个承载者，承载着它所有那些可感知的性质，但对于这个承载者我们根本无法知觉，唯知其存在而已，这确实令人深深地感觉到这是上帝对我们莫大的惩罚！对于这个问题我们后面马上还要讲到。

虽然知识的首要对象是存在之为存在，由之所得的知识当然是形而上学的知识，但邓·司各脱并没有将知识停留于之，他同样认为存在着另外的知识，例如科学的知识。

在这些科学的知识之中，邓·司各脱认为数学是最理想的科学知识，因为它具有最大的明确性、必然性以及精确性，这是和罗吉尔·培根的观点一致的。当然这也不难理解，我们不必多说。

除了数学知识外，我们还有各种的实际知识，也可以说是经验的知识，在邓·司各脱看来，这些知识都是来自于感觉经验的，他在这里强调了感觉的重要意义。而且，他还有一个鲜明的观点，就是认为一切知识都是来自后天的，没有什么先天本有的知识，或者简而言之是没有天赋观念，人生下来时是一块"白板"，一切知识都是经由后天的感觉经验而来的。而理性虽然可以得到本质性的知识，但它也是由感觉而"引动"的。[1]

---

[1] 参见柯普斯登：《西洋哲学史》（第二卷），庄雅棠译，台湾黎明文化事业有限公司，1988年3月第一版，第675页。

显然，后来的笛卡尔是会反对邓·司各脱这种观点的，他的同胞洛克则是举双手赞成，洛克后来就提出了"白板说"，不能不说是直接地受惠于邓·司各脱。

不过，这并不说明邓·司各脱真的把感觉看得高过一切包括理性，在他看来，这只是理性不得已而为之的。我们前面说过，也许缘于上帝对人类原罪的惩罚，使人类理性不能直接地了解事物的本质，这才使得我们必须借助经验，这就像吉尔松所言：

"按照董司各都的想法，人的理智就今生的状态言，若不依凭感官，无法形成任何概念。但这只是因为人实然所处的状态，而非因为人应然的状态。若不先由感觉促动理智，人不会有理智之认识。但为什么呢？也许是由于原罪的处罚吧！这是董氏十分满意，屡屡提及的一个假设。"①

而且，虽然邓·司各脱不得不重视感觉，他也同样认为，理性依然是可以脱离感觉而独立的，理性毕竟是一种高于感觉的能力，怎么能够真的屈从于感觉呢！它只是不得已而利用感觉，当这个利用完成之后它就会独立了，独立地去获得关于本质性的知识了，去理解存在之为存在了！这同样是邓·司各脱一个重要的观点，对此吉尔松又说：

"更可注意的是，董司各都的知识论皆倾向于'尽可能强化理智对于感觉界的独立性'。这一点正是他与圣多玛斯不同之处。他也虽然改正奥古斯定的学说，但仍不失为奥古斯定派。感觉认识对

---

① 吉尔松：《中世纪哲学精神》，沈清松译，上海人民出版社，2008年11月第一版，第206页。

于他都只不过是理智认识的'机缘'而已。"①

邓·司各脱的这些思想无疑又脱离于经验主义了,不过他本来就不是经验主义者。

关于知识我们要说的最后一点是对光启的否认,我们先来看吉尔松的一段话:

"董司各都既然对于柏拉图的贬损感觉界,敢采取反对的态度,自然便会批评奥古斯定的光照说。他主要的论点在于光照说是建立在一个会沉没的基础上。"②

我们前面谈过了邓·司各脱对于感觉的重视,这是和柏拉图的传统相违背的,在吉尔松看来,这会自然而然地导致邓·司各脱反对光启说。

为什么呢?我们知道,光启是奥古斯丁一个相当重要的思想,我们前面已经多次谈到了,在奥古斯丁看来,人之所以能够获得真理,必须由上帝进行"光启",上帝在创造人类的时候就预先给了人类以理性与知性,这样就使得心灵能够接受光,也接受上帝光启给他的真理,后来波纳文德和根特的亨利都接受了奥古斯丁这样的思想。特别是亨利,他也认为一切知识都离不开感觉,但这只是表面上看如此,但实际上不是,因为知识是分为不同种类或等级的,我们的确可以只通过经验并且不经过神的帮助获得某些知识,但这些知识尽管是真的,却只是表面性的,不是深刻的,我们不可能由之了解事物的本质,因而不能称为真理。人怎样才能对事物有深刻

---

① 吉尔松:《中世纪哲学精神》,沈清松译,上海人民出版社,2008年11月第一版,第198页。

② 同上。

的了解，获得本质性与真理性的知识呢？那就必须经由上帝的"光启"了。

邓·司各脱以他一贯针对亨利的方式，对亨利这样的观点进行了有力的反驳。他认为亨利这样的思想将会使得知识失去可靠性，导致怀疑主义。至于原因我们可以这样简单地理解：既然真理性的知识要依赖上帝的光启，那么也就是说我们人类既不能够通过自己的努力获得知识，又不能断定知识本身是真理。这当然是一种怀疑主义了！

不用说，邓·司各脱这样的思想是和方济各会的一贯传统——从奥古斯丁直到波纳文德的传统——相违背的，作为方济各会的思想家，这的确是相当大胆的，这也说明了邓·司各脱是一个有独立思想的人，并不盲从任何权威，这也是邓·司各脱的伟大之处，或者说，是他之所以伟大的一个原因，要知道任何伟大的思想家都是不会盲从任何权威的，这是伟大思想家之所以伟大的一个基本标志。

第三节 以"存在"为核心的形而上学知识

谈完了邓·司各脱对于各种知识的整体理解，我们再来系统地看他对于神学或者哲学中最基本的知识——形而上学知识——的理解。

我们上面讲过，知识的首要对象就是存在之为存在，不难看出，这个存在之为存在是有关形而上学的，因此，存在之为存在的知识也就是形而上学的知识。进一步地，我们可以看出，对于邓·司各脱而言，正如存在是第一的概念一样，所有的知识之中，形而上学知识是最重要的知识。

但我们上面已经谈过了很多的存在，现在我们又来谈存在了，有什么不同呢？这个不同之处就在于，上面我们谈存在时，谈的是存在与其它概念或者事物之间的关系，例如存在与个体之物的关系、与感觉的关系、与知识的关系，当然最为重要的是，与上帝的关系，我们正是通过存在与这些对象之间的关系去探讨存在的。现在，我们则将更进一步，探讨存在本身。

对存在本身的探讨无疑是极为重要的，具有本质性的意义，因为存在乃是整个哲学最核心的概念，即使在神学之中，存在也是仅次于上帝的第二重要的概念。而且，如我们上面所指出的，存在乃是与上帝最切近的概念，我们对于上帝最真切最本质的理解乃是：上帝是自有者，——自己存在者，即上帝之存在乃是不依赖于任何其它对象的，他乃是自己存在的，这个貌似简单的定义里包含了几乎无限的内容，可以说超越了我们人类狭小的认识与领悟之能力。

存在不仅与上帝有关，是对上帝最本己的描述，同样地，存在也是对于上帝之外的任何事物最本己的描述，就本己这个特点而言，存在之于万物与其之于上帝是一样的。我们或者可以这样最简单地区分上帝与万物：上帝乃是自己存在者，而万物则是非自己存在者，即其存在不是自己存在的，必须依赖于他者而存在，这个他者，就是"祂"——上帝。这乃是神学的基本观念，理解了这一点，我们就理解了神学之基本。当然，这里说的是理解，而不仅仅是知道，知道是很简单的，但理解就复杂了，很多人可能一辈子也无法理解这一点，正如也有的人可能永远也不能相信这一点。

正是上面这种关系——存在与上帝以及万物之间的关系——表

达出了存在本身的含义,这个含义是非常复杂的,在这里我们只从三个角度去分析之,而且只能简单地分析之,否则的话,就是一本书也写不完。这三个角度如下:

一、存在乃是最基本的概念,因此是无法定义的。

二、存在是一种性质,并且是一切事物——包括上帝——所必须具有的性质。

三、存在总的来说可以分为两种形式,即心外之存在与心内之存在。

我们先来讲第一点。

这一点是很好理解的,因为存在是最基本的概念,所以是无法定义的。这道理有类于数学中的定义。

我们知道,欧几里得在《几何原本》第一卷第一节中首先给出了23个定义,例如什么是点与直线,什么是平面、直角、垂直、锐角、钝角,等等,这是几何学的最基本元素,对于这些元素,欧几里得没有用到任何公理与公设,因为它们甚至是比公理与公设更为基本的东西,只是一些直观的描述,连推理也没有,也不能有。

例如欧几里得给出的几个基本定义如下:点是没有部分的东西,没有体积也没有面积或者长度等,总之,是一个抽象的点。线则是单纯的长度,没有宽度,它是由无数点无曲折地排列而成的。如此等等,显然,这些定义是比公理还是公理的,它们是开始阐述几何学的基础,没有这些最简单的定义,就是公理也无从下手。

亚里士多德也认可欧几里得的方式,对于定义,他是这样说的:

"定义不是假设(因为它们对存在和不存在都不作断定),假设在命题中有地位，定义则只需要被理解。"①

他又说：

"由于定义被认为是对事物是什么的解释，很显然有一类定义是关于名称的含义的解释，或者是关于同等意义的名词性惯用语的解释。"②

"我们不仅主张知识是可能的，而且认为还存在着一种知识的本原。我们借助它去认识终极真理。"③

这三段话中不但表明了亚里士多德认为知识是可能的，而且那终极的真理同样是可能的，但这个可能的前提就是我们必须在为知识寻找终点——终极真理——之前先为其找到一个起点，这个起点就是定义，那只简单地定义，却不能进一步解释的东西。

从以上的论述之中，我们可以看到亚里士多德与欧几里得之间的共通之处。其实，倘若我们站在更广阔的角度去看所有的知识，将会看到这个简单的事实：任何知识体系——也就是说毫无例外——都必须以某些最为简单的概念或者定义为起点，在这个基础之上再去构建其知识的体系，而这个最简单的定义与概念本身则是不能被定义的。

上面我们说了不少题外话，原因正是为了说明，存在乃是形而上学中最简单的概念，也因此，它是不能够被定义的。这里的"不能被定义"并不是说我们不能够对其有所说明，恰恰相反，其意思

---

① 亚里士多德：《亚里士多德全集》（第一卷），苗力田主编，中国人民大学出版社，1990年9月第一版，第267页。
② 同上，第326页。
③ 同上，第251页。

就是说，我们只能对它有一种说明——一种描述性的说明，即只是指出它就是如此，就像欧几里得的定义点一样，却不会进一步地论述其理由。

形而上学中的存在也有类于几何学中的点，我们只能对其描述，而不能定义，[1]或者说，即使有定义，这种定义也是一种描述。

那么我们要去如何描述存在呢？那办法可多了，多到可以写一本书，因为我们对于存在的所有论述都可以看成是对存在的一种描述，如海德格尔在《存在与时间》以及萨特在《存在与虚无》中的情形，但少的话则一句也没有，因为何为存在、存在的本质为何、存在究竟是一个什么样的概念？总之，存在的本质，这实际上可以说是超越了我们所能理解的，或者说只可意会而不可言传。

现在我们来看第二点，存在是一种性质，并且是一切事物——包括上帝——所必须具有的性质。或者说：当我们谈到有关它们的任何概念之时，其中都包含了存在这个概念。[2]

这个思想是极其深刻的，其起点是存在乃是一种性质——或者说将存在视为一种性质。

对于存在是不是一种性质在哲学史上是有争论的，在这里我们不能多说，但我可以这样说：只有当我们将存在理解为一种性质时，才能更好地理解事物以及事物的存在。大家不妨自己也去思考与分析，看看这种说法是否有理、是否符合分析的事实。

---

[1] 参见柯普斯登：《西洋哲学史》（第二卷），庄雅棠译，台湾黎明文化事业有限公司，1988年3月第一版，第682页。

[2] 同上。

将存在理解为一种性质之后，下一步我们就可以得出另一个结论来了：存在乃是一切事物的第一性质，或者说第一的本质——倘若事物还有其它的本质的话。

既然存在是一切事物的第一性质，这里就蕴藏着一个前提，就是一切事物都具有存在这个性质。

如何理解这一点呢？我们可以从一个最简单的角度去理解，即我们不能在世界上找出任何不具有存在这个性质、即不存在的事物。甚至于，我们根本想象不出任何不存在的事物。

为什么呢？道理很简单：我们一旦想到哪个"不存在"的事物时，它就存在了，因为它已经在我们的思维里存在了；类似地，当我们说到任何一个"不存在"的事物之时，它已经存在了，因为它已经在我们的语言里存在了。

这时候也许有人疑问：难道在思维里存在、仅仅在思维里存在也是存在吗？当然是，在思维里存在也是存在的方式之一。不但如此，它还是存在的主要方式之一，而且有许多事物是只能在思维里存在的，我们只能通过思维或者说逻辑而判定它的存在。例如方之圆，它当然只在思维里存在，我们甚至不能想象它，因为真的想象不出来一个东西既是全方的又是全圆的，这里有着内在的矛盾。还有一些东西也只能在思维里存在，但其存在却是可以想象的，甚至是可以丰富地想象的。还有的存在者实际上也只是在思维中的存在，但我们却可以描述、甚至可以很丰富地描述之，例如神话传说与小说中的人物，如《西游记》中的孙悟空、《封神演义》中的通天教主、《大卫·科波菲尔》中的密考伯先生、《浮士德》中的浮士德，等等等等，文学史上可谓多如牛毛。能够说它们不存在吗？当

第二十一章 "精微博士"邓·司各脱

然不能。

当然，也许有人问说：这算是什么样的存在呢？这个存在和我们日常所说的存在是不一样的。这意思就是说：孙悟空们的存在和花草树木的存在是不一样的。但我要说：倘若将存在只理解为花草树木的存在，即将存在只与感知联系起来，那就是连哲学与神学之门都没入！甚至于连科学与数学之门都没有踏入。只要问几个简单的问题就好了：数学中的点线面体能够被感知吗？物理学中的质子分子电子夸克有物理学家曾经感知过吗？通通都没有！更遑论上帝了！中世纪的神学家们如此相信上帝之存在、现在世界上有百分之八十的人相信各种各样的上帝与神，请问他们曾经感知过神与上帝吗？没有！但他们仍然相信上帝与神是存在的。

所以，我在这里要重重地指出：我们一定不要将自己的思维局限在可怜的、狭小的感知里，只有超越了它，才能踏入哲学之门槛！

总言之：存在是任何事物都必然具有的性质。

早在古希腊，伟大的巴门尼德就将这个问题述说得很深入了。他是借着女神之口来分析的，而且在那里同样是论述知识，与我们在邓·司各脱这里论述的对象是一致的。

女神告诉巴门尼德，知识分为两种，一者是真理，另一者是意见。

女神说：

"听着罢，什么是知识的两条道路。一条路是，只有'有'存在：'非有'不存在，这是确证的路径，真理是在这条路上。另一条路是，'有'不存在，'有'必然是'非有'，关于这，我对你说，这是完全非理性的道路；因为'非有'你既不能认识，也不能达到，也不能说出。"①

上面的"有"我们译为存在，从这段话中可以得出几个重要的结论，其中包括以下两个：

一、有或者说存在乃是这里的核心概念，无论是真理之路还是意见之路，都是建立在对于存在的认识之上的，不过认识不同而已，因此巴门尼德就曾说过其论断是建立在"存在"或者"非存在"这个基础上的。

二、非存在既不能认识，也不能达到，甚至都不能说出来。

第一个结论不必多说，第二个道理何在呢？为什么非存在既不能认识，也不能达到，甚至都不能说出来呢？这似乎是没有道理的，但它实际上是有道理的，那道理就是我们刚刚讲过的：一切事物都必然具有存在这个性质。

倘若我们理解了这一点，也就容易理解巴门尼德了，因为巴门尼德对于存在的核心思想其实就是一句话：非存在不存在，或者说不可能存在不存在。用更加简明的语言去表述之，就是说一切都是存在的，不可能存在不存在的东西。

方之圆如此，几何中的点线面体如此，希腊神话中的弥诺陶洛斯、斯基拉和希马拉依也是如此，一切都必然如此——如此存在。这就像巴门尼德所言：

"我们不能不这样说和这样想：只有存在物是存在的。因为存

---

① 黑格尔：《哲学史讲演录》（第一卷），贺麟、王太庆译，商务印书馆，1959年9月第一版，第265页。

第二十一章 "精微博士"邓·司各脱

在物的存在是可能的,非存在物的存在则不可能。"[1]

总言之,一切都是存在的,不可能存在不存在的东西。在巴门尼德看来,这条路是唯一正确的路、是真理之路。

在巴门尼德那里,它是真理之路,在邓·司各脱这里,它依然是真理之路,直到现在,它依然是!这就是所谓的"英雄所见略同"。实际上,当我们追寻整个西方哲学史,甚至包括中国哲学史在内,会发现许许多多这样的情形,这乃是极有意思的情形。

以上是对第二点的论述,现在我们来看第三点,即存在总的来说可以分为两种形式——心外之存在与心内之存在。[2]

对于这个问题,虽然很容易花上几万字去说明,但我们就不多说了,简而言之,所谓心内之存在与心外之存在,就是头脑之内的存在与头脑之外的存在,前者指的就是我们平常所说的意识了,至于后者,那就不能简单地说是物质了!虽然物质或者个体之物的确是存在于心外的,但除了这,还有一样是很难说究竟存在于心内还是心外,并且正是这决定了一个人的人生以及世界观一个基本的方向,那就是神。

以上我们从三个角度分析了形而上学中的存在,可以看作是对存在本身的分析。这些分析在邓·司各脱那里是相对比较简单的,但我在这里进行了深化,探讨了邓·司各脱的观点中所存在的深刻的道理。这样的情形在邓·司各脱的理论里可不止一处,正是因此

---

[1] 北京大学外国哲学史教研室编:《古希腊罗马哲学》,商务印书馆,1961年5月第一版,第51页。

[2] 参见柯普斯登:《西洋哲学史》(第二卷),庄雅棠译,台湾黎明文化事业有限公司,1988年3月第一版,第682页。

之故，邓·司各脱才被称为"精微博士"。可以打个比方，邓·司各脱的思想不像是一座大山，而是一个幽谷、一个巨大的洞穴，里面有许多地方都是乍看上去没有多少东西，但倘若我们仔细探寻，就可以发现到处曲径通幽，那一条条的曲径通向一个个更加幽深的洞穴与幽谷，在那里有着无限的思想之美景。

当然，要说明的是，邓·司各脱的这些思想之美景可是不好领略的，非常之不好领略，我们只要读读他的著作就可以了，例如《论第一原理》，我们会看到邓·司各脱和后面另一位同样伟大而难懂的哲学家很相似，那就是斯宾诺莎，他采取的同样是一种有类于几何证明的方式，看上去很严谨，但非常不好懂，就像黑格尔在谈到斯宾诺莎的哲学方法时所说的：

"至于他的学说体系，那是很简单的，大体上是很容易掌握的。唯一的困难部分在于方法，在于他用来表达思想的那种错综复杂的方法。"①

这里有一半可以用在邓·司各脱这里，邓·司各脱的方法是极难懂的，甚至比斯宾诺莎有过之而无不及，例如有这么一段：

"这第十五个结论是本章的成果。它显然是从以上论述如下得到的：如果一种唯一的本性含有那种由自身必然是——根据本章第六个结论——，而且如果那种含有上述三重秩序的第一性的东西就是那种由自身必然是——关于一种第一性，根据第五和第三个结论；关于另一种第一性，根据第五和第九个结论；关于第三种第一

---

① 黑格尔：《哲学史讲演录》（第三卷），贺麟、王太庆译，商务印书馆，1959年12月第一版，第98页。

性，根据第五和第十三个结论——，那么一种唯一的本性就总是包含有上述一种第一性。此外，每一种含有一种第一性的本性也含有另一种本性；因为每一种第一性实际上都是在一种本性中——根据第四、第十和第十四个结论——而不是在不同的本性中；所以它是在唯一一种本性中。小前提的证明是：否则，许多本性就会是必然是——根据上述论证中的第二个命题。

此外：这个命题通过不能被原因引起的东西得到证明，因为这种东西是唯一第一的；上述每一个东西都是不能被原因引起的；因而，……等等。大前提的证明是：多数如何会由自身而形成呢？"[1]

这是邓·司各脱在《论第一原理》的第三章"第一原理的三重首要性"中得到的第十五个结论，即"一种唯一现实存在的本性包含有上述三重本质秩序——作用原因性秩序、目的秩序和优先性秩序——的三重第一性。"

在这段话里，从逻辑的角度看是很有力量的，它也有着逻辑学中最具证明力的三段论，有大前提、小前提与结论。然而，当我们看了上述引文之后，能够看出头绪来吗？恐怕很难吧！只会感觉自己坠入了云里雾里吧！所以邓·司各脱的方法的确是和斯宾诺莎一样的错综复杂的方法。

而且，与斯宾诺莎不同的是，斯宾诺莎的思想体系相对而言是比较好懂的，但邓·司各脱就不是这样了，他的体系也是不好懂的，这个不好懂主要在于他的几乎每一个思想我们都需要作出深入的思考才能理解。不过，当我们作出深入思考之后，就会发现

---

[1] 司各脱：《论第一原理》，王路译，商务印书馆，2017年11月第一版，第37页。

那的确可以理解，就像经由一条曲径的确可以通达一片奇异的美景一样。

正缘其如此，我们在这里能够论及的邓·司各脱的思想恐怕相当有限了，原因就是那句老话：篇幅有限。基于我阐述的风格，是一定要把问题讲清楚的，正因为讲述邓·司各脱的某一个思想就需要花费很多篇幅，因此自然而然地，这里能够讲的他的思想就相对有限了。典型的也是极端的例子就在这里，当柯普斯登分析邓·司各脱关于存在的三个观念时，他只用了简短的一小段、两百来字而已，我却用了大概七千字！但我觉得这是必要的，柯普斯登只是点出了这三点，不加论述，我却认识它们是很重要的甚至伟大的思想，可以借助之使我们对于世界有一个基本性的理解。实际上还不够深入，对于这些观点完全可以写出一本书来，并且构织出一个哲学的体系。

邓·司各脱关于形而上学知识还有许多论述，它们也是很深刻的，同样可以大加发挥，但一则没有上面这种本质性的意义，二则篇幅确实有限，我们就只能蜻蜓点水点地过一下了。

我们进一步来看存在，邓·司各脱将存在与范畴勾连起来。我们知道，范畴是亚里士多德所创造的一个逻辑概念，也是逻辑学中最主要的概念之一。简而言之，范畴就是一些简单的词，我们日常所用的很多词都是范畴，例如数量——长一米八或者重一斤八两，颜色——红花绿叶，时间——例如公元2013年6月13日，地点——海南大学，等等，都是范畴。在邓·司各脱看来，存在可以分成不同的范畴，例如可转换的范畴与可分离的范畴。前者是一些单独的词，即它们可以单独去描述存在者，并且和其它范畴之间并不必然存在冲突，因此可以进行转换。例如真善美，它们都是可转换的范畴，即一个存在者可以同时是真的善的美的，它们乃是对存在者不同角度的描述。不用说这样的范畴很多。可分离的范畴则是一些比较特殊的范畴，它们总是成双成对的出现，总有一个成立，但却不能同时成立，即不能同时用于描述一个存在者，例如潜能与现实、必然与偶然，任何一位存在者要么是潜能的、要么是现实的，但不能够同时既是潜能的、又是现实的，只能且必然取其一者。

邓·司各脱的话显然是正确的，即使到了现在也是符合逻辑的，他还特别重视逻辑学，因此在论证时非常注重逻辑性，尤其重视亚里士多德逻辑学中的三段论，恨不得将所有的论证都用三段论的形式一一证明。但事实上这当然是有一定困难的，即使如此，他也会在论证中采取严格的、几何学的论证方式，并且在形式上也采取这种方式，这乃是他的思想精微而难懂的主要原因，这我们在上面已经讲过了。

第四节　同一性

邓·司各脱还提出了一个重要而具独特性的概念，叫"同一性"。所谓同一性指的就是用相同的字构成的词汇用在不同的对象或者句子之中，其含义必须是相同的，即必须是"同一的"，这也就是概念的同义性。

这个思想的原则不难理解，它提出的原因也不难明白，那就是我们在实际使用语言时大量存在着词的不同义问题，即一词多义。

这种情形在哪一种语言中都是广泛存在的，汉语如此，英语、希腊语等也如此，邓·司各脱所用的拉丁语当然同样如此。于是这就产生了许多的问题，这些问题大体可以分成两类，一类是用于上帝的，另一类是单独用于逻辑学中的。

前一类问题对于神学是很重要的。它们是怎么产生的呢？在前面的论述上帝中，我们说过，神学中一个基本的观念是认为上帝的本质是不可知的，当我们用任何词汇去描述上帝时，这些词实际上的含义与我们用之于上帝之外的含义是不一样的。从奥古斯丁到伪名丹尼斯到根特的亨利都持着这样的观点，例如亨利，当他反驳吉尔兹的时候，就指出上帝的存在与万物的存在的含义是不一样的，两者是不能共通的。存在如此，任何概念都是如此。这样一来，也就是说，我们对上帝所创造的万物的任何描述与论证都不能够用于上帝，即以之去论证上帝之时就会产生谬误。

对于亨利的这个观点邓·司各脱提出了尖锐的批判，他说，倘若亨利的理论成立的话，则将造成一个必然的结果：那就是上帝是完全不可知的，我们不可能得到关于上帝的任何真正的知识。

邓·司各脱这样说的道理是很明显的：既然任何词，如存在、唯一、真、善、万能，这些词显然最初是来源于上帝之外的万物的，不可能是直接来源于上帝的，它们的含义也是通过对万物的描述而得来的，例如存在，我们正是看到了可感知的万物才形成了存在这个词及其含义。倘若依据亨利的理论，这些词汇用于上帝将必定产生歧义，它们在上帝与万物之间并无共通性。这样一来，就是说我们不能用任何的词汇去形容上帝，因为任何的词汇无不是来源于上帝之外的万物的，这是一个显而易见的事实。于是，这就必然

第二十一章 "精微博士"邓·司各脱

地导致了对上帝的不可知论,或者换言之,怀疑论。[1]

邓·司各脱的这种反驳无疑是有道理的,我们前面讲亨利时也说过,亨利将奥古斯丁和伪名丹尼斯等人的思想极端化了,其结果必然是怀疑主义。

在反驳的同时,邓·司各脱提出了他的观点,就是认为如存在、真、善、唯一这些词汇,当其用之于上帝时与用之于万物时,必然具有意义的同一性。同样在《牛津著作》中,他还提出了关于同一性的概念性解释:

"同义概念所表示的是一种统一性的概念,如果对于同一事物既肯定又否定便会犯了矛盾。这在三段推论的中间也是一样的,在中间的极端的统一性必须是单一的,否则便会犯了一词多义的谬误。"[2]

这段话的意思不难理解,就是说不能对同一事物既肯定又否定,在三段论中同一个词在大前提、小前提以及结论中的含义必须是一致的,否则便会犯了一词多义的逻辑错误。

这当然是对的,例子也很好找。例如有人提出这样一个三段论:

打劫是违法的。
张三在下围棋时打劫了。
所以张三违法了。

---

[1] 参见柯普斯登:《西洋哲学史》(第二卷),庄雅棠译,台湾黎明文化事业有限公司,1988年3月第一版,第684页。

[2] 同上,第684—685页。

这个三段论大小前提貌似正确，但结论实际上是错误的。为什么呢？因为它犯了一词多义的错误。在大小前提中的"打劫"含义是不一样的。在围棋里，"打劫"是一种特殊的棋形。指黑白双方都把对方的棋子围住，这种局面下，如果轮白下，可以吃掉一个黑子；如果轮黑下，同样可以吃掉一个白子。因为如此往复就形成循环无解，所以围棋禁止了这种"同形重复"。制定了相应的规则："提"一子后，对方在可以回提的情况下不能马上回提，要先在别处下一着，待对方应一手之后再回"提"。它当然是不违法的。至于大前提中的打劫，它就是通常意义上的打劫了，当然是违法的。

相应地，邓·司各脱同样看到了这样的情形：当我们使用某一些词汇时，虽然表面上似乎是违反了同一性即概念的同义性，但实际上却并没有违反。例如还用上面的打劫，我说"打劫违法。"同时又说"打劫不违法。"这表面上必有一错，但实际上都是对的，因为我在两个句子里面"打劫"的含义是不一样的，前一句我指的就是通常意义上的打劫，抢别人财物，当然是违法的，后一句则是下围棋时所说的。

这样的情形同样是极其广泛地存在的，就像存在一样，我们前面说过，即使对于无神论者，他们也可以承认上帝的存在——在脑子里作为一种意识而存在或者作为一个词汇而存在。这就是存在的一词多义了，它可以直接导致对上帝理解的根本性的差异。

邓·司各脱的这个思想实际上也是来自于亚里士多德的，我们前面讲过，亚里士多德曾指出事物既存在又不存在成立的可能

第二十一章 "精微博士"邓·司各脱

性,就是由于词意的含混。[①]就有类于邓·司各脱这样的情形,只是邓·司各脱将之更加深入的阐发了。

在同一性这个基础之上,邓·司各脱进一步提出了一个独特的概念——"形式理型"。

形式理型简要地说就是某些词,它们来自于非上帝的万物,例如美、善、存在等等,通过对这些非上帝的可感知的万物,我们得到了它们的初步含义,然后进一步地可由之得到它们的"极端的"或者"无限的"含义,这样就构成了对于这种含义的形式理型了。进一步地,在达到形式理型的层次之后就可以用之于对上帝的描述了。

这个思想是非常重要的,可以很好地解决从奥古斯丁到伪名丹尼斯到爱留根纳直到亨利所可能遇到的一个基本的疑难,就是当我们用同样的词如唯一、存在、善等描述上帝与普通个体之物时,如何不犯两个可能的错误:一是因为将这些词同义而亵渎上帝;二是因为将这些词汇彻底歧义化而走向对上帝的怀疑主义与不可知论。

但进一步地,我们也可以看到,邓·司各脱这样做究其根本是承认人对于上帝本质的可知性,即人可以通过形式理型而察究上帝之本质,这依然是许多神学家所不愿意接受的,因此之故,邓·司各脱受到了不少诘难。如吉尔松所言:

"'误把神当做人的认识能力之本性对象'正是中世思想家喜欢相互责备之词,……乃至今天,不止一位新多玛斯派学者以此责备董司各都。我们可要当心:这是一个决定基督徒的知识论之命运的

[①] 参见亚里士多德:《亚里士多德全集》(第七卷),苗力田主编,中国人民大学出版社,1993年1月第一版,第93页。

要点，值得注意。"①

最后一句中，吉尔松指出了邓·司各脱这种做法的重要性与危险性，只要我们稍加深入思考就会发现吉尔松这样说并非空穴来风，这个问题的确是极其敏感的，甚至不可能解决的，并且从某个角度上说也是危险的。

与形式理型相关，邓·司各脱进一步提出了有关"形式区分"的理论。

形式区分简而言之就是事物形式上的区分，邓·司各脱将这种区分视为介于物质性的实在的区分与完全由心灵所产生的虚拟性的区分之间的区分。举例说明吧，张三与李四是不同的两个人，他们之间当然是一种实在的区分，这是可以凭感官知觉到的区分，非常的实在而明显。例如个体之物的质料与形式之间是有着明显的区分的，并且这是一种实在的区分。但有些区分就不这么实在了，纯粹是一种虚拟的区分，典型者如对同一对象从不同角度所作出的不同定义，例如人，可以说是理性动物，也可以说是会制造工具的动物，甚至还可以如柏拉图所说的一样是"两足无毛的动物"，但指的都是人，这些不同的概念就是一种由心灵虚拟出来的区分，实际上指的是同一个对象。

正是在这样的基础之上，邓·司各脱提出了他的"形式区分"。它指的乃是这样一种区分：一方面它是一种区分，并且是一种明显的，甚至应该是实实在在的区分，与心灵那种虚拟的区分是大不相

---

① 吉尔松:《中世纪哲学精神》，沈清松译，上海人民出版社，2008年11月第一版，第203—204页。

同的，但另一方面这种区分同样也与实在的区分大不相同，只能是形式上的，因为这种区分所指向的是同一个对象，并且彼此之间是不可分离的，甚至连神都不能将之分开，所以它们是一种介于实在的区分与虚拟的区分之间的区分。典型的例子就是灵魂中的感性灵魂与理性灵魂之间的区分，一方面，人只有一个灵魂，这是毋庸置疑的；但同时，在感性灵魂与理性灵魂之间又有明显的差异，就像人的感性与理性之间有明显的差异一样。但即使有差异，却是无法分离的。在邓·司各脱看来，即使上帝也无法将人的感性灵魂与理性灵魂分割开来。所以，邓·司各脱将这种既是明显的区分但却又不能实在地分割开来的区分称之为"形式区分"。

在这里谈到了感性灵魂与理性灵魂，这样的称呼我们也许会觉得奇怪，但这种说法是早在柏罗丁那里就有了的。在柏罗丁那里，灵魂有三种，即灵魂本体、世界灵魂与个体灵魂，个体灵魂又依拥有的内涵或者能力不同分为几种，例如那些仅仅生长、仅仅具有生殖力的灵魂就只存在于植物身上，而仅仅具有欲望的灵魂便只存在于动物身上。[①]相对言之，我们人应该拥有所有的个体灵魂了，因为我们既有生命的灵魂、又有生殖的灵魂，还有欲望的灵魂。后来到了爱留根纳那里，灵魂就成了理智或者说理性，灵魂就是理性灵魂。再到波纳文德那里，他在《论学艺向神学的回归》中也强调过，说上帝的欲求也有三，即荣誉、获利以及快乐，为了这三者上帝创造了理性的灵魂，以便使人颂扬他、侍奉他，在他之中获得快

[①] 参见黑格尔：《哲学史讲演录》（第三卷），贺麟、王太庆译，商务印书馆，1959年12月第一版，第205页。

乐和安息。①

所以，将灵魂依不同的功能分为不同的种类，这种思想也许看上去有些奇怪甚至不合理，但实际上是早已有之的，可称是一种独特的、也具一定重要性的理论，在邓·司各脱这里也是如此。

提出形式区分后，邓·司各脱将之应用于二者：一是万物的存在与本质，二是共相。

在他看来，上帝所创造之万物的存在与本质也是这种形式的区分，因此他认为存在与本质之间没有实在的区分。他说："认为存在是异于本质的东西，乃是错误的看法。"②显然，他的这种看法和罗马的吉尔兹是对立的。我们前面说过，在罗马的吉尔兹看来，万物的存在与本质是可以截然分离的。

对于共相，总的来说邓·司各脱似乎持一种实在论的立场，因为他认为质料与形式是可以分离的，并且这是一种实在性的分离，也就是说共相是可以单独存在的。但他又指出这种实在的分离和可感知的个体之物的那种实在的分离是不一样的，形式与质料之间的分离只是一种人的知性上的分离，并不意味着有一个单独存在的实在的共相。他说："除了在知性之外，在现实中的共相并不存在。"③从这个角度上，他又偏离了实在论，而有类于一种唯名论了。因此，总的来说，邓·司各脱应该算是一个"有唯名论倾向的

---

① 参见《论学艺向神学的回归》第14节，赵敦华、傅乐安主编：《中世纪哲学》（下卷），商务印书馆，2013年3月第一版，第1245页。
② 柯普斯登：《西洋哲学史》（第二卷），庄雅棠译，台湾黎明文化事业有限公司，1988年3月第一版，第694页。
③ 同上，第695页。

实在论者"。

第五节　如何认识个体之物

我们现在要来简单地谈一谈邓·司各脱一个也具有一定重要性的观点,即我们如何认识个体之物。

无疑地,如何认识个体之物乃是任何一个哲学家与神学家都必须面对的重大课题。在邓·司各脱看来,个体之物首先是形式与质料的组合,并且在形式与质料之间是同时确立或者不确立的。他在《论第一原理》第二章中的"第七个结论"中说:"凡不是确定了质料的东西,就不是确定了形式的,并且反之亦然。"①但他同时又指出,形式与质料之间的区分只是对于知性而言的,并没有可感知的类似于个体之物间的区分。正是在这样的基础之上,邓·司各脱形成了自己关于个体之物的观念。

在他看来,个体之物乃是一种"个体的本体"。什么是"个体的本体"呢?简而言之,它既非质料、亦非形式,并且是超越于形式与质料的简单组合的,而是一种将形式与质料合为一体的"究极实在"。②

从"究极实在"这个名字我们大约地理解到,它指的是一种形式与质料结合之后达到的一种终极性的实在状态,也就是这些形态万千的个体之物了。这个观念是极有意义的,值得我们好好地领会。

邓·司各脱还将这个"究极实在"称为"该物性"。意思就是

---

① 司各脱:《论第一原理》,王路译,商务印书馆,2017年11月第一版,第13—14页。
② 参见柯普斯登:《西洋哲学史》(第二卷),庄雅棠译,台湾黎明文化事业有限公司,1988年3月第一版,第701—702页。

说，某物之为某物，一定有某种性质使之成为这个物，例如苏格拉底之成为苏格拉底而不是柏拉图或者一头牛，一定有什么东西使得他如此，这是他独有的。正是这种独有的东西才使得苏格拉底成为苏格拉底。我们可以简称为"苏格拉底性"，也就是"该物性"。这里的"该物"可用以指代任何个体之物，例如一个红色的苹果一定有什么东西使得它是一个红色的苹果，或者说是一个苹果，而不是一个桃子或者苏格拉底。这个性质，用"该物性"的命名方式，我们可以称为"苹果性"，而且它是一种"究极实在"。

这个思想也是极其深刻的，与我们上面讲过的"单独性"有类似之处。亚里士多德在《形而上学》里指出事物的种即普遍属性是不能称为实体的，因为它们离开个体之物后不能独立存在。[①]在这里亚里士多德涉及到了如何认识个体之物。邓·司各脱在这里也涉及到了同样的问题，并且他的思考比亚里士多德更加深入。现在我们要更加深入而简要地分析一下这个问题。

事物可以说是性质的集合，但事物的性质还需要有某种载体来承担这些性质，例如一个红色的苹果，它有红色的性质，但红色这种性质需要一个载体啊，除了在人的头脑里红色也许可以是一个独立的意念外，一个没有载体的独立的红色是不存在的，"红色的"不等于"红色的苹果"。同样，硬度、大小、形状等等这些性质都要有一个载体，由它来承担这些性质。

那么，这个载体是什么？是它的组成部分、分子原子结构或

---

① 参见亚里士多德：《亚里士多德全集》（第七卷），苗力田主编，中国人民大学出版社，1993年1月第一版，第180页。

者营养成分吗？不是，例如苹果的果皮，它就像苹果本身一样，对于我们而言也是一些性质的集合，如颜色、硬度、味道等等的集合，果肉与果核也如此，它们本身也不过是一些性质的集合而已，当然不能成为那个承担苹果这些性质的载体。分子与原子结构就更不能了，组成苹果的分子有很多种，可没有什么苹果分子，只有水分子、蛋白质分子等等。还有钾原子、钠原子等等，苹果里也是有的。但它们都不能成为苹果之为苹果的这些性质的载体。苹果的营养成分如蛋白质、氨基酸、淀粉、糖等同样不能。

之所以不能的原因，就像苹果皮之不能成为苹果这些性质的载体一样，是因为它们自身也是一些性质的集合、这些性质同样需要载体。例如水分子、钾原子、氨基酸是什么？它们同样是一些性质的集合，只是它们的性质往往不是颜色、大小、形状等等用来描述可见的东西的词罢了，而是一些更加专业性的词汇。

例如对钾原子，化学是这样描述它的：

$$+19 \quad 2 \quad 8 \quad 8 \quad 1$$

请问我们在这里看到了什么呢？看到了一个球形、一些尖形，上面标着一些数字。这些数字表示质子和电子的数目，球形则是想象中的原子核的形状，但无论尖形、球形还是数目，统统都是性质。

总之，一切事物都是性质的集合，我们了解事物就是了解事物的性质，至于这些性质的载体，我们虽然知其有，但仅此而已。

所以，对于我们而言，这个载体是一种"神秘之物"，我们不可能描绘它——否则又要用到性质了,实际上,这种神秘事物的"有"——就是"存在"——同样也是一种性质。

那么,我们如何分析这个红色的苹果——这个体之物呢?也许我们只能说,它是性质和那个神秘的载体的结合,并且这种结合乃是一种深度的、终极的结合,这种结合的结果就是邓·司各脱在这里所说的"究极实在"——"该物性"。

这也许是我们对个体之物的"终极分析",也就是说,我们很难对个体之物有更加深刻而独特的分析了。

第六节　对上帝及其存在的认识与证明

以上就是邓·司各脱对于形而上学知识的分析。此后,在这样的基础之上,我们将把目光转向邓·司各脱必然要面对的研究对象,这也是神学中最核心的研究对象——上帝。

邓·司各脱对于上帝的认识正是奠基于他的形而上学之上的。

在邓·司各脱看来,对于上帝的认识可以分为两种形式,神学的形式与形而上学的形式。

神学的形式就是信仰的形式,即对上帝的认识有时候是超越理性的,我们不可能通过人的理性去认识上帝的某些方面,例如神圣的三位一体。这时候就只有通过神学与信仰才能了解。当然,即使通过信仰也只是一种有限的了解,而不可能本质地理解,这是不言而喻的。对此邓·司各脱曾经简单地说:"你是不可被领悟的。"[①] 这

[①] 司各脱:《论第一原理》,王路译,商务印书馆,2017年11月第一版,第88页。

里的不可被领悟应当理解为完全地或者彻底地理解。至于原因,那当然是因为人的有限性了,有限的人如何能真正把握无限的上帝呢?所以他说:

"你是无限的,并且是一个有限的东西所不能把握的。"[1]

在邓·司各脱看来,我们虽然不可能彻底地领悟上帝,却可以有限地理解上帝,而且这种理解乃是对上帝一种真正的理解,这是他的一个重要而基本的思想,我们在前面讲他的同一性理论时已经提到过了。

那么我们当如何去理解上帝呢?当然方法有两种,一是信仰,就像克莱门教父和圣安瑟尔谟所说的信以致知,这也许是一种更为本质的方法。但对于邓·司各脱而言,他用得更多的是形而上学,他认为我们通过形而上学的辩证与分析就可以理解上帝,例如理解上帝的存在、唯一、无限与完美,如此等等,而这些就是我们在下面所要分析的内容。

首先,邓·司各脱认为上帝的存在是需要证明的。原因很简单,我们对于上帝并没有直接的知识,更不可能感知上帝,就像他所说的,我们对于上帝的认识是处于"外乎此生的状态",[2]因此之故,我们在此生只能通过某些间接的方式去了解上帝,主要是通过对上帝所创造的万物去了解,而且我们也一定能够了解。至于理解的工具当然是我们的理性或者说知性。

就像前面我们在概念的同一性中所过的,通过同一性,我们

---

[1] 司各脱:《论第一原理》,王路译,商务印书馆,2017年11月第一版,第62页。
[2] 参见柯普斯登:《西洋哲学史》(第二卷),庄雅棠译,台湾黎明文化事业有限公司,1988年3月第一版,第709页。

由万物有了美与善的观念，由此将这些观念进一步上升到极致，并且加以综合，于是就有了上帝是至善的与完美的这样的观念。在这里，不但上升到"至善至美"这样的上升或"极致化"的过程是很重要的，"综合"同样也是很重要的，他还举了一个例子：我们可以将金子和山这样的观念结合起来，综合成"金山"这样的观念。①我们对上帝的认识中也有这样的综合——将一切极致化的词汇综合起来，去理解与形容上帝。

对于以理性的方式去理解与证明上帝，邓·司各脱是很强调的，在《论第一原理》的第三章"第一原理的三重首要性"中，他开篇就指出：

"我主上帝，你确实说过，你是第一的和最终的，你教导你的仆人通过理性来证明他以确切无疑的信念所把握的东西，即你是第一起作用的东西、第一优越的东西，以及最终的目的。"②

在后面，邓·司各脱就对上帝的第一起作用的东西、第一优越的东西，以及最终的目的都进行了证明，这些证明也可以看作是对上帝存在的证明。当然，对上帝存在的证明不止于这里，在整部《论第一原理》中，乃至其它的著作中，如《牛津著作》和《特殊问题》等中，都有相关的内容。

应该说，邓·司各脱证明上帝的存在的方法和前面有过的证明如安瑟尔谟的证明是一脉相承的，但他表达的方式却要复杂得多，讲起来也要麻烦得多，我们只能将他在字里行间所表达的东西努力

---

① 参见柯普斯登：《西洋哲学史》（第二卷），庄雅棠译，台湾黎明文化事业有限公司，1988年3月第一版，第709页。

② 司各脱：《论第一原理》，王路译，商务印书馆，2017年11月第一版，第24页。

地系统化,来了解他对上帝存在的证明。

邓·司各脱对上帝的存在的证明主要是万物秩序的证明,这也是一个综合性的证明。

他看到,万物都呈现一种秩序,即有先后之分,例如我们人吧,每一个人都有父亲,他的父亲又有父亲,可谓"子子孙孙无穷匮也"。这个无穷的过程存在着两种可能:一者,它是一个无穷上升的过程;二者,它是一个无限循环的过程。对于这两种可能性,邓·司各脱认为都是不可能的,他说:

"无穷上升是不可能的。因此必须有一种统一性;因为对任何一个东西来说,如果它没有在先的东西,那么它不是比在自身之后的东西在后的;因为第二章的第二个结论禁止原因的循环。"[1]

引文中所指的"第二章的第二个结论"正是论述循环是不可能的,它的名字就叫"在各个本质秩序中,循环是不可能的。"[2]

在这里我们看到了一个词"本质秩序"。这个本质秩序在邓·司各脱那里简而言之就是"本质意义上的秩序",即强调其在先性与在后性的秩序,对此他是这样说的:

"我在一种普遍的意义上理解本质秩序,在这种意义上,秩序是一种令人同等看待的关系,即鉴于在后的东西表述在先的东西,并且鉴于在先的东西表述在后的东西;在这种意义上,有秩序的东西也通过在先的东西和在后的东西得到完整的划分。因此有时候人们谈论秩序,有时候人们谈论在先性和在后性。"[3]

---

[1] 司各脱:《论第一原理》,王路译,商务印书馆,2017年11月第一版,第25—26页。
[2] 同上,第8页。
[3] 同上,第2页。

也就是说，邓·司各脱看到万物之中存在着一种秩序，这种秩序表明万物之中有一种优先的与依赖的关系，即有些东西是优先于另一些东西的、有些东西是依赖于另一些东西的。他还举例说：

"有生命的东西比任何没有生命的东西更好，而在有生命的东西中，有理解能力的东西比任何没有理解能力的东西更好。"①

这就是他看到的万物的等级秩序，从这个例子就可以看出来，这种秩序应该说是的确存在的。于是，他进一步说：

"一种绝对完善性对所有与它不兼容的东西都有一种根据等级排列的秩序，不是在被超过的意义上——根据表述——而是在优先的意义上。"②

他将这种等级秩序称之为"本质秩序"，这个本质秩序中，一个主要的特点是在先的总是优于在后的，也超越于在后的，因而也是更完美的，对此他说：

"在先的是优先的东西，在后的是被超过的东西。简要地说：从本质上总是更完美和更优越的东西就是这种意义上在先的。"③

结合上面的两点，就可以得到两个结论：

一、这种本质秩序既不能无限上升，也不能无限循环的，这样一来，一个自然而然的结论就是，应该有一个第一的或者最初的存在者。

二、这个最初的存在者必然是最优先的、最好的、最完美的。

我们先来看第一个结论。

---

① 司各脱：《论第一原理》，王路译，商务印书馆，2017年11月第一版，第52页。
② 同上，第48页。
③ 同上，第2页。

这个最初的存在者必须是绝对在先的,这是不用说的,这是它最基本的特点。如此一来,正由于这个东西的绝对第一性,如此便导致了它的如下一些特性:

1. 它不能被任何东西所作用。这也是显然的,因为倘若它被别的东西作用,那作用于它的东西就是更在先的了,对此邓·司各脱说:

"有一种能够起作用的东西,它绝对是第一的,就是说,它不能是被作用的,也不能借助另一个东西而起作用。"①

2. 这个第一的东西同样不可能是被任何原因所产生的,否则的话,那产生它的那个原因就是更在先的了:

"绝对第一的能够起原因作用的东西是不能被原因引起的,因为它是不能被作用的和能够独立起原因作用的。"②

在后面的"第十三个结论"中,邓·司各脱又强调指出说"最高的本性是不能被原因引起的。"③

3. 这个东西必须是必然存在的。原因很简单:这个第一的东西后面的东西都是存在的,例如我们所感知的万物,都是在它之后的东西,既然万物都是存在的,那更在先的第一的东西当然是必然存在的了。对此邓·司各脱说,这个"不能被原因引起的东西是由自身必然是。"④

这里的"必然是"就是必然存在,王路先生在《论第一原理》

---

① 司各脱:《论第一原理》,王路译,商务印书馆,2017年11月第一版,第25页。
② 同上,第29页。
③ 同上,第36页。
④ 同上,第31页。

中有时候将存在译为是,应该说存在与是在某些情形之下是有区别的,但在通常的情形之下它们是共通的,并且都是同一个词,只是有时候我们译为是,有时候译为存在。但绝大部分人都是译为存在,因为这样一来才好理解,否则的话,由于汉语和拉丁语与希腊语或者英语是不一样的,我们没有"be、being、is"等等这许多不同的词形,只有一个是,倘若不译为存在而直译为是,将产生许多理解上的困难。或者说,我们从译为"是"中产生的问题比得到的答案将要多得多。所以,我在后面为了理解的方便,将把王路先生译文中的是直接改为"存在"或"存在的",如这句"不能被原因引起的东西是由自身身必然是"就会改为"不能被原因引起的东西是由自身必然存在的"。这样一来就好理解多了吧!

4. 这个第一的东西也是现实存在的。这道理看上去有些重复,但它却是最为重要而深刻的。

前面我们从逻辑上证明了这个第一的、绝对在先的东西的存在,但逻辑上的存在并不等于现实上的存在,这是我们要注意到的。在逻辑上证明那绝对第一者的存在之后,邓·司各脱指出了它的现实存在性:

"绝对第一的能够起原因作用的东西是现实存在的,而一种现实存在的本性是能够以这种方式起原因作用的。"[1]

什么是现实存在呢?它其实可以去掉"现实",简称为存在,祂存在,就这么简单!但这个简单的存在乃是上述所有证明的目的所在!

---

[1] 司各脱:《论第一原理》,王路译,商务印书馆,2017年11月第一版,第30页。

就这样,邓·司各脱就证明了那绝对第一者的存在。

不难看出来,这也就是证明了上帝的存在。

这就是对前面第一个结论的证明,我们再来看第二个结论:这个最初的存在者必然是最优先的、最好的、最完美的。

这个就很好证明了,这个绝对第一、绝对在先的东西当然也是最优先的东西,因为前面已经说过了,在后的是被超过的东西,在先的则是更优越的东西,这样一来,自然而然地,那绝对第一的、最先的东西当然本质上总是更完美和更优越的东西了,或者说,是最完美、最优越的东西了。邓·司各脱在证明绝对第一者的现实存在之后,就这样说:

"第一的能够起原因作用的东西是最现实的东西,因为它实际上包含着所有可能的现实性。第一目的是最好的东西,因为它实际上包含着所有可能的善。第一优先的东西是最完善的东西,因为它最优先地包含着所有可能的完善性。"[1]

就这样,邓·司各脱证明了上帝不但是存在的、第一存在的,而且是最完善、最完美、最优越的。

不难看出来,上面邓·司各脱的这种通过本质秩序证明上帝的存在与托马斯·阿奎那的关于上帝存在的等级证明是相似的,更早地,安瑟尔谟关于上帝存在的第一个证明也是这种等级证明。

再早地,我们在亚里士多德那里也可以看到这种证明的萌芽,当亚里士多德探讨万物本原的时候,指出这个本原不能无限制,他说:

"用不着证明,确乎存在着某种本原,它不是没有限制的,既

---

[1] 司各脱:《论第一原理》,王路译,商务印书馆,2017年11月第一版,第40页。

不能在直接后果方面无限制、也不能在种类方面无限制。"①

无限制，也就是说：开端与结束都不能无限。

这个开端者与最初的生成者到了基督教神学家们这里当然就是上帝了！所以说，这些关于上帝存在的证明除了部分的根源可归于柏拉图外，大部分的根源都可归于亚里士多德，这也是亚里士多德为什么被基督教神学家们如此尊崇的原因所在。

除了证明上帝的存在，上面邓·司各脱还证明了上帝是唯一的、完善的，等等。此外，他还说明了上帝是爱自己的、无限的、有意志的、绝对自由的、单一的或简单的，等等，《论第一原理》的第四章"论第一是者的简单性、无限性和精神性"所论述的主要就是这些内容，这些都不难理解，我们就不多说了，只引用一些邓·司各脱的话来说明：

"第一本性爱自身，这与第一本性是同一的。"②

"第一起作用的东西是有理智有意志的。"③

与上帝的爱自身和有意志与理智相关，邓·司各脱认为上帝并不一定要爱任何其祂对象，也就是说，祂不必然地创造任何对象：

"上帝爱作为目的的自身；而且他所爱的关于他的作为目的的东西是能够持久的，即使没有任何与他本身不同的东西；因为由自身而必然的东西不依赖于任何东西，所以上帝不必然根据他的意志活动欲想任何其他东西；所以他也不必然引起任何东西。"④

---

① 亚里士多德：《亚里士多德全集》（第七卷），苗力田主编，中国人民大学出版社，1993年1月第一版，第60页。
② 司各脱：《论第一原理》，王路译，商务印书馆，2017年11月第一版，第56页。
③ 同上，第49页。
④ 同上，第55页。

第二十一章 "精微博士"邓·司各脱

在《论第一原理》第四章的第十个结论中，邓·司各脱集中地表达了他对于上帝的整体性认知，虽然较长，但表达集中，且不难理解，这在邓·司各脱的作品里是相当难得的，我在这里要较多地引用一下：

"我主上帝，天主教徒根据以上论述能够以各种方式推论出哲学家所知道的关于你的更多的完善性。你是那第一起作用的东西，你是那终极目的，你是那最高的完善性，你超过一切。你是完全不被原因引起的，因而是不可被产生的和不可被毁灭的；确实，你完全不可能不是，因为你由你自身而是必然是；因此你也是永恒的。

……

你过着最优越的生活，因为你是有理解能力和意志能力的。你是幸福的，甚至是本质的幸福，因为你是对你自身的领悟。你是对你自身的清晰观看和最快乐的爱；……你是不可被领悟的，无限的。

……

你在简单性的终极；……在你的身上，不能发现量，不能发现偶性；因此你在偶性中也不是变化的，因此正如我在上面明确所说的那样，你在你的本质上是不变的。

你自身是绝对完善的；不是完善的天使或物体，而是完善的存在者，……你是所有存在者中最高的，并且在所有存在者中确实只有你是无限的。"[①]

在上帝的这许许多多的属性中，邓·司各脱最为重视的也许是祂的单一性，所谓单一性，就是说上帝是简单的，就是一个

---

① 司各脱：《论第一原理》，王路译，商务印书馆，2017年11月第一版，第88—89页。

"一",例如它没有普通万物的形式与质料之分,这是他在第四章的第一个结论中就说明了的,这个结论就是"第一本性自身是简单的。"他说:

"第一本性不是被原因引起的——根据第三章第三个结论;所以它没有质料和形式作本质部分。"①

本章的第十个结论则是"从无限性得出全面的简单性"②,而到了本章的最后,邓·司各脱得出了终极的结论:

"我主上帝,你根据本性是一,你根据数量是一;你说除你以外没有其他上帝,你这样说是真的。因为尽管在名称上或根据人们的意见有许多上帝,但是根据本性,你确实是那唯一的真上帝,万物由你产生,万物在你之中,万物通过你而存在,你是我们永远感谢的!阿们。"③

——这也是《论第一原理》的结尾之句。

从上帝的简单性,邓·司各脱得出了上帝的唯一性,并且是万物的创造者,而这些都是上帝最本真的属性。

从上帝的这个单一性与唯一性,这个"一"性,我们可以上溯至新柏拉图主义的柏罗丁,在他们那里,那最高的存在者就是"一",即太一,更早地我们还可以追溯到巴门尼德关于存在是唯一的和不动的思想,所以说,从巴门尼德至于柏罗丁再至于邓·司各脱,他们的思想都是其来有自的,构成了一条有谱系的、一以贯之的思想之链!

---

① 司各脱:《论第一原理》,王路译,商务印书馆,2017年11月第一版,第44页。
② 同上,第83页。
③ 同上,第93页。

第二十一章 "精微博士"邓·司各脱

第七节 论灵魂与自由意志

我们前面谈过了邓·司各脱对知识、对形而上学以及对上帝的认识，这些构成了邓·司各脱思想的主体内容，在邓·司各脱著作里，它们是相当深刻而晦涩的，希望通过我的解说，它们变得相对简明而好理解了。

我们最后要简单地谈谈邓·司各脱的三个思想，即有关灵魂、自由意志与伦理道德的思想。

先来看灵魂与自由意志。

我们知道，灵魂对于基督教是一个基础性的概念，在灵魂与上帝之间有着密切而不可分割的关系，有其一必有其二，即只要承认上帝的存在就必须承认灵魂的存在。当然，反过来就不必了，因为承认灵魂的存在并不意味着承认上帝的存在，这也是显而易见的。例如我们中国人大都相信有灵魂，但未必就相信有上帝。实际上，灵魂表面上似乎是比上帝更加古老、也更加基本的之事物，哪怕那些最原始的民族，例如太平洋上的波利尼西亚人与巴布亚新几内亚尚处于原始社会的土人，他们是没有什么上帝观念的，但却有灵魂的概念。同时，灵魂又并不仅仅是一个古老的命题，事实上，它是常新的，我们每个人都会面对这个问题：我们有灵魂吗？我们活着时是只有活着的肉体还是有一个灵魂与我们同在？当我们死去之后，是人死如灯灭、"死去元知万事空"呢，还是我们的肉体虽然死了、腐朽了，但我们的灵魂并没有死去，它只是脱离了肉体，成为不可见的"鬼魂"在天地之间游荡，甚至于会到那传说中的天堂与地狱之中去享福或者受罪？这些问题我们每个人都会面对，都会在生命中的某个时期严肃地思考。

在邓·司各脱看来，灵魂的存在，这是必然的。其次，他认为我们活着的每个人，都是灵魂与肉体的统一，也就是说，不能将灵魂与肉体分开。这是他另一个基本的观点。①

因此之故，邓·司各脱不认为在人之中灵魂与肉体能够截然地分开，各自成为实体，当然灵魂更不能成为一个独立的实体，只有在与肉体合为一体的情形之下，它才是人的一部分，而人就是灵魂与肉体的合二为一、不可分割，也就是说，离开了肉体的灵魂是不能够被称为人的。

显然，邓·司各脱的这个思想和罗马的吉尔兹的观点是截然不同甚至相互对立的，虽然他们都是方济各会的人物。在罗马的吉尔兹看来，灵魂与肉体之间的关系有类于存在与本质之间的关系，都是可以分离的。他甚至认为身体和灵魂不但是独立的，而且其结构看上去是完全一样的，也就是说像两个"人"，只是一个是灵魂，另一个是肉体。我们还说过，吉尔兹之所以提出这样的观点是为了要解释基督的死而复活。

邓·司各脱这样说当然也有他的理由，就是倘若说灵魂与肉体是可以截然地区分开来，那么就意味着人是没有死的，或者说没有实质性的死，因为那独立的灵魂还活着，只是离开了肉体而已，而且由于灵魂是高于肉体的，肉体只是装灵魂的一个"袋子"而已，

---

① 参见柯普斯登：《西洋哲学史》（第二卷），庄雅棠译，台湾黎明文化事业有限公司，1988年3月第一版，第733页。

那不就意味着人没有死吗？这样的说法邓·司各脱是不予认同的。

当然，邓·司各脱并不否认灵魂是可以单独存在的，这是每一个基督徒都不能否认的，除非他想成为异端，因为倘若否认灵魂的单独存在的话，无异于否认天堂与地狱，而否认了天堂与地狱，无异于否认原罪、最后的审判，也无异于否认上帝本身。邓·司各脱所要强调的乃是对于活生生的人而言，灵魂与肉体是一个不可分割的统一体，离开了彼此就不再是人。但就逻辑上而言，灵魂是可以单独存在的，并且人是先有灵魂而后才有肉体，是先存在之灵魂注入了后存在之肉体，而后才有人之诞生。

那么灵魂对于人有什么意义呢？在邓·司各脱看来，这意义主要有两个：第一当然是赋予人以存在，没有灵魂是不可能有人的，人之为人正是因为有了灵魂，这是不用说的。第二就是灵魂在人之中的功能了：它直接赋予了人以生命、感觉、欲望与理性等等。

我们可以大致地将邓·司各脱的人的肉体与灵魂的结合比喻成一台电脑，硬件是肉体、软件是灵魂，二者合起来就是一台电脑。没有软件的电脑只是一堆金属与塑料之类而已，根本不是电脑；没有硬件软件也只是一个虚无缥缈的程序而已，虽然它拥有各种强大的功能，例如可以写作、可以玩大型游戏，甚至可以设计摩天大楼与航天飞机，但没有硬件这一切都是空的。当它们组合之后，硬件就提供了电脑的物质基础，正是在这个物质基础之上，软件才能发挥它各种形式的功能。

正因为如此，邓·司各脱反对托马斯·阿奎那认为的，灵魂之与身体结合是为了它本身的好处，让它能够发挥自己的各种功能，如生命、感觉与理性等等。在这里将灵魂看成是一个利用者，而肉体只是灵魂利用的一个工具而已。①邓·司各脱认为,灵魂与肉体的结合并不单单是为了灵魂的好处,同样是为了肉体的好处,原因很简单:因为灵魂与肉体结合之后,对于它们双方都有好处,它们可以因此而结合成为一个完整的人!因此灵魂与身体之结合"不是单单为了身体的完美,也不单单是为了灵魂的好处,而是为了包含了这两个部分之整体的完美。"②

邓·司各脱持这样的观点显然是为了彰显人的整体性,从某个角度上说是一种"人本主义"。讲究人的本体性就要求重视人的整体性,而不能偏废其中之任何一者。这是有相当重要的意义的,是基督教哲学一种颇有新意的取向。

我们知道,基督教一向是重灵魂而轻肉体的,这种思想早已有之,也就是轻物质而重精神,例如柏拉图之重理念而轻个体就蕴含了这种倾向,而到了作为基督教哲学直接之思想渊薮的新柏拉图主义那里,这种倾向达到了高潮。如在柏罗丁看来,物质是不存在的,简直是个幻觉。③柏罗丁为什么要这么轻视物质呢?这其实也就是轻视肉体,他的目的就在于拯救灵魂,因为在柏罗丁看来,灵魂之和肉体结合可不是如邓·司各脱认为的"完美",相反,是本来完美的灵魂因为与肉体结合而有了罪恶,就像黑格尔所言:

"柏罗丁把有形体的事物和感性的事物丢在一边不管,他毫无

---

① 参见柯普斯登:《西洋哲学史》(第二卷),庄雅棠译,台湾黎明文化事业有限公司,1988年3月第一版,第734页。
② 同上,第735页。
③ 参见黑格尔:《哲学史讲演录》(第三卷),贺麟、王太庆译,商务印书馆,1959年12月第一版,第202页。

第二十一章 "精微博士"邓·司各脱

兴趣去解释这些东西，只是一味要想摆脱这些东西，好挽救普遍的灵魂和我们的灵魂于危殆之中。"[1]

柏罗丁这种思想后来深深地影响了基督教哲学，例如在伟大的奥古斯丁看来，灵魂是不朽的，它当然比可朽的肉体重要，这也是大部分基督教哲学家的共同观点，现在邓·司各脱则基本上将肉体与灵魂放到了同样重要的位置，认为它们合二为一，构成了完整而完美的人，这甚至可以说是为未来文艺复兴中的人本主义打下了一个思想的底子。

谈完了邓·司各脱对于灵魂的观念，我们再来看看他关于自由意志的思想。

在邓·司各脱看来，意志的本质就是自由，自由乃是意志的第一特点。就这一点而言，自由是比理性更加重要的，也更加关键，例如，人爱上帝，这无疑是极其重要的，这爱就属于意志而不是理性，即爱是一种意志。[2] 还有，当人要获得最终极的幸福，即灵魂归向上帝、与上帝同在之时，那起主导作用的也是意志。不过，意志的这种优越性反过来也可能造成比理性更大的危险，例如倘若我们只是以理性去思想一些恶事，或者不去思考上帝，那无疑也是一种恶，但在这里，意志可以犯下更大的恶，即恶的意志与恨上帝的这样意志比仅仅有恶的念头与不思考上帝要严重得多。

这种思想显然是有道理的，可以举个简单的例子：我们每个人

---

[1] 黑格尔：《哲学史讲演录》（第三卷），贺麟、王太庆译，商务印书馆，1959年12月第一版，第196页。

[2] 参见柯普斯登：《西洋哲学史》（第二卷），庄雅棠译，台湾黎明文化事业有限公司，1988年3月第一版，第738页。

大致都想过某些坏事，特别是在小时候，例如拾金而昧或者小偷小摸，但只是想到了这些事，但却不一定会去这样做，只这样想想当然是没有关系的，但若是有这样的意志：我捡到了钱包一定要揣进自己的腰包或者看到某人的新款苹果手机很漂亮就想去偷过来，那就是另一回事了，这就称得上是一种要不得的想法，甚至是一种恶了。绝大部分人都没有这样的想法，一般而言，一个善良的人是不会这样想的，因为只要有了这样的想法下一步就可能真的去做了。举个更直白的例子：男人看到一个美女，对她表示欣赏与赞美甚至交朋友是很正常的，但马上想到要与她性交，甚至用强迫的方式和她性交，这就非正人所为了，是一种地地道道的恶念——恶的意志，这是很危险的，因为有了这样的恶的意志与做恶事已经只有一步之遥！

邓·司各脱还区分了两种意志，即自然倾向的意志与自由的意志，前者指一种人的本能倾向，但其内容与我们现在的本能不同，我们现在一般认为本能乃是食与色之类，孟子云："食色，性也！"[①]《礼记》中亦云："饮食男女，人之大欲存焉！"[②]弗洛伊德也说：

"伊底当然不知道善恶、价值和道德，与唯乐原则有密切关系的经济或数量因素支配了它的各种历程，它所有唯一的内容，据我们的观点看来，就是力求发泄的本能冲动。"[③]

这里的伊底就是本我，即人的本能之集合，它们有一个共同的

---

① 《孟子·告子上》。
② 《礼记·礼运》。
③ 弗洛伊德：《精神分析引论新编》，高觉敷译，商务印书馆，1987年12月第一版，第58页。

第二十一章 "精微博士"邓·司各脱

特点,就是与恶关联。但邓·司各脱可不这样想,而是相反,他认为人的自然倾向的意志乃是渴求幸福,但这幸福可不是饮食男女,而是上帝。也就是说,人有一种从上帝那里寻求终极幸福的本能。当然,即使有了这样的自然倾向,也不意味着人会确实有这样的行动,这是另一码事。①

至于自由的意志,即自由意志,简而言之,就是意志是自由的了。邓·司各脱十分强调意志的自由,认为意志的本质就是自由,即使人到了天堂,那意志也是自由的。②

这种观点不由使我们想起了萨特的自由意志观。

萨特认为,人在刚刚存在时,是一无所有的,更没有本质可言。此后人才有了其它的东西,例如本质。而且,人之具有本质等其它东西是人根据自己的意志而来,是由人自己的意志造成的。在这里,人自己的自由意志是至关重要的、决定性的,正是由于人这种自由意志,才使得人总是面向未来的存在,人对于自己的未来可能有清晰的蓝图,并且人能够努力根据这个蓝图而设计自己。

不过我们可不要以为邓·司各脱的自由意志真的是人可以为所欲为,实际上,在他看来,这种自由意志中的自由乃是一种抽象的自由,或者说是一种自由的能力,并不意味着人会因此为所欲为,例如去做坏事,甚至不爱上帝,恰恰不是这样。他乃是将这种自由意志与前面的自然倾向的意志结合起来,认为人的自由意志同样是倾向于善与幸福,也就是上帝,因为人最大的幸福就在于上帝。

---

① 参见柯普斯登:《西洋哲学史》(第二卷),庄雅棠译,台湾黎明文化事业有限公司,1988年3月第一版,第736页。

② 同上,第737页。

所以，人虽然有自由意志，但这个自由意志天然地不会去为恶，而是天然地去为善，不是背离上帝，而是趋向上帝，并且朝着这方面去努力。这就是人的自由意志的真实面相了。在这里邓·司各脱还谈到了天堂里的圣人们，他们也是有自由意志的，但这是不是说明他们会有恶念、会犯罪，甚至会不爱上帝呢？当然不会！因为他们有一种善的习惯、"荣耀的习惯"，使他们不会有恶念、不会犯罪、更不会不爱上帝。①

邓·司各脱这样去界定自由意志显然是一种妥协式的思想，是为了调和一个明显的矛盾：一方面，他要强调人的自由意志——这是他进行哲学思辨自然而然地得出来的结果，但另一方面又不能因此说人会随心所欲地干坏事，甚至随心所欲地想都不能，这是大大有违基督教教义的。于是只好进行这样的调和：一方面说人有自由意志，另一方面又说这自由意志只是一种抽象的能力，自由的意志实际上是善的意志。至于这将"自由"与"善"统一起来的自由意志是不是还是真的自由意志，或者是不是本来意义上的自由意志，那就是另外的问题了。

第八节　论善与恶

最后，我们来谈一下邓·司各脱的伦理学思想。

伦理学的核心概念当然是善，在邓·司各脱看来，最大的、最根本的善当然就是爱上帝，这是不用说的。除此之外就应当讨论其

---

① 参见柯普斯登：《西洋哲学史》（第二卷），庄雅棠译，台湾黎明文化事业有限公司，1988年3月第一版，第737页。

它的普通的善了。

在邓·司各脱看来，一个善或者说善的行为最主要就是看其目的，他说：

"意志的善不是光倚靠对象，而且也倚靠其他的条件，而且特别是倚靠于目的，——它在行为的所有条件中占了最主要的地位。"①

将目的看成是善的行为之最核心的条件，这是伦理学中一个很普遍的观念，例如康德就认为，判断一个人是不是做了好事，是不是个有"善良意志"的人，主要就是看他做事时的目的如何，而不是看他是不是事实上做了有益于人的事。他说：

"善的意志并不因它造成或者达成的东西而善，并不因它适宜于达到任何一个预定的目的而善，而是仅仅因意欲而善，也就是说，它就自身而言是善的；而且独自来看，其评价必须无可比拟地远远高于通过它为了任何一种偏好，甚至人们愿意的话为了所有偏好的总和所能实现的一切。即使由于命运的一种特殊的不利，或者由于继母般的自然贫乏的配备，这种意志完全缺乏贯彻自己的意图的能力，如果它在尽了最大的努力之后依然一事无成，所剩下的只是善的意志（当然不仅仅是一个纯然的愿望，而是用尽我们力所能及的一切手段），它也像一颗宝石那样，作为在自身就具有其全部价值的东西，独自就闪耀光芒。"②

穆斯林的先知穆罕默德也说过同样的话，说判断一个人的行

---

① 参见柯普斯登：《西洋哲学史》（第二卷），庄雅棠译，台湾黎明文化事业有限公司，1988年3月第一版，第746页。

② 康德：《道德形而上学的奠基》，见《康德著作全集》（第四卷），李秋零主编，中国人民大学出版社，2005年9月第一版，第401页。

事，唯有看他的动机。

关于这些且不必多说，但邓·司各脱的观念和康德还是不一样的，因为他认为判断一个行为是否是善的仅仅有善的目的是不够的，而必须是使一个行为成为善的行为的一切要件一个都不能少：

"为了使一个行为在道德上是善的，需要所有（必要的）条件都一齐发生，缺乏任何一种条件，都足以使该行为在道德上是恶的。"[1]

至于究竟有多少要件呢？那就难说了，也许只有当这件事发生了，并且的确是好事，做好事的人也被证明的确是怀着这个好的目的在，那时候才能"事后诸葛亮"地判断其是不是一个"善的行为"。

依这样的观念，邓·司各脱判断了一些行为是不是善的。典型的例子是施舍，这本来是一个善行，但倘若施舍者不怀好意，那就是坏的了。哪怕仅仅是为了要人家领他的情、感他的恩，也就不是善的了。这就是我们中国老话所说的"施恩"，即施恩的目的是图报，在中国的传统观念中也是一种可鄙的行为，非正人之所为。还有，倘若做一件事，即使不怀有不好的意图，但也没有好的意图，那也称不上是善的行为，例如一个人经过一个乞丐面前，他本来没有给钱的意思，但突然发现刚才买奶茶时人家找了他一张毛票，还脏兮兮的，就随手扔给了这个乞丐。这样的行为在邓·司各脱看来是称不上善的行为的，而是"无关紧要"的行为。[2]

这些都只是具体的善的行为，那么善的总根源在哪里呢？当然是在神那里：

---

[1] 参见柯普斯登：《西洋哲学史》（第二卷），庄雅棠译，台湾黎明文化事业有限公司，1988年3月第一版，第746页。

[2] 同上，第747页。

第二十一章 "精微博士"邓·司各脱

"神的意志是善的原因,因此藉着祂的意欲,某些东西就是善的。"①

但这并不是说,人的一切善都来自上帝,或者只与上帝有关,他还强调了一种"自然法",它来自于人的理性,正是这种自然的理性使得人知道什么是恶,并且趋善而避恶。例如他认为《摩西十诫》就是这样的结果。

邓·司各脱还谈到了《圣经》中的一些事,一些似乎是上帝干的"恶事"。

我们在前面讲海尔斯的亚历山大时就说到过,在《圣经》里我们经常会读到一些似乎对上帝不利的事情,例如上帝叫人杀了这个杀了那个,甚至灭了这国灭了那国,特别是上帝把流着奶与蜜的迦南地赐予以色列人时,迦南地本来是有了别人的,上帝把那地上的人赶走而把地赐予了以色列人,上帝还使生活在埃及的以色列人夺去了埃及人的财产,这些事情在《圣经》里记载了很多很多,这一切看上去都是上帝干的"恶事"。

邓·司各脱对这个问题的解释则是这样的:上帝的律令,例如《摩西十诫》,其中的内容是有等级的,即有根本的也有次级的,那些最根本的是必须遵守的,这是绝对的命令,就是上帝也会依此而行——当然不是上帝必须遵守这样的律令,而是祂自然而然会这样做!但次要的就不一样了,上帝可以废除之,这正是上帝的绝对自由与权力的展现。以此去考察《摩西十诫》:

---

① 柯普斯登:《西洋哲学史》(第二卷),庄雅棠译,台湾黎明文化事业有限公司,1988年3月第一版,第747—748页。

第一条："我是耶和华——你的上帝，曾将你从埃及地为奴之家领出来，除了我之外，你不可有别的神。"

第二条："不可为自己雕刻偶像，也不可做什么形象仿佛上天、下地，和地底下、水中的百物。不可跪拜那些像，也不可事奉它，因为我耶和华——你的上帝是忌邪的上帝。恨我的，我必追讨他的罪，自父及子，直到三四代；爱我、守我诫命的，我必向他们发慈爱，直到千代。"

第三条："不可妄称耶和华——你上帝的名；因为妄称耶和华名的，耶和华必不以他为无罪。"

这三条乃是绝对的命令，是必须绝对遵守的，是《摩西十诫》中的根本三条。

但其它就不一样了，对于神就不一样了，祂可以自由地废除这些次要的诫命。[①]

这其中至少应该包括第六条："不可杀人。"这一条对于人是有效的，但对于神就不一样了，因为在《圣经》里，耶和华是下令杀人的，例如祂命令亚伯拉罕杀他的儿子去向祂献祭。还要以色列人杀了很多人，当以色列人得罪祂的时候，也使别国的人杀了许多的以色列人。

还有第十条："不可贪恋他人的房屋；也不可贪恋人的妻子、仆婢、牛驴，并他一切所有的。"这条上帝也可以废除，因此，祂就完全有权命令以色列人夺去迦南人、埃及人的"妻子、仆婢、牛

[①] 参见柯普斯登：《西洋哲学史》（第二卷），庄雅棠译，台湾黎明文化事业有限公司，1988年3月第一版，第749页。

驴,并他一切所有的"。

看得出来,邓·司各脱对上帝这些看上去是"恶事"的辩护与海尔斯的亚历山大表面上有差距,实际上也有所不同,但本质上是一样的,即都是强调上帝的权力与绝对自由,将上帝排除出人的道德标准之外。总而言之:"上帝所做的与可以做的,都是正当且公义的。"[1]

这最后一句话是任何的基督教哲学家都必须承认的,也一定会承认的,因为这涉及到上帝的本质与信仰,我们只要如此反问就可以了:哪个人会信仰一个会做甚至可能做恶事、不义之事的神呢!

至此我们就讲完了邓·司各脱的思想,所用篇幅为本书最长的几个之一,这是因为他的思想集深刻与创新、晦涩与重要于一体,对于这样的思想,多花些篇幅讲解是必要的。

邓·司各脱思想之深刻与创新不用说,我们在前面已经说得很清楚了,至于晦涩,大家只要翻开他的作品看看就可以了,目前国内他的著作全译本有《论第一原理》,还有两个版本,一个是收录于《中世纪哲学》之下卷中,另一个则是王路先生的译本,大家翻开看看就知道有多晦涩难懂了。

谈到重要性,邓·司各脱的重要性不但在于其思想之重要性,这是毋庸置疑的,还在于历史的重要性。我们知道,十三世纪乃是整个中世纪哲学和经院哲学的高峰,实际上,这不仅仅是座高峰,而是一列由许多座高峰组成的山脉。

---

[1] 柯普斯登:《西洋哲学史》(第二卷),庄雅棠译,台湾黎明文化事业有限公司,1988年3月第一版,第751页。

这样说吧，若把中世纪哲学比喻为地球上的群山，那么十三世纪就是喜马拉雅山脉，其中的高峰可不止一座，我们在前面专门述说过其思想的都算是高峰，其中最高的当然也是篇幅最多的三位，波纳文德、托马斯·阿奎那与邓·司各脱，他们的排列正呈一个"山"字，中间最高者当然是托马斯·阿奎那，他相当于珠穆朗玛峰，不但是喜马拉雅山的最高峰，也是整个地球的最高峰。托马斯·阿奎那前后两位波纳文德和邓·司各脱就相当于乔戈里峰和干城章嘉峰，它们分别是世界第二、第三高峰。在邓·司各脱之后，中世纪哲学的高潮就过去了，因此，他也就成为了十三世纪这个中世纪哲学的黄金时代最后一个伟大的代表、最后一抹灿烂的余晖。

当然，在他之后，到了十四世纪，中世纪哲学依然在发展，并且仍然要诞生一位伟大的人物，他就是奥康，奥康乃是整个中世纪哲学的最后一位伟大人物，也是整个中世纪哲学的最后一缕明亮而多彩的晚霞。

我们下面还会看到，在邓·司各脱与奥康之间并不是没有关系的，就像在邓·司各脱与托马斯·阿奎那之间并不是没有关系的一样。事实上，邓·司各脱自己既是一位思想的大师，同时也是一位承上启下的人物。一方面，虽然他是方济各会最主要的代表，是遵循柏拉图与奥古斯丁传统的，但另一方面他的思想也深深地浸润着亚里士多德，所受影响比同样受到亚里士多德影响的方济各前辈波纳文德要大得多。因此，从这个角度上可以说，在他身上集中了柏拉图与亚里士多德这两位最伟大的哲人的双重影响，而他也将这种影响带往他的下一代、下一个世纪，这正如柯普斯登所言：

"辩证的技巧与谨慎能耐的思想，是邓·司各脱哲学最大的功绩，他虽然浸淫在传统中，却是一个强劲有力而且具有原创力的思想家。他真正是属于'独断哲学'结束时时期的人物，而又同时预告了新的运动。"[1]

不用说，这个新的运动就是我们马上要讲的奥康兴起的思想之新运动了。

但在讲奥康之前，我们要先讲一下中世纪在十四世纪的没落，以及这个没落世纪的另一位大师——埃克哈特。

---

[1] 柯普斯登：《西洋哲学史》（第二卷），庄雅棠译，台湾黎明文化事业有限公司，1988年3月第一版，第662页。

第二十二章　没落的世纪与没落世纪的第一个哲学家

我前面说过，柯普斯登将中世纪哲学分成三个时期，第一个时期是从中世纪开始直到十二世纪，第二个时期是十三世纪，他称之为"建设性综合时期"，这也是中世纪哲学或者说经院哲学的鼎盛时期，最后便是十四世纪了，柯普斯登称之为"破坏性批判的时期"或者"凋零且没落的时期"。[①]从这样的分法就可以看到他对于十四世纪哲学的基本认知了，这可以用"没落"二字来形容。

经院哲学为什么会在十四世纪走向没落呢？我们下面就来解释其原因。

第一节　为什么没落？

其实，对于中世纪哲学的没落我们不必要有什么意外，所谓盛极而衰，天之道也。经院哲学在经过了十三世纪的繁荣之后，是必然要走向衰落的，不但对经院哲学如此，对任何哲学或者哲学流派

[①] 参见柯普斯登：《西洋哲学史》（第二卷），庄雅棠译，台湾黎明文化事业有限公司，1988年3月第一版，第11页。

第二十二章　没落的世纪与没落世纪的第一个哲学家

都是如此，就像对人也是如此一样，经过了活跃的青年时期、鼎盛的中年时期，最后必将走向衰弱的老年时期。

其实，在十四世纪时，不仅仅是哲学，实际上整个西方世界都经历着一种没落，包括基督教本身的没落乃至中世纪的基本社会制度——封建制度的没落。

那没落的原因当然是复杂的，这里不好作深入分析，但至少和三件都发生在十四世纪的事情有关：黑死病、百年战争与教会的大分裂。

黑死病是14世纪欧洲曾流行的一场极其残酷的鼠疫，堪称人类历史上最大的天灾，薄伽丘在《十日谈》里就描述了当时那可怕的场景：

"无论白天还是晚上，都有很多人倒毙街头。很多人死在家里，直到他们的尸体腐烂发出了臭味，邻居们才知道他们已经死了。就这样，城里到处尸体纵横，活着的人要是能找到脚夫，就叫脚夫帮着，把尸体抬到门口，找不到脚夫，只好自己动手，他们这样做并不是出于恻隐之心，而是唯恐腐烂的尸体威胁到他们的生存。……一个尸架上常常载着两三具尸体，往往得夫妻两个，或者父子两个，要么是两三个兄弟，一次被抬走。"[①]

这场浩劫过后，全欧洲的人差不多死了一半，即从黑死病之前的约七千万人下降到黑死病过后的约四千五百万人。这个加上城市的日益发展与强大，使原来的封建庄园经济没法像以前一样维持下

[①] 薄伽丘：《十日谈》之第一天（前言），王永年译，人民文学出版社，1994年1月第一版。

去了，只得崩溃，庄园制一旦崩溃，封建制的末日也就来临了。

然后就是百年战争。百年战争是人类历史上最为漫长的战争，它有三个起因：一是争夺法国王位。腓力六世是代卡佩王朝而起的，但卡佩王朝并非真的没了传人，这时的英王爱德华三世就是腓力四世的外孙，有资格继承法国的王位，他也提出了这个要求，这对腓力六世是个极大的威胁。二是英法之间历史悠久的争夺领地的斗争。英王征服者威廉曾是法王的附庸，其家族一度占了大半个法国，后来由于腓力·奥古斯都等的巧取豪夺，领地不断减少，到腓力六世时只剩法国西南部的基加一块了，腓力六世想把它也抢过来，爱德华四世当然不答应。

正式引发百年战争的是第三个原因——争夺弗兰德斯。

弗兰德斯大约相当于今天的比利时与荷兰一带，很早就是有名的商业中心了，特别是羊毛纺织业十分发达，作为原料的羊毛则主要来自英国。这时弗兰德斯的统治者路易伯爵是腓力六世的亲戚，他愿意让弗兰德斯并到法国去。1336年，他下令逮捕了许多在弗兰德斯的英国商人，并禁止弗兰德斯与英国通商。英王立即予以回击，禁止羊毛输往弗兰德斯，使弗兰德斯一片混乱。有了这个借口，腓力六世便宣布没收爱德华四世在法国的领地。

1337年11月，爱德华四世向腓力六世下了挑战书，百年战争从此开始。这是西方也是人类历史上延续时间最长的一次战争，足有116年之久，直到1453年，英国军队才被彻底击败，漫长的百年战争才告结束。

最后是基督教会的大分裂。

这次分裂可不是我们前面讲过的两次大分裂，即1054年基督教分裂成了东西两部，西部自称为"公教"，东部则自称为"正教"。以及十六世纪时由马丁·路德和加尔文等兴起的新教运动，而是十四世纪天主教内部的一次分裂。

这次分裂我们上面讲罗马的吉尔兹的思想时也讲到过，卜尼法斯八世死后，1304年，腓力四世设法让法国波尔多地方的大主教被选为教皇，是为克莱门特四世，法王就此控制了教廷。后来他又设法将教廷从罗马迁到了亚威农城，教皇从此在此地为时约70年。

但这事并没有就此结束。堂堂罗马教廷一直待在亚威农这座小城显然是不行的，教皇当然也想离开这里，住到"万城之城"的罗马去。到了1377年，格里哥利十一世终于把教廷迁回了罗马。

格里哥利十一世去世后，罗马的枢机主教团于1378年选出了一位意大利人为教皇，称乌尔班六世，据说这次选举是因为红衣主教们受到罗马人武力胁迫的结果，这些红衣主教多半是法国人，于是选举后他们跑回了法国，宣布该选举无效，还另选出了一名法国人为教皇，这就是克雷芒七世。

所谓一山不容二虎，同时存在两位教皇更是不容许的，两位教皇为了保住自己的位子，展开了残酷的斗争。他们分别在罗马和亚威农成立了自己的红衣主教团，西方各国也分别投入了两个阵营，分别承认不同的教皇，其中法国、苏格兰、西班牙和南意大利拥护亚威农教廷；英国、德国、意大利北部则支持罗马教廷。不同的国家支持不同的教廷，相应地，不同的教廷也支持不同的国家，例如百年战争中，亚威农教廷自然支持法国，罗马教廷则支持英国，这样一来，自然使得整个基督教世界一片混乱。

大家都知道这绝不是长久之计。于是各国主教们经过了大量协商，想找到一个各方都能接受的办法。如1409年，来自欧洲各国的枢机主教们在意大利的比萨开会，决定同时罢黜两位造成分裂的教皇，并任命第三位教皇亚历山大五世，但这个结果并没有被广泛接受，因此便同时出现了三位教皇，局面更趋混乱。直到1418年左右，在德国康斯坦茨召开的大公会议上，终于选出了各方都一致认可的新教皇马丁五世，才结束了长达40年的天主教内部大分裂。

这三件事都对西方社会产生了深刻的影响，其中必然也对中世纪哲学产生巨大的影响，而且这影响不会是好影响。例如中世纪的修道士们都是集中居住的，生活也非常俭朴，大致和当时的普通农人差不多，只是不要干体力活而已，可以想象他们的死亡率应该也大致和当时总的死亡率差不多，也就是说差不多一半的修道士死掉了。因此在黑死病横行造成的巨量死亡之中一定有许多是学习哲学与神学的修士甚至经院哲学家，其中的有些倘若不死，说不定是未来的波纳文德、邓·司各脱甚至托马斯·阿奎那。而死亡使一切变得不可能。——实际上，十四世纪也是整个中世纪最后一个伟大的经院哲学家奥康就是被黑死病害死的。这样一来，就使得十四世纪不可能涌现十三世纪那么多的杰出的经院哲学家了！这也就直接造成了十四世纪经院哲学的衰落。

百年战争也是一样，我们知道，学术之发展有赖于学者们自由的交流，而战争给这种交流产生了巨大的障碍。特别是，由于这场战争是在英法之间进行的，而这两个乃是经院哲学最核心的重地：法国的巴黎大学乃是经院哲学最主要的大本营，英国则是经院哲学最主要的人才输出国。

大家前面看到了，经院哲学从一开始直到十三世纪，巴黎大

第二十二章　没落的世纪与没落世纪的第一个哲学家

学一直是中世纪哲学的最主要的思想中心,特别是经院哲学鼎盛的十三世纪,就像柯普斯登所言:"十三世纪主要的哲学家和神学家,在某段期间里都与巴黎大学有密切联系。"[①]从海尔斯的亚历山大到波纳文德到根特的亨利到托马斯·阿奎那直到邓·司各脱,无不如此。而这些与巴黎大学有关的著名哲学家当中,一个既有意思且耐人寻味的现象是,他们之中几乎没有法国人!主要是意大利人与英国人,其中意大利贡献了两个最伟大的——波纳文德与托马斯·阿奎那,其他则大部分都来自于英国,包括十三世纪的早期三杰:奥威涅的威廉、格洛塞德斯特与海尔斯的亚历山大,全部是英国人,罗吉尔·培根与邓·司各脱也是,还有安瑟尔谟虽然不是英国人,但却是英国的坎特伯雷大主教。因此,讲到经院哲学最大的人才库存,非英国莫属。当英法之间爆发百年战争后,两国之间的学术交流自然难以正常进行,例如很难想象一个英国的经院哲学家还可以去巴黎大学讲课,而巴黎大学也会正常地招收英国人来研究哲学。因此,百年战争的爆发对于经院哲学的继续发展势必造成巨大的打击,甚至必然地造成其衰落。

至于天主教会的内部大分裂就更是如此了,大家想想吧,作为西方基督教最高管理机构的堂堂教廷竟然分裂了!作为天主教最高领袖与至尊之象征的教皇竟然有两个!这是何等的荒唐!你叫那些神学家们怎么办呢?他们应该听从哪一个?无所适从!这也与基督教的基本教义是相违背的,世界上不能同时有两个教皇就如同不

[①] 柯普斯登:《西洋哲学史》(第二卷),庄雅棠译,台湾黎明文化事业有限公司,1988年3月第一版,第307页。

能同时有两个神一样,神是唯一的,唯一的神在人间的代表——教皇——自然也应该是唯一的!而现在竟然同时有两个,叫他们服从哪一个?更何况这两个还相互敌视、尖锐对立!甚至相互革除对方的教籍,真如《红楼梦》中的句子所言"女娲炼石已荒唐,复向荒唐演大荒"。这样极其荒唐的情形叫经院哲学家们怎么办?可以想象,若是圣托马斯与罗马的吉尔兹在世,一定不可能那么效忠教皇了——因为他们不知道效忠哪一个!这样一来,经院哲学又如何发展?恐怕波纳文德、托马斯·阿奎那与邓·司各脱地下有知,也会急得跳将出来,大骂岂有此理!甚至会对他们的信仰产生严重的伤害。

总而言之,十四世纪的经院哲学之衰落不但是"盛久必衰"这样的自然而然,而且是有具体的、清楚的原因,是有其因必有其果,是其来有自!

当然,经院哲学在十四世纪也不是一味地衰落,同样也诞生了许多杰出的哲学家,如埃克哈特、尼古拉、马西利奥等等,甚至还有一个和波纳文德与邓·司各脱一样伟大的哲学家——奥康,他也是中世纪最后一个可称伟大的哲学家,是经院哲学最后一个伟大的代表。这些就是我们后面要讲的内容了。

我们在这一章中只讲埃克哈特。

第二节 神秘的异端思想家埃克哈特

我们要讲的第一个十四世纪的经院哲学家是埃克哈特。

讲埃克哈特,第一个要讲清楚的就是他的名字,因为我们对他

第二十二章　没落的世纪与没落世纪的第一个哲学家

的名字或称呼都有些搞不清楚，这是很罕见的事。

为什么呢？因为他的名字足有四种写法：Johannes Eckhart[①]、Johann Eckhart[②]、Meister Eckhart[③]、Master Eckhart[④]，也许还有别的。从下面的注释中我们可以看到，这些写法都系出名门，均可称权威，究竟哪一个比较合适呢？不好说。这些拼法中，Johannes 和 Johann 的意思就是约翰，一个德国人中常用的男子名，相当于英语中的 John，这指的是他名叫约翰，不难理解。后面两个 Meister 和 Master，前者是德语词汇，后者是英语词汇，麻烦的是这两个词汇应该如何翻译。我们至少有三种翻译，例如在《中世纪思想的演化》中直接音译为"梅斯特"，在《不列颠百科全书》则译为"硕士"，《西洋哲学史》称为"师长"，其它许多著作，例如《中世纪文艺复兴时期哲学》和《美国百科全书》等则称为"大师"[⑤]。师长和大师意差不多，Meister 和 Master 都有大师、师傅或师长的含义，前者是德语词汇，后者是英语词汇，所以大部分著作称他为埃克哈特大师是好理解的。但《不列颠百科全书》又译为"硕士"，就比较难理解了，Meister 是一个德语词汇，有大师之含义，却没

[①] 赵敦华、傅乐安主编：《中世纪哲学》（下卷），商务印书馆，2013年3月第一版，第1512页。

[②] 《美国百科全书》，台湾光复书局/外文出版社，1994年第一版，第9卷，第282页。

[③] 《不列颠百科全书》，中国大百科全书出版社，1999年第一版，第5卷，第504；及《西洋哲学史》（第三卷），第265页。

[④] 大卫·瑙尔斯：《中世纪思想的演化》，杨选译，商务印书馆，2012年5月第一版，第406页。

[⑤] 参见佘碧平：《中世纪文艺复兴时期哲学》，人民出版社，2011年7月第一版，第203页。

有硕士之意，Master 这个英语词汇倒是既有硕士又有大师的含义，不过《不列颠百科全书》采用的写法并非 Master 而是 Meister。但《不列颠百科全书》称为"埃克哈特硕士"亦非空穴来风，它说埃克哈特"1302 年在巴黎获硕士学位，遂通称爱克哈特硕士。"[①]但倘若如此，就不应该采用 Meister 这个德语词汇，而应该用 Master 并将之直译为"硕士"才比较合适。《中世纪思想的演化》也有类似的情形，Master 这个词在英语中既有硕士又有大师之意，采用两者之一都可，但直译为"梅斯特"却有问题，因为 Master 并非一个名字，不像 John，英语中似乎找不到 Master 这个名字，何况埃克哈特叫约翰，也不叫梅斯特，所以直译为梅斯特可能有点儿问题，应该译为"大师"。另外，Meister 倒是可以直译为迈斯特尔，德语中的确有这个名字，不过倘若将埃克哈特称为迈斯特尔·埃克哈特，就有问题了，因为他应该不叫迈斯特尔，而叫约翰，这同样是混淆不得的！

我上面对埃克哈特的名字啰唆了这么多，其实是想澄清一下埃克哈特这些不同名字的由来，通过这样的解析，以后大家看到对埃克哈特的不同称呼时，就会明白是怎么回事了。

不但名字有些模糊，埃克哈特的生年也有些模糊，只能说可能是 1260 年，诞生地《美国百科全书》说是绍令吉附近的霍克海姆，《西洋哲学史》则说是哥塔附近的霍克海姆，这倒没关系，因为这两个地方相距不远，赵老师则说是图林根。总之埃克哈特是德国人，也是这么久以来我们所谈的第二个德国神学家，第一个是大阿

[①]《不列颠百科全书》，中国大百科全书出版社，1999 年第一版，第 5 卷，第 504 页。

尔伯特，但埃克哈特在哲学史上的影响与独特性大于大阿尔伯特，因此他在德国的影响也更大。还有，埃克哈特可能在科隆当过大阿尔伯特的学生，不过只是可能而已，因为大阿尔伯特在1280年就去世了，这时候埃克哈特才二十来岁，他在15岁左右时在爱尔福特加入了多明我会，先是在多明我会的初修院学习，几年后可能去科隆进修了一段时间，在这段时间里可能在大阿尔伯特那里学习过。他的学习应该是相当成功的，在多明我会内部的地位也迅速上升，从1290年到1298年，他担任了所在修道院的副院长。

1300年左右时，他去了巴黎大学，先是学习神学，后来当了教师，但在1303年就离开了巴黎大学，回到了萨克森，当上了这里的主教，同时也是多明我会在萨克森地区的会长，后来甚至当过多明我会的代理总会长。1311年他又回到了巴黎大学授课，是时他已经是有名的神学家了，声名几可与多明我会的前辈、伟大的托马斯·阿奎那相匹。

德国的西南部一带有一些被称为"慈善修女"的女性基督教组织，由于她们持有一种神秘主义的教义，具有异端的倾向，因此遭到了当时一些教会人士的反对。由于多明我会对这些组织负有一定的管理职责，因此多明我会派了埃克哈特去德意志南部的大城斯特拉斯堡监督她们。对了，斯特拉斯堡虽然现在是法国城市，但那时候属于德国。据说在这里他遇到了一个叫玛格丽特·波莱特的慈善修女会的修女，她的神秘神学思想对他产生了一定影响。

埃克哈特在斯特拉斯堡一直待到1320年左右，然后回到巴黎大学教学，三年后又到了科隆。这时候他的思想已经被当时一些正统教会人士认为有异端之嫌，其中包括他所在的科隆的大主教，他开始攻击埃克哈特的思想是异端，并向教廷提出了控告。于是，1326年9月26日是，埃克哈特被异端裁判所正式传讯控诉，虽然埃克哈特据理力争，但仍然被宣布有整整100条的异端罪名，也就是说他的思想中有100处属于异端。埃克哈特当然不服，于是当时仍在亚威农的教皇便命将有关证据送来，埃克哈特也亲自前往亚威农为自己辩护。然而，教廷的听证会开始后，埃克哈特便身染重病，不得不离开教廷回到了科隆，不久就病逝了。这是1328年的事。

在他死后约一年，教廷宣布他没有100条异端罪名，不过仍有28条，但这只是说他的思想中有28处是异端，并没有宣布他是异端，因为他离开教廷前已经宣布他愿意接受教廷的任何判决，也许是这种诚恳的态度让他避免了沦为异端的后果——这样的后果在当时是很可怕的。

至于具体的异端思想，大体是这样子的，部分摘录如下：

第1条：创造是上帝的永恒活动。这是指主动的创造，被动的创造不是永恒的；

第2条：世界是永恒的，因为上帝在永恒的圣道中创造世界；

第4条：灵魂中有不被创造也不能创造的东西；

第5条：上帝既非善，又非全善、至善，当我们说上帝为善时，如同颠倒黑白；

第6条：所有被造物是纯粹的无，这不是指它们的缺乏，而是指它们什么都不是；

第7条：任何活动，包括恶与罪都显示、闪耀着上帝的荣光；

第13条：上帝热爱人的灵魂，而不是外功；

第15条：在不追求外物、名誉、功用、圣事、奖励和天国的人中间，在摒弃所有这一切（包括财产）的人中间，上帝才赐予荣誉；

第17条：一个善人、灵魂高尚的人是上帝唯一的圣子，上帝永恒的作品；

第23条：上帝是可能的和现实的一，在其理智之中或之外都不存在多，那些只见区分或对立的人不会认识上帝；

第27条：善人的意志服从上帝的意志，他意愿上帝意愿的一切；如果上帝要他不时犯罪，他就不得不想犯罪，这是真正的苦修；

第28条：一个犯有千桩罪恶的人如果出自好意，那么他就是在不得不有意犯罪。

从这引用出来的几条中可以看到埃克哈特的确是有相当强烈的异端倾向的，这些思想也是与传统的基督教思想相冲突的，甚至可能带来灾难性的后果，以致动摇人们对于上帝的传统信仰。如第23条就是这样，大家想想就明白了。[①]

正因为如此，他在哲学史上也一直是个有争议的人物，正如瑙尔斯所言：

"艾克哈特在很长时间里一直是、现在仍然是一个有争议的人物。路德和其他日耳曼宗教改革家将其尊为一种民族的、神秘的、非罗马的宗教源；更晚近一些的日耳曼思想家和史学家则认为他是不属于任何教派的神秘主义者。"[②]

这段评论是对埃克哈特思想的一个相当恰当的评述。的确，埃

[①] 参见赵敦华：《基督教哲学1500年》，人民出版社，2005年5月第一版，第356—357页。

[②] 大卫·瑙尔斯：《中世纪思想的演化》，杨选译，商务印书馆，2012年5月第一版，第406页。

克哈特思想有两个主要的特色：一是他是具有德意志特色的思想家，二是他是神秘主义的思想家，将这二者结合起来，就使得他在后来的德国思想界产生了巨大影响，这种影响一直持续到很久很久以后：

"（埃克哈特）他的神秘主义思想不仅对文艺复兴时期的路德和库萨的尼古拉有深刻的影响，而且对当代思想家，如叔本华、弗洛伊德、海德格尔和布洛赫等，也有广泛的影响。"[1]

上面的列举的这些人物都是德国思想家，由可此见埃克哈特在德国思想史上的影响，这种影响是大阿尔伯特也不能相比的，这里其实还应该加上一个名字：尼采，他思想的神秘倾向也应该与埃克哈特有着深刻的渊源。

第三节 对上帝的理解

埃克哈特的思想之中，第一个要讲的是他对上帝的理解。

埃克哈特对上帝的理解和前面的神学家们是相当有区别的。我们前面说过，无论是邓·司各脱还是托马斯·阿奎那，都认为存在乃是上帝的第一属性，甚至是我们人对于上帝唯一的理解，就如吉尔松所言：

"存有是人类心灵所达到的第一个可理解的概念，这个学说两位哲学家（指托马斯·阿奎那与邓·司各脱）都同样接受。"[2]

---

[1] 赵敦华、傅乐安主编：《中世纪哲学》（下卷），商务印书馆，2013年3月第一版，第1512页。

[2] 吉尔松：《中世纪哲学精神》，沈清松译，上海人民出版社，2008年11月第一版，第214页。

第二十二章 没落的世纪与没落世纪的第一个哲学家

将上帝视为存在,乃是此前基督教哲学一个通常的观念,但埃克哈特的观念与此却有甚大差异,因为在他看来,上帝的第一属性不是存在,而是"理解"。① 而且,他进一步地说明,在存在与理解之中,处第一位的乃是理解,而不是存在。也就是说,神先是理解,且由于祂是理解,祂才存在。这个理解乃是存在之基础,而不是相反。

不用说这种观点是相当标新立异的。他为什么这么认为呢?我们可以从两方面进行阐述。首先是埃克哈特认为他的思想是有权威的来源的。这很重要。我们知道,中世纪哲学家们有一个共同的特点,就是非常害怕自己被扣上"标新立异"的帽子,埃克哈特也是这样,虽然他的思想一看上去就与众不同,但他仍然为自己的思想找到了依据,那就是圣约翰所说的:"太初有道,道与神同在,道就是神。"② 还有:"这道太初与神同在。"③ 以及耶稣说"我就是道路,真理,生命。若不借着我。没有人能到父那里去。"④

这三段文字中都有一个共同的主题,就是认为上帝首先是道,因为道"太初与神同在",这就是说,那最初与神同在的乃是道。那么这道是什么呢?是"道路,真理,生命",这里的道路当然不是物质性的路如大马路,而是途径的意思。无论是道、途径、真理还是生命,它们有一个什么样的共同特点呢?就是它们都不是存

---

① 参见柯普斯登:《西洋哲学史》(第三卷),陈俊辉译,台湾黎明文化事业股份有限公司,1988年12月第一版,第266页。
② 《圣经·新约·约翰福音》第1章。
③ 同上。
④ 同上第14章。

在！当然，这不是说它们不存在，而是说它们不是存在，不能够简单地以存在名之。那么它们是什么样的物事呢？埃克哈特认为，它们都是理解，或者也可以说是知性与理智，总之是一种精神性的物事。在埃克哈特看来，它们不能简单地称之为存在，而应称为理解。在他看来，理解乃是比存在更超越的，是一种真正的"完美"。① 那么存在呢？又如何来？埃克哈特认为，万物是在这道或理解之后才来的，其乃是上帝的创造物，即上帝太初乃是道，然后才创造了存在。他还引用了一本《原因之书》中的话："最先的受造物，是存有。"

其实，从这里就可以看到埃克哈特的思想之异端的成分，《原因之书》是早就有的，它最初是由阿拉伯文翻译过来的，一开始被认为是亚里士多德的作品，但实际上根本不是，其中表达的思想也是非基督教的思想，甚至是与基督教相冲突的思想，而埃克哈特在这里堂而皇之地引用之作为权威的说法，显然是有问题的。

进一步地，埃克哈特阐述了他对存在的理解。在他看来，存在不是与上帝本来一体的，而是上帝所创造的。这样一来，就可以得出一个明显的结论：就是存在与上帝是分离的，而不在上帝之内，对此他说：

"没有一样在一种受造物里的东西，会在神里面，除非是在它的原因里；而且，在形式上，它也不在那里。所以，既然存有属于受造物；因此，除非是在它的原因里，它并不在神里面；于是，在

---

① 参见柯普斯登：《西洋哲学史》（第三卷），陈俊辉译，台湾黎明文化事业股份有限公司，1988年12月第一版，第266页。

神里面，除了存有的纯净，是没有存有的。"[1]

埃克哈特的这番话是不难理解的，他首先将存在与受造物联系在一起，并且认为存在是只与受造物相关的。这样一来，由于受造物乃是上帝所创造的，因此严格来说它们是在上帝之外的。而且，它们显然是处于较为低级的位置的。这就像我们说上帝创造了亚当，我们因此可以说亚当是存在的，但可不能说亚当在上帝之内，亚当作为上帝的受造物，当然不能在上帝之内，这是明显的。但埃克哈特又进一步指出了，这并不是说上帝与存在是无关的，上帝当然是与存在有关的，这有关一是表现在上帝乃是存在的原因，即存在之原因在上帝那里，那作为存在之原因的存在便可以说是在上帝那里。这时候的存在，在埃克哈特看来，乃是一种"纯净的存在"，可以将之理解为一种作为原因的、抽象的精神性的存在，它当然是存在于上帝之内的，因为上帝是万物的原因吗！那万物存在之因，便可以说存在于上帝之内。

还有，我们上面说过，在《圣经》里，上帝对摩西说，祂乃是"自有者"，这个称呼是极其重要的，就如吉尔松所言：

"梅瑟为了认识天主，便转向他。他问天主的名字，而答案竟是这般直爽：'我是自有者，你要对以色列子民说，那"自有者"打发我到你们这里来。'这里丝毫没有形而上学的暗示，唯有天主的话，而《圣经》的《出谷记》就从此奠下全部天主教哲学的原则。从此便一劳永逸地明白，天主的适当名字就是"存有本身"

---

[1] 柯普斯登：《西洋哲学史》（第三卷），陈俊辉译，台湾黎明文化事业股份有限公司，1988年12月第一版，第266页。

(Being），而且，按照圣厄弗连（St.Ephrem）的话，其后圣伯纳文都又重新采用——这个名字指称天主的本质，说'存有'一词指称天主的本质而不指称其他，也就是说天主的本质与存在同一，而且本质与存在只有在天主内始为同一。圣多玛斯因此明白地引用《出谷记》这段文字，而且说在一切神的名字之中，只有一个名字适合天主，那就是"自有"（存有本身），因为'自有'就是意指'存有本身'。不指示存有其他形式，而只意指存有自身。此一原则蕴藏无穷的形上宝藏。以下的研究都只是对于此一原则的各种后果的研究而已。只有一个天主，这一个天主就是自有（Being），这是全部天主教哲学之基石，这块基石并非柏拉图，亦非亚里斯多德而是梅瑟所奠立的。"[①]

这一段话比上面一段话更清楚地说明了存在对于上帝的重要意义以及它乃是基督教之理解上帝的基础。埃克哈特的思想显然看上去是与这冲突的，他作为多明我会的一员，同时作为托马斯·阿奎那的捍卫者，当然应该对此作出解释。

他的解释分成三步走：一是解释他为什么要将存在与上帝分离开来，二是为什么要将理解置于存在之上，三是如何将存在与理解统一起来，从而达到消弭他的思想中的异端性。

我们先来分析第一步，即为什么要将存在与上帝分离开来。

他是这样解释的。首先，他认为上帝之所以对摩西说祂乃是"自有者"，是因为他不想让摩西知道祂的真实面貌，于是就这么

[①] 吉尔松：《中世纪哲学精神》，沈清松译，上海人民出版社，2008年11月第一版，第57页。

简单地回答，就像一个人在暗处，有人问他是谁，他说："我是我是"，这个"是"就是存在，即"我是存在"，这相当于我们中国人问那个暗处中人叫什么，他回答道："我是人"。这回答是正确的，但等于没有回答，也说明这个人不想要我们知道他是谁。

另一个解释则是，在他看来，倘若神是存在的原因，那么神首先就不能是存在的。他在《上帝慰藉之书》中还打了眼睛看东西这个类比。我们知道，当眼睛要看东西时，它自己不能够带着颜色去看，这样才能准确地看见东西，否则的话，即倘若眼睛因为某种原因带上了某种特殊的颜色的话，那么它就不能准确地看见清楚东西。例如天鹅要么是白的要么是黑的但没有黄色的，一个黄疸病人却可能声称有黄色的天鹅，还指着一只天鹅说它正在那水里游着呢。事实上这只天鹅是白的，它之所以变成了黄的是因为这个人患了黄疸病，所以什么东西在他看来都是黄色的，他说：

"权威们还告诉我们，倘若眼睛具有自己的颜色，那它就既看不到它自身的颜色，也看不到任何别的颜色。正是由于它自己没有颜色，它才能够把所有的颜色辨别出来。墙壁自身是着了颜色的，因此它就既不可能辨别它自身的颜色，也不可能辨别任何别的颜色；它对颜色了无兴趣，无论是对金黄色，天蓝色，还是对煤炭的黑色，都是如此。眼睛没有颜色，却因此而实在地具有颜色，它总是欢天喜地、兴趣盎然且准确无误地识别颜色。"[①]

这里的权威们指的是亚里士多德，亚里士多德在《论灵魂》第

[①]《上帝慰藉之书》第二章，赵敦华、傅乐安主编：《中世纪哲学》（下卷），商务印书馆，2013年3月第一版，第1530—1531页。

二卷第七章中就谈到了这个问题。

此外，埃克哈特还打了另一个也许更加深刻的类比，那就是空，他说：

"圣奥古斯丁在谈到这一点时说：'倒掉，乃是为了使你能够被充满。先学会不去爱这个，你才能够爱那个；只有先离开这里，然后你才能够转向那里。'[1] 他的这段话，一言以蔽之，就是讲为了接受或承受，你就首先必须是空的。"[2]

与此类似地，他还说：

"贫乏得一无所有，并且因此非常洁净，从而改变了本性。空则能够使水向上流动。"[3]

看到这两段话，很容易使我们联想起两本书来，一本是《老子》，它有这样的话：

"三十辐，共一毂，当其无，有车之用。埏埴以为器，当其无，有器之用。凿户牖以为室，当其无，有室之用。故有之以为利，无之以为用。"[4]

另一本就是《射雕英雄传》，其中有一种武功叫空明拳，乃是周伯通被黄药师困于桃花岛时，在所住山洞里自创的武功。空明拳总共有十六字诀：空朦洞松、风通容梦、冲穹中弄、童庸弓虫，共七十二路，如第一路叫"空碗盛饭"、第二路叫"空屋住人"，其中

---

[1] 赵敦华、傅乐安主编：《中世纪哲学》（下卷），商务印书馆，2013年3月第一版，第1530页。

[2] 同上。

[3] 同上，第1531页。

[4] 《老子》第十一章。

强调的也是一个"空"字。①屋必先空然后可以住人,碗必先空然后可以盛饭。这与老子和埃克哈特所说的道理都是一样的。

上面埃克哈特的话是很深刻的,它道出了一个看似简单却很深刻的道理,就是先必须空,而后才可以充满。例如一只杯子,为了让它能够盛酒,首先必须把它倒空,这是一个很简单的道理。埃克哈特将这个道理用之于存在,他先将存在看成是一种有,于是,为了装这个"有",就首先必须有"空",这个道理是不难明白的。所以,从这个意义上说,将有作为上帝的第一性或者作为最先有之性,是不那么合适的。

更进一步地,埃克哈特还指出,这说明存在并不是无条件的,而是有条件的,这个条一方面固然是"空"或者"无",但另一方面就是上帝!上帝就是存在的条件,这是显而易见的。因此之故,存在不能够是第一的,或者说不能够是上帝的第一性。上帝必须超越存在。

上面的分析也许会产生另一个问题,那就是将上帝看成是无与空。可不可以这样呢?

这要看从哪个角度看了,倘若将有看成是可以感觉的物质,那么上帝就是无或者空,因为上帝之为上帝,一个最为基本的特点是,上帝是不可以被感知或者说上帝是超越一切感知的,这也是神学中一个基本的、普遍性的观点。因此,从无法感知这个角度看,上帝就是无、就是空。就像斐洛所理解的,那最初的上帝,"祂是

---

① 见《射雕英雄传》第二十二回"骑鲨遨游"。

宇宙的空间，空间包围宇宙，充满宇宙。"[1]我们不妨将这个上帝比喻为纯粹的空间，纯粹的空间当然是不可能认识的，就像我们不可能看见它一样，因为它空无所有。但正因为它空无所有，才能够盛载万物，这和上面老子和老顽童的思想也是一致的。

当然，这里面还有许多的道理，有许多的东西必须解释，例如如何解释在《圣经》中上帝与人如亚当亚伯拉罕和摩西的对话，以后有机会我们再分析这个问题。

还有，从另一个方面也可理解上帝之无，那就是埃克哈特在这里将上帝的第一性说成是理解。这个理解也可以说是理智或者别的，但它们都有一个共通的含义，那就是精神性，即上帝是一种纯粹的精神实体，这个精神实体固然是存在的，但其存在与万物的存在之含义是不一样的，甚至可以说，倘若万物是存在的，那么这个精神实体就不存在，因为它们的存在方式是完全不一样的，它们之间也有着本质性的区别。而且，在两者之中，作为精神实体的理解与上帝是在先的，而万物是在后的。因此之故，倘若说万物是存在的话，那么理解与上帝则必然是在存在之先的。这就是上面埃克哈特的第二种解释了，即为什么要将理解置于存在之上。

从上面的分析不难看出来，这里其实是一个如何理解存在的问题。倘若将存在理解为万物之存在，那么上帝就不能够说是存在，而只能够说是超存在或者不存在，而万物的存在乃是由上帝所创造的。在这样的情形之下，埃克哈特将理解这一精神性的概念视为上

---

[1] 黑格尔：《哲学史讲演录》(第三卷)，贺麟、王太庆译，商务印书馆，1959年12月第一版，第166页。

帝之第一性是说得通的。

但这样一来,无论如何就必定有使埃克哈特的思想沦为异端的危险,因为上帝的第一性就是存在,这乃是基督教神学中的一个共识,也是《圣经》中分明地标识了的,他这种观点显然是与这个传统的共识相违背的。为了解决这个问题,埃克哈特用了一个很简单的办法,就是又将理解与存在勾连起来,他在《〈创世记〉注释》中说:

"神的本性是睿智,而且,对祂来说,存在就是理解。"[①]

这种办法不用说是很简单的,但同样是说得通的。我们前面说过,上帝与存在关系为何,关键是看如何理解存在。倘若将存在与可感知的万物的存在区分开来,而直指其"有"的本性,那么上帝自然是存在的,这是毋庸置疑的。上帝存在、"有"上帝,这是肯定的。但我们一定要注意,这里的存在或者有与日月星辰、花草树木的有与存在是完全不同的,那是一种本质性的、超越性的存在,或者说就是存在本身、存在的本体,就像上帝所言:"我是自有者,"这个自有者即存在之本体、存在本身,从这个意义上说上帝当然是存在。而理解同样是存在,理解、存在与上帝之间乃是一种环环相扣的关系:上帝既是存在,又是理解;理解与存在一样,都是上帝的第一性,而理解就是存在,同时,存在也是理解、存在就是理解。

埃克哈特的将上帝看成是理解或者理智也是有其渊源的,那就

---

① 柯普斯登:《西洋哲学史》(第三卷),陈俊辉译,台湾黎明文化事业股份有限公司,1988年12月第一版,第269页。

是新柏拉图主义。我们知道,新柏拉图主义对中世纪哲学产生了巨大影响,其影响之大可以说直追柏拉图与亚里士多德,但这种影响主要体现于较早期的教父哲学家,到了中后期相对要小了,但到了埃克哈特这里,他重新走向了新柏拉图主义,是受新柏拉图主义影响最大的中世纪哲学家之一。他受新柏拉图主义影响最大的地方有两个:

一就是这里的将上帝的第一性理解为理智。我们知道,柏罗丁哲学的基本概念是太一,其意义相当于基督教中的上帝,太一第一个产生的就是理智,而且,这理智与太一之间并无质的区分。他说:"这个统一第一次生的儿子是理智,是第二个神圣的实体,是另一个原则。"①作为神圣的太一的头生子,这个理智的第一个特点就是,它和太一是很相象的:"由于理性由绝对实体而生,并没有变化,所以它是绝对实体的直接反映。"②不难看出来,埃克哈特将上帝的第一性看成是理解,和柏罗丁的视理智为太一的头生子的观念是很相近的。

新柏拉图主义对埃克哈特影响最大的另一个地方是他力图找出上帝的单一性。在他最后被谴责的28个命题中,第24个是这样的:

"每种差异,不管是在本性上,或在位格上,都与神无关。证明:本性本身,是独一的,亦即是这一种事物;而且,诸位格中的任何一位,是与本性同一种事物。"③

---

① 黑格尔:《哲学史讲演录》(第三卷),贺麟、王太庆译,商务印书馆,1959年12月第一版,第190页。
② 同上,第191页。
③ 柯普斯登:《西洋哲学史》(第三卷),陈俊辉译,台湾黎明文化事业股份有限公司,1988年12月第一版,第268页。

在这里，埃克哈特指出神是没有差异的，任何差异都与上帝无关，原因就在于神的本性乃是独一的。

这里所表达的思想就是说，上帝真正的本性只有一个、唯一的一个，而且这个本性必然是无差异的。这种思想显然是与传统的基督教神学对上帝的基本认识之一——三位一体——是有冲突的，传统的三位一体认为上帝有三个位格，即圣父、圣子与圣灵，但这三个位格又是一体而不可分的，这就是那至为神秘深奥的三位一体，其中三与一是同样重要的。但埃克哈特却忽略了三而只强调一，认为上帝的本性是唯一的、没有差别的。

这种思想同样是来源于新柏拉图主义的。柏罗丁关于太一的一个基本观点是认为太一是"统一"，这"统一"可以说是太一的另一个名称。统一的意思是说，太一是一个整体，是不可分的、没有差别的，因为在他看来，这个太一可以称之为善，它并不是某个东西，不是任何一个东西，而是超乎一切的。

比柏罗丁更早地，巴门尼德对他的"存在"的认识也是一样，认为存在是不可分的连续的整体，是唯一的、统一的，甚至没有某一部分大某一部分小或者某一部分多某一部分少，总之是一个"一"，是一个不可分的整体。

显然，埃克哈特关于上帝的单一性或统一性的思想近则与新柏拉图主义有关、远则来自巴门尼德，是西方哲学中一个十分古老的观念。

埃克哈特这样认为其实是有道理的，道理很简单：倘若上帝不是一，那就意味着上帝是能够分离的，就会变成两个或者更多的上帝，那么上帝也就不是唯一的了。这里的上帝也可以替换为存在、或者上帝之本性。倘若上帝的本性不是一个，而是多个，那么自然而然地就可能产生诸如这些本性之中哪个第一哪个第二等等问题，甚至由此产生更多的分歧。因此上帝是一，上帝的本性也是一，又由于这个本性不能够是可感知的存在物的属性，因此必然是超感知的精神范畴的属性，他将之名为"理解"，或者说是"理智"，都指的是上帝这个本性的超感知的精神性而非可感知的物质性。

第四节　泛神论

我们上面讲了埃克哈特最基本的思想，也就是他对于上帝的理解。现在我们来讲他的第二个思想，即他的泛神论。

所谓泛神论就是指埃克哈特有一种观点，认为神与所创造的万物是不可分的，神是在自身之内创造万物的，神与祂所创造的万物是一体的。在《上帝慰藉之书》中有这样两段话：

"无论是上帝还是受造物，受造的或非受造的，都是如此。他的整个存在、生命、知识和爱都属于上帝，都处于上帝之中，并且都将是上帝自身。"[1]

"而对所有受造物来说，任何非上帝所是的东西，都不能孕育到它里面去。在它里面，除了单纯的上帝之外，没有其它肖像。"[2]

这两段话中表达了一个鲜明的观点，就是认为无论上帝还是上帝所创造的万物，以及一切的一切，都居于上帝之中，并且与上

---

[1]《上帝慰藉之书》第一章，赵敦华、傅乐安主编：《中世纪哲学》（下卷），商务印书馆，2013年3月第一版，第1517页。

[2] 同上，第1515页。

帝是一体的，即就是上帝。而且，对于万物来说，它的一切都是上帝，即没有任何地方不是上帝，它整个儿是融化在上帝之内的。

这种观点可以说是典型的泛神论，和斯宾诺莎的泛神论几乎如出一辙，在斯宾诺莎看来，神、自然、实体、思维与广延，都是同一的、一体的。这就是斯宾诺莎泛神论的主要内涵，就像黑格尔所言：

"斯宾诺莎主张，我们所谓的世界是根本没有的；世界只不过是神的一个形式而已，并不是自在自为的东西。"[①]

显然，斯宾诺莎和埃克哈特的观点是很相似的，即认为神外无物，一切都存在于神之内，与神一体，这就是泛神论，泛神的意思就是说，一切都是神，泛就是广泛、泛指之意，就是一切的意思，泛神，即一切都是神——都存在于神之内。

埃克哈特的这个思想是明显的泛神论，但这里面还有一个明显的问题：难道真的万物都是神吗？难道明月清风、日月星辰、花草树木，甚至你我他这些人都是神吗？倘若埃克哈特的泛神论指的是这个，显然是不成立的。

我们可以从两个方面去理解埃克哈特的这种泛神论。

首先，之所以说万物都在神之内，是因为万物都是神创造的，是绝对地依赖于神的，没有神，万物什么都不是、不可能存在，是纯粹的乌有。即万物的一切都要归于神，从这个角度上看，当然可以说万物存在于神之内。

[①] 黑格尔：《哲学史讲演录》（第四卷），贺麟、王太庆译，商务印书馆，1978年12月第一版，第129页。

其次，我们还可以从"空"的角度去理解。埃克哈特认为，相对于神而言，万物可以说是纯粹的空无，这是他一个被谴责的命题，就是认为万物是无。他在其证道词中这样说："所有的受造物，是一种纯粹的空无。我不说它们是很渺小，或是有价值的事物；它们是一种子虚乌有。"①

为什么如此呢？这是相对于上帝而言的。倘若说上帝是有、是存在，那么与上帝可以说有着本质区分的万物就是无、不存在了，这个作为无、不存在的万物当然也可以说是融化于上帝之中的。就像一个数字"1"，我们也可以说有无数个"0"包含在它之内。所以从这个角度说，万物也存在于上帝之内。

埃克哈特的这种思想同样是来源于柏罗丁的。因为柏罗丁同样认为感性世界的万物乃是不真实的、虚幻的，他说："物质……根本是一个真正的虚妄，这根本是一个真正的不存在。"② 又说："物质确实是不存在的，……简直是个幻觉。"③

除了有着泛神论思想外，埃克哈特还是个神秘主义者，神秘主义同样是他的标签之一。他的神秘主义主要表现在灵魂与上帝合一的观念，这种观念仍然是与新柏拉图主义有关的，并且与新柏拉图主义最核心的概念"太一"有关。

埃克哈特认为，一切受造物都有一种自然的倾向，就是寻求回

---

① 柯普斯登：《西洋哲学史》（第三卷），陈俊辉译，台湾黎明文化事业股份有限公司，1988年12月第一版，第273页。

② 黑格尔：《哲学史讲演录》（第三卷），贺麟、王太庆译，商务印书馆，1959年12月第一版，第198页。

③ 同上，第202页。

归太一，他说：

"他将一切都聚拢、提升进'太一'之中，而这也正是所有的受造物都在实际上寻求的'太一'。即使受造物中最低级的东西亦复如此。"①

埃克哈特的太一所指者当然就是神了。他还认为，我们人要想与太一合一，就是要像太一之"一"一样，消除一切的差异，这样才是"一"，是与上帝或者说太一混而为"一"，这样我们才可能成为永恒的"有福之人"：

"我们必须将自己委身给这纯粹的'太一'；这太一极其纯粹，其中没有任何复多和划分，我们之为'一'，甚至就像圣父、圣子和圣灵也在'太一'里失去了一切差异和各自的特性之为'一'一样。然而，正是这个'太一'，使我们成为有福之人；我们离它越远，我们就越是不能成为上帝之子，流经我们的圣灵也就越少。我们离这'太一'越是近，我们就越是能够成为上帝之子，流经我们的上帝亦即圣灵也就越多。这就容易解释我们的上帝之子说过的下面一段话：谁若喝了我赐予他的水，他将永远不渴；并且，我赐给他的水，将在他内成为涌到永生的水泉。"②

在另一个地方，他还更为清楚地说，这种与太一的合一同样是与上帝的合一，并且是在耶稣基督的"请求"之下达到的：

"我们的主耶稣基督求他的父让我们与他合一，不仅仅与他结

---

① 《上帝慰藉之书》第二章，赵敦华、傅乐安主编：《中世纪哲学》（下卷），商务印书馆，2013年3月第一版，第1548页。

② 同上，第1543页。

合在一起，而是在他里面合一。"①

这种寻求人与上帝的合一乃是神秘主义神学一个主要的特点之一，从斐洛到柏罗丁到普洛克罗到伪名丹尼斯等都提出了这样的观点，特别是柏罗丁，他认为人生最高的目标就是要摆脱这个物质的、肉体的世界，而与太一、与神合一，柏罗丁这个思想深深地影响了埃克哈特，他说：

"对受造物一尘不染的'空'的灵魂，也会上升达到上帝。

……

所罗门说：一条河流，与所有别的受造物一样，匆匆地流了出去，又流回到它的源头；而这就表明我刚才所说的必定为真。类似性和爱火焰般地急速向上，把灵魂带回到它的源头，带进太一之中；而这太一即是我们天上的父，他是天上和地上的父。所以我说，生于太一的类似性将灵魂引向上帝。因为上帝在他的隐秘的统一性中即是太一。对此，我们证据凿凿。当物质的火点燃了木材，火花四射时，这木材也就吸纳了火的本性，变得像那直接悬挂在天下面的纯火一样。这块燃烧的木材突然忘却了并放弃了它的尘世上的父母和兄弟姐妹，而急匆匆地向上寻找它天上的父。火星在地上的父是火，其母是木，它的兄弟姐妹是别的火星。这最初的火星并不等待它们，而是急匆匆地向上飞舞，一直上升到它的天上的真正的父那里它成了天。谁能认识真理，也就知道物质的火并非这火星

---

① 《上帝慰藉之书》第二章，赵敦华、傅乐安主编：《中世纪哲学》（下卷），商务印书馆，2013年3月第一版，第1534页。

的真正的父；所有火的实在的真正的父在天上。"[1]

这段话的内容十分丰富，他系统地表达了埃克哈特关于人与神合一的神秘主义思想，从合一的原因到合一的方式及其神秘的特点都说得清清楚楚：

合一的原因是因为万物要复归于它的源头——上帝，关于万物复归的思想乃是西方哲学中一个极为普遍的思想，从泰勒士到阿那克西曼德到斯多葛派到柏罗丁到普洛克罗等等都持着这样的思想，对基督徒们则是复归于上帝，像伪名丹尼斯和爱留根纳都清楚地表达了这样的思想，现在埃克哈特这样认为也是自然而然的。

合一的方式则是有类于燃烧。我们可以将燃烧的木材中的木材理解为人的肉体、将灵魂理解为火苗，当木材燃烧时，火苗上冲天空，这就是灵魂升上天空与上帝合一了，而余下的灰烬则是没有了灵魂的肉体。这是一个很巧妙的比喻。

至于其神秘的特点，那也是很清楚的：我们的灵魂究竟如何与神合一，这是我们所不可能直接地知道的，我们只能通过一种比喻去间接地理解其神秘与神妙，但不管怎样，这种合一乃是人生最美妙的境界：

"权威们一致认为，任何狂喜都比不上与上帝的这种结合，都比不上与上帝本性的穿透贯通。"[2]

这是一种典型的神秘主义表达方式，昭示着埃克哈特是一个神秘主义者，正是他的这种神秘主义思想对后世的德国思想家们产生

---

[1] 《上帝慰藉之书》第二章，赵敦华、傅乐安主编：《中世纪哲学》（下卷），商务印书馆，2013年3月第一版，第1532—1533页。

[2] 同上，第1531页。

了极大的影响。

　　总之，从上面一系列的对比中可以看到，埃克哈特的大量思想都是来自于新柏拉图主义的，甚至可以说他的神学乃是奠基于新柏拉图主义。除他而外，中世纪的其他哲学家们虽然大都受到新柏拉图主义的影响甚至巨大的影响，但他们都不会根据新柏拉图主义的观点去剪裁一些基督教的神学共识，例如上帝的两个最主要的属性——存在与三位一体，但埃克哈特却大胆地用新柏拉图主义的观点去试图对这些观点加以改造，使其更加符合于新柏拉图主义，这是一种很大胆也很新颖的方式，从这个角度上说，埃克哈特的思想是独特且创造性的新神学。

　　我在这里比较清楚地表达了埃克哈特的思想，包括他的神秘主义思想，但这并不意味着埃克哈特的思想真是这么好理解的。实际上，他的思想并不好理解，就像新柏拉图主义和神秘主义都不好理解一样。

　　除新柏拉图主义和神秘主义外，对埃克哈特产生最大影响的就是托马斯·阿奎那的思想了，那同样也是不好理解的。埃克哈特将新柏拉图主义、神秘主义与托马斯·阿奎那这三种都不好理解的思想集于一身，自然会更加复杂、更不好理解。就是一些基本的词汇也不好理解，因为他所用的含义与传统的含义是不相同的，例如他两个最基本的概念——存在与理解——就与传统神学的理解是不一样的，正是通过这种独特或者歧义的理解，他才得到了许多独特的、不好理解的结论。所以《美国百科全书》的"埃克哈特"条目说：

　　"艾哈特的神学理论十分复杂且受新柏拉图思想和阿奎那的影

响颇大。他和其他神秘主义者一样，常常扭曲一般神学辞汇来表达自己的经验。"①

第五节 《上帝慰藉之书》

关于埃克哈特我们最后要说的一项内容和他的《上帝慰藉之书》这本书的名字有关。

这本书的主题之一正如其名所言，是为了慰藉上帝的子民的，埃克哈特在其中以大量的篇幅去慰藉大家，告诉我们应如何面对生活中的艰难，他在《上帝慰藉之书》第二章的开篇就说：

"接下来我们要阐述三十个证明，其中任何一个都足以使身处苦难之境的诚实无欺的人得到慰藉。"②

在后面，他果真用整整三十个证明证明了这个主题，由于篇幅有限，我们不能一一说明了，只能列举几个最令人有感触的，例如第一个：

"第一个证明在于凡艰难困苦没有不带来慰藉的；那种作为纯粹失去的失去是根本不存在的。因此之故，圣保罗说：上帝的忠信和本质的善决不允许任何试探和苦难达到无法承受、没有出路的地步。他总是为了人的好处而提供某种慰藉。连圣徒和异教大师们也都说过，无论是上帝还是自然都不允许纯粹不二的邪恶或苦

---

① 《美国百科全书》，台湾光复书局/外文出版社，1994年第一版，第9卷，第282页。

② 《上帝慰藉之书》第二章，赵敦华、傅乐安主编：《中世纪哲学》（下卷），商务印书馆，2013年3月第一版，第1519页。

难存在。"①

　　这里表达的思想简而言之就是说，倘若我们失去某样东西，我们要想到我们并没有完全失去，我们还拥有其它的东西，这是值得安慰的。至于那失去了的东西，应当将它看作本来就不属于我的，命中注定要失去，既然如此，何必伤心呢？他还举了一个人有100马克，然后丢掉了其中的40马克的例子，说这时候，应当想我还有60马克，这并不是一笔小钱，许多人要是手里有60马克，就会觉得十分幸福了，现在我既然还有60马克，那么为什么不能够和他们一样感到幸福呢？至于那丢掉的40马克，它们既然不存在了，想它作甚？何必自寻烦恼？

　　这种思想在我们的老子里也可以找到，老子就说过："知足者富。"②

　　还有第二条证明：

　　"让我们设定，一个人由于患病，身体遭受了极大的痛苦，然而，他却还是拥有自己的房子、必要的食品和饮料，又得良医治疗，受到家人很好的护理，亲朋好友不仅问寒问暖，甚至陪伴。他会作何感想呢？而那些穷苦的人们，假如也患上同样的疾病，甚至遭受更大的不幸，但是却得不到任何人的关心，甚至连一杯冷水也得不到。他们又该如何呢？他们必定在风雨交加或大雪纷纷的日子里，顶着凛冽的寒风，挨门挨户地讨要干面包。所以，如果你想要得到慰藉，你就忘掉那些日子过得最好的人，而念想这些比你穷苦

---

① 《上帝慰藉之书》第二章，赵敦华、傅乐安主编：《中世纪哲学》（下卷），商务印书馆，2013年3月第一版，第1519页。

② 《老子》第三十三章。

第二十二章 没落的世纪与没落世纪的第一个哲学家

的人吧。"[1]

这段话不用解释,说得十分在理。当我们这些有一定资财的人——会读这本书的人应该都属于这一类——遇到生活中的不幸时,例如生了这个那个病,丢了几百几千块钱之类时,有什么理由要哀叹伤心呢?想想中国每年还有多少个孩子连营养午餐都吃不上、冬天坐在四面漏风的教室里冻得打哆嗦,更有索马里和埃塞俄比亚的饥民们,每天都有人在活活饿死!我们还有什么不满意的呢?倘若只这山望着那山高,只看着那些过得比自己好的,那不但会给自己徒增烦恼,而且倘若不顾一切、拼命地追求,结果只会自遗其咎、自取其辱、惹祸上身,因此老子说:

"故知足不辱,知止不殆,可以长久。"[2]

又说:

"祸莫大于不知足;咎莫大于欲得。故知足之足,常足矣。"[3]

更进一步地,埃克哈特说,即使有些人真的失去了大笔的财富,例如1000马克,同样不必伤心、更不能大加抱怨,而是要怀着感激之心,将这当成是上帝对我们耐心的考验:

"假如你失去了1000马克,你就不要再为你失去的这1000马克而哭泣,而是感谢上帝曾经给了你这1000马克,使你有可能失去它,致使你可能锻炼你的耐性和德性,从而值得永生,而这样的机会却是成千上万的人所得不到的。你还可以这样来得到你的慰藉。

---

[1] 《上帝慰藉之书》第二章,赵敦华、傅乐安主编:《中世纪哲学》(下卷),商务印书馆,2013年3月第一版,第1520—1521页。
[2] 《老子》第四十四章。
[3] 《老子》第四十六章。

例如一个人有许多年境遇都特别好,但后来却完全丧失了。到这种时候,他就应该聪明地反思一下,感谢上帝给了他不幸和损失。因为只有在这种情况下,他才会意识到他以前过的生活是多么的优越呀。他应当感谢上帝,使他享受福利这么多年,而不是对之愤愤不平,大加抱怨。"①

这种慰藉同样是管用的,对于那些曾经富有,后来家道中落,转为贫穷的人,的确可以作这样的思想,就会好受一些了,正所谓"旧时王谢堂前燕,飞入寻常百姓家",即使现在是寻常百姓,只要曾经在王谢的华堂里生活过,又何必多所遗憾呢?要知道多少人从来没有这样的机会!比起那些人,你们又是何等的幸运!

埃克哈特还举了一个得病的例子:

"有人问一个病人,为什么他不向上帝祷告,使他病愈。他说,有三个理由使他不情愿这样做。首先,要不是害病对他最好,满怀爱心的上帝是决不会让他害病的。他对此确信不疑。"②

这个例子具有极典型的意义,为什么我们需要慰藉?这是因为在生活之中遇到了麻烦,最常见的恐怕就是生病了,这时候,我们就应该这样想:这病是上帝让我生的,上帝当然不会害我,只会让我好。祂让我生病受苦,一定有祂的理由,一定对我是好的。只要想到这一点,我们就会不以病痛为苦了。

这也许理解起来有点困难,我们可以想想父母叫孩子喝药,那药是苦的,孩子不肯喝,大哭大闹甚至怨恨父母,就像我的女儿一

---

① 《上帝慰藉之书》第二章,赵敦华、傅乐安主编:《中世纪哲学》(下卷),商务印书馆,2013年3月第一版,第1537页。

② 同上,第1559页。

样,一要她背单词搞运动就爱来一句:"恨爸爸!"当然她不是真恨,但不高兴是肯定的,但孩子们想过没有?父母为什么要他吃苦药、锻炼身体?是为了他们的健康啊!是为了他们好!但孩子们不懂,所以感到痛苦甚至怨恨。其实上帝之于我们何尝不像父母之于孩子呢?当我们因为生活中遇到不好的事就怨天怨地时,何尝不有类于那因为父母要他们吃苦药就大哭大闹的孩子呢?——这真是一个很好的比喻啊!

总而言之,对于生活之中一切——无论是顺境还是逆境、是幸福还是悲伤、是得到还是失去,总之,一切的一切,我们都要以一颗安然的心去迎接,要将之当作是我的命运,是上帝的赐予,既然是上帝的赐予,就要怀着感恩之心接受,而不要好的就感恩、高兴,不好的就抱怨、伤心,我们应当这样理解生活中一切:一切都是上帝的赐予,上帝的一切赐予都是有其理由的,都是为了我们好,我们对此应当怀抱感恩之心。

只要想到这一点,我们就会得到慰藉了,我们的生活之中就永远阳光明媚了!

讲完埃克哈特后,赵老师在后面加了一小段,名为"中世纪哲学的民族性",认为在中世纪虽然还没有现在意义上的民族性的哲学,但至少已经有了萌芽,并且为以后哲学的发展提供了一种大致的方向,这是很有道理也相当重要的,在这里引用如下:

"一般说来,中世纪哲学是国际性的,并没有很强的民族特征。这是因为在14世纪之前,欧洲尚未形成民族主义的国家,各民族的思想交流并不受政治、经济和意识形态条件限制,著作的统一语言是拉丁文。考虑到这些历史事实,在中世纪哲学中区分英国、法国和德国等国别哲学是没有充分根据的。另一方面,我们应该承认,中世纪各民族的地域特征与文化差异不可能对哲学没有影响。13世纪经院哲学的三个中心——巴黎、牛津和科隆在研究侧重点与风格等方面显示出来的差别在一定程度上分别反映了法、英、德三种不同的民族精神,最终导致了法国、英国和德国哲学三种不同的传统。"①

我们可以清楚地看到,到了近代与现代西方哲学,这三种风格与传统已经发扬光大,成为了西方哲学最明显的特征之一,如以洛克为代表的英国的经验主义传统、以笛卡尔为代表的法国思路与语言风格都相当明晰的理性主义传统、以康德为代表的语言与思想都很晦涩甚至显得神秘的德国理性主义传统,都是缘于这些国家的中世纪哲学之独特风格的。

---

① 赵敦华:《基督教哲学1500年》,人民出版社,2005年5月第一版,第360页。

第二十三章　奥康——中世纪哲学的"掘墓者"

短言之，奥康是十四世纪经院哲学的一个重要人物；长言之，他也是整个中世纪哲学一个重要人物。但他的重要性有点特别，就是他乃是一个掘墓人，因为正是他的思想为传统的中世纪哲学开挖了一个巨大的墓穴，将前面许多我们熟悉的中世纪哲学家们的思想都扔进了坟墓。正因此之故，奥康从古到今都是一个备受争议的人物，这正如瑙尔斯所言：

"甚至在我们这个时代，他依然是一个有争议的人物。他同时代的年轻人以及他们的继承者把他拥戴为一个新时代的先驱和圣师，他在世时就受到憎恶其观点的人们的攻击，后来还受到那些反对他的技巧而保留其许多观点的人的攻击。他除了被当做一个怪物来吓唬年轻的托马斯主义者之外，被人忽略了几个世纪。一些中世纪思想的研究者重新发现了他，把他当做一个历史人物，这些研究者是托马斯或邓斯的追随者，他们认为奥康是亚玻伦（Apollyon），是个大骗子和破坏者，毁掉了中世纪思想黄金时代的建构。"[1]

---

[1]　大卫·瑙尔斯：《中世纪思想的演化》，杨选译，商务印书馆，2012年5月第一版，第413页。

也许正因为怨其"毁掉了中世纪思想黄金时代",伟大的吉尔松在他最伟大的作品《中世纪哲学精神》中,对于奥康这位如此重要的经院哲学家竟然几乎不置一词,这不能不说是一种遗憾甚至失误。就有如黑格尔对奥古斯丁的不予理睬一样。当然,吉尔松的情形和黑格尔是大不一样的,黑格尔不但对奥古斯丁,对整个中世纪哲学都是不屑一顾的,吉尔松只是对奥康如此,对其他中世纪哲学家,例如他的另一个英国同胞邓·司各脱,都是分析得恰当而深刻的。他的《中世纪哲学精神》也瑕不掩瑜,仍然是西方哲学史上最经典的阐述中世纪哲学的杰作之一。

我们现在不但对于奥康的思想争议很大,对于他的人生同样如此。

第一节 争议人生

首先,和邓·司各脱等一样,奥康也是英国人,这是没有疑问的,他的存在继续证明着英国乃是中世纪哲学最重要的人才摇篮。但他具体的出生地就有疑问了,一般的说法是他出生于英国瑟里的奥康村,这是距离伦敦不远的一个小村子,也是他名字的来源。但对这种说法,柯普斯登指出是不确定的,他的名字和这个小村子一点关系也没有都是可能的。至于他的出生年月,就更不清楚了,那差距还相当之大,最早的说法是1280年,最晚的则到了1300年。[①]中间足足差了20年!《不列颠百科全书》和《美国百科全书》则说约生于1285年,赵老师也是如此说,但都在前面打上了一个大大

---

① 参见奥卡姆:《逻辑大全》之译者序,商务印书馆,2006年5月第一版。

的"？"或者加了一个"约"。这样导致的结果就是，我们后面关于他的活动的时间记述基本上都是不确定的，都要打个"？"，但我就不一一说明了。

奥康还在很年少时，据说十四岁左右，就加入了方济各会，并在一所方济各会的学校学习神学，按《西方哲学史·学术版》的说法，他在1306年2月26日被任命为伦敦南瓦克的圣玛利亚方济会的副执事，又于1309年去了牛津大学学习神学。[①]据瑙尔斯说则是1310年左右，若是奥康的生年是1300年，这些显然都是不可能的了。但总之他上过牛津大学，这是肯定的。据说他获得了牛津大学的学士学位，此后还可能在牛津大学讲过一段时间的课，时间大约是1317年。他这时候已经开始出版作品了。但他的作品很快引出了问题，一位前任的牛津大学校长发现他的一本有关《言语录》注释的著作中充满了异端思想，于是亲自跑到当时教皇所在的亚威农控告了他，说他的作品中足有五十一条是异端。这时候，奥康本来已经完成了获得硕士学位所需要的研究，但由于校长的控告，他不得不跑到亚威农去接受审查。就这样，他的学位从此就黄了，一辈子不但不是博士，连硕士都没有拿到。

到了亚威农，经过审查，他被控告的五十一条中，有三十三条被确认是异端，并且还给他另外加了几条。不过他还算幸运，并没有形成一个决定性的结论，即说他就是异端。

这时候的教皇乃是约翰二十二世，他已经是一个七十来岁的

[①] 参见黄裕生主编：《西方哲学史·学术版》（第三卷），人民出版社，2011年5月第一版，第635页。

老头子了，性格多疑又暴躁，也许就因为这一点，奥康害怕有一天他突然又暴躁了，把他定为异端，烧死了事。正在此时，他遇到了当时方济各会的会长切塞纳的迈克尔，他也在亚威农接受教皇的质询，他对这位教皇也深怀戒心。同样在此时，约翰教皇又树立了一个大敌，就是当时神圣罗马帝国的皇帝、巴伐利亚的路德维希四世，他们之间已经公开决裂了。这样一来，自然而然地就导致了这样一个结果：1328年5月的某一天夜里，奥康跟着迈克尔会长和另外两人，悄悄离开了亚威农，顺着罗讷河而下，进入了地中海，据说一艘帝国的军舰已经等在那里，接了他们后直驶当时皇帝所在的意大利比萨。瑙尔斯是这样评价这次秘密行动的：

"在欧洲思想史上，这是一个决定性的时刻，可以同1917年列宁乘一列密封的列车迅速离开瑞士到彼得格勒相比。"[①]

我们知道，列宁通过这一次秘密行动成功回到了沙皇俄罗斯，掀起了十月革命的风暴，最终推翻了沙皇政权，对欧洲与整个世界的历史产生了深远影响。瑙尔斯竟然将奥康这次行动与列宁相比，足见其有多么重要了。

还有一个说法是，见到皇帝后，奥康说出了这样的话："你用你的剑保护我，我用我的笔捍卫你。"这只是一个传闻，但却符合后来的实际情况。此后，奥康在他的整个一生中，就真的用笔捍卫起皇帝来了，并且从思想到政治都同教皇展开了猛烈的斗争，这样的斗争对西方的思想史与政治史都产生了重要影响。

[①] 大卫·瑙尔斯：《中世纪思想的演化》，杨选译，商务印书馆，2012年5月第一版，第415页。

但在教会内部，奥康这样的做法可是捅马蜂窝了，他们四个人都立即被革除了教籍，但这对奥康影响不大，他后来随同皇帝到了他的大本营慕尼黑，并且从此生活在那里，不停地著书立说，和教皇展开了大论战，写出了巨多的作品。

但正因为他一直待在这里，所以他的生活也就没什么可说的了。不过也有一个说法，说是1334年约翰二十二世教皇去世之后，他曾经试图和教廷和解，但由于不承认自己有异端思想，并没有结果。甚至于有说法，说他晚年可能到过巴黎大学。但这些说法都没有充足的证据。

奥康大概死于1349年或者1350年，死因是这个时期正在夺去全欧上千万人生命的黑死病。

虽然寿命并不很长，但奥康写了大量著作，其数量之多大概只有伟大的奥古斯丁和托马斯·阿奎那能够相匹。主要有《〈言语录〉注释》、《逻辑大全》、《自然哲学》、《论基督肉身》、《教皇约翰二十二世谬行集编》、《教皇权八问》、《教师与学者间有关皇帝与圣职人员的权力之对话》，等等等等，其内容十分广泛，涵盖逻辑学、自然哲学、神学、政治学等各个领域，并且在每个领域都取得了很大的成就，提出了许多卓越的见解，包括政治方面，例如他关于教皇权力的质问对于后来路德等的新教运动以及教廷本身的改革都产生了很大影响。

第二节 对传统神学的"破坏"

奥康的思想是十分丰富而复杂的，而且像我们前面所指的一样，他的思想具有"破坏性"，这种破坏性主要表现在他对于传统神学的尖锐批判。

他的这些批判是很多的，我们现在就列举两个：一是他对邓·司各脱同一性思想的批判，二是他对上帝通过理念创造万物的批判。

我们在前面讲邓·司各脱时，说过他对于同一性的理解。所谓同一性，指的就是用相同的词汇用在不同的对象或者句子之中其含义必须是相同的，即必须是"同一的"，这也就是概念的同义性。在邓·司各脱看来，这无论对于神学还是逻辑学都很重要。在神学中，我们知道，神学中一个基本的观念是认为上帝的本质是不可知的，当我们用任何词汇去描述上帝之时，这些词实际上的含义与我们用之于上帝之外的含义是不一样的。从奥古斯丁到伪名丹尼斯到亨利都持这样的观点，例如根特的亨利就指出上帝的存在与万物的存在的含义是不一样的，两者是不能共通的。存在如此，任何概念都是如此。这样一来，也就是说，我们对上帝所创造的万物的任何描述与论证都不能够用于上帝，即以之去论证上帝之时就会产生谬误。对于这种观点，邓·司各脱提出了尖锐的批判，他说，倘若亨利的理论成立的话，则将造成一个必然的结果：那就是上帝是完全不可知的，我们不可能得到关于上帝的任何真正的知识。在反驳的同时，邓·司各脱提出了他的观点，就是认为如存在、真、善、唯一这些词汇，当其用之于上帝时与用之于万物时，必然具有意义的同一性。

对于这样的思想，奥康提出了批判。在他看来，我们对于上帝根本不可能有这么多认识，无论是对于上帝的存在等各种属性，还

第二十三章 奥康——中世纪哲学的"掘墓者"

是祂的创造,我们都不可能有真确的认识、也不能有明确的论证,对于上帝的一切,我们能够做的只有一点:那就是信仰,即我们对上帝不需要论证,只需要信仰、也只能信仰。就像柯普斯登所言:

"斯考特相信神学家可以为上帝的存在和属性给予形而上且明证性的论证。反之,奥坎则否定这些,而只求助于信仰。"①

不但在这个地方,在其它的许多地方,奥康对于邓·司各脱的许多理论,如形式理型、形式区分等,都一一做了严厉的批判,其程度丝毫不亚于当初邓·司各脱对于根特的亨利的批判。

当然,这样的做法并不证明邓·司各脱就是错的,就像邓·司各脱对亨利的批判并不证明亨利就是错的一样。这样的批判在哲学史上几乎是无处不在的,几乎每一个哲学家都是通过对别的哲学家的批判、"踏着别的哲学家的尸体"而坐上伟大哲学家的宝座的。但这些批判同时也并没有真的打倒任何一个被批判的哲学,而只是或者说恰恰是由此引出了一种新的、不同的哲学思想而已,这仍像柯普斯登所言:

"不管如何,如果吾人从在中世纪思想发展阶段中斯考特哲学的地位来看,否认他的哲学刺激了十四世纪中批判运动这件事实,是相当愚蠢的想法。"②

也就是说,正是邓·司各脱的这些思想,惹起了奥康对他的批判,于是刺激了他新思想的诞生,奥康的思想也是整个十四世纪的批判运动的核心思想。

---

① 柯普斯登:《西洋哲学史》(第二卷),庄雅棠译,台湾黎明文化事业有限公司,1988年3月第一版,第656页。

② 同上,第662页。

我们再来看奥康对上帝通过理念创造万物的批判。

我们知道，上帝通过理念而创造万物乃是中世纪哲学一个久有的传统，自从斐洛创立这个思想以后，后来柏罗丁的新柏拉图主义、奥古斯丁、波纳文德等几乎所有中世纪哲学家都接受了这个思想，但奥康却对这个思想提出了批判，认为这个思想将上帝的创造看成是一种有准备的、有规划的行动，这也就意味着，上帝创造万物是受着一定限制的，例如他要有并且遵循自己的规划，要按照自己的形象去造人，这些都是对神的一种限制。不但这个如此，其它的一些对神的认识，例如说神是至善的，好像神必须根据至善的原则去创造、去行事，在奥康看来，统统都是错的，都是对神的万能的限制，甚至是对神的一种亵渎。因此之故，必须将这些传统的说法全都否定。

这种说法看上去有些匪夷所思，但仔细一想，其实也是有道理的，这是因为奥康认为神是绝对自由的，这也就是说，神不能够受到任何限制，这是显而易见的，因为任何限制都意味着神不是绝对自由的，而否认神的绝对自由本质上不是对神的一种亵渎吗？当然是的！于是，自然而然地，神也不能有任何的限制了，也不能有任何的规定，例如说神是至善的，这就是一种规定，难道神只能做那些我们认为善的事吗？这也就意味着神不能做我们认为恶的事了，这岂不是说神要根据我们人的道德标准去行事吗？简直是岂有此理啊！因此之故，对上帝的任何规定都是错误的，是对上帝的一种亵渎。

这种思想后来深深地影响了斯宾诺莎，斯宾诺莎也像奥康一样，认为上帝不但创造了万物，而且认为上帝是以"绝对的自由意

第二十三章 奥康——中世纪哲学的"掘墓者"

志"创造了万物：

"神为万物的原因，它的活动出于绝对自由的意志。"①

他还说：

"潜能的存在只是指神的力量，凭借这种力量，神就能根据其绝对自由的意志创造一切尚不存在的事物。"②

这也就是说，神是绝对自由的，不会受任何目的或者任何人的制约——因为它不受任何东西的制约，它是绝对自由的。换言之也就是说：神不按任何目的而行动，神的行为没有任何目的。要理解这一点，只要我们来个脑筋急转弯就行了：大家想想，什么是绝对自由呢？就是不受任何东西的制约，记住，是任何东西！如果神有了一个什么样的目的，例如祂要根据理念去创造万物，要做到"至善"，将这些当成祂的目的，那么祂的行事就须依据这个目的而行，这岂不是一种制约？例如：如果我是一个高中生，我将大上学作为我的目的，那么我在三年高中生涯里还能有自由吗？我还能想看电影就看电影、想溜旱冰就去溜旱冰吗？甚至于，极端点，我在高考那天忽然不想去考试了，想待在家里睡个大懒觉。请问，我有这些自由吗？这个观点以斯宾诺莎一个了不起的观点就是说：每一个规定都是一个否定。③

这是他的一个十分重要，也十分深刻的思想，也是奥康的思

---

① 斯宾诺莎：《笛卡尔哲学原理》，"附录：形而上学思想"，王荫庭、洪汉鼎译，商务印书馆，1980年6月第一版，第138页。
② 同上。
③ 参见黑格尔：《哲学史讲演录》（第四卷），贺麟、王太庆译，商务印书馆，1978年12月第一版，第114页。

想，值得我们好好想想。

总之，神正因为是绝对自由的，所以不可能有任何目的，因为任何目的都将限制神的自由。也正因为如此，我们对于神的一切性质的描述其实都是对神的一种规定、都是对神的限定，都是必须取消的。

由这也可以简单地推论出，我们传统的善恶观在奥康来看是有问题的，既然神是绝对自由的、一切由神决定，那么我们如何能为恶？即使我们为了恶，难道不可以说是由上帝决定的吗？既然是上帝让我们为了恶，那么它又怎可能是恶呢？人又如何必须对这恶负责呢？这些都是由神的绝对自由引申出来的问题，我们在后面讲奥康的伦理学时再说。

从上面这两点的简单陈述，我们就可以看出来奥康对于传统基督教思想的强烈冲击，这是他的破，但奥康可不是一个一味只破的人，他同样是一个讲究立的人，实际上，他在立上的成就更加伟大。

第三节 最伟大的成就

奥康"立"的成就之中，最大或者说最为基础的也许应该是他的逻辑学，一则因为他在这方面的确有着鲜明的风格与创造性，同时也因为这乃是他的其它思想，如唯名论思想的基础。不过，由于奥康的逻辑学思想是极其丰富的，也比较专业，我们在这里不多说，只谈一些最为基本的思想。这些思想主要见于他的名作《逻辑大全》之中，这部书有王路先生的译本，译得简明通畅，很堪一读。

我们知道，逻辑是有关思维的，而思维又与语言相关，在语言

第二十三章 奥康——中世纪哲学的"掘墓者"

与思维之间有着极为深刻甚至神秘的联系。思维与语言之间的一个基本差异是：语言是可感知的，思维则不可以感知，即我们无法直接地感知思想，而只能通过语言去理解之。同时也可以说，这就是语言的基本功能与必要性之所在：我们之所以需要语言，乃是为了表达我们的思维。这就是语言存在的意义与基础。在二者之中，思维有着更为本体的意义，这是我们一定要明白的。我们或可以将语言与思维之间的关系比作皮与毛的关系，语言是毛，思维则是皮，倘若没有思维了，语言自然也没有存在的基础了，这就是所谓的"皮之不存，毛将焉附？"

另外我们还要注意的是，语言与其表达的形式例如所发出的声音与写出的字之间的关系。我们知道，世界上有上千种可以文字化的语言，还有更多的没有文字化的语言即只能说、不能写的语言，但也是一种语言。所谓语言，倘若我们不究其含义的话，就会发现是一些可以听见的声音或者可以看见的符号而已，这就是语言给人的直观现象。我们可以想象自己进入一个从来没有去过的国度，例如坐上威尔斯的"时间机器"去遥远的古代苏美尔，那里的人使用怪异的楔形文字，我们完全看不懂，也说着我们完全听不懂的语言，但我们知道，他们所写的和所说的都是一种系统的语言，就像我们自己写与说的汉语一样。

这样，思维、语言与语言的表达形式之间就有了一种这样的关系：

这里要注意的是：这个图中的箭头可以是双向的。此外还可以加上第四个元素，那就是实际的事实或者说事物，即语言所要表达的对象、同时也是思维所指向的对象，这样，在思维、语言、语言的表达形式、事物之间形成了更为复杂的网络关系。这四个概念中的每一个相互之间都有着千丝万缕的联系，这种联系是极其复杂的，复杂得超乎我们的思想所能想象的，而对于它的阐释乃是我们人类最为主要的工作之一。我可以把这种复杂的关系用下面的图示近似地表达一下：

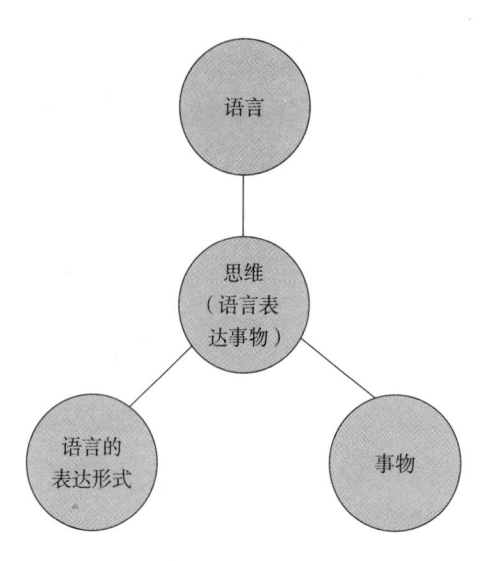

```
           语言
            |
          思维
        （语言表
         达事物）
         /      \
    语言的      事物
    表达形式
```

从这个图例里可以看到思维与语言、语言的表达形式、事物之间形成了三种关系，这三种关系中的每一个都是十分复杂的，同时语言、语言的表达方式、事物也可以放在中间，又形成新的关系，这些关系就构成了那张复杂无比、深刻无比的关系之网，每一个关系都值得我们思索，而且这样的思索将永无止境。

我上面对思维、语言、语言的表达形式、事物之间的关系作出了整体性的简单说明，了解了这个，对于后面理解奥康的逻辑思想是很有帮助的。

《逻辑大全》的第一部分就是"词项理论"，为什么呢？当然是因为语言的最基本要素乃是词，从某种意义上说，词不但是语言的基本要素，也是思维的基本要素，同时也是语言的表达方式的基本要素，这就是思维、语言、语言的表达形式之间的统一性。

其开篇不久就有这样一段话：

"正像波爱修在对《解释篇》的评注中指出的那样，论说有三类：写下的、说出的和概念的（最后这一种只存在于心中）。词项同样有三类：写下的、说出的和概念的。写下的词项是写在某种物质东西上的命题的一部分，能够被肉眼看见。说出的词项是嘴巴说出的命题的一部分，能够被肉耳听见。概念的词项是心灵的意向或印象，它自然地意谓或与其他东西共同意谓某种东西，能够成为思想中命题的一部分并能够在这样的命题中指代它意谓的东西。"[1]

奥康在这里的"写下的、说出的"指的就是我上面所说的语言的表达形式，写下的是书面的语言、说出的是口头的语言，它们都是语言的表达形式。概念的就是指思维了，概念简而言之就是由思维所形成的一种"心灵的记号"，我们把这种记号用某个声音说出来或者用某个符号写出来，就成了语言。例如我看着某个东西，它在我的心灵之中留下了某个"映像"，成为了一种思维的记号，我的心灵之中早就有了类似的记号，于是我一对比，就说出来了一个

---

[1] 奥卡姆：《逻辑大全》，王路译，商务印书馆，2006年5月第一版，第1页。

声音"pín guǒ",在这里我不能够真的用声音,只能够用汉语拼音写出来,表示这个声音,然后写出来一个词"苹果"。这样,从前面思维、语言、语言的表达形式、事物四个角度说,我们就得出来了这样的关系:事物就是我前面那个苹果本身、思维就是我们心灵中关于苹果的那个概念、语言就是苹果这个词、语言的表达形式就是"pín guǒ"这个声音或者"苹果"这两个汉字了。上面的引文中"它意谓的东西"就是"事物"、这个可以吃的具体的苹果了。

理解了这几个最基本的概念之后,我们就可以再推进了。

在思维、语言、语言的表达形式、事物之中,奥康特别强调思维即概念,不是因为在四者之中概念从某个角度上说是最基本的,而是因为人之为人不是因为有事物,乃是因为人会思想。就如帕斯卡所言,人的生命是脆弱的,因而人也是脆弱的,对于这脆弱的人而言,我们最可贵的东西乃是我们的思想,他曾经打了一个极好的比喻,就是把我们人比成一根苇草,也就是芦苇。对此他说:

"人只不过是一根苇草,是自然界最脆弱的东西;但他是一根能思想的苇草。用不着整个宇宙都拿起武器来才能毁灭他;一口气、一滴水就足以致他死命了。然而,纵使宇宙毁灭了他,人却仍然要比致他于死命的东西更高贵得多;因为他知道自己要死亡,以及,宇宙对他所具有的优势,而宇宙对此却是一无所知。

因而,我们全部的尊严就在于思想。"[①]

和奥康的思想相当神似吧!并且和奥康一样,帕斯卡也是虔诚的基督徒。

---

① 帕斯卡:《思想录》,何兆武译,商务印书馆,1985年11月第一版,第158页。

进一步地，在有了思想或者说思维之后，人才会有语言，即思维乃是语言之基础。当然，在人类形成语言之后，语言又反过来成了思维的基础，因为我们所有的思维可以说都是以语言进行的。但从逻辑上而言，语言是后于思维的，所以有些人是不会说话的，但却可以思维。例如从小被狼带大的狼孩，他是不懂任何语言的，但却一定会有思维。不仅如此，在思维、语言、语言的表达形式、事物之中，思维即概念也是最难明白的，因为它是不可感知的，是一种"纯粹意识"，从这个角度而言它是不可捉摸的。还有，我这里说思维即概念，当然不是说思维就是概念，那是有区别的，我这里的思维即概念指的是概念乃是思维的基本元素，例如当我们看到一个苹果，我们就在心灵之中形成了那个自然的记号，这就是概念，这也是最基本的思维了，思维当然还有其它更为广大的内涵，这是不言而喻的。

对于概念的基础性意义，奥康是这样说的：

"我认为，说出的词是附属于概念或心灵的意向的符号，这不是因为在'意谓'的严格的意义上说，它们总是首先并且专门意谓心灵的概念。关键在于说出的词被用来意谓心的概念所意谓的那些东西，因此概念直接地并且自然地意谓某种东西，而说出的词间接地意谓这种东西。"①

在这里，奥康指出了两种"等级"：一是"词是附属于概念或心灵的意向的符号"，它的意思就是说，词是一种符号，即一种语言符号，并且是附属于概念或者说心灵的，这里的心灵指的就是思

---

① 奥卡姆：《逻辑大全》，王路译，商务印书馆，2006年5月第一版，第2页。

维，而"意向"指的就是思维总是有所指向的，意向可以简单地理解为"意识有所指向"，意识就是思维。这里实际上和胡塞尔现象学的核心概念"意向"是相关的。意向即意识有所指向乃是现象学庞大而复杂的哲学体系的出发之点。正是由于思维有所指向，就形成了概念这个基本的思维单位，而由这个基本的思维单位出发才形成了语言中的词这个基本的语言单位。这就是"词是附属于概念或心灵的意向的符号"的含义。

奥康指出的第二个等级是概念与其所反映的事物之间的关系。在奥康看来，概念之所以关键，乃在于"心的概念所意谓的那些东西"。不用说"心的概念所意谓的那些东西"就是事物了，例如上面苹果的例子中，就是那个可以吃的苹果本身。在奥康看来，这个具体之事物乃是中心中的中心、基础中的基础。概念之所以重要，乃是因为是事物直接的反映，是事物本身直接地在我们心灵之中形成的映像，事物与概念是直接相连的，而语言则是在概念的基础上形成的，因而它与事物之间的关系是间接的，即在事物与语言之间还隔着概念，这就是语言的间接性。

上面这些思想貌似简单，实际上是非常深刻的。当然，这些思想并不是奥康首创的，近之来自波埃修，远之则来自柏罗丁的弟子波菲利，而最初之源是亚里士多德。对此奥康是这样说的：

"当亚里士多德说出的词是心灵印象的符号时，他就是这种意思。当波爱修说出词意谓概念时，也是这种意思。"[1]

在这里我们可以回溯一下亚里士多德的逻辑学。

---

[1] 奥卡姆：《逻辑大全》，王路译，商务印书馆，2006年5月第一版，第2页。

我们知道，在洋洋十大本的《亚里士多德全集》中，逻辑学所占的比重不大，只有六个短篇，即《范畴篇》、《解释篇》、《前分析篇》、《后分析篇》、《论题篇》与《辩谬篇》，但它们在亚里士多德哲学中的地位却十分重要，合起来构成了《亚里士多德全集》的第一卷，总称《工具论》，可以看作是亚里士多德全部思想的基础。除此而外，《形而上学》的第四卷也是有关逻辑学的。

还有，《工具论》这六部著作的编排顺序不是任意的，而是根据内容来排列的，最前面的两篇《范畴篇》和《解释篇》乃是整个逻辑学的基础性理论，它介绍了逻辑学或者说一个句子的最基本内容，即词项和命题；《前分析篇》则分析了我们最为熟悉的逻辑学内容——三段论；《后分析篇》里亚里士多德想将他的逻辑学特别是三段论运用于具体的科学研究，包括自然科学的研究，试图从语言结构上探讨科学理论，看一个正确的科学理论应该如何表达；《论题篇》很实用，就是教大家如何用符合逻辑的方式证明或者否证某个论题，像是一部"辩论指南"；《辩谬篇》则顾名思义，就是如何辨别谬误，它主要介绍了这样一些似是而非的命题：它们似乎是符合逻辑的、正确的，但实际上是不符合逻辑的，是错误的。

其中《范畴篇》是这样开头的：

"当事物只有一个共同名称，而和名称相应的实体的定义则有所区别时，事物的名称就是'同名异义的'；例如，'人'和'肖像'都可以叫做'动物'，因为这只是它们的共同名称，而和名称相当的实体的定义则是有所区别的，因为如若要定义，指出人和肖像作为动物是什么,那么就得对每一种情况加以适当的定义。"①

《解释篇》则是这样开头的:

"我们先来定义名词和动词,然后再来解释否定、肯定、命题以及句子各是什么意思。

口语是内心经验的符号,文字是口语的符号。正如所有民族并没有共同的文字,所有的民族也没有相同的口语。但是语言只是内心经验的符号,内心经验自身,对整个人类来说都是相同的,而且由这种内心经验所表现的类似的对象也是相同的。"②

这两段话也貌似简单,内容却极为深刻,例如《解释篇》从开头的第二句开始,亚里士多德区分了四个概念或者说四种内涵:对象、内心经验、口语与文字,并且指明了一个简单然而意味深长的事实:所有民族没有共同的口语或者文字,但所有民族、整个人类的内心经验即思维或者说概念却是相同的,且内心经验与语言所表达的对象也是相对应的。仅这一段话就可以作出长篇大论的分析,它不但说明了语言的本质,也说明了心灵的本质。揭示了在心灵、语言、外物之间那种深刻而本质性的对应关系——其中文字与口语组合起来就是语言,而语言又有不同的表达形式,即书面语与口头语。这些复杂的关系就应和于我上面所画的两个图形了。

由于篇幅有限,我们在这里不能多说了,后来,亚里士多德的这些逻辑学思想通过波菲利传到了波埃修那里,正是波埃修将波菲利和亚里士多德的著作译成了欧洲当时通行的拉丁文,对早期的中

---

① 亚里士多德:《亚里士多德全集》(第一卷),苗力田主编,中国人民大学出版社,1990年9月第一版,第3页。

② 同上,第49页。

世纪哲学产生了巨大影响,这些我们前面讲波埃修时都说过了。

奥康接下去指出,语言的基本特性是"约定俗成",他说:

"因为概念或心灵的印象自然地意谓某种东西;而说出的或写下的词项只是约定俗成地意谓一种东西。"①

这一句话虽然简单,但同样有重要而深刻的意义,这个意义也与前面亚里士多德《解释篇》开头的一段引文的含义相对应:"正如所有民族并没有共同的文字,所有的民族也没有相同的口语。但是语言只是内心经验的符号,内心经验自身,对整个人类来说都是相同的,而且由这种内心经验所表现的类似的对象也是相同的。"这里的含义要说起来又是一大篇了,我们只简明扼要地说说,就是每个人面对的事物是一样的,与此相应,每个人内心的概念是同样的,但却用不同的语言表达出来,这语言的不同就表现于语言的形式之不同。例如当操不同语言的人看到同一个苹果时,他们在内心形成的概念都是一样的,但当他们用语言表达出来时就不同了,例如中国人说"pín guǒ",写成"苹果",英国人则发"['æpl]"音,写成"apple"。其它如拉丁语、法语等也是一样。

亚里士多德和奥康都明确地指出:语言是不同的,但语言由之起源的概念与事物却是同样的,奥康进一步指出了这不同的原因在于"约定俗成"。可以这样简单地理解为:不同语言之所以对同一事物与概念有不同的语言表达形式,原因就在于这只是不同民族的约定俗成而已。约定俗成四字可以说尽显了语言的本质之一,又是值得大书特书、深入分析的,只是我们在这里没法再分

---

① 奥卡姆:《逻辑大全》,王路译,商务印书馆,2006年5月第一版,第2页。

析下去了。

在"词项理论"接下来的第二节"论词项的三种含义"、第三节"论声音表达的词项和思想中的词项的相应性"、第四节"论范畴词和助范畴词"等等里面,奥康深入地分析了逻辑与语言中的基本要素——词,或者用逻辑学术语说是"词项",将之应于语言则成了语言中的句子成分,例如主语或者谓语,又称主项或者谓项。

奥康还特别指出,词项并不一定是单个的词,例如苹果,而可能是一个词组甚至一个句子,例如"白人"是一个词组,"即白色的人"、白种人,奥康说:

在"每个白人都是人"这个命题中,"人"和"白"都不是主项,二者的复合构成"白人"才是主项。在"跑得飞快的那个人是人"这个命题中也是同样:"跑的那个人"和"飞快"都不是主项,"跑得飞快的那个人"这个复合表达式才用作主项。[①]

有时候整个的句子即命题都构成了一个词项:

在这种意义上,甚至一个命题就可以是一个词项,因为它可以是一个命题的一部分。例如下面这个例子:"'人是动物'是一个真命题"。这里,"人是动物"这整个命题是主项,"真命题"是谓项。[②]

这就是词项的指代问题,也是奥康整个逻辑学的核心问题之一,在后面的第63节"论指代"、第64节"论指代的划分"、第65节"论必须如何区分词项的指代"、第67节"论实质指代"、第68节"论简单指代"、第69节"论人称指代"、第70节"论人称指代

---

① 奥卡姆:《逻辑大全》,王路译,商务印书馆,2006年5月第一版,第4页。
② 同上,第3页。

的划分"等直到上篇的最后都在分析这个问题。

其中第77节也就是上篇的最后一节"论不恰当的指代"有着特别的意义。

所谓不恰当的指代,在奥康看来是这样产生的:

"当一个词项指代它恰当意谓的东西时,就产生恰当的指代。同样,当不恰当使用一个词项时,就产生不恰当的指代。"①

奥康的意思很明白,不恰当的指代来自于我们不能恰当地使用一个词项。对此我们可以简单地理解为不能够恰当地使用一个词。怎么不恰当呢?大致有两个原因:一是词义的误用,即某个词本来有多个意思,在某处其只是其中的意思A,但被理解成了它的意思B。这就是词的歧义导致的;或者某词本来没有这个意思,但却被错误地认为有这个意思。二是语法的错误,也就是说将词放错了位置,导致了理解的错误或者没法理解。

这样听上去有些不好理解,我举个例子吧,某一天张三偶尔在门外听到李四在房间里对王二麻子说:"我今天和赵大打劫了!"张三本来就对李四有看法,一听,立即去派出所报案,说李四今天打劫了。派出所一听,那还了得,立即过来抓人。结果一审,李四大喊冤枉,说他今天和赵大下了一整天的围棋,哪有时间去打劫呢!派出所便找到张三来问,张三说:"我明明听到他对赵大说他今天打劫了的!"派出所也有警察会下围棋,不由哈哈大笑,双方误会一场,立即放了李四,同时教育张三,以后也要多学点围棋知识,免得出糗。

---

① 奥卡姆:《逻辑大全》,王路译,商务印书馆,2006年5月第一版,第224页。

不用说，这里张三的出糗就在于不知道打劫在围棋里有专门的意思。这我们前面已经说过了，这里不再重复。这个例子就说明了词是有歧义的，有的歧义还很厉害，倘若不小心是可能捅娄子的。特别是在哲学界，我们要知道，倘若有一个知识的领域有最多的问题、会产生最多的词的歧义，那么就非哲学界莫属了。这是任何一个稍懂哲学的人都会明白的。

奥康指出，正因为这种歧义的广泛存在，因此在哲学论证中广泛存在着不恰当的指代。

至于语法的错误，那是更容易了解的。为了正确地表达一个意思就必须正确地使用一个句子，这不但要求每个词不能有歧义，还要求每个词在句子中的位置是正确的，例如我看到张三打了李四，便说："张三打了李四"，这是正确的，但倘若我说成："李四打了张三"，这句子依然是成立的，但意思相反了，那是因为我将张三李四两个词的位置放反了，使得这个句子没法得到正确的理解，但语法错误更多的时候是使一个句子变得没法理解，例如我说成："张三李四打了"或者"打了张三李四"，这两个句子就语法而言就都错了，意义也变得模糊不清。

奥康指出的这种错误不但在经院哲学中是广泛存在的，也是经院哲学变得繁琐而晦涩的主要原因之一，这就像奥康所言：

"在哲学家、圣徒或作家们的著作中的不同地方，几乎很少有词项不是以某种方式有歧义地使用的。那些总想单义地并且仅仅在一种意义上理解一个词项的人，常常错误地理解作家们的意图并在探究真理的过程中误入歧途，因为几乎所有词项的用法都是有歧义的。"①

"几乎所有的词都是有歧义的",必然会导致各种晦涩难解的错误的产生,正是这样的理解错误导致了经院哲学中一直存在着大量的争论与相互的批判,例如根特的亨利批判罗马的吉尔兹、邓·司各脱又批判根特的亨利、奥康又过来批判邓·司各脱。我们上面也看到了,这些争论一向是公说公有理、婆说婆有理、各有各的理,且都是可以理解的,因此都批不倒对方,但的确看上去又是相互对立的。这是为什么呢?个中的原因是很复杂的,其中主要的一个就是上面所说的,或者双方对有些词的歧义理解,或者语法的混乱导致意思的晦暗不明。例如对存在与灵魂这些词的不同理解必然导致不同的结论。对这个问题我们以后找机会再好好讨论。

指代问题是奥康哲学中一个很重要的问题,也是他对逻辑与哲学一个重要的贡献,直到今天,对我们进行哲学研究与分析都有着重要的意义。

除指代外,奥康还区分了范畴词和助范畴词这两个重要的逻辑概念,他对之的解释也很清楚:

说出的词项和思想中的词项还要服从另一种划分,因为一些词项是范畴词,而另一些词项是助范畴词。范畴词有明确的确定的意义。这样,"人"这个词项意谓所有的人;"动物"这个词项意谓所有的动物;"白"这个词意谓所有的白。

助范畴词的例子是"每个"、没有"、"某个"、"所有"、"除了"、"这么多"和"只要"。这些表达均没有明确的确定意义,它们也均

---

① 奥卡姆:《逻辑大全》,王路译,商务印书馆,2006年5月第一版,第225页。

不意谓任何与范畴词所意谓的东西不同的东西。①

这里的意思也很清楚，范畴词就是自己有明确含义的语，它直接地指称某些对象或事物，助范畴词则不明指具体的对象或事物，而是和范畴词结合起来，对原来范畴词所指称的对象或事物进行限定，例如人是范畴词，它结合"某个"之后，就形成了一个词组"某个人"，用来对人进行限定。这种限定当然是十分必要的，我们在实际的语言表达中很少单独使用范畴词，而总是将之和助范畴词结合在一起使用。即使不一定明确地指出来，实际上也隐含着助范畴词。例如说"我在吃苹果"，这里当然不是说我在吃所有的苹果，而只是说我在吃某个苹果，这是不言而喻的，所以可以把那个"某个"这助范畴词省略掉。但有时候这种省略就不行了，例如我们总是说某人在跑，不能将这个某省略掉，说成人在跑。

奥康在这里还举了"0"的例子来说明助范畴词的用处：

"'零'，就其本身来说不意谓任何东西，但是当它与其他某个数字结合起来时，就使这个数字意谓某个新东西。严格地说，一个助范畴词也不意谓任何东西；然而，当它与一个范畴表达结合起来时，就使这个范畴表达以确定的方式意谓某个东西或指代某个东西，或者起与这个相关的范畴词有关的其他某种作用。"②

奥康的这个比喻在我看来有些失妥，因为"'零'，就其本身来说，不意谓任何东西，"这句话是有问题的，0其本身在数学里恰恰意谓了某种东西，就这点而言，它和123456789其它九个数字是完

---

① 参见奥卡姆:《逻辑大全》，王路译，商务印书馆，2006年5月第一版，第8页。
② 同上。

全平等的，甚至于从某个角度上说，它乃是最重要与基本的数字。不过，倘若奥康仅仅指0表示"没有"这个含义的话，这比喻倒是可以理解的。

还有，奥康指出助范畴词本身没有具体含义，但当其与范畴词结合时，就有了含义，这也就是说，助范畴词的具体含义必须从具体的语言环境里——也就是在具体的用法里——去寻找。

实际上，不但助范畴词，任何词汇都是如此，其具体的含义必须在具体的用法里去寻找。

例如，我们如果指着一头猪说"pig"，那么，"pig"的意义就是那头猪，长嘴巴大耳朵，憨态可掬，但完全可能地，我们也可以指着某个人，例如希特勒的肖像说"pig"，那么这个"pig"的意义就是指希特勒，当然在这里还有另一种象征的意义，即将希特勒骂作一头猪。但同样可能的是，我们说"pig"时，也可能它真的是另一种实在的意义，例如我们可以设想在某一种语言里，"pig"这个词或者这个发音指的是一头河马。甚至在同一种语言里也是如此，例如汉语里"鸟"这个词，它是什么意义呢？当我们指着天上说"小鸟！"时，它指的是一个意思，但当我们指着一个光屁股的小男孩的胯下说"瞧你的小鸟！"时，它指的当然是另一个意思。

这些例子都说明，词的意义是人为给予的，它到底是什么意义在于我们是如何使用它的，或者说，词的意义在于其用法。因此维特根斯坦指出：

"在大多数——尽管不是全部——使用'意义'一词的情况下，我们可以这样解释'意义'这个词：一个词的意义就是它在语言中的用法。"①

第四节　唯名论思想

正是根据上面的逻辑学思想，奥康提出了他的唯名论思想。

我们知道，奥康在哲学史上是以唯名论并且是极端唯名论而闻名的。所谓极端唯名论，简而言之就是认为共相只是一种名称而已，根本没有一个独立的实体与之相对应，它只是我们的心灵所形成的概念罢了，只以一种意识或概念存在于心灵之中。

在这里我们可以回顾一下前面讲过的早期的唯名论与实在论。

中世纪哲学家关于共相最早的观念是所谓的极端实在论，就是认为在共相与个体之物间存在着一种完全对应的关系。以我们人为例，有一个人的理念即共相，然后也有无数个体的人，无数个体的人都分有着人的理念或共相。相应地，一切实在物也有理念或共相与之对应。

与极端实在论相对应或对立的观点是唯名论。

唯名论顾名思义，"唯名"就是认为只是名字或名词，具体地说是认为共相、概念只是一个名词或者名称而已，并不反映实在物，也没有实在物与之对应。这种观点显然是与极端实在论对立的。

唯名论的观点主要是两个：一是认为共相或者概念只是一个名词而已，并没有实在物与之对应，二是只有实在物即个体之物是存在着的。

---

① 维特根斯坦：《哲学研究》，李步楼译，商务印书馆，2015年4月第一版，第43页。

第二十三章 奥康——中世纪哲学的"掘墓者" 889

更具体地说，唯名论认为共相乃是一种心灵的观念，是由心灵所构成的一个个的概念与名称而已，并非有什么另外独立存在的概念或者说理念与之对应，独立存在的只有个体之物。

阿贝拉尔则一方面认为共相只是一类事物的名称，并不是独立存在的事物，但同时却并不认为所有名称都仅仅是名称而已，而是承认有些名称或者说概念是有实在物与之对应的，并且承认在上帝那里存在着一些柏拉图式的理念，这些理念也就是关于事物的类与种的观点，上帝正是通过这些类与种的观念去创造万物的。因此总的来说，阿贝拉尔摆脱了以前唯名论与极端实在论在概念与实在物之间关系的片面性，可以称为一种"温和唯名论"，不过后来这种思想在托马斯·阿奎那那里形成了一种"温和实在论"，既然是温和的，当然是可以朝两方面都走。

现在，到了奥康这里，他则将温和实在论也抛弃了，成为了一种"极端唯名论"。

不难看出，奥康的极端唯名论是奠基于他对我们前面所说的人类的思维或概念、语言、语言的表达形式、事物四者之间关系的深刻认识之上的，因此才认为共相只是一个心灵的概念而已。这个概念用语言表达出来就是词汇，就是共相，它只是一种名称，只存在于心灵与语言之中，并没有一个独立的事物与之对应。这也就是说，在奥康看来，共相只存在于语言与心灵之中，而不能以独立的事物存在于心灵与语言之外。我们可以打个方之圆的比喻：一个东西同时既方又圆，我们不能说它不存在，因为我们将这个词说了出来，我们心灵中也有这样的观念，但它可能存在于心灵与语言之外，就像一只苹果那样存在吗？当然不可能！它本身的概念就是矛盾的,不可能苹果那样地存在。即其存在的形式只可能是"意识的",而不能是"物质的"。

在奥康看来,共相的存在与这个方之圆的存在是一样的。

奥康还以人为例来说明共相之不可能单独存在,他说:

"每一个单个的事物能够被毁灭,而它根本没有依赖于其上的任何其他单个的事物无需被毁灭或摧毁。因此,这个人可以被上帝所毁灭,而任何其他的人不必被毁灭或摧毁。但是,在毁灭以后,没有任何内在于事物的东西依然维持其实在的存在,无论是在其自身,还是在任何别的事物之中。所以,没有普遍的东西为这个人和另一个人所共有。因为要是那样的话,它会被毁灭(这个人被毁灭之后),因而没有任何其他人会依照其全部的本质而继续存在。这样,每一个人会同时被毁灭,因为当任何一个部分被毁灭时,整体也就被摧毁了。"①

这句话的意思是说:若共相为实体独存,且为多人所共有,则当一个人死时,共相怎么办?难道共相也死?那未死的人们又如何呢?他们的共相又怎么办?这样一来,势必所有人都不可能保留他的根本性质,例如存在。奥康的这番话是否很合理且不说,总之他认为共相是空的,不可能有一个单独的共相去为所有人所共享。

不但人的共相如此,所有共相都是如此,即没有心灵之外的共相,他说:

"共相,并不是以任何方式存在于心灵之外的东西;倒是,可

---

① 转引自黄裕生主编:《西方哲学史·学术版》(第三卷),人民出版社,2011年5月第一版,第651页。

第二十三章 奥康——中世纪哲学的"掘墓者"

以称述许多事物的那个东西，不管是主观看来或者客观看来，它的性质乃是存在心灵里。"①

这就是奥康极端唯名论的基本观点。他还谈到了共相的起源，那是因为事物之间有相似性，于是让我们在心灵之中产生了它们同属于某一类这样的观念，我们将这样的观念表达出来就成了共相这个词汇。这一方面说明了共相是其来有自的，并不是纯粹的虚幻，另一方面我们却不能够因此就认为这些不同事物共有的性质是一些独立存在的事物，这是错误的，我们必须将语言的东西与实存的东西分开，它们存在的方式是不一样的。

在璐尔斯看来，奥康正是从这一点出发，对传统的形而上学提出了强烈的质疑，而这种质疑将导致形而上学不存在。他说：

"共相是某种纯粹思维之内的东西，是对个别事物的直觉认识的伴生物。一个特定的事物，如一条狗或一朵玫瑰，在人的头脑中唤起一个思维"符号"（signumnaturale），这个符号在所有的人那里都是同样的，就像哭和笑一样；然后，各种族的人们就以其语言给予这个符号一个词语符号或专门名词或名字，我们使其与我们的思想映象联系起来，它使我们的头脑回忆起这个映象。就像就像奥康说的，'除了通过直觉的认识，什么东西都不以其自身自然地为人所知。'共相不是某种真实的、不论在灵魂内外都有主体性存有的（即凭其自身）东西，它只有客体性的存有（即作为思想的客体），而且它是一种精神上的人造物，具有作为思想客体的存有，对应于

---

① 柯普斯登：《西洋哲学史》（第三卷），陈俊辉译，台湾黎明文化事业股份有限公司，1988年12月第一版，第82页。

事物凭其自身而具有的存有。换句话说，共相只是因为头脑构造了它而存在，术语或词（狗、玫瑰等）是符号，我们使其与我们的直觉联系起来，它使我们想到它。由于没有像共相这样一种事物，并且由于无论什么事物都是不可简约的个体，存有作为形而上学的实体并不存在，因此，形而上学的知识都是不可能的，事实上，形而上学就不存在。"①

事实上，拒绝传统的形而上学乃是奥康的逻辑学思想所必然导致的结论之一，在瑙尔斯看来，这是奥康一种革命性的思想，故而他说奥康：

"他绝没有把自己局限在'纯粹'逻辑之内，而且从他早期开始，他就宣布了一种认识论，这种认识论不仅是新颖的和革命性的，而且，它关上了反对任何关于存有之为存有的知识，或换言之，关于形而上学知识的任何可能性的知识之门。"②

从这些言论可以分明地看出来，虽然拒绝形而上学是维也纳学派倡导的，并且其也因之一度名声大振，但却并非是维也纳学派的首创。事实上，奥康要早得多，只是这样的思想对于那个时代而言是太超前了，因而大大超出了时人的理解，所以其重要性没有得到充分的认识。但后来奥康这样的思想被洛克、康德直到维也纳学派所继承，在西方哲学史上产生了巨大的影响。

还有，当在这里说形而上学不存在时，并不是说奥康本人否认形而上学的存在，而是说倘若从奥康的理论出发，必可得出传统的

---

① 大卫·瑙尔斯：《中世纪思想的演化》，杨选译，商务印书馆，2012年5月第一版，第417页。

② 同上，第413页。

形而上学不存在的结论。但在奥康本人看来，形而上学当然是存在的，因为他自己的哲学也可以说是一种形而上学。但在他那里，形而上学与传统的以抽象的存在为核心并进行抽象而晦涩的分析不一样，而是以存在者为核心进行的分析，所谓存在者就是可感知的个体之物了。因此奥康的形而上学实际上也是一种经验主义，是一种经验主义的形而上学。

正是基于对单独存在的共相的否定以及对客观的个体之物存在的理解，奥康提出了两种科学，即真实的科学与理性的科学，前者是研究具体存在的客观事物的，后者则不直接指涉于具体存在的客观事物，而是关涉用来描述这些事物的语言与思维，不用说逻辑学就是这样的理性科学。

奥康还指出，两种门类科学的区别是，理性科学是以真实科学为基础的，因为逻辑基于实在事物之上。

为什么如此呢？在他看来，那是因为真实科学指向普遍的概念并以之为基础，而这些概念乃是直接关联于具体存在之事物的。

这些思想不用说都是合理的，也不难理解，由于篇幅的关系我们就不多说了。

第五节 经验主义思想

从奥康的上述观点可以看出来，在他的思维里，那些具体存在着的事物才是最为基本的，这种观点乃是他的另一个基本的哲学观念，并且自然而然地引向了那英国人最传统的思想——经验主义。

我们知道，经验主义乃是英国哲学的一个光荣传统，最早在爱留根纳那里就有了胚芽，真正开启经验之门的乃是格洛塞德斯特，再往后是罗吉尔·培根，他更加深植了这一传统，现在又是奥康，最后才轮到培根将之发扬光大。

奥康的经验主义思想具体表现在他对直觉知识的重视上。

所谓直觉知识，简而言之就是通过直觉而得到的知识。那什么是直觉呢？在这里它可被理解成"直接的感觉"。也就是说，我们直接地感觉某物，就是直觉了，而得到的知识就是直觉知识。

不用说这直接的感觉所得到的就是经验了，所以直觉知识换言之也是经验知识，这就是奥康的经验主义。

在奥康看来，我们要获得知识首先就要具备这样的直觉知识，这乃是一切知识之基础。例如我们要认识某一个事物，如何开始这种认识呢？很简单，那就是用感官去感觉之，从而得到有关它的经验。那么这经验又如何开始呢？当然是从个体之物即个别事物开始，这是最为具体而直接的感觉，我们对事物所有的认识都是从这些个体之物开始的，这就是我们认识之起源，对此奥康说：

"在我们谈到认识的起源时，个别事物是感官的第一个对象；所以就知识的起源说，个别事物才是首先被认识到的东西。"[①]

相应地，在奥康看来，当我们认识事物时，那首先得到的认识乃是直观的认识，即直觉知识，而不是抽象的知识。这同样是很重要的，因为倘若我们感觉事物之时，首先得到的是抽象的知识，那么虽然知识是从感觉开始的，但首先形成的却是抽象知识，这当然

[①]《西方哲学原著选读》（上卷），商务印书馆，1981年6月第一版，第292页。

第二十三章 奥康——中世纪哲学的"掘墓者"

无异于说抽象知识是先于感觉知识的,这可是直接有违于经验主义基本原则的。在奥康看来,知识起源于我们对个体之物的感觉,而且我们从个体之物中首先得到的是一种直觉知识,在这样的直觉知识的基础之上才形成了对事物的抽象认识。对此他说:

"首先被获得的关于个别事物的这种单纯的特有的认识,我认为是直观的认识。这种认识是第一位的,这是清楚的;因为关于个别事物的抽象认识是以同一对象的直观认识为前提的,反之则不然。直观的认识才是关于个别事物的真正的认识,这也是清楚的;因为它只能由这个个别事物直接产生,或者它的本性是为这个个别事物所产生的;它的本性不能由别的个别事物所产生,即使是同一类的事物。"[①]

那么,我们通过对个体之物的直接感知,首先得到的是一种什么样的直觉知识呢?这时候,奥康就提出了一个听上去有些怪异的观点,那就是存在。

在一般人看来,存在乃是事物最为抽象的性质,也是整个哲学包括经院哲学在内的最为根本的概念,从某个角度说,所有哲学都是围绕"存在"这个概念进行的。对神学而言,只要在"存在"之前加上"上帝"就可以了,即神学包括经院哲学所要论证的核心问题就是上帝的存在问题。这是我们以前一再指出过的。对于我们而言,存在似乎是个最为深奥的词汇,我们难以理解它,就像难以理解上帝一样。我想,这番话直到今天也是成立的,可以这样说,即使到了今天,倘若谁能够阐明存在,那他就理解了哲学,而倘若他

[①]《西方哲学原著选读》(上卷),商务印书馆,1981年6月第一版,第292—293页。

能将西方哲学史上的存在阐明,那么就意味着他对整部西方哲学史有了深刻而相当完整的理解。

然而,现在奥康却从另一个、也是卓有特色的角度阐明了存在。因为在他看来,存在乃是一个最为基本的概念,而且是最为"经验"的概念,为什么呢?这是因为我们对任何事物进行直觉的感知时,所得到的第一个直觉知识——也是最为直接与基本的知识——乃是它的存在,对此他说:

"如果我们不能获得关于个别事物的特殊知识,我们就没有关于个别事物的真正的和单纯的认识。例如,曾经有过这种情况,当某人在一定距离内接近我时,使我产生一种感觉与知觉,凭这种感觉与知觉,我只能断定有某种东西存在。显然在这种情况下,我最初的抽象认识(最初即从起因看)是关于存在的认识。"①

怎样?这个观点很突出吧?但实际上,我们只要稍微转念一想,就会发现奥康说得很有道理。的确,当我们直接感知任何一个对象时,如果我们仔细一想,就会发现所得到的最为直接与基本的知识就是其存在。例如吧,当我们在漆黑的夜里听到一个声音,我们看不见它,也不知道是什么东西发出这个声音来的,也许是某种昆虫的叫声,也许是它爬过一片草丛发出的声音,但也许是风吹过树梢的声音,诸如此类,这些都不确定。这时候,我们唯一确定的是一定有某种东西发出了声音。这个确定实际上也就是确定了其存在。我们确定这个东西存在着,并且发出了这个声音。并且,我们是应当先确定了其存在,才能确定其发出了这个声音。因为,倘若

---

① 《西方哲学原著选读》(上卷),商务印书馆,1981年6月第一版,第293页。

第二十三章 奥康——中世纪哲学的"掘墓者" 897

我们不能确定其存在的话，那么我们怎么能确定其发出了这种声音呢？倘若这种声音只是一种幻觉呢？也就是说，这种声音并不存在，那么连这种声音本身都不存在了，是什么东西发出了这种声音也就无从谈起。

黑夜里的声音如此，其它一切都是如此，倘若我们多加思考，就会发现对于一切事物而言，在我们要讨论其之时，首先要讨论的就是其存在，首先要断定的就是其存在，倘若连这个都无法断定，那么其它一切也就是空对空了。

哲学史上所产生的大量问题正来源于对于存在的不可断定，例如上帝，为什么对于上帝有如此之多的争执？关键就是我们对于上帝并没有直觉知识，因此上帝的存在并不是显明的，这才是有上帝之争论的关键所在。倘若上帝之存在有如太阳月亮之存在一样清楚明白，那么对于上帝就不会有如此之多的争议了。

除了存在外，奥康还指出，直觉知识也是一种综合性的而不是单纯的知识，即通过直觉知识我们不仅会获得个体之物是存在的这样的直觉知识，还可以获得有关它的其它知识，这些知识可以综合起来形成对事物一个整体性的认识。他举了苏格拉底的例子，当苏格拉底从对面走来时，我们如何知道那就是苏格拉底呢？他说：

"我认为，当我看到某种东西时，我有一种真正的抽象的认识；它不仅是一种单纯的认识，而且是由单纯的认识所组成的。这种合成的知识是回忆的基础；我所以回忆起苏格拉底，是因为我在一定的地点曾经看见过有一定形象、颜色、高度和宽度的苏格拉底，这些结合在一起才使我回忆起曾经一度看见过的苏格拉底。"[1]

在这里,奥康将对苏格拉底整体性的认识,即认为那就是苏格拉底,说成是"真正的抽象的认识",这其实只是说明,在他看来,真正的抽象的认识只是由直觉知识综合而成的一种认识而已。

从这里我们可以进一步推论到,当我们确定对面走来的人就是苏格拉底时,我们一定是得到了有关苏格拉底的许多直觉知识的,例如苏格拉底的各种性质:他是一个白人而不是黑人,是一个长得很丑的人而不是一个美男子,如此等等,我们一定获得了这些直觉知识,我们对于他就是苏格拉底的判断正是基于这些直觉知识的,这是显而易见的。

还有,我们可以将这个知识作进一步的推进,就是说,现在,当我们认识某物时,即当我们感觉到了某物,并且认为是某物时,其实在这里已经蕴含了一个前提,就是我们此先已经对某物有了一个清楚的认识,正是在这个基础之上我们才能认出来那是某物。举个例子,如我看见前面走来个美女,我立即走了过去,向她打招呼:"Hi!"因为我认识她,我们还是好朋友,我知道她的芳名、住在哪,喜欢什么,如此等等。但对于旁边的其他男同胞们而言,她只是一位美女而已,除此而外一无所知。奥康对此没有举美女而是举了动物的例子:

"一个种概念,是决不能仅仅从一个个体中抽象出来、在有人从一定距离内走过来的例子中,我说,我断定他是一个动物,那是因为我早已具有动物这样一个种概念;借这个概念我才得到了认

---

[1] 《西方哲学原著选读》(上卷),商务印书馆,1981年6月第一版,第295页。

识。因此，如果我不是早已具有了动物这个种概念，我将只能断定我所看到的仅仅是某种东西。"①

奥康的例子也许更加精当，因为动物这个词比美女要抽象，更能使我们领悟到抽象的知识与概念的基础是什么。

由上面的分析可以看到，奥康认为，我们通过直觉知识可以获得关于事物的存在、性质以及性质的综合，并且由此可以对该事物作出整体性的判断：这是什么。这些可以说就是对直觉知识的整体性描述了。

还有，在奥康看来，我们从感觉之中获得的直觉知识乃是一种直接的、当下的、立即可以生成的知识，还是一种自然而然地产生的知识，这也是明显的。可以这样说：因为它是直觉知识，所以必然具有这些特点。

不过我们也要清楚的是，奥康并不认为直觉知识一定必须与感觉相关，在某些时候它也是超感觉的，例如我们人并没有感觉到我们自己，但我们对自己可以有直觉知识，这种直觉知识包括我们认为自己有理解力与意志力，这些当然是超越了感觉范畴的。这也不难理解，我们的确相信自己有意志力与理解力，不过在我看来，奥康这个观点是有一点问题的，因为这不说明直觉知识并不止于感觉，也许恰恰相反，因为我们对于自己有理解力与意志力这样的观念是如何来的呢？难道一个小孩子会认为自己有理解力与意志力吗？当然不会！他心中根本没有这样的概念，之所以后来有了，是因为他获得了对什么是意志力与理解力这样的抽象概念的认识。这

---

① 《西方哲学原著选读》(上卷)，商务印书馆，1981年6月第一版，第296页。

样的认识是如何来的呢？当然本质上是通过感觉获得的，是通过直觉知识获得的。然后他通过对自己的感觉，才最后断定自己是有理解力与意志力的。因此，就本质而言，理解力与意志力并非是一种直觉，而恰恰是来源于直觉。

最后，关于直觉知识要特别指出来的是，在奥康看来，对于上帝是不能够用直觉知识去衡量的。他对此的解释是这样的，我们对上帝没有直觉知识，对上帝也不需要有直觉知识，我们只要有信仰就可以了，对于上帝只要有、也只能有信仰，无需其它，这信仰乃是我们对于上帝之存在以及认识的保障，甚至是唯一之保障，这是奥康对于上帝的基本理解。

同样地，倘若人问到直觉知识本身又是如何形成的呢？即我们如何对于事物会有直觉知识？对这个问题，奥康的回答是很简明的：那就是上帝，是上帝使我们产生了对事物的直觉知识的，因此归根结底，一切知识都是起源于上帝的。这也是基督教哲学中对知识之根本一贯的理解。

还有，对奥康而言，上帝的意义甚至要大于此前的神学家们。因为在他看来，上帝是绝对自由的、绝对万能的，上帝不但不会依据任何法则去约束自己的行为，即使神的创造也不是必然的，而是偶然的，也就是说神不受任何必然性的制约。我们知道，一旦必然就意味着不自由，因为必然换言之就是规则、就是一种必须，就像一块下落中的石头，它必然地遵循自由落体定律，它必须得这样，这就是它的必然与必须，它可以有别的选择吗？没有！请问，上帝能够像石头一样，去遵循任何的必然、任何的规律吗？不会！因为祂是上帝、绝对自由与万能的上帝，因此祂的一切都不是必然的，包括创造在内。因此之故，上帝的创造是偶然的，上帝偶然创造了这个世界。就这么简单！

这种思想有些激进吧！甚至比斯宾诺莎还要激进，因为在斯宾诺莎看来，上帝是绝对自由的，也是超越人类的善恶观的，但上帝却是遵循着某些必然的规则的。

这时候也许有人说：倘若如此的话，为什么神要创造世界呢？为什么不随时毁灭世界呢？为什么要让这个世界存在如此之久？对此可以这样回答：神之所以要如此，之所以要创造世界、之所以不随时毁灭世界、之所以要让这个世界存在如此之久，是因为神想这么做，这是神的意志，就这么简单！

这样的回答是不是更加有力呢？倘若我们仔细分析，就会发现确实如此！我们前面说过很多，神之为神、神具有何种大能与意志，岂是人所能够理解的呢？与其给神进行这种那种规定，不如不给祂以规定，因为我们没有能力与资格作出这样的规定，干脆将一切付诸神的自由意志罢了！这是一种最为简单的，甚至是最为可靠的办法。

这样一来，世界上所存在的就只有两者了：一是神，另一者是神创的万物，神创造了万物，除此而外，别无其它，也无必要设定其它！就像柯普斯登所言：

"实际上所存在的，一方面是神，另一方面则是受造物，根本不必设定任何其它的实在（体）。"[1]

---

[1] 柯普斯登：《西洋哲学史》（第三卷），陈俊辉译，台湾黎明文化事业股份有限公司，1988年12月第一版，第101页。

这是一个何等简洁的结果，使我们对于世界的了解一目了然！这就是著名的奥康的剃刀的使用范例之一。

第六节　奥康的剃刀

我们现在就乘机用这一节来讲著名的"奥康的剃刀"。

所谓奥康的剃刀，其神髓就是，对于一切不必要的设定，无论是实体也罢、存在也罢，或者实体的存在也罢、或者实体与存在之间的关系也罢，总之一切的一切，除非必要，否则要通通用剃刀剃掉！如赵老师所言：

"（奥康）他提出经济思维原则：'如无必要，不要增设实有'。这便是哲学史上著名的'奥康剃刀'。他用这把剃刀，革除了经院哲学的等级观念以及从重重辨析、层层衍生中出现的繁琐概念与理论。"[①]

除了只将神与创造物设定为实体外，奥康在许多地方都使用了他的剃刀，例如他对于运动的理解。在他看来，运动只需要两者：一是运动的物体，另一者是运动的场所，就足够了。所谓运动就是物体从一个场所移动到另一个场所，就这么简单。[②]

还有时间，在奥康看来，并不存在单独的时间，时间只是一种运动而已，他说：

"尽管暗涵着灵魂与灵魂的一种活动，'时间'在基本上与原

---

① 赵敦华：《基督教哲学1500年》，人民出版社，2005年5月第一版，第497—498页。
② 参见柯普斯登：《西洋哲学史》（第三卷），陈俊辉译，台湾黎明文化事业股份有限公司，1988年12月第一版，第108页。

第二十三章 奥康——中世纪哲学的"掘墓者"

则上,乃和'运动'有着相同的表征;它(灵魂、或心智)靠着时间,便得知该项运动的前后(关系)。所以,预设了上述有关运动所说的,以及(预设了)这些说法被充分理解……就可以说,'时间'直截表征着运动,也直截表征出灵魂、或灵魂的一种行动。由于这个缘故,时间才直截表征出运动的前后(关系)。"[1]

这句话简而言之就是,时间是一种运动,更具体地说,运动有一种前后的关系,正是这种关系使我们形成了关于时间的观念。

这种思想是很深刻的,令人想起赫拉克利特的话:"时间是第一个有形体的本质。"[2]我们在这里要分析一下时间与运动之间的关系,因为在我看来,这是对时间一种更为深刻,同时也更为简单与清楚的说明。

我们知道,时间是一个最普通的概念,可以说就像我们的影子一样与我们不可分离。不,它是比影子距我们更近的,例如在没有光线的时候是没有影子的,然而时间却无处不在。事实上,当我们用来表达那些总在我们身旁的事物时,所用的就是时间,例如时刻都在、时时刻刻、日日夜夜、每时每刻,诸如此类,这些表达时间的词汇就是用来形容那些时刻总在我们身边的事物的。——看得出来,为了表达这个意思,我们这里不得不也用上了"时刻"。还有,我们感到春夏秋冬的四季变化,感受到花开花落带来的对于时光匆匆、红颜易老、青春易逝的惆怅,就像黛玉在《葬花词》中所

---

[1] 柯普斯登:《西洋哲学史》(第三卷),陈俊辉译,台湾黎明文化事业股份有限公司,1988年12月第一版,第109页。

[2] 黑格尔:《哲学史讲演录》(第一卷),贺麟、王太庆译,商务印书馆,1959年9月第一版,第304页。

言:"侬今葬花人笑痴,他年葬侬知是谁?一朝春尽红颜老,花落人亡两不知。"《诗经·采薇》中也有这样的话:"昔我往矣,杨柳依依;今我来思,雨雪霏霏。"这些句子都描述了人们对于时间之流逝的切身感受。

还有,时间也可以计量,例如年、季、月、日、小时、分钟、秒、毫秒,等等。

不过,现在我要请问一句:我们看到了时间吗?或者说,我们看到的是时间吗?不是。对于一年四季,我们看到的只是花开花落、落叶缤纷、冷热交替;对于昼夜,我们看到的只是太阳的东升西落、交替循环;对于小时分钟,我们看到的只是钟表指针的一圈圈转动,或者液晶数字的一个个跳动。请问,我们看到了时间吗?难道这些花开花落、落叶缤纷、太阳的东升西落、钟表指针的一圈圈转动,或者液晶数字的一个个跳动就是时间吗?

当然不是,它们只是花、落叶、太阳、指针、液晶数字而已,怎么是时间呢!当然不是。

那什么是时间呢?关于这,我们可以明显地得到这样的两个结论:

(1)除了这些花、落叶、太阳、指针、液晶数字等外,还有许多种表达或计量时间的方式,例如古代的沙漏、壶漏、结绳、刻记号,或者现代的以某种原子的有规则跳动,等等,不一而足。

(2)这些用以计时的东西虽然本身不是时间,但必定与时间相关。

对于结论(1),我们不需多说,对于结论(2),我们也可以理解,它们当然与时间有关,否则的话,怎么可能用它们来计时呢?

现在的问题是:它们为什么可以用来计时?它们与时间之间有什么样的关系?

第二十三章 奥康——中世纪哲学的"掘墓者"

对于它们为什么可以用来计时，这是很容易发现的，就是这些凡用以计时的东西，它们都有一个共同的特点：都在有规律地运动。

我们看看吧，花开花落、落叶缤纷、太阳的东升西落、钟表指针的一圈圈转动，或者液晶数字的一次次跳动，哪一个不是在有规律地运动？而所谓的时间正是将这些有规律的运动记录下来，当成时间的量度。最典型者如太阳的东升西落一次就是一天，这时候的规律就是太阳总是东升西落，而不会今天东升西落，明天就南升北落而后天就干脆停在天空不升不落，倘若这样的话，太阳的这种起落也就不会成为计量时间的标尺了。

其它像花开花落、落叶缤纷、钟表指针的一圈圈转动，或者液晶数字的一个个跳动一样，都是运动并且是有规律的运动，于是它们才被用以计量时间。可以说，这里的有规律与运动两个特点缺一不可的。

我们甚至于可以这样说，对于任何事物X，如果它具有有规律的运动这样的特点，它就可以用来计时。

所以，可以说，时间与运动是一种相互依存的关系，时间需要运动来计量甚至显现其存在，而运动则需要时间来测量之。因此，既不可能有没有运动的时间，也不可能有没有时间的运动。甚至于可以说，时间与运动本质上是同一的，即是同一个对象的两个方面，或者说是从两个角度看同一个对象：对于运动，从另一个角度看它是时间；对于时间，从另一个角度看它是运动。对此我们可以直观地看钟表指针的运动：从运动的角度看，它是指针的运动；从时间的角度看，它是一时一分一秒的时间。

总而言之，奥康将时间看成是运动是一种极深刻而高明的思想，反映了时间那简单的本质，这也是符合于他的剃刀原则。

对于这把奥康的剃刀，瑙尔斯是这样说的：

"这条原理以无情的逻辑适用于思想的一切领域，作为一种直接的消解物而起作用，而且在与那条准则——除非有一条无可辩驳的理由表明其存在，就不能假定任何事物存在——一起运用时，立刻导致托马斯主义和司各脱主义的瓦解。那些最可敬的哲学实体就可以用那句名言 entia non sunt multiplicanda praeter ne-cessi ta tem（如无必要，毋增实体），即所谓的'奥康剃刀'切掉了。"①

可以说，奥康的剃刀乃是奥康最有名的思想，他在哲学的许多领域都加以使用，并且取得了令人瞩目的效果，也对后世的经院哲学甚至整个的西方哲学都产生了重要的影响。

第七节 对因果关系的认识

谈过了奥康的经验主义和奥康的剃刀之后，我们来谈一个与经验主义相关的议题，那就是因果关系。

因果关系简而言之就是一种关系，既然是一种关系，那就必须不是一个而是几个对象之间的关系，这是它的基本含义。所以在谈因果关系之前，我们首先应该了解奥康对于整个世界的基本关系的看法。

奥康的这个看法是很简单的，他认为这个世界可以分成几个

---

① 大卫·瑙尔斯：《中世纪思想的演化》，杨选译，商务印书馆，2012年5月第一版，第423页。

第二十三章 奥康——中世纪哲学的"掘墓者"

"绝对体",它们是各种不同的实在,每一个都是由神所创造的。不用说神乃是整个世界的绝对的创造者。那么这些绝对体之间有什么关系呢?奥康认为,总的来说,它们之间并无那种绝对的、必然的联系,如果它们有什么必然联系的话,那就是和上帝之间的联系,因为它们都是上帝创造的。这可以看作是奥康对事物之间关系的整体的、原则性的观点。

但这并不意味着奥康不承认事物之间有关系,只是在他看来,这种关系似乎主要是一种心灵的关系,即反映在我们心灵之中的关系,而不是那种我们所说的客观规律意义的必然联系。奥康持这种观点是有原因的。他认为万物是上帝偶然创造的,所以必定认为偶然性不但是万物存在的最本质特点,也应当也是万物之间关系最为本质的特点。试想想吧,既然万物之存在本身都是偶然的,它们之间的关系难道倒成了必然吗?这显然是不符逻辑的。

不过,奥康认为心灵之内的关系也是一种关系。实际上这只是一种原则性的认识,奥康对于事物之间的关系,包括因果关系,都是承认的。这就要从原则上进入他对具体事物的认知了。

在因果关系上,奥康首先认为万物都是有原因的,他承认亚里士多德著名的四因说,即形式、质料、目的、动力,这四因都是成立的,不过这里的因果关系指的只是说事物的存在是有原因的,并不是我们日常所说的因果关系。

对于我们日常所说的因果关系,在奥康看来它也是存在的。当然,这种关系并没有那种绝对的必然性,但却具备有效性。还有,要如何找到这种因果关系呢?那是不能够通过逻辑推理的,而只能够通过经验。

举个例子说吧，我们都知道火可以发出热量，即火是热的原因，但我们如何在火与热之间找出因果关系呢？那就只能通过经验了，例如当我们靠近火时就感到热，而离开火时就不热了，而且在此期间其它任何因素都没有发生变化，单单是离开了火。于是我们就得到了这样的经验：火是热的原因。这就是一个最简单的因果关系了。由这样的因果关系带来的乃是我们前面讲过的直觉知识，因为它非常简单而直接，而且是一种感觉。关于火与热的这种因果关系，奥康在《逻辑大全》的下篇的"论原因命题"中是这样说的：

"比如，'由于火出现在这块木头上，这块木头变热了'。因为借助'火出现在这块木头上'这个前提表达了一个原因，没有这个原因，'这块木头变热了'就不会是真的。所以，这个原因命题是真的。"[①]

这显然是一种经验论证，无论"火出现在这块木头上"还是"这块木头变热了"都是一种感觉经验，所以由之得到的知识也是一种经验知识。还有，这种经验知识是正确的，这个原因命题也是真的，正如这个因果关系是成立的一样。

这样，总结起来，奥康对因果关系有两点主要的认识：一是因果关系本质上并不是一种必然的联系，不具有逻辑上的必然性；二是因果关系又是成立的、具备有效性，但这种成立的成立不是由逻辑推知的，而只是一种对经验的总结与表达。

奥康这种关于因果关系的思想显然又是经验主义的，后来到了洛克那里，他又接过了这个衣钵，洛克对因果关系的认知和奥康是

[①] 奥卡姆：《逻辑大全》，王路译，商务印书馆，2006年5月第一版，第341页。

很相似的，例如他也认为人类不能把握因果之间的必然联系，我们对因果关系的了解其实只是一种"猜想"罢了，我们看到两个事件连着发生，而且经常如此，便"相信"它们之间有因果联系，至于这种联系是否必然就不得而知了，也因此我们不能断定这种因果关系将必然地、普遍地发生。

第八节 对神的独特理解

现在我们要谈的是奥康对神的理解。

作为一个经院哲学家，奥康也是一个神学家，作为神学家，他必然对神提出自己的理解，这是不言而喻的。

前面我们已经谈过奥康对神的几点理解，例如对神是不能有直觉知识的，人的直觉知识则来自于神，神是绝对自由的，总而言之，我们对于神只能有信仰，对神的一切认识与其说是认识，不如说是信仰，这就是我们对于神的唯一确切的认识，就像吉尔松所言：

"这也就是说，除非在信仰之内，没有确性之保障。中世思想在此便导向奥坎的神学主义。"[①]

这句话几乎是整部《中世纪哲学精神》中吉尔松对奥康唯一的提及了，不过也提及了奥康哲学的精髓，就是对上帝的基本认知。

从这里出发，我们来进一步地分析奥康对神的几点认识。

[①] 吉尔松：《中世纪哲学精神》，沈清松译，上海人民出版社，2008年11月第一版，第193页。

前面我们讲了很多的中世纪哲学家，从最早的教父们到奥古斯丁到安瑟尔谟到波纳文德到托马斯·阿奎那直到邓·司各脱，很多。这些人讲了很多有关神的理论，主要有两类：一类是论证神具有这样那样了不起的属性，例如神是万能的、至善的、至高无上的，如此等等，总之人所能用到的最华丽的词都用去赞美神；二是论证为什么上帝是必然存在的，证明的方法所在多有，不一而足，其中论证得最有力的当然是托马斯·阿奎那了。从某个角度而言，第二类即论证上帝的存在是才是最为根本的。因为倘若这个不成立，有关上帝的一切就都不成立，也没有意义了，这是显而易见的。

现在奥康来了，他提出的观点与前面所有人的都截然不同。

首先，在他看来，我们人对于神并没有直觉知识，这是前面已经说过了的，而所有的知识之中，只有直觉知识是最为可靠的，而由于我们对神并没有直觉知识，因此从某个角度上说，我们是无法知道神有这样那样的性质，包括无限万能与至善之类。

奥康的话当然也是有道理的。确实，我们有哪个人看到过神呢？就像看到日月星辰与花草树木一样？没有！我们对神并没有直觉知识，虽然在《圣经》中有着对神的直觉知识的例子，但那只是一种遥远的传说而已，那个时代早已经过去了，对于我们这些实实在在的人，包括奥康在内，是没有任何关于神的直觉知识的。因此，我们如何能够知道神是无限万能的与至善的呢？显然不能！

不止于此，奥康还说，我们也无法证明神是万能的、至善的或者无限的等等。原因就在于要证明某个事物具有某种属性就必须有一个中词，而证明这些属性是不可能找到中词的。所谓中词，我们可以这样理解：就是中间的词。例如我要证明上帝是无限的，总要找到什么东西的确是无限的吧！好拿它和上帝作一个对比，由此证明上帝也是无限的。例如我要证明雷锋是善良的，那么就得找出一些事情，例如扶老大娘过马路之类，并且表明做这些事就是善良的，而雷锋做了这些事，当然雷锋就是善良的了。但对于无限至善万能这些属性，我们可能找出任何相应的对象来吗？不能！所以，我们也就不可能证明上帝具有无限万能至善诸如此类的属性。

其次，对于上帝的存在，奥康也指出，这同样是不可能证明的。

这个我们从奥康对因果关系的认识就可以看出来。我们刚说过，在奥康看来，虽然因果关系是有的，但它并不是一种必然的关系，只是一种经验之谈，我们对之也只能有经验的证明。而此前所有关于上帝的证明我们都可以看出来其实通通是基于经验的。例如我们前面讲过的安瑟尔谟对上帝存在的证明（安瑟尔谟的证明具有极为典型的意义），这个证明主要是等级的证明，安瑟尔谟为什么认为万物有等级呢？因为他认为马比树木更好，而人比马更高，因此认为有些事物的自然比另外一些更好。而这个层级不能无限地划分下去，由此进一步认为有某种最高级的事物，这就是上帝：

"于是，必然会有某种自然，和别的任何自然比起来，它都更高，它和任何事物比起来，都不处在较低的等级。"[1]

于是，通过这种万物以等级存在的方式，安瑟尔谟就证明了上帝的存在。

这个证明的起点是什么呢？就是认为马比树木更好，而人比马

---

[1]《独白》第四节，赵敦华、傅乐安主编：《中世纪哲学》（上卷），商务印书馆，2013年3月第一版，第707页。

更高,更简化一点,就是马、树木、人,请问这些东西是什么呢? 是个体之物。安瑟尔谟是从对这些个体之物的分析入手去论证上帝之存在的,这些个体之物乃是整个论证的基础,倘若把整个的论证比作是一座房子,这些个体之物就是房子的地基。

但这个地基可靠吗?当然不可靠!奥康早就说了,个体之物之间的任何联系包括似乎最为紧密的联系因果关系都不是必然的,其它关系就更是如此了。例如马比树木更好,而人比马更高,这样的关系可靠吗?当然不!而由这些关系入手去论证上帝的存在是可靠的吗?当然也不了!这就像一座房子,既然地基是不牢靠的,那么整座房子就必然不是牢靠的了。

就这样,奥康以一种简单的方式否定了任何论证上帝存在的理论的可靠性。因为有关上帝一切的论证无不是以这样的个体之物为基础的。例如最有名的托马斯·阿奎那有关上帝存在的五个证明,其中第一个,第一原因,也可以说是动力因的证明,用托马斯·阿奎那自己的话来说:

"因为我们在一些可感事物中发现一个动力因的系列,可是找不到而且也不可能找到某事物是自身的动力因,……所以必须假定有一个最初的动力因,它就是大家说的上帝。"[①]

看见了吧!这里出发点就是由个体之物组成的"现象世界"。

对于这个动力因的证明,奥康直截了当地说:

"神是万有的直接动力因,这是无法靠自然的理性加以证实

---

① 赵敦华、傅乐安主编:《中世纪哲学》(下卷),商务印书馆,2013年3月第一版,第1326页。

第二十三章 奥康——中世纪哲学的"掘墓者"

的。"①

然后,在"唯一之必然"的证明中,托马斯·阿奎那认为,世间万物虽然存在着,然而它们的存在并非必然的,而只是一种可能性,这就是他这个证明方法的起点。同样是以"世间万物"为证明之起点的。

事物等级的证明和万物目的的证明和安瑟尔谟的相似,即世间万物虽然看上去错综复杂,但都分明显的等级,同时似乎都有某个目的,就像太阳绕着地球转一样,万物也围绕着这个目的行事。同样是从"世间万物"出发的。

至于"第一推动"这个证明就更是如此了,因为它的出发点就是世界万物都在运动。

总而言之,托马斯·阿奎那关于上帝存在的五个证明和安瑟尔谟的证明一样,都是从个体之物出发的,更为具体地说,是从个体之物的关系出发的,而由此就决定了这些证明没有一个是可靠的。这是由个体之物及其关系的有限性、非必然性与不可靠性决定了的。

类似地,所有关于上帝的证明都是如此,都是不可靠的。

显然,奥康这样的理解是极具震撼性的,可以说颠覆了此前有关神的一切传统思想,难怪瑙尔斯说,许多神学家认为奥康是个大骗子和破坏者,毁掉了中世纪思想黄金时代的建构。的确,从奥康这样的观念出发,传统神学是要被破坏殆尽了。

但这一切并不说明奥康真的摧毁了神学,不是这样的。奥康

---

① 柯普斯登:《西洋哲学史》(第三卷),陈俊辉译,台湾黎明文化事业股份有限公司,1988年12月第一版,第120页。

更不是由此否定了上帝的存在，相反，他只是说明这些不可证明罢了！至于怎么办，好办得很，那就是我们当回到对于神最本真的态度——信仰，信仰就可以了！我们只要信仰上帝是无限的、至善的、全知的、全能的，而最重要的是，相信上帝是存在的，这就够了！根本不需要什么证明！例如，在谈到上帝是全知的时，他说：

"就这个问题，我要说，毫无任何疑问，我们要支持的是，神确实地与明显地认识所有未来的偶然事件。只是，在我们目前的情况，任何知性都不可能为这件事实，或为神认识所有未来的偶然事件的方式作证的。"[①]

奥康认为，上帝当然是全知的，就是那些最偶然地发生的小事件，例如我此刻要在这里写作关于奥康的神学，提出奥康对于神的各种认识，神也是知道的，因为神全知的。但是，对于神的这个全知，我们是无法证明的，只能相信——奥康当然也相信。

奥康不但相信上帝是全知的，也相信上帝是全能的、唯一的、无限的、至善的、是世界的创造者，如此等等，都相信，但这些都是信仰，也只能信仰！当然，最为根本地，对上帝的存在，也是如此，只能信仰，也只需要信仰。

甚至于，我在这里可以进一步推论说，去证明上帝的存在本身就包含着怀疑上帝的存在，因为只有先怀疑了才需要证明。倘若对上帝的存在毫不怀疑，那还需要证明什么呢？所以证明上帝的存在从某个角度上而言乃是对上帝的一种亵渎，上帝倘若有人的情感，

[①] 柯普斯登：《西洋哲学史》（第三卷），陈俊辉译，台湾黎明文化事业股份有限公司，1988年12月第一版，第133页。

说不定会发怒的。打个比方吧，有一个儿子对父亲说：你为什么是我父亲呢？我要你证明这一点！他的父亲说不定一巴掌就打过来了！我们人于上帝的关系，不也有类于儿子与上帝的关系吗？

最后，在我看来，奥康对上帝的这些认知虽然是有道理的，但却有一个很大的局限或者说缺陷，就是它们的确抹杀了前人对上帝的众多认知，使前人无数辛苦沦为徒劳，这是很过分的，也是不必要的。这样一来，神学就将沦为一种原始的信仰了，就无以和世界上无数民族都有的信仰区分了，而这些区分正是基督教优越于其它宗教的根源之所在。因为基督教与其它宗教相比，优越之处不在于信仰——其它宗教的信仰者可能更加狂热——而是其有着系统而深刻的神学，而奥康却要否定这些神学，倘若如此，这肯定是神学的堕落而不是上升。因此之故，奥康是一定要被再次否定的，要对他进行"否定之否定"。

如何进行这种"否定之否定"呢？我认为一个可行的办法是借用安瑟尔谟的信以致知。

我们知道，信以致知在神学中是一个很重要的词汇，它的意思就是说，我们是先信了，然后在信了的这个基础之上去追求与这个信相关的知识。是先信而后去求知，并且得到知识。

这是神学研究中一个很基本很重要的态度，它的重要性不但体现在安瑟尔谟这里，还体现在每一个经院哲学家或者神学家那里，尤其可以体现在奥康这里。为什么呢？原因就在于这一点：当一个神学家或者基督教哲学家去探讨有关神的学问——神学——之时，他并不是为了证明这神有这样那样的特点，而是探讨为什么会如此、何以证明如此？这是特别重要的。举个具体的例子来说,基督教哲学家在探讨上帝为何存在以及为什么是无限的、唯一的、全知全能的?又为什么是三位一体的?其实,在证明之前,他们已经先设定了一个基本的前提:上帝是存在的、无限的、唯一的、全知全能的,圣父圣子圣灵是三位一体的,这是不能怀疑的,是一种信仰。哲学家们所要做的是去探讨为什么会如此?毋庸置疑,这个探讨的过程同时也是一个求知的过程,也就是说,在探讨这个"为什么"的过程之中就可以求得相应的知识,这就是信以致知。

在这个探讨的过程之中,目的并不在于信仰,因为信仰是早已经确定了的,而是通过这个过程去求得知识,知识才是目的。打个通俗点的比方说,一个生理学家或医学家在研究这样一个问题:人为什么要吃饭?他的目的难道是要分析人为什么需要吃饭吗?不是的!人需要吃饭是确定了的,这并不需要论证,他所要论证的是:吃饭究竟对人体有什么样的好处?是如何促进人体的生长、发育?又如何避免过度的吃饭即暴饮暴食,如此等等,通过这样的研究,他们的成果并不仅仅是证明了人为什么要吃饭,而是发现了一系列的科学道理,例如人体生长需要些什么样的营养,不但需要淀粉、蛋白质、脂肪,还需要维生素、微量元素、氨基酸等等,并且发现一旦缺少某些东西就会导致某些疾病,例如缺少碘就会导致大脖子病,如此等等。这些都是知识、有益的知识。信以致知也是一样:那信仰是早已经定下了的,并不需要去论证,而是要在这个论证的过程之中求得知识,建立一种有关神与信仰的知识的体系,这就是神学,也就是信以致知,这个信以致知就是对奥康的否定传统神学一个很好的回应。

第九节 关于灵魂

与人不能确切地证明上帝的全知全能等属性以及上帝是存在的一样，奥康认为，人也同样不能证明灵魂是存在的。

我们知道，灵魂是经院哲学中一个很重要的主题，在古希腊罗马时代就已经如此，到了中世纪哲学这里就更具有重要意义了，原因很简单：没有灵魂就不会有地狱与天堂，就不会有上帝的赏善罚恶，不会有最后的审判，这将危及基督教的根本。因此，捍卫灵魂的存在以及对灵魂的各种性质的讨论是几乎与上帝的存在以及上帝的种种属性同样重要的。以前的几乎所有中世纪哲学家在这个问题上都发表了各自的见解。例如奥康爱批判的邓·司各脱就认为灵魂与肉体是一个不可分割的统一体。但就逻辑上而言灵魂是可以单独存在的，并且人是先有灵魂而后才有肉体，是先存在之灵魂注入了后存在之肉体，而后才有人之诞生。他还将灵魂与道德联系在一起，即灵魂直接赋予了人以生命、感觉、欲望与理性等等，这些将构成人的道德之基础。

当然，一个显而易见的事实是，虽然灵魂人人都在讲，从古希腊一直讲到现在，但对于灵魂究竟是否存在，就如同上帝是否存在一样，依然是一个广泛争论着的话题，甚至比上帝的争论更加广泛。原因很简单，例如许多中国人，他们是不信仰上帝的，但却相信人有灵魂，这是几乎中国的愚夫村妇都会如此的。

然而灵魂真的好了解吗？真的存在吗？这却依然是个问题，也可能永远是个问题，就像赫拉克利特早就说过的：

"灵魂的边界你是找不出来的，就是你走尽了每一条大路也找不出；灵魂的根源是那么深。"①

也许唯其如此，灵魂才吸引了众多哲学家的辛苦探索，这其中当然包括了奥康。

奥康对灵魂的基本认识与他对上帝的存在及其万能等的认识是一样的，认为人不能证明灵魂的存在。那么灵魂不存在吗？当然不！灵魂是存在的，只是它的存在不是通过证明，而是通过信仰，对此他说：

"我们无法通过无论是理性还是经验，确实地认识到在我们自身之内有这样那样的一个形式，或这样那样的具有理智特性的一个实体，或这样那样的一个灵魂，它是身体的形式……我们只是通过信仰才掌握了这三条真理。"②

不难看出，奥康对待灵魂时所采取的法子和对待上帝是几乎完全一样的，他同样说明，我们像无法确证灵魂的存在一样，亦无法证明灵魂的起源，无法证明灵魂是不是由上帝所创造的。这同样有赖于信仰。

还有，我们前面分析过，邓·司各脱认为人有感觉灵魂与理性灵魂，这种说法是早在柏罗丁那里就有了的，柏罗丁将灵魂分成灵魂本体、世界灵魂与个体灵魂，其中个体灵魂又依据拥有的内涵或者能力不同分为几种，例如那些仅仅生长、仅仅具有生殖力的灵

---

① 北京大学外国哲学史教研室编：《古希腊罗马哲学》，商务印书馆，1961年5月第一版，第23页。

② 大卫·瑙尔斯：《中世纪思想的演化》，杨选译，商务印书馆，2012年5月第一版，第418页。

魂就只存在于植物身上,而仅仅具有欲望的灵魂便只存在于动物身上。相对言之,我们人应该拥有所有的个体灵魂了,因为我们既有生命的灵魂、又有生殖的灵魂,还有欲望的灵魂。后来到了爱留根纳那里,灵魂就成了理智或者说理性,灵魂就是理性灵魂。再到波纳文德那里也有相似的观念。邓·司各脱还认为感性灵魂与理性灵魂之间有"形式区分",所谓形式的区分只是功能的区分而不是实际上的区分,在邓·司各脱看来,就是上帝也无法将感性的灵魂与理性的灵魂真正地分割开来。

从这些分析之中我们可以清楚地看到,在西方哲学家们的眼中,灵魂似乎是一种能力,或者是一种能力的代表,例如人有生命,于是就有生命灵魂;有看听等感觉能力,于是就有感性灵魂;有理性思考的能力,于是就有理性灵魂,如此等等。这和我们中国传统对灵魂的认识是大不一样的,我们的灵魂就是一个人的整体,是不会有这样的区分的,其能力也与活人是大致一样的,不同的主要是形体,即灵魂不再是物质性的身体,而是一个幻象样的东西。对于中西方这种灵魂认识上的差异我们一定要清楚,否则的话是难以理解他们关于灵魂的理论的。

奥康也认为有这样不同的灵魂,例如感性的灵魂与知性的灵魂,他同样承认这些灵魂在人体内并不是分立的,而是统一的,是一个统一体的构成部分,它们共同构成一个统一的灵魂与统一的人,对此他说:

"人只是一个整体的存有者,不过,却是有几个部分的存有者。"[①]

[①] 柯普斯登:《西洋哲学史》(第三卷),陈俊辉译,台湾黎明文化事业股份有限公司,1988年12月第一版,第146页。

这里的"却有几个部分的存有者",意思是说,人这个整体的存有者是包括几个部分的,就是感性灵魂与理性灵魂之类了。

第十节　反对因果报应的伦理学

关于灵魂我们就谈到这,现在我们再来简单地讲一下奥康的伦理学。

前面我们讲到,奥康认为神是绝对自由的,由此我们可以进一步推断,由于神是绝对自由的,祂就不可能有我们人类那种善恶观,也不可能有所谓的赏善罚恶,即使有天堂与地狱,但哪个上天堂、哪个下地狱,做了什么样的事就可以上天堂、做了什么样的事就会下地狱,通通是由上帝绝对自由地决定的。就像瑙尔斯所言:

"行为本身无所谓好坏,而仅仅因为它们是上帝所要求或禁止的。不仅谋杀和通奸,甚至仇恨上帝都可以因为上帝的命令而成为伦理上善的行为。在没有众所周知的伦理的善的地方,不会有功绩,也不会有奖赏,因此,神的赏罚与现世的行为没有内在的因果联系。由于功绩并非必然为了奖赏,而且由于上帝是绝对自由的,并且可以奖赏他选定的任何行为,并赐至福给无功之处,作为灵魂的一种性质的恩典的神学概念就是多余的,美德的各个等级和结构也同样。上帝的赠予——圣灵是恩典,其余的一切都应蠲除。"[①]

---

① 大卫·瑙尔斯:《中世纪思想的演化》,杨选译,商务印书馆,2012年5月第一版,第420页。

第二十三章 奥康——中世纪哲学的"掘墓者"

这样一来，基督教中最为古老的传统之一、上帝的因果报应这一类的恩典也要被消解掉了，一切都有赖于上帝片面的恩典，和这谁谁干了什么什么是没有关系的。这对于传统的基督教思想的冲击之大可想而知！

奥康的这一思想后来同样产生了很大影响，尤其是对于路德与加尔文等基督新教思想影响巨大，这就是新教中所谓"预定论"。甚至被认为是加尔文思想的核心所在：

"预定论只是否定所有善功，并完全把救赎作为上帝的怜悯，意味着救赎是救助而非获得。托伦斯（Torrance）认为，无条件的拣选就是无条件的恩典的另一种说法，宣扬预定论实际就是给受迫害的信徒增加信心，使其坚信选民不会迷失。"[1]

在预定论看来，上帝对于罪人拣选是无条件的，即并非因为人在此生做过什么善事，在伦理道德上有什么优点，总之人不能透过自己善的行为就必然地获得救赎——这种思想就是天主教神学主流的"神人合作说"，总之，人的一切皆有赖于神，是神单方面的恩典。

这种思想后来同样影响了斯宾诺莎，因为在斯宾诺莎看来，善与恶只是我们人类的一种幻象而已，根本没有绝对的善与恶，这种思想就与奥康有关。

从上面的说法可以看出来，奥康认为神乃是一切道德规范的制定者与仲裁者，对这个祂是有绝对自由的。奥康甚至提出了一些极端性的结论，例如说神可以让某人恨神，因为是神的意志，而神是绝对万能的，当然也包括让人恨自己，于是这个人就真的会恨起神

---

[1] 刘林海：《加尔文思想研究》，中国人民大学出版社，2006年10月第一版，第72页。

来。但这时候他是不是在做恶事呢？或者说，能不能说他在做恶事呢？奥康的回答是：不能！因为这是神叫让他做的！那么可不可以说是神犯了错呢？当然不！因为祂是神，而神是不可能犯错的，祂无论做什么都是正当的！奥康说：

"就由于这件事实，亦即神定意了某件事，把它做出来才是合宜的。……因此，如果在任何人的意志中，促生了对祂本身的憎恨，也就是，如果祂是这个行动的全部原因（事实上，祂是它的部分原因）；那么，那个人便不会犯罪，神也不会。因为，神不受任何义务的辖制，而人（在这方面）也不受义务；原因是，这个行动不是出于他本人的意思。"①

不但恨神这样的罪如此，其它的罪，如通奸、偷盗、杀人放火等等，一切的罪都是如此，即倘若是神下令某人干的，那么这人就是无罪的，神也一样。甚至于，不但没有罪，因为他们遵循了神的命令，这些甚至都是应该赞赏的事儿呢！

这样的观念够可怕吧！即便几百年之后，到了持同样的善恶观的斯宾诺莎那里，他也不敢。我们说过，斯宾诺莎认为善与恶只是人的幻觉，对于神而言无善亦无恶。这样导致的一个可能的结论就是那些坏人马上会借口说：既然无善亦无恶，我做了恶事也是上帝叫我做的，那么，哥们，咱们抢银行去喽！

这样一来，斯宾诺莎就面对着一个不是理论而是实践的问题：要是真的有人这样干了，并且拿出他的理论来当挡箭牌，怎么办？

---

① 柯普斯登：《西洋哲学史》（第三卷），陈俊辉译，台湾黎明文化事业股份有限公司，1988年12月第一版，第152页。

第二十三章 奥康——中世纪哲学的"掘墓者"

斯宾诺莎对此的解决办法是,所谓恶只是一种否定、欠缺、有限性等,即"罪孽无非只是指不圆满性。"[①] 而作为实体的上帝则是完满的、无限的,所以恶根本不属于上帝,甚至于不是真实的,而只是因为人的理智之欠缺所致的结果而已。简而言之,所谓无善亦无恶只是对神而言如此,对人而言是有善恶之分的。

但奥康在这里似乎超越了斯宾诺莎,直接大胆地作出了斯宾诺莎不敢作出的断言:只要是神的意志,抢银行也罢、杀人放火也罢,甚至恨神也罢,统统都是无罪的!

自然而然地,甚至不可避免地,奥康也要面临着一个现实的问题:倘若真的有人去干了这些事,并且声称说是神让他干的,怎么办?他如何对此负责?

首先,我们要清楚的是,奥康一定作出了恰当的回答,否则的话,他的思想早就被批倒批臭了,即便能流传到现在也是骂名千载。但事实上没有,这就说明问题了。

那么,他是如何避免这个可怕的后果的呢?并不复杂。奥康首先说,他之所以得出前面的结论,是因为那是由上帝的万能与绝对自由而出来的必然的逻辑结论,这是无可否认的。但他接着话锋一转,说,问题是,上帝早就决定了什么是能干的、什么是不能干的,而上述的那些事物,如恨神、通奸、偷盗、杀人放火之类,上帝早就禁止了,说那些都是犯罪,因此,我们如何能干呢?

怎样?这个办法很高明吧!而且他的这个说法也是无可厚非、

[①] 参见斯宾诺莎:《斯宾诺莎书信集》,洪汉鼎译,商务印书馆,1993年9月第一版,第83页。

大有道理的，这也是在《圣经》里说得很分明的，在《出埃及记》和《申命记》里都说得很清楚，我下面就引用《旧约·申命记》中的一些话来证明吧：

首先，在《旧约·申命记》第4章中，一开始，摩西就说，耶和华神赐予了以色列人律法：

> 4：1 以色列人哪，现在我所教训你们的律例典章，你们要听从遵行，好叫你们存活，得以进入耶和华你们列祖之神所赐给你们的地，承受为业。
>
> 4：2 所吩咐你们的话，你们不可加添，也不可删减，好叫你们遵守我所吩咐的，就是耶和华你们神的命令。

摩西说得很清楚，上帝所授的这律法就是著名的"摩西十诫"。在接下去的第5节，具体地载明了摩西十诫的内容，例如：

> 5：19 不可偷盗。
> 5：21 不可贪恋人的妻子。也不可贪图人的房屋，田地，仆婢，牛，驴，并他一切所有的。[①]

最后，还强调那十诫乃是耶和华神亲自晓谕摩西的，摩西并没有在中间有任何的添枝加叶或者添油加醋，这所有以色列的子民也都听见了、看到了：

[①] 以上引文均出自《圣经·旧约·申命记》。

第二十三章 奥康——中世纪哲学的"掘墓者"

5：22这些话是耶和华在山上，从火中，云中，幽暗中，大声晓谕你们全会众的。此外并没有添别的话。他就把这话写在两块石版上，交给我了。

从上面的引文中可以清楚地看到，上帝说了什么是可以干的，什么是不可以干的、干了就是犯罪，那是很清楚的，例如恨神，上帝已经分明地说了，要爱神，自然不能恨神了，恨神当然就是违反了神的诫命的，当然是犯罪！还有通奸、杀人、偷盗等等都是，连不孝敬父母也是犯罪！因为《申命记》的第5章第16节说得很清楚：

当照耶和华你神所吩咐的孝敬父母，使你得福，并使你的日子在耶和华你神所赐你的地上得以长久。

总而言之，虽然从逻辑上说，基于神的万能，神是可能叫人杀人放火通奸的，倘若神真的这样吩咐了，那为者当然是无罪的。然而，问题在于神根本不会有这样的命令，神叫你干什么，干什么又是犯罪，这已经说得很清楚了！就这么简单！

这样一来，那个棘手的问题就这么被奥康解决了，颇有四两拨千斤的味道吧！

进一步地，将此理论付诸实践，倘若有人再说做了什么什么杀人通奸之类的坏事，说是神叫他干的，还顺带赖上了奥康，而法官也真的叫奥康来问，奥康就可以拿出《圣经》，指着上面列举出的那些内容，说神哪叫你干这个了呢？你肯定是胡说八道！那人当然也绝然拿不出证据来证明上帝真的叫他这么干过，于是他就再也不能将自己的罪赖到上帝和奥康头上去了，只能老老实实地接受制裁。甚至可以说，那不是因为他违反了法律，而是违反了神的旨意，那可是比违反了法律更大的罪恶！

或许再有人会说：你凭什么说神要遵循自己的律法呢？难道神不能违反自己的律法吗？奥康会回答说：神当然有能力违反自己的律法，因为神是万能的，神也可能叫你违反祂的律法，因为神是绝对自由的。但问题是：你拿得出上帝叫你违反祂的律法的证据来吗？而奥康是拿得出神叫你遵守律法的证据来的，因为祂在《圣经》里明白地晓谕摩西说：

4：40我今日将他的律例诫命晓谕你，你要遵守，使你和你的子孙可以得福，并使你的日子在耶和华你神所赐的地上得以长久。

5：1摩西将以色列众人召了来，对他们说，以色列人哪，我今日晓谕你们的律例典章，你们要听，可以学习，谨守遵行。

看吧！神说得很清楚，神的律法是以色列人——也是所有的基督徒——世世代代、子子孙孙都要遵守的，这是小葱拌豆腐——一青（清）二白！

这样一来，恐怕最刁钻的人也没法反驳了！

所以，奥康在这里成功地解决了两个看似矛盾的难题：一方面是强调神的绝对权能与绝对自由，包括自己"为恶"以及让人为恶的权能与自由，另一方面又成功地化解了这一理论可能导致的人类行为实践中的危机，这就是哲者的智慧吧！

第十一节 以天赋人权为核心的政治哲学

关于奥康我们最后要讲的是他的政治学说,这在他的理论之中也是重要而独特的,并且是奥康十分重视的,如赵老师所言:"奥康是哲学家、逻辑学家,同时也是政论家,他意识到理论和政治的密切联系。"①

奥康的政治学说中主要有两项内容,一是关于财产权的,二是关于政治权的,这两项内容都涉及教会与教皇,从某一个角度上说,奥康之所以涉及这些一般而言与神学无关的思想领域,乃是因为教皇、为了皇帝。

我们在前面说过,1328年5月的某一天夜里,奥康等人悄悄地离开了亚威农,去找神圣罗马帝国的皇帝路德维希四世了,此后他从神学到政治都同教皇展开了激烈的斗争,他的这些斗争对西方思想史与政治史都产生了极大的影响。

奥康政治学说的核心是天赋人权。所谓天赋人权,简而言之就是他认为人有某些权利,乃是天赋的,这天赋包括三重含义:一是上帝赐予的,二是一种人本来就有的、生而拥有的自然权利。无论是何种情形,都意味着这种权力是人天生就有的,也是不可剥夺的。三是这种权利也是一种"自然法则",原则上,神赐予了所有人,即所有人都原则上拥有这些权力。②

---

① 赵敦华:《基督教哲学1500年》,人民出版社,2005年5月第一版,第497页。
② 参见柯普斯登:《西洋哲学史》(第三卷),陈俊辉译,台湾黎明文化事业股份有限公司,1988年12月第一版,第169页。

当然，关于天赋人权的思想并非奥康所创，早在古希腊时代，智者普罗泰戈拉就曾经提出过相似的观点。他说，当宙斯要赫尔墨斯分配两样宝物——尊重与正义——的时候，赫尔墨斯问是只分配给少数人呢还是分配给所有的人，宙斯说：分配给所有的人，人人都要拥有它们。这就说明，普罗泰戈拉认为尊重与正义是人人都拥有的德性，这一方面说明人人都是可以治理国家的，因此民主制是合理的，另一方面说明人人都是相互平等的，因为我们都拥有神赐的两样最可贵的德性。所以，普罗泰戈拉可以说是最早提出人生而平等、天赋人权的哲学家。

后来这种思想一直贯穿于整个西方的历史，从雅典、罗马直到中世纪，在西方的政治体系中都居于核心地位，特别是中世纪，更是一种几乎理所当然的思想。也就是说，中世纪从君主到普通百姓到思想家们都尊重天赋人权，尊重人的自然权利，因而十分反感各种专制与霸权，对此柯普斯登说了这样一段话：

"所有伟大的中世纪神学家与哲学家，在某个意义上，都相信天赋人权，而且，也会反对诸侯拥有绝对的与无限的权势这种想法。中世纪的人，很尊重法律与习俗，对霸道的权势却十分此厌恶，而且，统治者必须在法律普遍的架构中执政的观念，也表现了普遍的中世观。"[1]

这是对中世纪政治生活的一种概括性描述，是符合中世纪的实际情况的。因此，我在这里顺便说一句，大家不要将中世纪想象成

---

[1] 柯普斯登：《西洋哲学史》（第三卷），陈俊辉译，台湾黎明文化事业股份有限公司，1988年12月第一版，第174页。

一个黑暗的时代,从某个角度上的确是,例如在文学与艺术上,它的确比之前的古希腊罗马和之后的文艺复兴时代都逊色了不少,但在另一些方面它却是相当光明而进步的,例如中世纪没有君主专制,广大普通百姓大都过着比较小康的生活,也受到比较普遍的尊重,没有人包括国王敢随便地剥夺一个普通人的财产,更不能随便地虐待或者杀害他们。还有,他们绝大多数是顶虔诚的基督徒,由于有了信仰,他们的心中也是平安的,他们衷心地相信上帝,在此世中过一种庄重而虔诚的生活,并且相信只要此生行善,来世就会进入天堂。因此,他们不但此生过着算是幸福的生活,对于来生的幸福,也怀抱信心与希望。

奥康的天赋人权主要包括两方面的内容:财产权与政治权利。我们先说财产权。

在奥康看来,财产权是一种天赋人权,是神赐予人类的。具体来说,它是神赐予人类的处理地上的物质财富的权力。

不言而喻地,既然是神赐予的,它就当然是神圣不可侵犯的。

还有,人为什么会有这种天赋的财产权呢?为什么说是上帝赐予的呢?这其实在《圣经》中是有根据的:

> 1:26 神说,我们要照着我们的形像,按着我们的样式造人,使他们管理海里的鱼,空中的鸟,地上的牲畜,和全地,并地上所爬的一切昆虫。
>
> 1:27 神就照着自己的形像造人,乃是照着他的形像造男造女。
>
> 1:28 神就赐福给他们,又对他们说,要生养众多,遍满

地面，治理这地。也要管理海里的鱼，空中的鸟，和地上各样行动的活物。

1：29 神说，看哪，我将遍地上一切结种子的菜蔬和一切树上所结有核的果子，全赐给你们作食物。[①]

怎样？这里神说得很明白：地上的一切东西，除人而外，都是人的，这些东西简而言之就是地上的财富了，神已经将地上的财富赐予了人，这里的人当然指的是所有的人，而不是某一部分人，即凡是地上的人，都可以得享地上的财富，这是上帝自造人那一刻起就规定了的，是神的赐予，也是神的律令，这就是天赋的含义。

进一步地，奥康说，正因为这财产是神赐予的，是人类自从离开伊甸园之后就普遍拥有的权利，因此这种权利是普遍而不可剥夺的，甚至是神圣不可侵犯的。任何人包括任何政权都无权剥夺这种权利。

奥康同样指出，这种天赋权利并不是绝对的，在某些时候，人的财产权是可以被转让甚至剥夺的，例如有人自愿将其财产转让给他人，这是可以的，但这里的自愿是关键，人可以自愿地将其财产转让出去，这同样是其天赋权利的一种表现，正如在没有自愿的情形下，任何人都不得剥夺他的财产是一种天赋权利一样。

至于被剥夺的情形，例如某人犯了罪，就可以通过合法的方式剥夺他的财产，也就是说，人可以因为犯罪而被剥夺对财产的天赋权利。

奥康的这个说法显然是正确的，直到今天都是如此。例如某

[①]《圣经·旧约·创世记》第1章。

个人张三吧，他有财产，他对自己的财产当然拥有天赋的权利，没有人可以随便剥夺他的财产，若有人这样做，例如去偷去抢去骗他的财产，那是犯罪。但张三可以自愿将他的财产送给别人，例如他的儿子或者妻子或者救命恩人或者别的什么人，只要的确是他自愿的，都是可以的。而且，这种财产的转让权正是他对财产天赋权利的表现。还有，倘若张三犯了罪，例如贪污了或者开车撞死了人，法庭就完全可以剥夺他的一部分财产作为赔偿甚至没收他的全部财产，这都是合法的，由不得他不愿意。

上述这些说法看上去是理所当然的，但在实际生活中并非如此，我们可以清楚地看到，无论古今中外都有许多人的财产被非法地剥夺。有时候是某些人的恃强凌弱、巧取豪夺，但有时候也是某些政府借公权力甚至以国家与人民的名义去剥夺某人或者某一部分特定人群的财富，这种情形也是广泛存在的，是人类最为普遍的，甚至不可避免的不义之一。个中缘由值得深思。

除了财产这种天赋人权外，奥康还指出了几种比较特殊的人权，它们也是天赋的，但情形与财产权颇不相同。

其一是所谓的"条件天赋人权"。即人有这样的天赋人权，但其行使是有条件的。他举了主教选举的例子。本来，选举主教是罗马人的天赋人权，但在一般情形之下他们并不行使这样的权利，而是将这个权利让给红衣主教，由他们去决定。但在某些情形之下，倘若红衣主教们因为某种原因不能决定，那就要重新回到罗马公民手里了，由他们去选举主教。①

---

① 参见柯普斯登：《西洋哲学史》（第三卷），陈俊辉译，台湾黎明文化事业股份有限公司，1988年12月第一版，第166页。

其二是一种不可自愿转让的权利,也就是说即使拥有者自愿失去,也不可以被剥夺,可以称为无条件的天赋人权。这就是生命权。在奥康看来,生命也是一个人拥有的天赋人权,而且,这种天赋人权是不可以被剥夺的,也不能够像财产一样自由转让。具体地说,倘若一个人不想活了,想放弃自己这种天赋人权,也就是说自杀,奥康认为,这就是侵犯了他自己的天赋人权,是不行的,他没有这样的权利!

不允许自杀,这是基督教一向的教义之一,在基督教里,教徒自杀是被严格禁止的,并且说,凡自杀者,无论什么原因,都要下地狱,但丁就在《神曲·地狱篇》里专门为自杀者留下了地盘,他们被置于第七层,遭受永恒的苦难。①

当然,这并不是说任何人在任何情况下都拥有生命的权利,也不是这样的,倘若某个人犯了什么罪,例如谋杀,就可能被处死,但这是另外一回事了,涉及更深远的问题,例如死刑是否合理、是否应当废除。事实上,在欧洲的大部分国家都已经废除了死刑,其基本的理由就是认为任何人的生命都是神圣不可侵犯的,因此任何人——他人或者自己——都无权剥夺任何人——他人或者自己——的生命。

进一步地,由于人拥有生命这种天赋人权,因此也就意味着他拥有了另外一种天赋人权,就是维持自己的生命,为此他就有权获得生活所必需的物质资财,例如食物与水之类。

---

① 参见但丁:《神曲·地狱篇》第十三歌,朱维基译,上海译文出版社,1984年2月第一版。

这道理是很清楚的，一个人既然拥有生命的天赋人权，就有权利去维护自己的这种天赋人权，这是不言而喻的。但也会出现问题，例如一个人为了活着，有时候干些坏事是不是可以呢？例如去偷甚至去抢？当然不会导致他人的失去生命，只是为了自己活着而去夺取他人的财物例如食物罢了。这是不是可以呢？这个问题就很难回答了，有时候似乎是可以的，例如那些传说中劫富济贫的绿林好汉总是受到歌颂，古今中外都是如此，但被歌颂就意味着允许甚至合法吗？这又是另一回事了，今天这样的人仍然是有的，也仍然会受到许多人的歌颂，但我们又应如何看待之呢？这是一个很有意思的问题。

还有，奥康在这里举出这个权利是有深意的，那就是和教皇之间的一个争执。

我们知道，奥康很早就加入了方济各会，方济各会的特点一是特别提倡过一种清贫的生活，赤足破衣、托钵讨饭；二是强调效忠教皇，反对各种异端。方济各会也一直是这样做的，但到了后来，方济各会和教皇之间产生了争执，特别是到了切塞纳的迈克尔当方济各会总会长的时代，和当时的教皇约翰二十二世之间产生了极深的矛盾，而奥康是追随迈克尔反对教皇的。于是，教皇便声称方济各会的修士没有拥有任何物质财富的权利，他们在加入修会的时候就已经放弃了，甚至于这种权利不但是所有权，还是使用权，方济各会修士都放弃了。这似乎就意味着方济各会会士倘若没有在教皇的特别恩许之下是连饭都不准吃、水都不准喝的。倘若接受教皇这样的说法，那些不服从教皇的方济各会修士包括奥康在内一定会活活饿死渴死的——倘若教皇想这么干的话。

对于教皇的这个说法，奥康当然提出了反驳，不过他没有说方济各会修士有权拥有物质财富，这是不行的，他们早在入会时就宣誓放弃了这些东西，这也是他们的基本信条之一，他们不但对财富没有所有权，连使用权也没有。但这并不意味着他们不能吃饭、穿衣或者喝水，因为他们虽然没有法理上的使用权，但却仍然可以"事实使用"，即在实际的生活中使用它们。奥康说，这也是一种"简单使用"，只是简单地使用一下而已，并不意味着拥有什么权利，方济各会员乃是"简朴的使用者"。他又指出，对于这些权利，教皇一向是准许了的，至少是默认的。因此，即使方济各会修士将一切都奉献给了教皇，他们不拥有任何物质财富包括他们喝的水与吃的食物，即使对这些教皇拥有所有权，甚至是"完美的所有权"，但方济各会修士们仍有使用的权利。[①]

不用说，经过奥康的这样一番辩驳，方济各会修士们就不用担心喝不到水、不能吃东西了，也不用担心会因此违背当初的入会誓言了。

奥康或者说方济各会与教皇之间关于这个问题的争论也就是关于福音主义的贫困之争。

以上我们谈的是奥康关于财富的天赋人权，现在我们来看看他对于政治这种天赋人权的看法。

在这一方面，奥康的思想也是丰富的，而且很符合时代的潮流。

奥康对政治的看法主要可以归纳为三点：一是关于世俗帝王的

---

① 参见柯普斯登：《西洋哲学史》（第三卷），陈俊辉译，台湾黎明文化事业股份有限公司，1988年12月第一版，第167页。

统治权与教皇之间的关系的看法；二是关于世俗统治权与人民之间关系的看法；三是对教会中教皇权力的看法。

我们先来讲第一点。我们知道，奥康是追随神圣罗马帝国皇帝路德维希四世反对教皇约翰二十二世的，路德维希四世之所以反对约翰二十二世，主要原因就在于当路德维希四世被选举为皇帝时，约翰二十二世宣称必须经过他的确认，这次选举结果才有效。这等于说，倘若他不确认，那选举就是无效的，这一方面可能会使路德维希四世煮熟的鸭子飞了，这还了得！甚至更进一步地，使以后帝国的皇帝都将被教皇操控，可以说是遗害无穷。这当然是他绝对不肯答应的。于是，他便针锋相对地与约翰二十二世展开了斗争，而奥康当然是站在皇帝的立场去反对教皇的。因此之故，他的论点可想而知。

在奥康看来，教皇的权利与世俗帝王的统治权是不同的，世俗帝王的统治权并不来自于教皇，因此世俗帝王的王权并不需要教皇的确认才有效。也就是说，神圣罗马帝国皇帝的选举完全不必要经过教皇的确认就是有效的。而倘若教皇硬说必须要经过他的确认，那就是他的越权，干预了他本来无权干预的世俗统治权的领域，这当然是错误的。他还为此猛烈地批判了约翰二十二世。

那么，世俗帝王的统治权来自何方呢？这就是第二点了。

世俗帝王的统治权来自何方呢？奥康说，很简单，来自人民，世俗帝王的统治权来自人民。

奥康认为，世俗帝王的统治权可以说有两个来源，一是来自于神，这当然是一种本质性的来源，但这只是一种抽象的说法，但就具体的情形说，它乃是来自于人民的。

这个"来自于人民"的内涵是很丰富的,它主要包括以下几个要点:

一是国家需要一个统治者或者说政府。任何国家都需要统治者,这是毋庸置疑的,没有统治者的国家将是一盘散沙,人民也得不到相应的保护,这实际上是对人民不利的。此外,在奥康所处的时代,他的统治者可不是现在的民选总统这样的概念,而是世袭的帝王,由这个人来统治人民。这也是人民的需要。

二是这个统治者或政府是由人民来选举的,人民可以直接选举,例如像古希腊的雅典一样;也可以间接地选举,例如像德意志那样,由某些贵族选举出一位神圣罗马帝国的皇帝。但不管怎样,就根本而言都出自人民的选择。而不是出于任何其它强权的选择,例如教皇的选择,教皇是没有这样的权力的。简而言之,世俗帝王的权力来自人民、也只来自人民。[①]

三是如果统治者违背了他统治的人民的利益,人民就有权推翻他们的统治,另选新的统治者。

这些观点都是不难理解的。奥康之所以有这样的观点,是因为他认为人生而自由,他们拥有自由就像拥有财产一样,这都是他们的天赋人权。这种自由同时也意味着他们选举自己的统治者的自由,这也是一种天赋人权。当然,这同时也意味着,倘若这个统治者不顾及人民的利益,甚至想剥夺人民的自由、实际独裁、专制与暴政,那人民就有权不再承认甚至推翻这样的政权与统治者。这同

[①] 参见柯普斯登:《西洋哲学史》(第三卷),陈俊辉译,台湾黎明文化事业股份有限公司,1988年12月第一版,第173页。

样是他们天赋人权的标示！

奥康不但认为教皇无权干预世俗帝王的统治，连在教会内部，他都对教皇的权威提出了批判。

在当时的教廷里，教皇是一个不折不扣的独裁者，实行着近乎专制的统治，在奥康看来这也是不对的，教皇不能够拥有这种绝对的权威，而要对其权力加以必要的限制。他提出来的办法是建立一个"总评议会"。其成员来自各个教区、修道院甚至普通的信众，他们有权评议甚至决定教廷的一些重大事务。在奥康看来，由于总评议会的人是经由选举产生的，而且他们群策群力，比教皇更可能少犯错误。

当然，这个总评议会的目的不是要完全剥夺教皇对教会的统治，教皇依然是教会的最高领袖，依然是耶稣基督在尘世的代理人，但其权力必须受到一定的限制，在教廷内建立一种有类于人间的"君主立宪"的政治体制。

奥康的许多思想到今天已经得到了广泛的承认，虽然现在世界上还有一些国家不是这么做的、还有一些独裁专制的国家，其统治者的产生和人民完全无关，甚至是家族世袭的，爷爷传给儿子、儿子又传给孙子，但总的来说，奥康关于天赋人权的学说在今天这个时代已经成为了一种常识。

至此我们就讲完了奥康，篇幅相当长，但从这些讲述可以看出这么长是值得的，因为奥康的思想的确不但深刻、而且富有独创性，所涉及的领域也极为广泛，就这点而言甚至要超过伟大的托马斯·阿奎那。另外，对于中世纪的哲学史而言，也许更加重要的是，奥康乃是中世纪哲学最后一抹灿烂的余晖，奥康之后，随着奥

康的离去,整个中世纪哲学也就此暗淡了!如瑙尔斯所言:

"然而,作为哲学史家,我们得承认,一个终结也是一个开端。随着阿奎那的去世,一整个时代就开始要结束了,当奥康的威廉去世时,它就终结了。"①

---

① 大卫·瑙尔斯:《中世纪思想的演化》,杨选译,商务印书馆,2012年5月第一版,第431页。

第二十四章 奥特库尔的尼古拉

奥康去世之后,中世纪哲学的灿烂晚霞也行将消失了,整个中世纪哲学也就江河日下、日薄西山了,就像一个行将就木的老人一样。

但在它正式入土为安之前,还有两个人要讲,第一个是奥特库尔的尼古拉,第二个是马西利奥,我们本章先讲奥特库尔的尼古拉。

第一节 感觉之意义

奥特库尔的尼古拉的思想明显是受了奥康影响的,而且比奥康走得更远,按传统的基督教哲学观念更有异端倾向。

奥特库尔的尼古拉的生平现在所知很少,他大概生于1300年,是法国东北部凡尔登地方人。根据名字看,也许是凡尔登的奥特库尔村之类。七百余年后,这里进行了第一次世界大战中著名的凡尔登战役。1320年,尼古拉到了巴黎大学,在这里待了七年。先是当学生,后来当老师,他在这里发表了最初的演讲与著作。1338年时,他找到了一个好工作,就是在距家乡凡尔登不远的梅斯城总教堂里一个有薪水的圣职。但由于他这时已经发表的著作中那些有异端倾向的思想,他遭到了当时的教皇本笃十二世的怀疑,要求他去亚威农做一次说明或者辩白。但尼古拉还没有去教皇就死了,于是这事就耽搁下来了。新教皇克莱门特六世继位后，在1342年又提起了这件事，尼古拉只好奉命去了。不过，大概是看到教廷的判决可能对他不利，于是他也像奥康一样跑到了正和教皇作对的神圣罗马帝国皇帝那里去了，也在那里得到了庇护。这时奥康也在那里，他们应该是见了面并且讨论过哲学问题的，说不定还经常见面讨论，因为他们俩是英雄所见略同！

尼古拉的逃跑自然对他没有好处，1346年时，他被正式指控为异端，必须在巴黎当众烧毁他的作品，并且收回他那些被判为异端的命题，同时巴黎大学也开除了他的教师职位。

其实这个判决在那时候看来已经相当仁慈了，实际上只是惩罚了他的书和思想，对他的人并没有什么损害，他没有伤一根汗毛，连自由也没有被剥夺，甚至圣职都给他留着。他于是痛快地遵循了判决，烧掉了自己的书，然后回梅斯总教堂去了，据说是当了宗教法庭的法官，在这个职位上安享一生。逝世于1350年左右。

尼古拉写过一些书，但不多，例如对隆巴特《言语录》的注释，还有对亚里士多德《政治学》的注释，以及一本神学著作《理性的受造物观念，透过语言我有幸有其天然的指向？》等等。但他最主要、最有名的思想却并不是在这些书中的，而是在他写的几封信中。他有一个激烈的反对者，是一个叫贝尔纳的方济各会修士，尼古拉给他写了九封信，现在留存下来了，信中最鲜明地表达了他独特的思想。我们下面主要根据这几封信去述说尼古拉的思想。

在这九封信中，集中表述他思想的是第一和第二封信。

在写给贝尔纳的第一封信中，尼古拉指出了贝尔纳的一个错误。就是贝尔纳认为，我们所得到的关于外在事物的表象并不能证

第二十四章 奥特库尔的尼古拉

明其存在,即对于那些不存在的事物我们也可以产生表象。这意思就是说:我们感知了例如看见了某个事物,但并不说明这个事物是一定是存在的,它也可能不存在。

对贝尔纳所持的这个观点,尼古拉进行了相当尖锐的批判,他认为这些可感知的事物对我们的理智而言乃是最为清楚地存在着的事物,倘若对它们都不能确定其存在,那就遑论其它了,他说:

"理智如果对于它认知最清楚的事物的存在都不确定,那对于它没有那么清楚的认知的事物,也不会确定。"①

接下去,尼古拉还从贝尔纳的观点出发,以子之矛攻子之盾,说明了倘若贝尔纳的观点是正确的,将可导致什么样的后果:

"因此,把所有这些说法放在一起,看起来您一定会说,您对于外在于您的任何事物都不确定。这样,您就不知道自己是在天上还是在地上,在火里还是在水里;由此推出,您不知道今天的天空是否还是昨天的天空,因为您不知道天空是否存在。正如您不知道大臣和教皇是否存在,以及如果他们存在,他们在每个时间点上是否是同一个人。同样,您不知道您内部的事情,比如,您是否有胡须、脑袋、头发,等等。又,由此推论出,您也不确定过去发生的事,比如,您是否曾在读书、看、听。此外,您的观点好像会导致社会和政治事务的毁灭,因为,尽管看见证明了所见到的事物,但这并不意味着,'我们看见了,所以它发生了'。另外,我问您,基于这一视角,使徒们怎么能确定基督在十字架上受难,以及他从死

---

① 《致阿雷佐的贝尔纳的信》之第一封信,赵敦华、傅乐安主编:《中世纪哲学》(下卷),商务印书馆,2013年3月第一版,第1710页。

人中复活，等等等等。"①

看见了吧！这样的攻击何其猛烈，倘若贝尔纳真的坚持他的观点，那这种推论就是成立的，当然，贝尔纳也可以从另外的角度进行反击，例如他可以说：我虽然不能断定，但可以"相信"，就可以轻松地避过尼古拉的致命一击了。

尼古拉还指出，贝尔纳的这种观点乃是古希腊哲学中学园派的怀疑主义的翻版：

"在我看来，学园派的观点导致的荒谬，您的观点也会导致。因此，为了避免这种荒谬，在我于索邦所做的论辩中，我谈到，我显然真可以确定五官的对象，以及我自己的行为。"②

这些学园派就是"新学园派"，是和传统的柏拉图学园派不同，但也产生于柏拉图学园的哲学流派，持有一种怀疑主义哲学，代表人物就是阿尔克西劳和卡尔内亚德，创始人就是皮浪了。怀疑主义正是如贝尔纳一样，从怀疑表象开始的，即怀疑我们所感知到尤其是看到的一切，甚至认为我们所感知到的这个世界是一场梦，就如怀疑主义的先驱之一阿那克萨尔柯所言：

"世界很像我们梦中或精神恍惚所呈现的境界或现象。"③

这样一来我们就不可能辨别一个印象究竟是由真实的存在物产生的呢还是由非实际存在的幻象产生的了。阿尔克西劳就是这么认

---

① 《致阿雷佐的贝尔纳的信》之第一封信，赵敦华、傅乐安主编：《中世纪哲学》（下卷），商务印书馆，2013年3月第一版，第1711页。
② 同上，第171—172页。
③ 北京大学外国哲学史教研室编：《古希腊罗马哲学》，商务印书馆，1961年5月第一版，第341页。

第二十四章 奥特库尔的尼古拉

为的,他"有力地论辩以表明,没有任何存在物的印象是这样一种印象,以致不可能存在一个具有相同形式的不存在物的印象。"① 这句话反过来说就是:对于任何存在物,都有可能存在着具有相同形式的不存在物的印象。同时这也就是说,任何印象或者说表象都可能是假的,所以阿尔克西劳说:

"没有一个被理解的表象不同时是假的,因为从许多不同的方面都得到了证实。"②

不难看出贝尔纳的观点和阿尔克西劳是很相似的,所以尼古拉指出贝尔纳的观点将导致怀疑主义是有道理的。为了避免导致那些荒谬的结论,尼古拉就确定了他的第一个对象,或者说确定了他认为可以确定的第一个对象,就是"五官的对象",即我们人通过五种感官所得到的感觉印象,具体而言就是视觉、听觉、味觉、嗅觉和肤觉了,后者包括触觉在内,但不止于触觉。

虽然这样尖锐地批判了贝尔纳,但尼古拉表面上还是很客气的,他在第一封信的最后很谦卑地说道:

"针对您所说的,我想出了这些,以及很多其它的反驳,无穷无尽。神父,我乞求您能教我,我不论多么愚蠢,还是希望达到对真理的认识。愿您栖居在上帝之中,他是三光,在他当中没有黑暗。"③

---

① 克里斯托弗·希尔兹主编:《古代哲学》,聂敏里译,中国人民大学出版社,2009年3月第一版,第315页。

② 黑格尔:《哲学史讲演录》(第三卷),贺麟、王太庆译,商务印书馆,1959年12月第一版,第93页。

③ 《致阿雷佐的贝尔纳的信》之第一封信,赵敦华、傅乐安主编:《中世纪哲学》(下卷),商务印书馆,2013年3月第一版,第1712页。

第二节 关于逻辑

在接下来的第二封信里,尼古拉继前面确定的感觉印象之后,又确定了第二项内容,就是逻辑学中的矛盾律。

关于矛盾律我们是很熟悉的,亚里士多德就将之当成一个基本性的逻辑规则,"是所有本原中最为确实的。"[1]

矛盾律简而言之是强调了两点:

1. 不能既是 p 又是非 p。

2. 在这 p 与非 P 之间必须二者择一,也就是说既不能同时肯定二者,也不能同时否定二者,而是必须择其一,即或者 p,或者非 p。

同时,这里的 p 可用"存在"代替,于是变成了以下说法:

1. 不能既是存在又是非存在。或者说:不能既存在又不存在。

2. 在这存在与非存在之间必须二者择一,即不能同时否定或肯定二者,而是必须择其一,即或者存在,或者非存在。

这就是矛盾律,尼古拉认为这个矛盾律乃是最为基础的,是我们提出任何理论、作出任何结论时都最起码要遵守的第一原则,他说:

"第一点是,下面这一原则从话语基础的角度是首要的:矛盾的双方不能同时为真。从这一点,可以推出两点:第一个是,从否定的角度,它是第一原则,即没有比它更首要的。第二个是,从肯定的角度,它是第一原则,即它先于所有其它原则。"[2]

---

[1] 参见亚里士多德:《亚里士多德全集》(第七卷),苗力田主编,中国人民大学出版社,1993年1月第一版,第91页。

[2] 《致阿雷佐的贝尔纳的信》之第二封信,赵敦华、傅乐安主编:《中世纪哲学》(下卷),商务印书馆,2013年3月第一版,第1712页。

第二十四章 奥特库尔的尼古拉

从这段话中可以看出来两点：

一、矛盾律的基本内容就是相互矛盾的双方不能同时为真。

二、矛盾律是第一原则，也就是说要优于其它的任何原则。

这也就是说，在以后的论证中，尼古拉将尊矛盾律为首要原则，在进行任何的论证时都遵守矛盾律、不违反矛盾律。

进一步地，尼古拉指出，所有具确定性的理论不但都必须遵循矛盾律，而且最后都可以化为矛盾律，但相反却不能成立，即矛盾律既然是最为根本的，它就不能够化为其它规则，也不能靠其它规则来证明，否则的话就不能够是最基本的了。

从这样的观点出发，尼古拉得出了六个相关的结论，这六个结论可以说是他思想最为集中的表达，我们分别述说一下。

第一个结论是对矛盾律的解释，这我们上面说过了，不用再说。

第二个结论是这样的：

"我就此推论出的第二个结论是，证据的确定性是没有程度之分的。因此，如果有两个结论，我们对之都清楚地确定，那么，我们对其中一个并不比对另一个更确定。"[1]

这是好理解的，就是说，倘若我们根据矛盾律而得出了两个结论，只要这两个结论都是很清楚的，都是遵循了矛盾律的，那么它们之间的确定性就是一样的，没有高低之分。打个比方吧，例如数学中有许多定理，像勾股定理、平行线等分线段定理等，这些定理都是成立的，当然也不会违反矛盾律，请问它们的确定性有高低之

---

[1] 《致阿雷佐的贝尔纳的信》之第二封信，赵敦华、傅乐安主编：《中世纪哲学》（下卷），商务印书馆，2013年3月第一版，第1714页。

分吗？当然没有！

我们接下去应该说第三个结论了，但由于这个结论涉及到尼古拉的其它思想，并且由此可以整体地述说他整体的思想，而第四、五、六个结论却都比较简单，内容也是相似的，因此我们先说这三个，最后才说第三个。

尼古拉的第四、五、六个结论如下：

"第四个结论是这样的：一个三段论的形式可以直接地化约到第一原则；因为，通过它的证明，结论要么直接化约了（这样，上一命题就成立了），要么间接化约了；如果是间接的，那么，要么会无限化约下去，要么总要到达一个结论，这个结论就能直接地化约到第一原则。

第五个结论：在每个直接可以化约为第一原则的推论中，推论与前提（要么是整体，要么是部分）其实是相同的；因为，如果不是这样，就不会直接显明：前提和推论的反面不能同时为真。

第六个结论是这样的：在每个可以化约为第一原则的明显的推论中，无论中间有多少层次，推论其实和前提是一致的，或者和前提所表示的内容的一部分一致。"①

这三个结论实际上是连在一起说的，中间并没有多少分析，由此也可以说明它们的内容是相关的。它们说明的其实是三段论中的两个问题：

一是在一个有效的三段论证明中，其一个证明的过程，无论简

---

① 《致阿雷佐的贝尔纳的信》之第二封信，赵敦华、傅乐安主编：《中世纪哲学》（下卷），商务印书馆，2013年3月第一版，第1715页。

单或者复杂,最后都可以归结到"第一原则",也就是不违反矛盾律的原则。

二是在结论与前提之间必须有整体与部分的关系,否则证明就不能成立。

这怎么说呢?我举个简单的例子来说明吧。例如有这样一个三段论:

凡人都会死,
我们中国十三亿人民都是人。
所以十三亿人民都会死。

这是一个典型的三段论,这个三段论是成立的,因为十三亿人和人是整体和部分的关系,承认了全体就必须承认全部中的一部分,否则就违反了矛盾律。而这个三段论反过来说就是不能够有一个中国人不死,只要有一个人不死这个三段论就不成立了。理由很简单:它的反面成立,即有人不死。所以提出相反的说法是成立的,并没有违反矛盾律,于是前面的三段论也不成立了。

还有,我们可以在这里加进许多的子命题,例如"海南省八百万人民都是中国人,所以都会死",或者"我一家五口都是海南人,所以都会死"。无论有多少这样的三段论,最后都可以约化到那个最简单的三段论:所有人都会死,X是人,所以X会死,而这个是不会违反矛盾律的。此外我们还可以看到,在后面可能有的子三段论中,结论与前提其实都是一样的,前提都是人,并且后面的人都是前面的人的一部分,而结论都是会死。这就是尼古拉对三段论的基本认识，在他看来，根据这样的三段论得出来的命题是一种分析命题，通过这种分析命题得出来的结论才是确实可靠的。

第三节　关于上帝存在的确定性

现在我们要来谈尼古拉的第三结论了，这第三个结论是："除了信仰的确定性之外，只有第一原则的确定性，以及可以化解为第一原则的确定性，而没有其它的确定性。"[1]

这个结论包含了两个主要意思：一是信仰是具有确定性的，二是只有信仰和矛盾律是确定的，除此之外没有确定的东西。

我们先说第二点，这似乎和前面的说法是矛盾的，因为前面他说"五官的印象"即五种感觉也是确定的，根据现在的说法岂不不确定了吗？实际上不是的，理由很简单，就是因为可感知事物的存在的确定性"可以化解为第一原则的确定性"。他化解的办法也是很简单的，就是我们可以明确地感知、直接地感觉外物的存在，这是非常确定的，倘若我们又否认它们的存在，那岂不矛盾了吗？就是上帝也不会造就如此的矛盾。因此，外物是存在的，我们不能否认它们的存在。这也是可以由矛盾律推导出来的。

我们再来说第一点。

这是不用说的，作为一个虔诚的基督徒，尼古拉当然相信上帝的存在，也相信上帝的全知全能等，这些都是信仰，他也不能不认

---

[1] 《致阿雷佐的贝尔纳的信》之第二封信，赵敦华、傅乐安主编：《中世纪哲学》（下卷），商务印书馆，2013年3月第一版，第1714页。

第二十四章 奥特库尔的尼古拉

为这些是确定的，否则的话就不仅仅是有点异端思想而已，而是异教徒了！所以他必须承认信仰的确定性。但信仰是一回事，证明又是另一回事。

在尼古拉看来，我们对于上帝的存在是不可能确证的，即不能够明确地证明，由此他对以前的上帝存在的证明，特别是托马斯·阿奎那关于上帝存在的证明，都提出了反驳。

例如托马斯·阿奎那关于上帝存在的动力因证明，认为上帝是第一推动和第一原因，对此尼古拉说，这是不能够确证的，因为我们对于神是不是这样的动力因并没有天生的直接的知识，就像我们对于外物的感知一样。对此我们只能相信，而不能确切地证明。

另外，对于托马斯·阿奎那关于上帝存在的等级与目的的证明，尼古拉也同样提出了反驳。他说，我们根本不可能证明一个事物是否比另一个事物高尚，因此更加不可能建立一个事物的等级的体系。——而这个事物的等级体系的存在乃是托马斯·阿奎那关于上帝存在之等级证明的基础。

依据尼古拉的说法，托马斯·阿奎那这样的体系是根本不存在的，当然不能据此证明上帝之存在。

至于万物之目的证明，托马斯·阿奎认为：

"我们看到有些事物如自然的物体，并无知识，却有目的地活动着，而且常常或者说往往按照同一种方式进行活动，以便达到最佳的效果。……所以必须有一个理智者（intelligens），由于它，一切自然界的事物才能指向目的。它就是我们说的上帝。"[①]

[①]《神学大全》第二题"论上帝的存在"，赵敦华、傅乐安主编：《中世纪哲学》（下卷），商务印书馆，2013年3月第一版，第1327—1328页。

对于这个观点，尼古拉指出，根本没有这样的目的，即我们根本不可能知道某个事物乃是另一个事物的目的，在任何事物之间都是如此，就更不可能因此建立一个目的的体系，去由此论证上帝的存在了。他说：

"没有人明显知道，某种事物，是另一种事物的目的。"[①]

这是尼古拉写给贝尔纳的第五封信中的话，正是在第五封信里，尼古拉集中反驳了托马斯·阿奎那关于上帝存在的证明。

还有，我们在这里可以明显地看到尼古拉受到了奥康的影响，我们上面讲奥康时也说过了奥康对于托马斯·阿奎那对上帝存在的证明的反驳。奥康的反驳是基于这样的认识：个体之物之间的任何联系包括因果关系都不是必然的，而由这些关系入手去论证上帝的存在当然不是可靠的。尼古拉的反驳是相似的，但立论基础略有不同，尼古拉的立论基础是这样的：

"在这些说法的基础上，除了别的很多结论外，我还得出这样一个结论：从知道某物存在这一事实，我们不能借助化约为第一原则或化约为第一原则的确定性的证据，明确推论出某些别的事物存在。"[②]

尼古拉的意思简而言之就是说，我们不能够从一些事物的存在证明另一些事物的存在。在托马斯·阿奎那关于上帝的证明里，我们可以清楚地看到，他正是"从一些事物的存在证明另一些事物的

[①] 柯普斯登：《西洋哲学史》（第三卷），陈俊辉译，台湾黎明文化事业股份有限公司，1988年12月第一版，第206页。

[②] 《致阿雷佐的贝尔纳的信》之第二封信，赵敦华、傅乐安主编：《中世纪哲学》（下卷），商务印书馆，2013年3月第一版，第1715页。

第二十四章　奥特库尔的尼古拉

存在"，即他从可感知的那些个体之物去证明上帝的存在，在尼古拉看来，这是行不通的。因为他的这个"另一些事物"实际上包括了一切，连同上帝也包括在内。也就是说，我们不能够根据可感知的个体之物的存在就能够证明那不能够直接地感知的上帝的存在。就是这么回事。

这个结论乃是尼古拉在六个结论之后得出来的一个附加的结论，但其意义殊不亚于那六个结论。

还有，这里我们要注意的另一点是，尼古拉认为，我们虽然不能够经由一些事物的存在证明另一些事物的存在，但这并不是说，它证明另一些事物是不存在的，决然不是如此，对这个他在写给贝尔纳的第六封信上说得很清楚：

"从某种事物存在这件事实，并不能确实推论出，另一种事物并不存在。"①

尼古拉在这里的意思是很清楚的，就是说我们虽然不能够由一件事物的存在证明另一事物的存在，但同样不能证明其不存在，换言之也就是说，并不能由此否认别的事物的存在的可能性。这句话的含义是很深刻的，它至少表明了两点：

一是并不只有表象、现象或者个体之物是存在的，其它事物的存在同样是可能的，因为不能否认它们的存在；二是对于上帝的存在可以有概然性的证明。

第一点是好理解的，我们前面看到了，根据尼古拉的理论，只

---

① 柯普斯登：《西洋哲学史》（第三卷），陈俊辉译，台湾黎明文化事业股份有限公司，1988年12月第一版，第205页。

有可感知的个体之物是可以确证存在的，但这些个体之物实际上只是一些"现象"，而西方哲学有一个古老的传统，就是认为在现象背后存在着理念与实体之类，倘若尼古拉不这样说明的话，就意味着他要否认这一切了。但事实上他并没有否认之，他只是说没法确证而已，但并没有否认其存在的可能性。当然，他还是强调了对于实体这个哲学史中的基本概念是没有直接认知的，因此不能确定其存在，他这样说：

"因为它们（实体）不是靠直观认知的，也因为（如果它们存在）乡巴佬也会知道这些事物是存在的；它们也不是通过推论被知道的，即不是从被感知的事物推出，先于话语思想而存在——因为，像我们前面的结论所说的，从一个事物不能推出另一个事物的存在。正如如果他对复合的（物质的）实体没有明确的认知，他对抽象实体就更缺乏认知。"[1]

这段话可以看作是尼古拉对实体的整体认识，在他看来，由于实体是抽象的，对他不可能有直接的感知，同时也不可能根据可感知的事物而明确地推论出它们的存在，也就不可能确定其存在，这是显而易见的，要是实体像个体之物那样存在的话，没有知识甚至大字不识一个的"乡巴佬"也会相信实体的存在了，但实际上并不是这样。当然，如前面所言，他这并不是说其一定不存在，这是要注意的。

由此我们可以引出第二点，即关于上帝存在的概然性证明。

---

[1]《致阿雷佐的贝尔纳的信》之第二封信，赵敦华、傅乐安主编：《中世纪哲学》（下卷），商务印书馆，2013年3月第一版，第1719—1720页。

所谓概然性证明，就是说在尼古拉看来，虽然我们不能够确切地证明上帝的存在，但却可以概然性地证明，也就是说，不那么确定地证明，但依然不失为一种证明。

这看上去有些模糊，实际上很好理解，例如前面托马斯·阿奎那关于上帝的证明，虽然不可以确切地证明上帝的存在，但我们能够说他说的全无道理、是胡说八道吗？当然不是！他说的诚然是有道理的。例如我们可以说万物的存在肯定不需要那第一推动吗？万物的存在没有等级吗？不能够说人比马聪明、马又比虫子聪明、虫子又比它吃的草要高明吗？当然是可以说的，这的确是有道理的。因此之故，我们怎么能够说托马斯·阿奎那是瞎说呢？当然不能！也就是说，他说的虽然不能够确切地证明上帝之存在，但却可以概然性地证明，即证明上帝存在是可能的，至少有这样的可能性。这就是概然性证明。

不用说，尼古拉的这番话是有道理的，直到今天依然有道理，我们倘若深入思考这世界，至少不能否认这样的可能性：上帝存在的可能。

当然，尼古拉这样并不是说上帝的存在只是一种可能，那就错了，他只是从哲学的角度就事论事地这样看，就他对于上帝的整体态度而言，他是绝对相信上帝之存在的，这不是概然性的、而是确切的、绝对的，但这是一种信仰，不是证明。

◆ ◆ ◆

第四节　中世纪的休谟

与上帝存在的概然性证明类似的是尼古拉对于因果关系的认识。

我们在前面讲了奥康对因果关系的认识，在奥康看来，日常所谓的因果关系是存在的，但这种因果关系并没有绝对的必然性，而是具备有效性，它也不能够通过逻辑推理，而只能通过经验得来。例如火是热的原因，无论"火出现在这块木头上"还是"这块木头变热了"都是一种感觉经验，所以由之得到的知识是一种经验知识，这种知识没有必然性。①

尼古拉对因果关系的认识与此相似。我们前面讲过他的"我们不能借助化约为第一原则或化约为第一原则的确定性的证据，明确推论出某些别的事物存在。"从这里就可以看出他对于因果关系的观念。因果关系的本质恰恰就在于从一些事物的存在证明另一些事物的存在，当然这里的事物也包括现象。例如我们将手放在火边，手感到热，于是我们就形成了对一种因果关系的认识，认为火是手热的原因，因为火烤，所以手热。

在尼古拉看来这种经验的确是存在的，这是由于同样的经验不断重复的结果，即我们曾经很多次地将手靠近火，每次手都会热，于是就形成了对火烤与手热之间有因果关系的观念，他说：

"如果我曾明白这件事——那时，我把手放在火旁，我就温暖起来了——；那么，现在对我来说，大概是：如果我把手放在火旁，我就应该会温暖起来。"②

在尼古拉看来，这就是因果关系的实质，即它是一种通过经验的重复而导致的由此及彼或由因至果的观念。但这种观念在他看来

---

① 参见奥卡姆：《逻辑大全》，王路译，商务印书馆，2006年5月第一版，第341页。
② 柯普斯登：《西洋哲学史》（第三卷），陈俊辉译，台湾黎明文化事业股份有限公司，1988年12月第一版，第202页。

第二十四章 奥特库尔的尼古拉

并不具有确定性,而只是一种概然性。

进一步地,尼古拉还将这个思想与关于实体的思想联系起来。他认为,这种关于手热与火烤的因果关系确实是很明显的,虽然不能确证,但也是相当可靠的,但却并不能将这样的可靠性用之于实体这样抽象的事物,即由此去证明实体的存在也如火烤所以手热这样的因果关系那样可靠。他认为,两者是不具有可比性的,他说:

"但请每个人好好看待可能知识的本质——比如,我原先把手放到火里时,我明显感到了热,那么,我就认为,如果我现在把手放到火里,我也可能会热。但是根据上面说的规则,可推出,下面这一点对任何人都不是明显的:由于那些不必推论人人都也很明确的事情,就应该确定存在别的事物(即别的那些称为实体的事物)。"[①]

在这里尼古拉再一次强调了实体存在是不可以确证的,其不可确定性可比简单的因果关系要来得强烈得多,是一种明显的神学色彩的怀疑主义,是从奥康那里继承下来的。

还有,尼古拉对因果关系的看法显然是与奥康是基本一致的,后来,他们这种看法发展到了近代的休谟那里,得到了很大的完善。

休谟对因果关系的分析可以说是西方哲学史上最有名的分析之一。在休谟看来,我们对于因果关系的认识就如尼古拉所说的一样,是基于一种经验的重复的。例如他举例说,由于从很早的时候起,我们的祖先就一次次地、无数次地看到太阳的东升西落之后便

---

① 《致阿雷佐的贝尔纳的信》之第二封信,赵敦华、傅乐安主编:《中世纪哲学》(下卷),商务印书馆,2013年3月第一版,第1720页。

伴随着昼夜交替,这些经验积累多了,于是便产生了这样的观念:太阳的东升西落与昼夜交替之间必然有某种联系,慢慢地我们就进一步认为一者是另一者的原因,即太阳的东升西落是昼夜交替的原因。这就是因果关系的起源,显然,这种关系乃是一种"经验之谈"。

休谟甚至还举了一个与尼古拉很相似的例子,就是婴儿的经验。我们知道,一个婴儿要是碰触到烫的东西,例如点燃了的蜡烛,会立马离开,因为他痛了。显然,这是一个经验,此后,这个孩子要是再看见这样蜡烛,他一定会小心地避开,不再去碰了。甚至于,以后不是看见蜡烛,而是与此相似的火焰,如燃烧着的木头,他也会同样避开。显然,这个孩子已经在心中默默地将火与痛之间建立了因果关系,即认为碰到火是痛的原因,为了避开这个痛,就不要去碰火。

在举了这个例子之后,休谟说:

"你如果说了儿童的理解所以能得到这个结论,乃是凭借于一种论证过程或推理过程,那我正可以合理地要求你把那个论证拿出来。"①

这个例子是很有力量的,小孩子怎么会有推理的能力呢,他只会有本能反应,这种可能的反应可以使他得到经验,而他可以从这个经验得到对因果关系的认识。当然他并不清楚这是因果关系,但实际上他认识了因果关系。在休谟看来,因果关系就是这样产生的、是从经验产生的。

在此基础上,休谟还从动物理性的角度分析了因果关系只是一

---

① 休谟:《人类理解研究》,关文运译,商务印书馆,1957年10月第一版,第38页。

第二十四章 奥特库尔的尼古拉

种经验,而不是一种我们所认为的有充分根据的理性的推理。[1]我们知道,动物实际上也有一种类似的对因果关系的为什么,例如一条狗若是看见人摸石头,会立刻夹着尾巴逃之夭夭,因为它知道人会拿石头砸它。它同样不会去碰火,因为它知道那会很痛的。这些都是对因果关系的认识,但狗显然是不能够推论的,这只是它的经验:它曾经被人这样打过,也曾经被火烧过。这样的事例我们在每一条狗身上都可以看到。

从上面的分析之中不难看出,尼古拉对于因果关系的认识是与休谟十分相似的,因此尼古拉又被称为是"中世纪的休谟"。就如赵老师所言:

"奥特里考的尼古拉以怀疑精神著称,他被现代研究者称作'中世纪的休谟'。他的怀疑是对经院哲学的一种内部批判,即从经院哲学原则出发,论证这些原则所导致的结论常常是不确定甚至无效的。"[2]

---

[1] 参见休谟:《人类理解研究》,关文运译,商务印书馆,1957年10月第一版,第94页。

[2] 赵敦华:《基督教哲学1500年》,人民出版社,2005年5月第一版,第528页。

第二十五章　帕多瓦的马西利奥

在奥康与奥特库尔的尼古拉的时代还有另一个比较重要的哲学家，那就是帕多瓦的马西利奥。

帕多瓦的马西利奥也是一个十分独特的哲学家，他的独特之处主要在于他和此前我们说过的任何哲学家都不相同，他对于神学与哲学都没有过多的表述，事实上，他既称不上是一个神学家，也称不上是一个哲学家，至少不是一个形而上学式的哲学家，因为他的思想和形而上学没多少关系，如果一定要将他归于哲学家的话，他只能说是一个政治哲学家。

原因很简单：他的主要思想是政治方面的，是有关国家与教会的，有关它们之间的权力分配的、有关应当如何建立一种理想的政治制度的，这些思想都是与政治有关的思想，而不是形而上学或者神学的思想。可以称之为一种"国家主义政治哲学"，而马西利奥也是国家主义政治哲学最著名的代表。[1]

马西利奥的这些思想在西方政治思想上有着重要的地位，堪与后来的马基雅维里相比，也称得上是卢梭的先驱。在人民出版社的《西方哲学通史》中，他所占的篇幅甚至和奥康一样多。我们在这

---

[1] 参见赵敦华：《基督教哲学1500年》，人民出版社，2005年5月第一版，第534页。

里虽然不能给他这样的地位,但好好介绍一下是必须的。

第一节 "异教首领"

从名字就可以看出来,帕多瓦的马西利奥是帕多瓦人,帕多瓦是一座意大利名城。关于他的生平情况不大清楚,包括他的出生时间,一般的说法是大约出生于1275或1280年。据说其父亲是公证员。马西利奥一开始学习的既非法律,亦非哲学,而是医学。后来不知何故到了巴黎大学,先是当教授,不久就当上了校长,这大约是1312年至1314年间的事,具体时间各家说法不同。但可以想象,此前多少名人贵人在巴黎大学待过,又有几人能当上巴黎大学的校长?马西利奥却来没多久就当上了校长,根据出生时间推算,他当校长时应该只有三十出头,这就更令人有些匪夷所思了!毕竟巴黎大学的校长可不是某山村小学的校长,那是当时全世界最有名的大学的校长啊!其地位殊不亚于哈佛剑桥牛津在今日世界的地位,倘若这些学校由一个来学校只有三两年、年纪只有三十出头的家伙当校长,那会是什么样的情形!总之由此推测,马西利奥能够如此,必有特殊的原因,只是我们不知道罢了。

马西利奥当巴黎大学校长的时间不长,此后的生活,据柯普斯登说,从1313年到1315年底,他回到了意大利。期间可能访问过教皇所在的亚威农,但从1316年到1318年,"显然在帕多瓦,有俸禄圣职。"[①]但据《西方哲学通史》之《中世纪文艺复兴时期哲学》

---

① 参见柯普斯登:《西洋哲学史》(第三卷),陈俊辉译,台湾黎明文化事业股份有限公司,1988年12月第一版,第244页。

说,"1316年10月,他被新任教皇约翰二十二世任命为帕多瓦的教会司铎,但未就职,而是继续在巴黎大学文学院教书。"[1]所以,他被任命为圣职是肯定的,只是去还是没有去就职,中间有疑问。

还在巴黎时,马西利奥就和一个叫扬顿的约翰的朋友一起撰写了一本著作,名叫《和平保卫者》。完成的时间很精准,是1324年6月24日,这也是马西利奥最主要的作品。还有,对于是否真是和扬顿的约翰一起完成的是有疑问的,另外一种比较流行的说法是,扬顿的约翰可能实际上没参与写作,书是马西利奥一个人写成的。因此,包括《不列颠百科全书》与《美国百科全书》在内都没有提到这本著作是合写的,而将之当成是马西利奥一个人的作品。

由于这本书中突出的政治观念——反对教皇拥有任何世俗的权力,自然遭到了教廷的谴责。但马西利奥并不发愁,他早就想好了后路,就是奥康和奥特库尔的尼古拉都走过的那条路——跑到路德维希四世那儿去,和教廷公开叫板!马西利奥是在1326年和扬顿的约翰一起跑去找路德维希四世的,比1328年的奥康和1342年的尼古拉都要早。

那时候路德维希四世正在纽伦堡,马西利奥也到了那里,从此在皇帝的庇护之下过着平安的日子。而且他在皇帝眼前的地位可不是奥康和尼古拉能够相比的,事实上,他成了皇帝的主要谋士之一,他也尽心竭力地为皇帝服务。后来还专门为皇帝写了两本书《小护卫者》和《论帝王对婚姻由来的裁判》,后者甚至有具体的目的,就是当时皇帝正为皇太子的婚姻问题苦恼,这本书可以帮他解

---

[1] 余碧平:《中世纪文艺复兴时期哲学》,人民出版社,2011年7月第一版,第208页。

决问题。

由于受到皇帝的青睐，1327年初，马西利奥和路德维希四世一起进入了罗马，并且被皇帝任命为"罗马之帝国代理主教",[①] 不知道这是一个什么样的职位，看名字似乎是整个帝国所有主教的首领，相当于总主教吧！虽然是只是代理，也够气派了！

但路德维希四世在罗马待的时间并不长，1330年左右就回到了巴伐利亚，马西利奥自然也一起回去了，从此就生活在了巴伐利亚的首府慕尼黑，一直到去世。去世的时间大概是公元1342年。因为1343年4月，当时的教皇克莱门特六世说帕多瓦的马西利奥和扬顿的约翰这两位"异教首领"都已经死了，但究竟是何时死的却并不见于史料。

正由于受到皇帝的恩宠，并且如此起劲地为皇帝服务，马西利奥因此受到了当时驻在亚威农的教廷的猛烈抨击，约翰二十二世曾经在教廷敕书里将马西利奥斥为"地狱之子与诅咒之果"，这大概是教廷对异端最厉害的诅咒了。教皇克莱门特六世还谴责了他们著作中240个命题为异端，他死后都还遭到格里哥利十一世的谴责。可以说是史上被教皇谴责最多的思想家了，倘若他不是躲在皇帝的羽翼之下，恐怕结局会很悲惨的。

第二节　反对教廷干政

我们说过，马西利奥的思想主要是政治思想，他的政治思想在

[①]《美国百科全书》，台湾光复书局/外文出版社，1994年第一版，第18卷，第212页。

西方思想史特别是中世纪思想史上的地位是很重要的。如对于马西利奥政治思想的核心之点，反对教皇干政、国家至上，赵老师说：

"马西留著作坚持不渝地以教皇为攻击目标，正如一个评论者所说，在他的思想中。'一切都服从一个主要目的，这就是摧毁教皇与教会的权力。'摧毁教权与维护王权是他的理论的两个方面。"①

《美国百科全书》则评论说，马西利奥"主张世俗应具不受限制的权力，以作为反对教会扩张权威的论点，实超出中古时代其他思想家。"②

当我们了解了马西利奥的思想之后，将会发现这样的评论是符合事实的。

我们将分三部分来讲述马西利奥的思想，这三部分也是马西利奥思想的三个主要方面：一是猛烈抨击教廷对世俗政治的干预，认为其无权如此；二是主张建立一个"国家万能"的社会；三是分析了国家之中一些重要的范畴。例如法律的制定与执行、立法行政与司法各自权力的分配、统治者的产生与人民意志的地位，等等。

我们首先来谈第一点，这一点简而言之就是反对教廷干政。

我们前面讲过神圣罗马帝国皇帝路德维希四世和教皇之间的争执，争执的根源就在于教皇干政，即要干涉世俗帝王的统治，这是中世纪政治的一大特点，即教皇与世俗君主之间的权力之争。这种争执可以说几乎贯穿了整个的中世纪，具体而言主要表现为教皇与英法德三个最主要的西方大国的君主之间的各种争执。例如英国，

---

① 参见赵敦华：《基督教哲学1500年》，人民出版社，2005年5月第一版，第535页。
② 《美国百科全书》，台湾光复书局/外文出版社，1994年第一版，第18卷，第212页。

第二十五章　帕多瓦的马西利奥

我们前面讲过圣托马斯·贝克特的事迹。至于德国，实际上是三国之中受教皇影响最深的。这话说来就长了，它一直贯穿着整个德国的古代史，我们前面讲过的路德维希四世与教皇之争不过是冰山之一角，前面的话还长着呢！这里也简单说下。

这要一直从843年查理曼的三个孙子瓜分帝国开始，其中日耳曼人路易获得了帝国东部，那就是德国诞生之始。

911年，日耳曼人路易死后，萨克森的亨利一世作了王，他有一个绰号"无柄之剑"，获得这个绰号就是因为他很讨厌当时在德国作威作福的教会，作王时不肯行"涂油礼"，这就表明他没有得到上帝的祝福，是非法的。从这里就可以看出当时德国就已经产生了教会与君主的权力之争。

亨利一世死前，指定他的大儿子继承王位，称鄂图一世。

鄂图一世是个强有力的君主，与乃父不一样，他接受了涂圣油的仪式。通过一系列成功的征战，扩张了王权，包括要求德国的主教们像普通封建主一样做他的附庸。如果这时他静下心来，专注于德意志的事务，像他在法国和英国的同行们一样致力于建立君主专制，凭他的文治武功，完全有可能消灭德国的封建割据，建成统一的德意志国家。如果做到了这点，那德国的历史就会是另一番景象了。

然而他没有，他并没有把目光放在德意志，而是投向了意大利、昔日辉煌伟大的罗马帝国的老家。他梦想征服它，重温伟大的帝国之梦。

也是天缘凑巧，这时统治意大利的君主罗退尔死了，这个罗退尔不是查理曼的长孙、分得中部法兰克的罗退尔，而是他的后人。这个新罗退尔死后，他的寡妇受到了威胁，她久仰鄂图一世的大名,逃到了德国,请求帮她复国。鄂图一世即刻兴兵南下,不久占领整个北部,这是951年的事。960年,他又借口教皇有请,再次兴兵侵入意大利,兵锋直指罗马。

两年之后,他攻入罗马,帮助教皇打垮了宿敌。为了向他表示感谢,这年,在圣彼得大教堂,就是查理曼曾经被教皇封为罗马人的皇帝和奥古斯都的地方,鄂图一世被教皇加冕为"神圣罗马帝国"的皇帝。——这个帝国从此延续了近千年之久,直到被拿破仑灭亡。

不但如此,鄂图一世还基本上控制了教皇,他承认教皇对许多地产的占有,但保留了这些地产的主权,甚至要求教皇上任时要宣誓效忠他这个皇帝。愤愤不平的教皇不久就起来反抗,但立即被鄂图一世打败了。结果,这个教皇约翰十二世被废掉,另选新教皇,并规定以后不经皇帝同意不得选举新教皇。

鄂图一世死后,他的儿子和孙子也醉心于意大利,但能力一代不如一代,使皇帝势力日降。正当此时,德国境内的基督教势力却一直在增长,他们掌握了德国大部分财富,皇帝都常常要向他们借钱,登位也要由他们加冕才行,这甚至可以不惊动教皇,由大主教来加就可以了。势力变得比教皇还大的教会就提出了各种要求,如把教会财产严格控制在教会手中,主教等教职也要由教皇来任命——以前这都是皇帝的事,其目的只有一个:要让教权凌驾于世俗政权之上。

势力日小的皇帝在势力日大的教会面前步步退让,到亨利四世时达到顶点。这个亨利四世本来也不是好惹的,1076年,他在沃姆斯地方举行帝国会议,想联合德国的教俗两界与教皇争斗。但这时的教皇格里哥利七世同样不是好惹的，宣布开除亨利四世的教籍，"绝罚"他，并叫亨利四世所有的臣民都不要效忠于他。

这样的圣谕一来，德国那些本来就讨厌亨利四世的贵族们立即表示遵守圣谕，不承认亨利为王，不效忠于他，亨利四世一下子陷入众叛亲离的境地。除了向教皇屈服别无出路。当他打听到教皇要去卡诺莎城堡访问玛狄尔德女伯爵时，便千里迢迢翻越阿尔卑斯山，到达了卡诺莎城堡，他穿着罪人的衣衫，赤脚光头，在冰天雪地里站了整整三天，教皇才召见他，恢复了他的教籍。这是1077年1月的事。

"到卡诺莎去"后来成了西方一句俗语，就像中国的"败走麦城"一样。不过意思更重一些，指那些令人大为丢脸的失败与屈服。

受到如此侮辱的亨利四世回到德国后卧薪尝胆，过了三年，宣布废黜格里哥利七世，另立克莱门特三世教皇。过了四年后，更统兵进入罗马，赶走了格里哥利七世，第二年这位一度叫皇帝下跪的教皇孤独地死于一座叫萨勒诺的小城。

但教俗之间还在竞争，到1085年，这时亨利四世也已经死了，继位的亨利五世与新教皇卡力凯斯特二世在沃姆斯签订了条约，双方各自作了一些妥协，定明了皇帝和教会各自的权限，教权和俗权的争夺才暂时平息。

但这暂时的平息与其说是斗争的结束，不如说是斗争新的开始。例如十二世纪时"红胡子大王"腓特烈一世与教皇亚历山大三世之争、十三世纪时腓特烈二世与格里哥利九世教皇之争，都同样地血腥，是赤裸裸的战争，比英法两国君主与教皇之间的争斗要残酷得多！而十四世纪时路德维希四世与教皇的争执不过是一种延续而已。

通过这些史实可以看出来，教皇干政乃是中世纪政治的主旋律之一。面对这样的情形，神学家们也各自采取了不同的态度，有的站在教皇一边，如安瑟尔谟和罗马的吉尔兹，特别是后者，写了一本《论教会的权威》，公开主张教皇至高无上，享有绝对的权威，那些世俗的君王们必须服从教皇，甚至说教皇可以拥有世俗的统治权，将教权与政权合为一体。而奥康和马西利奥则站到了世俗帝王一边，认为教皇无权干政。当时教皇干政有一个主要的依据，就是《教会法》，其中有教皇声明和教会的裁判权，通过前者，教皇的通谕似乎就有了类似于君主的政令那样的法律效力，而教会的裁判权更是由来已久。通过这种裁判权，教会掌握了相当一部分司法权，可以用异端的名义审判甚至判处死刑。这样被处死的人在中世纪数以万计。但马西利奥指出，这两种权力都是一种错误，也是没有理由的。实际上，当耶稣和使徒在世时，从来没有要求这样的权力。相反，他们是服从世俗帝王之统治的。一个最明显的例子是耶稣是向统治他们的罗马政府纳税的。耶稣还有一件这样的神迹，有一天，罗马收税官来向耶稣收税。耶稣就命令大徒弟彼得去湖里捕条鱼，从鱼肚里取出金币来缴税。彼得到了湖边后，果真捕到了一尾鱼，并且在这条鱼的肚子里果真有金币。下一个世纪，文艺复兴时期第一个伟大的画家马萨乔就以此为题材为佛罗伦萨的圣马利亚·德尔·卡迈纳教堂绘制了一幅大型壁画，名字就叫《纳税钱》，描述的就是耶稣这神迹。还有，犹太的长老们为了害耶稣，就去问耶稣该不该给罗马人纳税，他们想如果耶稣一心为着犹太人，那么自然会不同意纳税给罗马人，这样便可以把这个口实交到罗马人那

第二十五章 帕多瓦的马西利奥

里去，定耶稣的罪了。但耶稣一句巧妙无比的"凯撒的物当归给凯撒，神的物当归给神"①说得那些人哑口无言，灰溜溜地走了。这句话表明，耶稣是认为应当给罗马人纳税的。这也表明耶稣从来没有要求世俗的统治权，甚至是服从世俗的统治权的，也服从世俗的法律。

但现在教皇却宣称不但拥有世俗的统治权，甚至凡间的帝王都要服从他，这显然是和当初耶稣的做法相违背的，是没有根据的。

还有，作为意大利人，马西利奥指出，正是由于教皇的一再干政，图谋建立世俗的国家，特别是想要直接统治意大利，导致了意大利特别是意大利北部历代以来战乱频仍。这些战争不但导致了死伤无数，也使得意大利陷入分崩离析之中，人民过着悲惨的生活，这也是教皇的罪愆。②——这些残酷的战争我们上面都讲过了，其根源就是教皇与德意志皇帝之间的权力之争，是教皇试图在北意大利建立政教合一的国家甚至想要凌驾于世俗帝王之上。对于教皇这样的图谋，众多的意大利有识之士都起来反对，例如马西利奥和伟大的但丁。

还有，正是在对教皇干政的批判里，展现了马西利奥的理想：就是在意大利建立国家与秩序，使这里不再遭受教权的蹂躏，使这里的人民能享有太平的生活。这种理想不但是马西利奥的，也是但丁和整个意大利民族的。终其一生，但丁都在为这样的理想而奋斗，但这个理想距实现还早得很呢！

---

① 《圣经·新约·路加福音》第20章，25节。
② 参见柯普斯登：《西洋哲学史》（第三卷），陈俊辉译，台湾黎明文化事业股份有限公司，1988年12月第一版，第246页。

第三节　国家万能

马西利奥不但批判了教皇干政,还提出了自己对国家的认知,这种认知简而言之就是"国家万能",也就是说,国家拥有一切的权能,是最伟大者。这个思想乃是和亚里士多德一脉相承的。

在《政治学》中,一开篇亚里士多德就指出了其所研究的对象乃是城邦,并且指出了城邦的重要意义:它乃是一种政治的共同体,并且是最高的、最有权威的共同体,它之所以崇高,在于它是为了追求至善而建立的共同体。

接着,亚里士多德阐述了城邦诞生的过程,这个过程大致如下:

首先是人类的本性就是需要结合,这是人类为了生存而必然具有的特点。然后是男人与女人再加上他们所生的孩子组成了人类最小的结合单位——家庭。亚里士多德说:"家庭是为了满足人们日常生活需要自然形成的共同体。"[①]

再是村落。亚里士多德认为,村落是由家庭联合而成的,而且是为了生活的方便或者获得利益而建立的。

最后就是城邦了。对于城邦的产生,亚里士多德这样说:"当多个村落为了满足生活需要,以及为了生活得美好结合成一个完全的共同体,大到足以自足或近于自足时,城邦就产生了。"[②]

亚里士多德对于城邦——也就是国家——是极为重视的,在

[①] 亚里士多德:《亚里士多德全集》(第九卷),苗力田主编,中国人民大学出版社,1994年3月第一版,第5页。

[②] 同上,第6页。

他看来，人天生就是政治动物，就像他们天生就要聚集在一起生活一样，这乃是人之为人最主要的特点。因此之故，那使人聚集在一起，形成不是动物那样的群体，而是上升到了国家或城邦的人乃是最伟大的、人们最应当感恩的人，他说：

"人类天生就注入了社会本能，最先缔造城邦的人乃是给人们最大恩泽的人。"①

还有，人与人结合在一起之后，由于不再是一个人了，所以必然得有一个相互地位问题，即这些联合在一起的人哪个地位高、哪个地位低、哪个服从哪个。

在这个问题上，亚里士多德的观点是：有的人天生就该统治，有些人天生就该被统治，总而言之这是"天生的"，但他进一步指出，这种天生的没有什么不好，而是好的，即对统治者和被统治者都是有好处的，对此他说：

"天生的统治者和被统治者为了得以保存而建立了联合体。因为能够运筹帷幄的人天生就适于做统治者和主人，那些能够用身体去劳作的人是被统治者，而且是天生的奴隶；所以主人和奴隶具有共同的利益。"②

各种这些观点就是亚里士多德对国家与政治的基本观念，马西利奥几乎不折不扣地继承了这些观念。③在他看来，国家正应该是

---

① 亚里士多德：《亚里士多德全集》（第九卷），苗力田主编，中国人民大学出版社，1994年3月第一版，第7页。
② 同上，第4页。
③ 参见柯普斯登：《西洋哲学史》（第三卷），陈俊辉译，台湾黎明文化事业股份有限公司，1988年12月第一版，第248页。

这样子的。还有，对于中世纪的国家，由于还有了另一类亚里士多德时代所没有的人，即基督教的神职人员——教皇也是神职人员，他对这一部分人也作了分析，认为神职人同样是属于国家的，应该服从国家，也就是服从世俗君主的统治，而不是脱离于国家与君主之外，更不应当凌驾于国家与君主之上。

对于应该崇敬的国家，马西利奥提出了许多直到今天看来也堪称远见卓识的主张。例如对政府的分类。他将政府分成两类：一类是依赖人民意愿才存在的政府，另一类是不依赖或者违背民意而存在的政府。[①]前一类当然是更好的政府，因为它依赖人民的意愿才存在，因此当政者在执政时，自然会以人民的利益为中心，而不是以统治者自己的利益为中心。后一种政府则不是这样，简而言之，这种政府乃是一种暴政，也就是以暴力而存在的政府。这理由也是明显的：它不以人民的意愿而存在，人民当然不愿意它存在，于是，为了维系自己的存在就必须依赖暴力了。而这样的政府当然不会以人民的利益为其执政的目标，而是以统治者的利益为目标，它之所以要以暴力统治人民就是为了谋取利益。

不难看出，马西利奥的这一思想也是来自于亚里士多德的。在《政治学》里，亚里士多德指出了有六种政体，三种是好的，三种是坏的。其中好的是君主制、贵族制、共和制；坏的是僭主制、寡头制、平民制，它们分别是由一个人、少数人与多数人执政。其中后三个是前三个的变体，所谓变体，就是说，其政府的形式是一样

[①] 参见柯普斯登：《西洋哲学史》（第三卷），陈俊辉译，台湾黎明文化事业股份有限公司，1988年12月第一版，第248页。

的，但其实质变了，变坏了。

马西利奥又指出，一个好的政府，即依赖民意而存在的政府并不一定是要经过民主选举产生的政府，它也可以是其它的形式，只要它依赖于民意而存在、以人民的利益为执政之目标就可以了。但他同时又强调说，总的来说，或者从原则上来说，经过选举，由人民选举出来的政府是比不依赖于选举而产生的政府要更好。简而言之就是，最好的政府是经由人民选举出来的政府，用今天的话来说，民选政府是最好的政府。

第四节　法之三类

以上是马西利奥对政府总体性的认识，我们最后来看看他对于政府或者国家之中一些重要范畴的认识，例如法律的制定与执行、立法行政与司法各自权力的分配、统治者的产生与人民意志的地位，等等。

在马西利奥看来，一个国家之中最核心的当然是法律，没有规矩，无以成方圆；没有法律，也无以成国家。所以，法律是国家之根本，就像依法治国是治理国家之根本一样。

马西利奥又认为，法律的本质或者说基础就是有利于国家的一切知识之总体，这些知识通通是有利于国家的，它们乃是法律的基础。但不是唯一的基础。法律的另一个基础是，它必须是"正义的"，即它必须有道德的基础，没有这个基础也不成为法律，而是暴政了。有了这两点之后，还不一定就是法律了，因为法律之为法律必须具有一个基本的特点，就是强制性，即必须遵循，否则就要受到惩罚。将这三者结合起来之后，法律就诞生了，因此在马西利奥看来："法律是一种训诫性的，以及强制性的规则；亦即是用在今生可以应用的（道德）约束力来强化的。"[1]

这些话都好理解，不需多说。马西利奥还将法律从其源头算起分成三类，分别是：自然法、人的法律、国家法。

自然法就是那些自然而然地产生的，为所有人普遍认同的法律，典型者就是摩西在《摩西十诫》里就有的要孝敬父母，这不但是西方自古就有的，中国也有，也许是最为古老的法律了。这样的法律在马西利奥看来也可以说是神的法律，因为它是自然而然的、自古就有的，也就是说不知其源，倘若一定要说，就只能说是神的律令了，这也是很说得通的，例如《摩西十诫》就是直接由耶和华神授予摩西，也是授予所有人的。

至于人的法律，就是一些由统治者或者某一部分人制定的，并没有被普遍认可的法令。这样的法令当然也是普遍存在的，往往是统治者或者统治阶级为了自己的利益而制定的法令。从古至今都有，例如有的国家还在宪法里规定了谁谁接班之类，所在多有。

显而易见，人的法律和神的法律是可能产生冲突的，例如在古罗马时代，皇帝盖尤斯·卡利古拉自称为神，要求犹太人在圣殿中供奉他的雕塑，并且将之当成法律，但这是与犹太人古老的来自神的律法是大相违背的，因为耶和华明确地说过：

"不可为自己雕刻偶像，也不可作什么形像，仿佛上天，下地

---

[1] 参见柯普斯登：《西洋哲学史》（第三卷），陈俊辉译，台湾黎明文化事业股份有限公司，1988年12月第一版，第249页。

第二十五章　帕多瓦的马西利奥

和地底下，水中的百物。

不可跪拜那些像，也不可事奉它，因为我耶和华你的神是忌邪的神。恨我的，我必追讨他的罪，自父及子，直到三，四代。"[1]

因此，当卡利古拉要犹太人拜他的像时，他们自然不干。于是他就下令残酷地对待犹太人。在这种情形之下，斐洛才代表犹太人出使罗马，直接向皇帝面谏，请求他尊重他们的古老的律法。在他们看来，这是神的律法，是要高过卡利古拉的人的律法的。马西利奥也是这么看的，他说：

"一些事情根据人类法律是合法的，但根据神律却是不合法的，反之亦然。"[2]

这时候当怎么办呢？马西利奥的观点和犹太人是一样的，即认为神的律法要高过人的律法。

但这并不意味着马西利奥认为神的法律是最高的，因为在他看来，最高的或者说最完善的法律乃是国家之法。"完善的法律只能是国家制订的法律。用神律、自然律、福音律作为国家法律的基础犯了用特殊规则限定普遍法律的错误，这与把教权凌驾于国家政权之上的错误是一样的。"[3]

马西利奥这样认为是自然而然的，因为在他看来，国家是万能的、至上的，而国家之为国家一个根本的表征之一就是其能够制定法律，其所制定的法律当然也应当是至上的。

---

[1] 《圣经·旧约·申命记》第5章。

[2] 转引自赵敦华：《基督教哲学1500年》，人民出版社，2005年5月第一版，第536页。

[3] 赵敦华：《基督教哲学1500年》，同上，第536页。

还有，在马西利奥看来，严格地说，只有国家法才是真正的法，而神的法实际上只是一种道德原则，不一定具有强制性。他还打过一个巧妙的比方，就是将自然法或者神的法比作是医生开的药方，这药方医生虽然开了，吃与不吃当然取决于病人，医生是不能够强制病人去吃的。自然法也是一样，虽然它存在，并且有一定的道理，但却像药方一样，并不具有强制性。这样一来，神的法律其实根本就不能视为法律了，只是一种道德的诫条而已。

马西利奥的看法当然是有道理的，例如那最有名的神之法，也就是说摩西十诫中的要孝敬父母，请问它有强制性吗？当然没有！古往今来、古今中外不孝敬父母的人多呢！又有多少人因此受到法律的惩罚？又有哪个国家把"要孝敬父母"当成法律去明文规定并且定出惩罚的措施？几乎没有吧！其实有也不应该，因为这不属于法律的范畴，而是道德的范畴，须知法律之大能并非字面意义上的"万能"——无所不能，倘若法律管得太宽，最后受到伤害、失去应有尊严的将会是法律本身。

国家法才是真正的、最高的法，那么一个国家又如何去制定法令呢？

马西利奥认为，法律本质意义上的立法者应当是全体人民，但实际上的操作却不能如此，因为法律的制定是一个很专业的工作，显然不可能要求全体人民去制定，这时候就应该找到一定数目的社会之精英，由他们去代表人民制定法律。当然，他们的代表地位必须是合法的，是由人民选举出来的，也代表了人民的利益。这些人就构成了国家的立法机构。

更进一步地，马西利奥还指出，这个立法机构还是有太多的人，由这么多人真的去制定法律包括写作法律文本有时候还不现实，这时候立法机构就应当将这件事托付给某个委员会，也就是说少数的人，由他们去具体地制定法律，然后递交给立法机构，再由立法机构定夺是否可行，可行则颁布成为法律，不可行则驳回，重新再来。①

不用说马西利奥的这些理念直到今天都是可行的，也基本上符合于实际的立法情形。

第五节　三权分立

法律之后，马西利奥还提到了权力的分配问题。我们知道，现代西方国家是讲究三权分立的，三权即立法、司法与行政，这种观念最早同样是来自亚里士多德的，在《政治学》里，关于政体的施政，亚里士多德如此说：

"一切政体都有三个部分或要素，一个好的立法者必须考虑什么样的组合才对个别的政体有利。合理组合这些要素，就必定能得到一个优良的政体。各种组合方式的不同将造成政体形式上的不同。三者之中第一个部分或要素是与公共事务有关的议事机构，第二个要素与各种行政官职有关，它决定应该由什么人来主宰什么人或事，和应该通过什么样的方式来选举各类官员，第三个要素决定

---

① 参见柯普斯登：《西洋哲学史》（第三卷），陈俊辉译，台湾黎明文化事业股份有限公司，1988年12月第一版，第251页。

司法机构的组成。"①

不难看出来，亚里士多德在这里指出的政体的三部分分别是立法、行政与司法，直到今天它都是一个国家政权机构的三大组成部分，亚里士多德在两千多年前就明确地说出来了，而且指明了需要"合理组合这些要素"，意思就是说，应当对三个要素之间的权力进行合理的分配，这样才能得到一个好政体，这就是西方最早的立法、行政、司法三权分立思想。

在马西利奥看来，国家同样有三权，在三权之中，他认为立法权是第一位的，国家的行政权必须依据立法进行统治，也就是说，君主也必须依法治国、要遵循而不能逾越法律。事实上，统治者的职责就是要执行法律，不但他自己要遵守法律，还要使人民也遵守法律，这就是他统治的基本职责。

立法权之下是行政权与司法权，在马西利奥看来，这两种权力可以集于一身，甚至于在他看来司法权乃是行政权的一部分。这种观点较亚里士多德有些后退了，但也反映了历史的事实。事实上，即使在西方，直到近代，虽然君主必须遵循法令进行统治，但司法权与行政权大都是一体的，都由君主掌握。中国更是一样，皇帝当然一切权力集于一身，这是不用说的，到了下面各级政府，虽然没有立法权，但行政与司法权是集于一身的，知府县令既是行政官员，也是负责判案的法官，这应该是中国古代行政体制的一大特色了。

既然三权之中立法权最高，马西利奥认为，立法者有权力与义

---

① 亚里士多德：《亚里士多德全集》（第九卷），苗力田主编，中国人民大学出版社，1994年3月第一版，第148页。

第二十五章 帕多瓦的马西利奥

务监督最高行政官如君主,倘若他不遵守法律,或者行了不公不义之事,就要去纠正之,倘若他拒绝悔改,就要罢黜之!①

以上就是马西利奥政治思想的大致内容了,我们可以将他的思想简明扼要地总结如下:

国家之中,人民至上,国家的一切必须以人民利益为中心、为人民服务;好政府一般是由人民选举出来的,但不一定要如此,必须尊重这个国家的实际情形;法律乃一国之根本,因此国家三权之中,立法权居首,行政权与司法权可以合一,由最高行政首先执掌,但其必须遵循法律,若行不义或不遵守法律就可以被罢免。

而其最主要的核心,或者说基于当时的政治形势,最主要的目的乃是反对教皇、反对教皇的干政,反对教皇对世俗政权的干预。就像某位帕赫维特-奥尔顿先生所言的:马西利奥的主要著作《和平保卫者》从头至尾有着一致的目的与观念,就是要"摧毁教廷与教会的权势"。②

对于这部《和平保卫者》,《不列颠百科全书》则是这样评价的:

"该书极大地影响了现代的国家观念。有人认为他是清教改革运动的先驱,既是马基雅弗利式国家的设计人,又是现代民主制度的缔造者。"③

---

① 参见柯普斯登:《西洋哲学史》(第三卷),陈俊辉译,台湾黎明文化事业股份有限公司,1988年12月第一版,第251—252页。
② 同上,第254页。
③ 《不列颠百科全书》,中国大百科全书出版社,1999年第一版,第10卷,第512页。

第二十六章 库萨的尼古拉

这一章有点特殊,因为在讲库萨的尼古拉之前,我要用专门的一节来阐述一个问题:

有没有独立的文艺复兴时期的哲学?更具体地说是在文艺复兴时期,有没有一种独立的、富有时代特色的哲学,就像古希腊哲学或者中世纪时期的哲学一样。

这样的问题似乎有些耸人听闻,但我却认为是很有必要加以解释与回答的。

第一节 有没有独立的文艺复兴时期的哲学

我之所以要提出这个问题,是与赵老师在《基督教哲学1500年》中的说法分不开的。在《基督教哲学1500年》里,赵老师将一般所谓的文艺复兴的思想置于其第十二章"中世纪晚期的哲学思潮",言下之意显然是认为并没有单独的文艺复兴时期的哲学,所谓文艺复兴时期的哲学应该是中世纪哲学的一部分,对此我深有同感。在这里也特意引用赵老师在这一章"中世纪晚期哲学思潮"的开篇话语:

"15至16世纪是中世纪向近代的过渡时期,这一时期的哲学一方面仍然保留着中世纪哲学的痕迹，另一方面也包含着近代哲学的萌芽。如果着眼于思想的发展，可以把这一时期作为一种新哲学的开端；如果着眼于思想的连续，也可以把这一时期作为中世纪哲学的终结。当然，这两种观点不可能截然分开；即使新兴的哲学也自觉或不自觉地以中世纪哲学观点为前提；即使恪守传统的哲学也不是对以前思想的简单重复。我们着眼于哲学史的连续发展，在本书最后一章阐述中世纪哲学如何过渡到近代哲学的思想形态。"①

赵老师所言是非常在理的，因为我也一直被一个问题困扰了许久：有文艺复兴时期的哲学吗？

在我看来是没有的。

也就是说，没有有特色的、与中世纪哲学大不相同，足以独立成篇的文艺复兴的独特的哲学。

原因何在？史实如此，下面我将从历史的角度对这一观点进行阐述。

首先，一个最直观的特点是，我们只要打开几乎任何一本哲学史就可以看到，文艺复兴所占的篇幅往往是很少的，而且总是附在中世纪哲学后面，成为一个小小的尾巴。

这个小尾巴有以下两个特点：

一、内容少。

这是文艺复兴时期哲学一个最明显的特点，只要翻开任何一本西方哲学史就可以看到了，在从古希腊、古罗马、中世纪、文艺复兴、近代、现代西方哲学中，它总是内容最少的部分，而且少了

---

① 赵敦华：《基督教哲学1500年》，人民出版社，2005年5月第一版，第543页。

不止一点点，是少了很多，只是其它几大部分的若干分之一。例如以梯利的《西方哲学史》为例吧，它只有约30页的篇幅，只全书七百余页的不到二十分之一。其它各种哲学史大致都差不多。总之内容很少。

二、名家少。

其实，这里的"少"可以改为"无"，纵览整个文艺复兴时期，可以说没有一个在哲学史上居于重要地位之哲学家——一个也没有！当然，柯普斯登将培根划到了文艺复兴时期，但这只是柯普斯登一家的做法，一般而论，培根在哲学史上不是属于文艺复兴时期的，而是属于近代哲学的，所以除了柯普斯登，似乎没看到其他人这么做。当然柯普斯登这样做也有他的理由，就是培根的生活年代确实属于文艺复兴时期，不过在哲学上的划分与历史时期的划分是并不一定一样的，在这里柯普斯登可能过于标新立异了。除了培根而外，柯普斯登说得最多的文艺复兴时期的哲学家是苏亚雷，这个人确实是一个比较重要的哲学家，但止于文艺复兴而已，就整个西方哲学史而言，他并没有多重要。总而言之，排除了有疑问的培根之后，文艺复兴时期没有一个哲学家能够称得上是整个西方哲学史上的重要哲学家，这是一个事实。

三、内容无创新。

不但内容少、名家无，文艺复兴时期哲学还有一个大特点是内容没有独创性。这其实可以逻辑地推理出来，倘若文艺复兴时期哲学有独创性的话，那么也不至于一个名家也没有、内容也那样惨淡。关于这一点，后面讲文艺复兴时期哲学时，大家会清楚地看到。

当然，也有人说文艺复兴时期哲学是一个"过渡"、"转折"，是由神本走向人本,诸如此类。这固然也有道理,文艺复兴时期哲学的确有一些独特的地方,但倘若我们就事论事地去分析,就会发现事实上不是这样,或者至少说,即便有这样的思想,那也没有多大影响。从一个简单的事实就可以推出来:倘若文艺复兴时期哲学真的有这样承上启下的作用,那么应当产生具体的有承上启下作用的哲学思想体系以及提出这个体系的伟大的哲学家,请问有吗?没有!也就是说,尽管文艺复兴时期似乎应该有这样的哲学体系,但"应该有"并不等于"事实上有",事实上就是没有。事实上,文艺复兴时期哲学的内容较之中世纪并没有什么创新,不但没有创新,而且比中世纪要落后得多。一个简单的事实就可以证明这一点:中世纪产生了多少伟大的哲学家与神学家?从奥古斯丁到爱留根纳到安瑟尔谟到波纳文德到托马斯·阿奎那到邓·司各脱到奥康,他们又提出了多少新颖而独特的思想?与古希腊罗马的哲学思想可以说是大不相同吧!与之后的近代与现代同样大不相同,而文艺复兴时期呢?它又提出了什么独特的思想?没有!

总而言之,文艺复兴时期既没有诞生创新的哲学思想体系,又没有诞生伟大的哲学家。

这样一来,我试问:一个这样的时期,能够独立出来,成为一个独特的哲学史分期吗?

这恐怕是有问题的。

当然,文艺复兴的确是一个独特的历史时期,这是毋庸置疑的,但在我看来,这主要如其名字所言,是"文学与艺术"的复兴,简称文艺复兴,而不是哲学的复兴。

为什么是文学与艺术的复兴呢?那是因为中世纪虽然在哲学上

有着光辉灿烂的成就，也许亚于古希腊，但绝不亚于古罗马。但在文学上与艺术上就不是如此了，纵览整个中世纪，在文学上与艺术上较之古希腊与古罗马是一种不折不扣的倒退，是一个地地道道的"黑暗时期"。因此之故，它才需要复兴，也事实上复兴了。这从一个简单的事实就可以看出来：整个中世纪诞生了哪个伟大的作家、诗人与艺术家？一个也没有！而文艺复兴时期呢？那就多了去了，文学上，从但丁、薄伽丘、彼特拉各到乔叟、塞万提斯和莎士比亚，所在多有，莎士比亚更是号称有史以来最伟大的作家，即倘若可以有一个作家可称为"最伟大"，那就只能说是莎士比亚了。艺术上更是如此，仅就意大利的文艺复兴时期而言，就有多少？从早期的马萨乔、弗朗西斯卡、波提切利到艺术史上居于至尊之地位的三杰——米开朗其罗、达·芬奇、拉斐尔，到后期的提香和卡拉瓦乔，群星灿烂，不亚于古希腊，远胜古罗马。这就是说，从中世纪到文艺复兴时期，西方世界在文学与艺术上的确是跨进了一大步，是一个伟大的新时代，是古希腊罗马文学与艺术的伟大复兴，因此给其一个独特的名称"文艺复兴时期"是实至名归的。

但现在的问题是，能够将文学与艺术应用于哲学吗？恐怕有问题吧！文学艺术毕竟和哲学是不同的领域，文学从某个角度而言也是一种艺术，即文字的艺术、创作的艺术，但哲学不是这样，哲学不是艺术，它与艺术不是同一个范畴的东西。这样一来，试问：我们因为文艺复兴时期在文学上与艺术上取得了独特而伟大的成就、要划出一个独特的时期，就要对哲学也进行如此的划分吗？

在我看来，这是不必要的，至少不一定必要。

理由之一是上面我已经说过的了，简而言之因为在哲学上中世纪哲学是一个伟大而独特的时期，而文艺复兴并不是如此，为什么要将这样一个基本上没有独特性与重要性的时代单独划为一个哲学的独立时代呢？似乎有所疑问。

理由之二是，在时间上文艺复兴时期是直接后于中世纪的，是与中世纪一体的，为什么要将这内容上一体、时间上也一体的时期人为地划为一个独特的时期呢？这就更没有道理了。

理由之三是，倘若文艺复兴时期没有这些文学与艺术的光辉成就，哲学还是一样，我们还会将这个时期称为一个独立的时期——文艺复兴时期吗？当然不会！这也就是说，倘若只基于哲学的考虑，它本来是不应该从中世纪哲学中独立出来的，它之独立完全是因为文学与艺术，而不是因为它自己。

基于上面的三个理由，我认为将"文艺复兴时期哲学"从中世纪哲学中划分出来，成为哲学史一个独特的时期是有问题的，至少对哲学本身来说是有问题的。

当然，划分出来也有它的理由，那理由其实只有一个：因为文艺复兴是一个独特的历史时期，因此要将这个历史时期之内的一切都独立出来，文学与艺术如此，哲学也如此，而无论其是否有所创新，都当如此。

倘若是这个理由，那就没什么可说的了。

但无论如何，我们应当清楚一个事实：所谓文艺复兴时期哲学只是一个人为的划分，是基于历史的分期而进行的划分，就实际的内容而言，独特的"文艺复兴时期哲学"是不存在的，正如不存在文艺复兴时期哲学的伟大哲学家一样。文艺复兴时期哲学只是中世纪哲学的一种自然而然的延续，是中世纪哲学一个天然的组成部分，事实就是如此。

我们可以打个领土的比方：文艺复兴时期哲学本来是中世纪哲学的领土，但文艺复兴时期是一个很强大的"国家"，它认为既然我很强大，我领域之内的一切就都是我的，于是将哲学也从中世纪划了出来，归于自己，并且命名为"文艺复兴时期哲学"。但实际上，这个"文艺复兴时期哲学"站到文艺复兴时期之后，并没有给它增添什么光彩，而是反而成了一种陪衬，就像佐拉在他了不起的小说《陪衬人》中的那些可怜的丑姑娘一样，只是彰显了文艺复兴时期文学与艺术的光辉灿烂，而使哲学显得平凡与黯淡。就像小说中的一句话："一个人的丑就提高了另一个人的美。"

而倘若让文艺复兴时期哲学根据其自然的属性，和中世纪哲学待在一起，它本来是不会显得如此可怜的。

当然，我也并不是说作为哲学，文艺复兴时期完全没有特色，它自然也是有特色的，例如文艺复兴时期的人文主义思想与科学思想也不可避免地会对这个时期的哲学与哲学家产生一定影响，也会涌现受这些思想影响的哲学家，例如布鲁诺。但这些对哲学的影响与对文学和艺术的影响不可同日而语，就像布鲁诺在哲学史上的地位与拉斐尔在艺术史上或者但丁在文学史上的地位不可同日而语一样。而且总的说来，文艺复兴时期哲学与中世纪哲学在内容上是一致的，主题上也是一致的，例如神而不是人还是这个时期哲学的主题，这个时期的哲学总的说来还是神本的而非人本的，这乃是一个事实，我们将在文艺复兴时期两位最重要的哲学家——库萨的尼古拉和苏亚雷——那里看得很清楚。

所以，我后面讲文艺复兴时期哲学时，就要改变文艺复兴时期哲学这个"陪衬人"的角色,将文艺复兴时期哲学与中世纪哲学合为一体。

也正因为如此,在我们这一部《中世纪思想史》中,要将文艺复兴时期的哲学家们的思想也加入进来,使之成为整体的中世纪思想的一部分。

第二节 红衣主教库萨的尼古拉

虽然没有独立的文艺复兴时期的哲学,但文艺复兴时期的哲学家当然还是有的。

文艺复兴时期的哲学家中我们首先要讲的就是库萨的尼古拉。

我们前面讲过,十三世纪时,经院哲学登上了高峰,十四世纪时就衰落并且结束了。到十五世纪就属于文艺复兴时期了。正由于有了这个西方历史上名头极为响亮的时期,我们才必须将之当成哲学一个独立的时期。当然,我们刚刚也讲过,文艺复兴之所以伟大,是因为在这个时期文学与艺术得到了极大发展的缘故,和哲学没什么关系。实际上,就哲学而言,文艺复兴时期的发展是远比不上中世纪的,不但比不上十三世纪,连十四世纪也比不上。也就是说,若非因为文艺复兴时期文学与艺术的大发展,只有哲学,是根本不会有文艺复兴这么个特殊时期的。这也是显而易见的。

但是,这并不意味着在文艺复兴时期哲学完全没有成就,或者说完全没有什么特点,也不是这样的。事实上,文艺复兴时期哲学既然处于文艺复兴时期,自然不可避免地带有这个时期的一些特点。同时,文艺复兴时期的哲学实际上是一种过渡形态的哲学,从它之后将过渡到哲学的另一个与古希腊罗马以及中世纪同样重要的伟大时期——近代哲学，因此过渡性也是其重要的特点之一。倘若要找寻文艺复兴时期哲学的主要特点，应该就是这个了。

而最鲜明地体现这个特点的就是库萨的尼古拉了。

库萨的尼古拉是文艺复兴时期哲学的一个重要人物，被认为是文艺复兴时期第一个重要的哲学家，甚至是唯一有独创性的哲学家。就像梯利所言：

"十五世纪没有因袭经院哲学的老路，唯一建立有创造性的思想体系的，是库萨的尼古拉。"①

梯利这句话里蕴藏着的意思是：十五世纪之所以没有走经院哲学的老路，唯一的原因就在于库萨的尼古拉建立了一个创造性的思想体系。梯利的这话有点儿夸张，一个人有些创造性的思想，怎么就能够决定一个这么大的时期的哲学之路呢？倘若如此，说这个时期的哲学因此就走上了整体性的不同道路，那未免太过夸张了。不过，有一点梯利说得是对的，那就是库萨的尼古拉乃是文艺复兴时期哲学中唯一有创造性的思想家，也是唯一一个建立了有创造性的思想体系的哲学家。因此之故，我们要好好说一说他的思想。

在谈他的思想之前，我们还是先来谈几句他的人生。

顾名思义，库萨的尼古拉就是来自库萨的尼古拉。库萨乃是德国摩泽尔河畔的特里尔附近的库萨镇。

摩泽尔河还有特里尔的名字大家都很熟悉吧？因为在这里不但诞生了库萨的尼古拉，还诞生了另一个伟人，比库萨的尼古拉有名

---

① 梯利：《西方哲学史》，葛力译，商务印书馆，1995年7月第一版，第255页。

第二十六章 库萨的尼古拉

得多,那就是卡尔·马克思,他于1818年诞生于摩泽尔河畔的特里尔。特里尔和库萨空间上相距不远,但库萨的尼古拉与特里尔的马克思在时间上相距可远了,尼古拉生于1401年,比马克思要大了四百多岁。

据说尼古拉的父亲只是一位船工。库萨因为某种原因被一位伯爵收养,这对他自然是好事,例如在教育上。他一开始在当时的"共生兄弟会"里接受教育。所谓"共生兄弟会"就是"共同生活兄弟会",这是一种基督教的修会,当时的初级教育一般都是由这类教会组织负责的。到了1416年左右他上大学了,先到了海德堡大学,第二年又转到了意大利的帕多瓦大学,在那里学习了六年左右,并且获得了教会法的法学博士学位。据说此后先想在罗马找差事,但没有成功,就回到了家乡,当了一名律师,但第一场官司就打输了。可能觉得自己不是打官司的料吧,就离开了法律界,投身到教会,先去科隆学习了一年,大约是在这个时期,他证明了所谓的"君士坦丁的赠予"乃是伪造。

"君士坦丁的赠予"乃是基督教史上一件大事,指的是所谓的《君士坦丁御赐教产谕》。据称公元四世纪时由君士坦丁大帝颁发,将整个西欧的统治权授予罗马教皇。据说起因是这样的:君士坦丁自幼患有麻风病,后来得神启并接受教士西尔维斯特的洗礼后,彻底治愈了可怕的麻风病,因此起草了一份协议,主要内容如下:

罗马主教是基督在人间的代理,因此西尔维斯特和他的继任者,理应享有比皇帝更高的权威和更大的势力。安提阿、亚历山大、君士坦丁堡、耶路撒冷四个教区的大主教都要听命于罗马大主教。为纪念圣彼得和圣保罗,要在罗马兴建以他们名字命名的教堂，并在希腊、北非、西亚、意大利等地辟出庄园产业专门供奉这两所教堂……神职人员的任命亦为教皇独有……因为罗马已是教会所在地，帝国决定迁都君士坦丁堡，帝国西部的统治权转归罗马教会所有，如此等等。

这一文件出现于查理曼大帝之父矮子丕平当政时期，教廷因此称自己不但有世俗的统治权，而且权力还高于西欧的所有君王。

一直有许多人不相信有这回事，后来到了尼古拉这里，他率先证明了这是不成立的。不过史书记载最重要的证明者并非尼古拉，而是其同时代的意大利学者瓦拉，瓦拉专门研究了有关文件，发现在赠予文件里所使用的一些称谓口吻、制度礼仪和语言习惯等方面的用语都和君士坦丁时代不符，由于他说的入情入理，因此所谓君士坦丁的赠予就此打住了，连教廷自己也不再相信。尼古拉的证明和瓦拉基本上是同一个时期，但尼古拉还要略早几年。

1426年时，尼古拉在科布伦茨某教会谋得了圣职。他很快就显示出在这方面有出色的才能，甚至得到了罗马教廷的垂青。1432年，他受命前往瑞士巴塞尔，出席那里的宗教大会。

这次的宗教大会有一个专门的名字，叫"大公会议"。会议处理的仍然是教皇的地位问题，尼古拉在其间起到了非常重要的协调作用——关于这个问题我们后面讲尼古拉的思想时还要说，因此在教廷的地位不断上升。终于，1448年时，他成为了红衣主教。这是教会内仅次于教皇的最高神职，同时也意味着有资格被选为教皇，中世纪伟大神哲学家们中也极少有人可以得到如此高位。要知道此前的圣安瑟尔谟也不过当了坎特伯雷大主教，深受教皇器重、为教皇的世俗统治权摇旗呐喊的吉尔兹也不过当了鲍杰斯大主教，更伟大的奥古斯丁与托马斯·阿奎那也都没有当上红衣主教，而尼古拉并没有像吉尔兹那样为教皇个人效劳多少，竟然登上了如此高位，令人称奇。

成为红衣主教后，尼古拉后来当过布里克森地方的主教，1451年左右时成为罗马教廷驻德意志的特使，还当过教皇总助理。

尼古拉1464年8月逝世于意大利中部、距罗马不远的翁布里亚地区的小城托蒂。

由上面的人生经历不难看出，库萨的尼古拉一生中有许多时间是在处理各种各样的教会事务的，还要到处旅行，进行各种的协调工作。虽然如此忙忙碌碌，但他还是笔耕不辍，写下了许多的著作，其中比较著名的有：《论天主教的和谐》、《论有学识的无知》、《论隐秘的上帝》、《论寻觅上帝》、《论与上帝的父子关系》、《论上帝的观看》、《论猜测》，等等。其中第一部是带有政论性的作品，哲学著作中最有名的应该是1440年完稿的《论有学识的无知》。[①]
此外，尼古拉还是一个非常博学的人，有些像古希腊的哲人们，他尤其精通数学，不但在哲学中大量运用数学进行哲学与数学的类比分析，还撰写了好几部数学专著，如《论变动的几何学》、《论数学的成就》、《论数学的完美》，等等。从这个角度上说，他和近代一个伟大的哲学家有些相似，那就是笛卡尔。当然，只是相似而已，尼古拉虽然了不起，但无论在哲学还是在数学上的成就，都不能与笛卡尔相匹。

---

① 其末尾献辞"作者致红衣主教朱丽安阁下的信"中标明"1440年2月12日完稿于库萨"。

第三节　基督教之和谐

现在我们来谈库萨的尼古拉的思想。

关于尼古拉的思想，我们首先要说的就是他最有名或者最重要的思想、关于基督教之和谐的思想。

我们前面开讲十四世纪的经院哲学时说过，十四世纪天主教内部曾经发生一次大分裂，出现了两个教皇和两个教廷，分别驻于亚威农和罗马，使得整个基督教世界一片混乱。后来，直到1418年左右，在德国康斯坦茨召开了一次大公会议，终于选出了各方都一致认可的新教皇马丁五世，才结束了长达40年的天主教内部大分裂。

但这样一来就出现了新问题，就是大公会议——相当于我们前面提过的"总评议会"——和教皇究竟哪个是基督教界的至尊？大公会议的主教们认为既然教皇都由他们来选定，自然他们是至尊，大公会议的决议也是至高无上的。但对于这一点教皇提出了反对。于是基督教界开始了新的一轮权力之争。这次巴塞尔大公会议就是为了讨论这个问题的，结果自然是认为大公会议至上，教皇也要服从于它。

尼古拉去巴塞尔参加的正是这次会议，他在这次会议中的立场是比较模糊的。一方面，他认为大公会议应当享有某种形式的决定权，当出现类似两个教皇的时候，大公会议有权作出仲裁。但这并不意味着他一味地支持大公会议，他同时也认为教皇的职位是神圣的，大公会议不可撤销教皇职位。后面我们将会看到，尼古拉最重视的其实并不是大公会议或者教皇的权力分配之争，而是如他这个时期出版的一本著作的书名所言，是"天主教的和谐"。他不但在理论上为这个主题大声呐喊，而且在实际上也在大公会议和教皇之间起到了一种居间调停的作用，并且显示了协调各不同意见的出色的才能，因此之故，他得到了教皇的青睐，从此进入教会高层，平步青云。

尼古拉所要协调的不但有教皇与大公会议之间的关系，还有西方天主教会与东方东正教会之间的关系。在罗马教廷里，他的职责主要就是当教皇的使节，到各处去协调。他为此到过许多地方，其中最主要的是去过东正教会的首府、当时东罗马帝国的首都君士坦丁堡，目的是为了使东西方的基督教会重新联合。这时东罗马帝国已经危在旦夕，奥斯曼土耳其人兵锋直指君士坦丁堡，东罗马人为了保存国家，愿意服从西方教会的领导。作为报答，当时的教皇也答应再发动一次十字军东征，集整个基督教世界之力拯救东罗马。尼古拉的使命表面上达成了目标，在不久后于佛罗伦萨举行的大公会议上，东西方教会终于在名义上再次统一，而教皇也着手准备发动十字军东征。结果当然是没有结果，1453年，君士坦丁堡被土耳其人攻克了，东罗马帝国就此灭亡。

正是为了协调教廷与大公会议之间的关系，尼古拉出版了其名著《天主教的和谐》，书中最大的主题就是书名——天主教的和谐。当时他已经清楚地看到，基督教世界正面临又一次分裂的危机，而且这次倘若分裂将不是分裂成两块三块，而是分裂成无数块。为什么呢？因为这一次争权的不是哪两个教皇，而是教皇与由大量主教组成的大公会议，倘若双方决裂，那么这些大公会议中的主教们自然不会再服从教皇，于是他们要么又会选出新的教皇，要么干脆从此各行其是，这样一来，基督教世界将像世俗的政界一样，分裂成无数个各自独立的小国。这当然是尼古拉最不愿意看到的，因此他便将基督教世界的和谐当成了自己的最高理想，并且也在书中表达了这一理想。

要达成这一理想，他当然不能够一味地偏袒某一方，而是要在两方之间达成某种妥协与平衡。因此之故，他的观念也就显得有些模糊。一方面，他承认大公会议的最高决定权，即其高于教皇，他的书中有这样的话：

"代表天主教会的大公会议的权力直接来自基督，而且，它在任何方面都高于教皇和使徒主教。"①

在他看来，由于大公会议的代表们是从广大信徒之中选举出来的，因此具有广泛的代表性，即代表着全体基督徒，他们自当拥有至高无上的地位，对于基督教会中的重大事务，例如究竟由谁当教皇争执不下时，他们有最终的决定权。事实上也是这么做的，正是由于大公会议的裁决，才使得上一次的大分裂得到了终止。

相对于来自全体基督徒的大公会议而言，在尼古拉看来，教皇的权力更有类于一种世俗国家中的"行政权"，只是负责日常管理教会的常设职位，其必须遵循大公会议的领导，甚至于，倘若其犯了什么大错，大公会议有权撤换之。

倘若我们联系前面马西利奥和奥康关于教皇权力的说法，不难看出尼古拉的观点和他们的是很相似的，但奥康和马西利奥因此

---

① 转引自余碧平：《中世纪文艺复兴时期哲学》，人民出版社，2011年7月第一版，第255—256页。

第二十六章 库萨的尼古拉

被教皇称为魔鬼,为什么尼古拉不但没有,反而还当上了红衣主教呢?这是有原因的。一方面,尼古拉提出这样的观点来,是因为当时的形势是大公会议居优,教皇劣势,因此倘若他还在宣扬教皇至上论,那么恐怕在巴塞尔是待不下去的,也没人会听他的,因此他首先得尊重事实,承认大公会议的权威。同时他也清楚地看到了,由于大公会议代表了广大的基督徒,权力基础更加雄厚稳固,因此将之置于教皇之上是有助于整个教会的统一的。另一方面,他虽然表面上遵循了大公会议至上的原则,但实际上也强调了教皇的地位,例如他强调教皇的职位是大圣徒彼得所设,是不可撤销的,就是大公会议也无此权力,首先就保住了有教皇这个位子,也就是保住了现在教皇的位子。还有,他毕竟是教皇的代表,在实际的操作过程中他是为教皇活动的,这一点教皇岂会不知?因此教皇自然不会因为他的基本理论而责怪他,教皇更看重的是行动。

事实上,后来尼古拉连观点也有所改变了,即开始将教皇置于首位,认为教皇作为耶稣在人间的代表,理当享有整个教会至高的地位、拥有最大的权力。而且,教皇之为教皇,乃是整个基督教或者天主教世界的标志,不但是权力的标志,也是统一的标志。因此教皇拥有最高的权柄实际上是有助于天主教世界的统一的。而大公会议实际上只是来自欧洲各国的一些主教们的松散的联合,其本身就不是象征着统一而是不统一,因此倘若将大公会议列为首要,则不可避免地导致整个教会的分裂、群龙无首。这就与他毕生最大的追求相背了。

不用说,尼古拉毕生孜孜以求的就是教会的统一了,在他的看来,教会的存在就意味着一种天然的统一,教会越是统一,就越伟大，对此他说：

"教会不可能通过别的途径而成为完全一体。因为教会意味着很多人的统一，同时保持每个个人的位格实在性，而不混淆各人的禀性或程度。教会越是一体化，它就越是伟大。"①

这是尼古拉在《论有学识的无知》第三卷第十二章"教会"中的话，在这里面他论述了对于教会的一些基本理念，其中的核心之一就是统一。而且他的统一并不只是形式上的统一，而是一种有机的统一，即既承认与尊重基督徒各自的差异，又追求他们之间的统一，而教会乃是这种统一的表达形式，也是基督教之强大的表现形式。

尼古拉的这些想法是很有道理的，也符合历史发展的事实，虽然大公会议辉煌一时，但后来天主教会的至高权力者依然是教皇，这也是天主教会直到今天都统一的基础。在这个过程中尼古拉是起到了重要作用的，所以从他对于基督教会贡献的角度来说，《论天主教的和谐》算得上是其最重要的作品。

第四节　神圣的无知

关于尼古拉的神学理论，我们首先看他对于神的认识。

在尼古拉看来，神的第一特性也许是矛盾的"对立统一"。我们知道，矛盾律一向被神学家们认为是确定无疑的，早在奥古斯丁那里，他就认为矛盾律是确定的，就是上帝也不会违反矛盾律，但

---

① 库萨的尼古拉：《论有学识的无知》，尹大贻、朱新民译，商务印书馆，1988年2月第一版，第164页。

第二十六章 库萨的尼古拉

到了尼古拉这里，他认为上帝是万能的、绝对自由的，其没有任何的约束，就是矛盾律也不能约束祂。他的《论有学识的无知》的第二十二章名字就叫"在上帝的旨意中矛盾被调和"，其中有这样的话：

"既然我们现在可能已经更加意识到从前面的思考中所得到的洞察，现在让我们转而研究上帝的旨意这个题目上来。我们从已经讲到的就可以清楚了解，上帝包罗一切事物，甚至连矛盾也在内；因此，我们就可以推论出，没有什么东西可以逃出上帝的旨意。无论我们做这件事，或者做与这件事相反的事，或者什么事也不做——这一切都内涵地包罗在上帝的旨意中。除按照上帝的旨意外，什么也不会发生。"[1]

在《论上帝的观看》里，他更是清楚地说：

"主啊，由于你就是终结一切事物的终端，所以，你所是的终端自身并没有终端，因而你也就是没有终端的终端，或者无限的终端。这是任何知性都不能把握的，它包含着一种自相矛盾。"[2]

这也就是说，在上帝之中是可以存在着矛盾的。尼古拉这样说其实是很自然的，既然上帝是绝对自由的，那么对上帝来说当然不能有任何祂不能办到的事，哪怕是那些看上去自相矛盾的事，例如像上帝是不是能够创造一块自己搬不动的石头之类，这些上帝是否万能的悖论一直是困扰基督教的问题之一，其实在尼古拉看来并不难解决，只要用他的这个理论就可以了：上帝是万能的，当然什么

---

[1] 库萨的尼古拉：《论有学识的无知》，尹大贻、朱新民译，商务印书馆，1988年2月第一版，第45页。

[2] 尼古拉·库萨：《论隐秘的上帝》，李秋零译，三联书店，1996年11月第一版，第90页。

都可以创造，包括那些似乎会导致上帝自相矛盾的事，上帝也是不在话下的。

他还举了一个很典型的例子，就是极大和极小，我们知道，极大与极小似乎是一对相互矛盾的概念，但在尼古拉看来，二者同时存在于上帝那里，上帝既极大，又极小，他的《论有学识的无知》第四章的名字就叫"绝对的极大是已知的，但不是被了解了的。极大与极小是同义的。"其中分析了极大与极小：

"事实上，我们通过感觉、理性或智力所认识到的一切事物是如此地互不相同，以致在它们之间根本没有精确的相等关系。因此，最大的相等，在其间没有与任何他物的不同或区别，是完全超出于我们的理解力的；由于这个理由，绝对的极大是行动中的最完善的东西，因为，它是行动中的它所能是的一切。它既是它所能是的一切，由于同一理由，它就像它能多么大的那样大，也像它能多么小的那样小。按照定义，极小就是不能比它那样小更小的东西；由于对于极大来说也是如此，所以，很显然，极小与极大是同一的。"[①]

这分析有些晦涩，简而言之就是说，因为极大与极小从各自的角度来说，都是一切，既然如此，就可以说它们是相等的了。我们可以举数学中无限大与无限小的例子，无限大与无限小因为都是无限，从另一个角度上说，它们是相等的，因为它们都是"无限"。

神也是这样极大与极小的统一，神既是极大的存在，也是极小

[①] 库萨的尼古拉：《论有学识的无知》，尹大贻、朱新民译，商务印书馆，1988年2月第一版，第8页。

的存在,因为在神这里,实际上是根本不分极大与极小的,或者说不分大与小的,神乃是绝对的统一,正因为只有这个绝对的"一",因此你可以说它是极大,也可以说它是极小。这就像数"1"那样,你可以说它是极小或最小,因为它是最小的自然数,但也可以将之看作是极大或最大,因为也可以将所有数的集合看成是"1"。

尼古拉这个思想同样可以在《老子》里找到:

"大道泛兮,其可左右。万物恃之以生而不辞,功成而不有。衣养万物而不为主,可名于小;万物归焉而不为主,可名为大。以其终不自为大,故能成其大。"①

即道既是大,又是小,这里的大与小当然也是极大最大或者极小最小,和上帝是一样的。

不过,在尼古拉看来,上帝一方面是矛盾的对立统一体,但另一方面,我们对于神所有的认识都是有限的、有问题的,因为神之作为神,其本质根本不可能为我们所认识。我们对于上帝的所有描述、用来赞美上帝的所有形容词都并不是对上帝本质或者上帝本来面貌的真实反映。为什么呢?因为这些词都是我们从可感知的个体之物中借用来的,即它们本来是用来形容个体之物的,例如美、善、仁慈等,这些都本来是用于非上帝的其它事物的,现在我们是将其中的意思用来转用之于上帝,意味上帝也具有这样的性质,这实际上是用普通的事物去类比于上帝。不但美、善之类如此,连上帝的名"造物主"、神圣的三位一体都是如此,对此尼古拉说:

"'造物主'这个名称,它可以在涉及被造物的情况下用之于

---

① 《老子》第三十四章。

祂，也可以运用于任何被造之物尚未存在之前，因为从永恒中创造也是在祂的权力之内的事。同样的道理也适用于正义以及一切其他确定性名称，那都是我们从被造之物借用而来，由于那些名称所表达的完善性而类比地用于上帝的。但是，甚至在我们把这些名称归属于祂以前，这些名称从永恒起就已真正包含在祂的绝对完善性和它的无限名称之中了，就同这类名称所代表的事物，亦即我们把名称借来转用于上帝的事物也都早已包含在祂之中一样。

这个情况对一切确定名称都一样，甚至像三位一体，位格、圣父、圣子和圣灵都是参照被造之物而被用来命名的。

……

因此，在神学中对上帝所作出的一切确定名称都是拟人式的，甚至包括那些最神圣的，在它们里面供奉着神圣知识的最高奥秘的，并为希伯来人和迦勒底人所使用的名称。"①

因此之故，这些名称也不可能真正地代表上帝，是有限的，只是一种"意指"或者"类比"而已，真正的上帝则是不可以用这些词来形容的，例如极大极小、大小、空间、时间，他同时又是这一切，并且同时又超越了一切。对此尼古拉说过这样一段话：

"你真实的面容摆脱了一切限定，也就是说，它既没有大小，也没有特性，既没有时间规定，也没有空间规定。它是绝对的形式，是各种面容的面容。……它没有大小。因此，它既不比任何一个面容更大，也不比任何一个面容更小，也不与任何一个面容同样

---

① 库萨的尼古拉：《论有学识的无知》，尹大贻、朱新民译，商务印书馆，1988年2月第一版，第52—53页。

大小，因为它没有大小，它是绝对的、超越一切的。"①

而从最根本的意义上来说，上帝是不可认识的，因为上帝乃是"不可言说的真理"，对于这一点，尼古拉在《论隐秘的上帝——一位异教徒与一位基督徒的对话》中，明确地指出了：

"基督徒：正是你说的。因为，我崇拜上帝，但不是你们异教错误地自认为知道并且称道的上帝，而是上帝自身，他是不可言说的真理。

……

基督徒：我知道，凡是我所知道的都不是上帝，凡是我概括的都不与上帝相似，毋宁说上帝超越了这些东西。"②

这也是一切关于上帝的描述与形容的共同之点，是基督教哲学一贯强调的，我们一定要注意。

也因此之故，在如何认识上帝的问题上，尼古拉提出了否定神学高于肯定神学的主张。

关于肯定神学与否定神学，我们在前面从伪名丹尼斯之后已经多次提到过了，肯定神学简而言之就是肯定上帝是什么样；否定神学则相反，从否定上帝不是什么样去理解上帝。这两种方法之中，神学家们一般都认为否定神学是对上帝更为真确的认识。尼古拉对两种方法都进行了比较深入的分析。《论有学识的无知》，第二十四章就叫"上帝的名字和肯定式的神学"，第二十六章则叫"否定式

---

① 尼古拉·库萨：《论上帝的观看》，见《论隐秘的上帝》，李秋零译，三联书店，1996年11月第一版，第69页。

② 尼古拉·库萨：《论隐秘的上帝——一位异教徒与一位基督徒的对话》，见《论隐秘的上帝》，同上，第6页。

的神学"。在两种神学之中,他还是更强调了否定神学,例如他在讲到肯定神学时,说:

"从这里可以清楚地得出结论,我们给上帝确定的那些名称,是就它们运用于被造之物时所具有的特殊涵义而借用于祂的,由于这一理由,它们只能作为指示名称而用之于祂,那是无限地够不上成为祂的真正名称的。因为一个词总是特殊的,它标志着一种差异,并暗示着它的对立面,它只能按照我们所描绘的那种方式而运用于上帝;正如丹尼斯所说,作为确定的名称是不适用的。举例来说,如果我们称祂为真理,那么,祂的对立面错误就进入思想中了;如果我们称祂为美德,就暗示了邪恶;如果我们称祂为实质,我们就遇到了偶性;其它等等也都是如此。祂是一个实质,但祂是这样的一个实质,即既是一切事物,又没有什么东西与之对立的实质;祂是真理,但祂是这样的真理,即没有任何差异地是一切事物的真理;因此,这些特殊名称只能作为无限微弱的指示名称而借用于祂。每一确定名称都可以说是把它所表示的事物的某些方面加之于上帝;但是,祂是一切事物,同时也是某一个事物;因此,一切确定名称都是不适合的。如果使用确定性的名称,那末,它们仅能在祂与被造之物发生的关系中用于祂;并且,这并不意味着祂依赖被造之物而得到这些名称(极大不可能从被造之物得到任何东西),这些名称之所以是祂的,乃是由于祂对于被造之物的无限权力。"[①]

从这段话中可以看出来,尼古拉就像前面所分析的,认为对上

---

① 库萨的尼古拉:《论有学识的无知》,尹大贻、朱新民译,商务印书馆,1988年2月第一版,第51—52页。

帝的一切陈述都只是一种类比与拟人的手法，并不反映上帝的真正本质，因此在两者之中肯定神学的作用是受到了一定限制的，而否定神学则是更为重要的，对此他这样说：

"否定式神学对于肯定式神学是这样地不可缺少，如果没有否定式神学，上帝就不是作为无限来受崇拜，而是作为被造之物来受崇拜，这就是拜偶像了，或者是把只应当归于真理的东西归于一个形象。那末，关于否定式神学再补充几句话是会有用处的。

神圣的无知教导我们，上帝是不可言说的，因为上帝比言词所能表达的任何事物都无限地更大。这是如此地真实，我们如要更加接近关于上帝的真理，须通过消除法和使用否定命题才行。由于这一理由，最尊贵的丹尼斯不愿意称上帝为真理、悟性或光，或者任何人声所能说出的名称；在这一点上，他又受到所罗门拉比和一切有智慧者的人效仿。因此，按照这种否定式神学，上帝既不是圣父，又不是圣子，也不是圣灵；只有一个词可以用于他，即无限。"[1]

在这里，尼古拉再一次强调了上帝是不可知的，即我们对于上帝是"无知"的。就像他在《论与上帝的父子关系》中所言：

"无论谁说什么，上帝都超越了一切肯定和否定，上帝是不可言说的。"[2]

这也可以看作是尼古拉以及几乎所有基督教神学家对上帝的共

---

[1] 库萨的尼古拉：《论有学识的无知》，尹大贻、朱新民译，商务印书馆，1988年2月第一版，第56—57页。

[2] 尼古拉·库萨：《论与上帝的父子关系》，见《论隐秘的上帝》，李秋零译，三联书店，1996年11月第一版，第53页。

同看法。

对了,尼古拉还称无知为"神圣的无知",而他这本著名的代表作名字也叫《论有学识的无知》,这是何意呢?

他的意思其实不难明白,就是他认为无知是神圣的,因为无知能够使我们清楚自己的有限性,清楚自己不可能真的认识上帝,这样的无知是我们在认识之时首先要懂得的,否则的话,倘若人盲目地认为自己有知,即可以得到有关神的真知,包括那些自认为懂得"科学"的人,那么他不但认识不了上帝,反而是对上帝的亵渎,而且也由此不可能认识上帝,变成了真正的无知。在《论有学识的无知》里,尼古拉有这样的话:

"哲人们的一致意见是,'造物主不能为科学所了解,但他独自理解他自己的本质;靠比较,我们的理解力无法探索到对于他的了解。'在别的地方,他也写道:'造物主真令人赞美!对于了解他的本性来说,科学是不适用的,智慧即是无知,自负的语言毫无意义。'在那里正是我们所寻找的有学识的无知;只是凭着有学识的无知,丹尼斯竭力用各种方法说明上帝是能够被找到的,我认为,即从我所提到的那个原则出发,而不是从任何其他的原则出发找到。"[1]

上面引文中的"他"指的是所罗门拉比,即十一世纪的犹太哲学家本·伊萨克·所罗门。

上帝如此,其它地方也是如此,例如真理,在《论有学识的无

---

① 库萨的尼古拉:《论有学识的无知》,尹大贻、朱新民译,商务印书馆,1988年2月第一版,第30页。

知》中，第三章的名字就叫"绝对真理是我们无从掌握的"。[1]

总而言之，这就是《论有学识的无知》名字的来源：无知并不是真的没有知识，而是认识到自己对绝对真理与上帝的"无知"，即我们不可能达到绝对的真理，正如我们不可能认识上帝的本质。只有在这个前提之上，即我们深刻地了解了自己的无知，我们才可能走近真理、走近上帝。"只有通过最有学识的无知，心智才能把握这样一个实体。"[2]

所以，在《论有学识的无知》这样的书名里，尼古拉不但表达了对于上帝的基本认识，而且表达了我们去认识上帝的基本途径：先要认识到对于上帝的无知，然后通过这无知去把握上帝。可以打个这样的比方：一只水杯怎样才能盛最多的水呢？就是先要把它倒空——让它"无化"，这就是无知的另一种含义。

第五节 关于耶稣

谈完尼古拉对于上帝的认识，我们再来看看他对上帝之子耶稣的认识。

虽然耶稣在基督教中居于极其重要的地位，但此前我们很少专门讲到耶稣，原因当然是很多的，主要是似乎没有看到对耶稣本人系统而卓有特色、不得不提的分析。现在尼古拉则对耶稣进行了这样的分析，我们必须好好说一下。

---

[1] 参见库萨的尼古拉：《论有学识的无知》，尹大贻、朱新民译，商务印书馆，1988年2月第一版，第7—8页。

[2] 同上，第34—35页。

在尼古拉看来，耶稣首先是极其重要的，其分量实际上是与上帝一样的，上帝与耶稣的不同只在于形式的不同，就实质而言他们是同一的，上帝就是耶稣，耶稣就是上帝。这是对耶稣的本质性的认知，是我们理解耶稣时首先要注意的。

正基于这样的观点，在尼古拉看来，耶稣和上帝一样，是全知的，他说：

"耶稣啊，你像上帝那样领悟一切事物，而这种领悟也就意味着是一切事物。"①

不过，这只是一种本质性的理解，仅仅这样理解耶稣当然是远远不够的，倘若耶稣与上帝同一，那么为何在上帝之外还要来一个耶稣呢？而既然有了耶稣，他的存在当然是有其独特的意义与必要性的。尼古拉认为，这种独特性与必要性具体来说在于三种关系：

一是耶稣与神的关系，二是耶稣与人的关系；三是通过耶稣而达成的人与神之间的关系。我们下面就通过对这三种关系的认识去理解神与耶稣。

首先是耶稣与神之间的关系。

在尼古拉看来，耶稣与神之间的关系就是父子关系，而且是最高等级的父子关系：

"我在耶稣你身上看到了上帝的父子关系，它就是一切父子关系的真理，同样也是最高程度的人的父子关系，是绝对的父子关系

---

① 尼古拉·库萨：《论上帝的观看》，见《论隐秘的上帝》，李秋零译，三联书店，1996年11月第一版，第113页。

第二十六章 库萨的尼古拉

的最逼真之摹本。"[1]

这个观点看上去很简单,但真要说起来是极其复杂的,因为它涉及到基督教神学中最为深奥的问题:三位一体的问题,三位一体之中就包括圣父与圣子的一体,即耶稣和上帝之间的一体,他们既是父子关系,又是一体的关系。至于为什么,这实际上是超越了我们常识甚至理性所能理解的。因此我们不要想从常识的角度就能理解这一点,我们只要清楚地知道这一点就可以了:耶稣与上帝既是父子的关系,又是一体的,至于那究竟是什么样的情形,不必深究,也难以深究。

我们不妨将之类比于相对论中的光速不变原理。我们知道常识中速度是相对的,但电磁波包括光的主要特点之一是运动速度非常快,达到每秒钟约30万公里,一般简称为"c"。当它代替我们坐在列车上时,会出现什么样的情形呢?是不是仍然会像我们人坐在列车上一样,当列车以每秒100公里的速度运动,那么,相对于列车,光速度就是30万公里,而相对于列车外的树林,光速就是(30万+100)公里呢?

答案是否定的。

具体而言就是说,光速对任何参照系,例如列车或者列车外的树林,其速度是完全一样的。更进一步地说,光速对于任何参照系速度都是一样的,无论那个参照系的运动状态如何。这就是著名的"光速不变原理",它也是狭义相对论的两个基本假设之一。

---

[1] 尼古拉·库萨:《论上帝的观看》,见《论隐秘的上帝》,李秋零译,三联书店,1996年11月第一版,第112页。

对这个"光速不变原理",从常识是没法理解的,但我们还是要相信它,因为相对论已经被证明了是正确的,而原子弹更是血淋淋地表达了它的真理性。上帝与耶稣之间的父子关系与一体关系之统一也有类于此。

其次是耶稣与人的关系。

我们知道,耶稣也是人,并且是一个活生生的人、一个曾经生活在这个世界上的有血有肉甚至有生有死的人。尼古拉的《论有学识的无知》第五章名字就叫"基督是由圣灵感孕由童贞女马利亚所生"。① 这是在《圣经》中也记录得很清楚的:

> 1:18 耶稣基督降生的事,记在下面。他母亲马利亚已经许配了约瑟,还没有迎娶,马利亚就从圣灵怀了孕。
>
> 1:19 她丈夫约瑟是个义人,不愿意明明的羞辱她,想暗暗的把她休了。
>
> 1:20 正思念这事的时候,有主的使者向他梦中显现,说大卫的子孙约瑟,不要怕,只管娶过你的妻子马利亚来。因她所怀的孕,是从圣灵来的。
>
> 1:21 他将要生一个儿子。你要给他起名叫耶稣。因他要将自己的百姓从罪恶里救出来。②

所以,耶稣从表面上看,乃是人所生,并且是一个凡人所生,

---

① 参见库萨的尼古拉:《论有学识的无知》,尹大贻、朱新民译,商务印书馆,1988年2月第一版,第134页。

② 《新约·马太福音》第1章。

第二十六章 库萨的尼古拉

虽然马利亚是圣母,但她不同于作为上帝之子的耶稣,她本身乃是一个普通的凡间女人,不带有任何神性。所以耶稣乃是凡间女子与上帝所生,是人与神的结合体,这是耶稣的另一个基本属性。

这样导致的一个的基本结果是,从表面上看,耶稣是一个凡人,不但长得像凡人,也有着凡人的举止与行为,这也是显而易见的,我们在《圣经》中可以清楚地看到,例如就像这个"看",尼古拉说:

"耶稣啊,当你在这个感性世界中行走时,你使用的是与我们相同的肉体眼睛。用这样的眼睛,你在观看人时与我们没有什么区别,都是一个接着一个地观看。"[①]

不过,我们同样要清楚,这只是表面现象,即耶稣在凡人的表面之下实际上有着超凡的大能,甚至是全知与全能,例如他行了大量神迹,像我们上面讲过的从海中捕一条鱼,鱼中有罗马人向他要的纳税钱,诸如此类,所在多有。就如耶稣的看,他的看表面上是人的看、也是用眼睛在看,实际上是远远超越之的。又如尼古拉所言:

"你还根据少数迹象更为精细地把握那隐藏在人的精神之中的东西,凡是在精神中被认识到的,无不以某种方式在面容上,尤其是在眼睛这个心灵的信徒中表露出来。在所有这些迹象中,你要比任何一个被创造的精神都更为准确得多地触及到灵魂的深处。从一个哪怕是极其微小的迹象中,你就看到了人的全部所思,就像那善解人意的人从为数不多的几个词中,预见到某人事先已设想好准备

[①] 尼古拉·库萨:《论上帝的观看》,见《论隐秘的上帝》,李秋零译,三联书店,1996年11月第一版,第116—117页。

说出的长篇大论。"①

从这段话中我们可以看到耶稣有一双敏锐的"眼",能够一眼看穿人的心灵,在人说什么之前就知道他要说什么。还不这么简单,实际上耶稣可以在同一个时间看到一切的事物、理解一切事物一切的本质,包括过去与未来之一切的事物。简而言之,耶稣可以像上帝一样地"看",耶稣的看与上帝的看是结合在一起的,亦如尼古拉所言:

"然而,你这种属人的、最完善的、尽管有限的,即被限定在器官之上的观看,却是与绝对的、无限的观看结合在一起。借助后一种观看,你和上帝一样既观看一切事物,同时也观看每一个别事物,观看不在眼前的事物就像观看眼前的事物一样,观看过去的事物就像观看未来的事物一样。耶稣啊,你用人的眼睛观看可见的偶性,却用神绝对的眼睛观看事物的实体。"②

通过这些分析我们可以看到,耶稣虽然表面上是一个人,像一个凡人一样地行事,但实际上他与凡人是有着本质不同的:他既是一个人,但也是一个"超人",即超越了人,而是神,耶稣是人与神的合体,有着人的外表与神的大能。

从这也就导出了耶稣的第三个特性,即耶稣是人与神之间的"中保"。

当我们看到耶稣及其所行的时,也许有人会问:神为什么要派耶稣来人间呢?目的为何?有这个必要性吗?答案当然是有的,那

---

① 尼古拉·库萨:《论上帝的观看》,见《论隐秘的上帝》,李秋零译,三联书店,1996年11月第一版,第117页。

② 同上,第118页。

就体现在耶稣乃是人与神之间的"中保",这就是耶稣对于人与神的意义。

我们谈过许多的三位一体,其实耶稣从另一个角度上看也是三位一体之一,即耶稣既是人、又是神,同时又是独特的耶稣,这样,在人、神与耶稣之间构成了某一种形式的三位一体。

这个观点也许看上去有些耸人听闻,这样一来,岂不人也是神了吗?这个我们先且不论,但尼古拉的确是这样看的,他的《论有学识的无知》的第四章就叫"这个存在物便是那永受祝福的,既是神又是人的耶稣"。[1]

这里实际上还将"物"也放进来了,这样一来,岂不一切都是一体了吗?可以说尼古拉正认为如此,不过这是我们后面要分析的内容,现在我们先分析耶稣的中保作用。

所谓中保这里有两重意思:一是耶稣既是人的儿子,又是神的儿子,他本来就是人与神的结合,是人与神的"中间者",这就是中保,这是耶稣天然地具有的含义,就像尼古拉所言:

"我看到,永受赞颂的耶稣作为人的儿子与你的儿子紧紧地结合在一起。只有借助你的儿子作为绝对的中保,人的儿子才能与作为圣父的你结合在一起。"[2]

中保的第二重意思则是耶稣乃是人或者一切事物与神之间的中介,人或者一切事物依赖着耶稣才能与神结合在一起,从而达到一

---

[1] 参见库萨的尼古拉:《论有学识的无知》,尹大贻、朱新民译,商务印书馆,1988年2月第一版,第130页。

[2] 尼古拉·库萨:《论上帝的观看》,见《论隐秘的上帝》,李秋零译,三联书店,1996年11月第一版,第110页。

种最高的、绝对的统一。对此尼古拉说：

"啊，善良的耶稣，我看到，人的本性在你身上通过它与圣子，即与绝对的中保相结合的那种最高的统一而与圣父紧密地结合在一起。由于耶稣你是人的儿子，所以，人的父子关系在你身上与上帝的父子关系紧密地结合在一起了，以致你理应既被称作上帝之子又被称作人子，因为，在你身上没有任何东西在人子和上帝之子之间起中介作用。"[1]

这里的最后一句"在你身上没有任何东西在人子和上帝之子之间起中介作用"的意思是，耶稣作为人子与作为神子是二者合一的，耶稣既是人子，又是神之子，二者是一而二、二而一的，因此不再需要任何的中介，因为耶稣自己就是中介，就是人与神之间的中保。

不用说，这些思想是很深刻的，也很晦涩，它体现着某种"大一统"的思想，即将一切都融合在一起，而无论这些东西是什么，或者可能有什么内在矛盾，通通通过某一个概念而合为一体，就像耶稣将上帝、人、万物合为一体一样。这种思想对于后来的德国哲学有着极为深刻的影响，典型者就是黑格尔的"绝对精神"，其正是一个这样的大混合的概念，他将一切混合在这个概念里，并且使一切也在这个概念里发生。所以有人称尼古拉乃是"近代德国第一位伟大的哲学家"甚至是"德国哲学的创始人"。[2]

---

[1] 尼古拉·库萨：《论上帝的观看》，见《论隐秘的上帝》，李秋零译，三联书店，1996年11月第一版，第111页。

[2] 参见尼古拉·库萨：《论隐秘的上帝》，同上，第2页。

第六节　上帝、宇宙与万物之大统一

以上是尼古拉对神和耶稣的基本认识，也只是基本认识而已，对于神与耶稣，尼古拉的论述是很多的，也很深刻，要知道他乃是最深刻的神学思想家之一，由于篇幅的关系，我们在这里只能说这些了，最后我们来谈谈他对于世界或者说万物的认识。

关于尼古拉对世界的认识，梯利说过一段有意思的话：

"世界是上帝的展现，是分化为杂多的统一体；它是上帝的摹本，是一个生气蓬勃的整体，上帝以其全部力量呈现于其中每一部分。就他无限而无所不包而言，他是至大，就他呈现于每一个别事物之中而言，他又极小。从这个意义来看，每一现实事物都是一切事物的缩影、上帝潜在于共中。"①

从这段话中，我们可以清楚地看到一种泛神论的影子。

这种看法是有一定道理的，因为正如我们上面指出过的，在尼古拉那里，就像通过耶稣作为中保将上帝与人统一一样，一切，神、人与万物都是一种统一，一切在一之中，在一中囊括着一切，这是尼古拉一个总的观点。这样的观点无疑是有泛神论色彩的。但是，对于这个问题，我们要更加深入地去看。

我们可以从两个角度去看这个问题，首先是从万物相互之间关系的角度去看，另一者是从上帝与万物或世界的关系去看。

首先，从第一个角度即万物之间的关系去看，尼古拉有一个鲜

---

① 梯利：《西方哲学史》，葛力译，商务印书馆，1995年7月第一版，第256—257页。

明的特点,就是认为宇宙万物是统一的,也就是说,宇宙万物之间有一种内在的、深刻的统一。这里的统一又有着双重的含义:一是宇宙本身是一个统一的整体,二是宇宙本身与组成其的万物之间又是统一的。

在尼古拉看来,由纷繁复杂的万物组成的世界并不是一个乱七八糟的无序世界,而是一个有机的统一体,这种有机的统一就表现在它既是复杂的,同时又是统一的,强调宇宙是复多性与统一性的有机结合。

至于如何结合,一方面是统一性存在于复多性之中,即这些复多性并不是杂乱无章,而恰恰地呈现出统一性;另一方面,统一性又为复多性所限定,即统一并不是只有一、只有一个事物,而是表现为复杂多样的事物、是万物,可以说这种复多性限定了统一将宇宙的简单化。①

我们可以从一个更简单的角度去理解,首先,宇宙当然是一个宇宙,它也来自于一个创造者——神,同时,宇宙之中万物也是相互联系的,所以宇宙当然是统一的。其次,宇宙当然是复杂多样的,这就是它的复多,这是显而易见的。

此外,尼古拉还有一个很有意思的理论,就是"缩影理论"。所谓缩影理论,说的就是,他认为宇宙与存在于其内的万物之间有一种奇妙的联系,就是万物乃是宇宙的"缩影"。对此他说过这样一段话:

---

① 参见库萨的尼古拉:《论有学识的无知》,尹大贻、朱新民译,商务印书馆,1988年2月第一版,第81页。

第二十六章 库萨的尼古拉

"宇宙在各个个体之中,即各个个体也都在宇宙之中,从而宇宙在各个个体之中都作为缩影而成为特定个体之所是;同时,在宇宙之中的每一个体也就都是宇宙,虽然,宇宙是以各不相同的方式而在各个个体之中,各个个体也都各以不同的方式而在宇宙之中。"[①]

这段话的意思不难明白,就是宇宙存在于组成宇宙的个体之物中,就像个体之物存在于宇宙之中一样。这样一来就可以从逻辑上得出这样的推理:每一个个体之物都是一个宇宙,因为一个宇宙存在于它之中吗!这就像一些本来空着的房子里驻进了许多军人,它从此就不是空房子,而是兵营了。尼古拉还进一步指出:宇宙是以不同的形式存在于个体之物中的,就像个体之物以不同的方式存在于宇宙之中一样。这又作何理解呢?这其实也好理解,我们知道,万物彼此之间是很不相同的,具有不同的性质特征,万物为什么不同?这是因为组成它们的"元素"不同,例如花为什么不同于石头?那是因为组成花的"元素"与组成石头的"元素"不同,这些"元素"之不同也就是说它们存在的方式不同,从而也导致了它们所组成的个体之物的不同。相应地,当宇宙存在于个体之物之中时,其实际上也成了个体之物的"元素",因此自然也要和原来组成个体之物的元素一样,以不同的方式存在,从而使万物彼此不同。

不但宇宙存在于个体之物中,尼古拉还认为,个体之物之间也是相互存在、互相渗透的,即一物同样存在于万物之中,就如其存在于宇宙之中或者宇宙存在于万物之中一样,他在《论寻觅上帝》

[①] 库萨的尼古拉:《论有学识的无知》,尹大贻、朱新民译,商务印书馆,1988年2月第一版,第78页。

中还打了一个很有意思的比喻：

"你将用理性的眼睛认识到，在一小段木头中、在这块极微小的石头中，或者在一块矿石中、在一锭黄金中，或者在一颗芥种中、在一颗谷种中，潜在地包含着一切人工的有形形式；你将不会怀疑，在它们每一个里面，都包含着圆、三角形、四边形、球体、立方体，以及几何学所定名的任何一种形体；同时也包含着一切动物、一切果实、一切花、叶、茎的形式；包含着在这个世界上存在的，以及在无限多的世界上可能存在的一切形式的类同性。"[①]

他在这里的意思是说，在哪怕是一块小小的石头中，也可以找到一切事物存在的一切"形式"，这里的形式与质料当然是不一样的，形式乃是一种抽象的东西，我们可以直观地理解为几何的形状。就像这个例子中所显示的一样，这一小块石头里面包含着任何可能的几何形状，例如"圆、三角形、四边形、球体、立方体，以及几何学所定名的任何一种形体"，这显然是成立的，不但在抽象的意义上成立，在实际的意义上同样成立，例如我们可以将这个小石头雕刻成任何的几何体。同样地，它也可被雕刻成"一切动物、一切果实、一切花、叶、茎的形式"，只要将这个"形式"改成"形状"就可以了。而且，这个形状确实可以看成是一种形式呢！

从以上的分析中可以看到，在尼古拉看来，宇宙万物乃是一个大统一体，宇宙存在于个体万物之中，个体万物存在于宇宙之中，一切个体之物存在于一切其它个体之物之中，总而言之，一切都是

[①] 尼古拉·库萨：《论寻觅上帝》第4节，见《论隐秘的上帝》，李秋零译，三联书店，1996年11月第一版，第30页。

统一体，一即万有，万有即一。

这样的观点看上去有些夸张甚至过分，我们可以从两个古已有之的角度去理解：一是自古以来就有一个观点，即认为宇宙是一，这个一可以从多个角度去理解：例如可见的唯一之本原，就像自然哲学家们所说的那样的本原，如泰勒士的水，由这个本原发展成万物；也可以是某一种不可见的微粒，例如德谟克里特的原子；还可以说整个宇宙都是唯一的，例如巴门尼德的唯一的和不动的"存在"；到了新柏拉图主义之后，就成了"太一"，它也是一，宇宙万物也是由它流衍出来的；现在，到了基督教神学后，就是唯一的神了，这个神乃是世界的创造者。

大家看到了吧？实际上，整部西方哲学史都在追求这个"一"，也就是说要为整个世界找到某种统一性，而尼古拉的上述观点乃是将这种"一性"发展到极致，使整个宇宙、万物、以及组成万物的个体之物都混而为一了！如我前面所指出来的，这种观点将深深地影响后来的德国哲学，尤其是黑格尔哲学。因此，黑格尔竟然对中世纪哲学不屑一顾，确实有些令人意外。

对于这个混一切为一的观点，尼古拉在《论与上帝的父子关系》里还有一段精彩的话：

"一是所有的神学和哲学家试图以各种不同的方式表述出来的东西；再就是那天上的国，对于它来说，正如真理的导师所指出的那样，只能以不同的方式来展开它的类似性。这并不意味着芝诺说的是一回事，巴门尼德说的是另一回事，柏拉图说的是一回事，其他那些向我们传授真理的人说的又是另一回事。相反，这意味着那些关注一的人以不同的方式表述了同一个一。无论述说的方式显得如何截然对立、无法调和,但他们都是在以各自的方式,或者以肯定的方式或者是以否定的方式,或者是以怀疑的方式,来展开那同一个以不可达到的方式超越于一切对立之上的一。一方面是肯定神学,就一来说,它肯定了一切;另一方面是否定神学,就一来说,它否定了一切。怀疑神学则既不否定也不肯定;选言神学则肯定一些并否定另一些;联言神学则或者以肯定的方式把对立面结合起来,或者以否定的方式把这些对立面归在一起统统抛掉。因此,所有可能的述说方式都属于同一个神学,无论它们采取什么方式,都是在试图述说同一个不可言说的东西。"[1]

精彩吧!完全可以长篇大论地分析一番,但一则并不难懂,二则篇幅有限,我们还是继续分析下面的问题吧!

不只万物是统一的,在尼古拉看来,就像万物与宇宙之统一以及万物之间的统一一样,上帝同样是与宇宙及万物统一的。

这也可以从两个方面去看,即一方面,万物存在于上帝之中,另一方面,上帝也存在于万物之中。在尼古拉看来,上帝就像一个无所不包的"大包"一样,包裹着宇宙万物,宇宙万物都存在于上帝之中,即不存在于上帝之外。甚至可以说一切都是上帝,他的《论上帝的观看》的第14节名字就叫"何以上帝没有歧异地包容着一切事物?"其中这样说道:

"主啊,从你那无限的仁慈出发,我把你看作是包容着一切事物的无限。因此,没有任何事物存在于你之外,在你里面的一切事

---

[1] 尼古拉·库萨:《论与上帝的父子关系》第5节,见《论隐秘的上帝》,李秋零译,三联书店,1996年11月第一版,第51—52页。

物都不是与你不同的某种东西。"①

同样地,在《论寻觅上帝》中,他也说:

"正是由于他如此伟大,一切事物与他相比都是虚无,在它里面,没有任何东西与他不同,他就是永受赞颂的上帝。"②

将这两段引文联系起来就可以理解尼古拉所说的万物存在于上帝之中的含义了。在这里,他首先强调了上帝的至尊性,即万物存在于上帝之中,在这里上帝是那最大者、囊括万物者,是比万物要更高者;相对于神而言,万物简直可以说是不存在的、是虚无。因此之故,才可以说万物存在于上帝之中。我们可以打个这样的比方:上帝是数一,而万物是0,当然可以说,在数一之中包含着无数个0。还有,由于上帝是无限的,这个无限我们可以理解为无边无际、广大无比。如此一来,万物怎么可能脱离上帝的存在呢?因为上帝拥有一切、上帝就是一切,具有无限的权能,相比于上帝,万物是微不足道、渺小不堪的,因此它们怎么能够脱离上帝呢?从这个角度而言同样可以说万物存在于上帝之中。也可以打个比方说:上帝是一个无比强大的君主,比亚历山大大帝与凯撒还要强大得多,祂拥有的帝国也远远超过亚历山大帝国或者罗马帝国,整个宇宙都是祂的领土。这样一来,我们当然也可以说万物都存在于祂之内了,这乃是祂拥有万物的另一种说法罢了。

所以,当我们看到前面那些万物存在于上帝之中的话语时,不要简单地视之为泛神论,事实上,尼古拉本人是坚决反对将他的理

---

① 尼古拉·库萨:《论上帝的观看》第14节,见《论隐秘的上帝》,李秋零译,三联书店,1996年11月第一版,第93页。

② 尼古拉·库萨:《论寻觅上帝》第3节,同上,第29页。

论视为泛神论的,他在另一本著作《博学无知者的自辩》中,就坚决地驳斥了说他的理论是泛神论的观点。

万物存在于上帝之中,同样,上帝也存在于万物之中,在下面这句话中可以更加明白地看到他对上帝与万物之关系的具体理解:

"上帝是不能被分有的。他是无限的光,闪耀在一切事物之中。"①

怎样?他指出来了吧!上帝实际上是不能分有的,也就是说是独一无二的,祂存在于万物之中,但祂之在万物中的意思无非是说,祂像光一样闪耀在万物之中,祂就像太阳,将自己的光洒向万物,哺育万物,万物生长靠太阳,同时阳光也存在于万物之内。这就是上帝存在于万物之内的含义了。所以,当我们理解尼古拉时,或者理解其它神学或者哲学的观点时,不可仅仅从字面去理解,而要从更广与更深的层次去理解,这样才能真正理解。

至于将上帝与万物比作光之照耀万物,这是早在新柏拉图主义那里就有的,在柏罗丁那里,他就将太一之创造万物比为太阳之放光。而尼古拉在《论寻觅上帝》里的另一处也将上帝比为光,即理性的光,"上帝就是理性的光"。②

以上我们分析了上帝与万物的"相互存在"的关系,再联系上面的宇宙与万物之间的关系,即宇宙以缩影的形式存在于万物之中,这样,我们就可以对上帝、宇宙与万物之间的关系有一个整体性的理解了,这个理解是不难推理出来的,简而言之就是:一切

---

① 尼古拉·库萨:《论寻觅上帝》第3节,见《论隐秘的上帝》,李秋零译,三联书店,1996年11月第一版,第25页。
② 尼古拉·库萨:《论寻觅上帝》第2节,同上,第24页。

在一切之中,这里的一切包括上帝、宇宙、万物。就像尼古拉《论有学识的无知》第二卷第五章的名字所言"每一事物在每一事物之中",其中有这样总结性的话语:

"从第一卷中我们就已了解到,上帝是以这样的方式,即一切事物都在上帝之中,而存在于一切事物之中;在前一章中,我们已看到,上帝之在一切事物中,仿佛是以宇宙为中介的;所以可以推论出,一切事物都在一切事物之中,并且每一事物也都在每一事物之中。"①

这样一来,上帝、宇宙与构成宇宙的万物就达成了真正的大一统,这就是尼古拉所强调的宇宙的统一性。《论有学识的无知》第二卷以后的几章讨论的都是这个问题,即宇宙的统一性问题。他的分析也许看上去有陷入泛神论的嫌疑,但尼古拉本人却一直小心翼翼地不要使人产生这样的印象,如赵老师所言:

"库萨否认自己是泛神论者,'上帝在一切事物之中'这一命题只是说明上帝在万物之中'展开'(explicatio),并不说明上帝只存在于万物之中。"②

正因为如此,所以他一再强调说,上帝永远居于核心的地位,一切都源自上帝,我们要永远不停地赞美上帝,其第十三章的名字就叫"创造世界的神圣设计及其构成部分全部都是应受赞美的",其中就有这样一句简明而有力的话:

---

① 库萨的尼古拉:《论有学识的无知》,尹大贻、朱新民译,商务印书馆,1988年2月第一版,第77页。

② 赵敦华:《基督教哲学1500年》,人民出版社,2005年5月第一版,第602页。

"只有上帝绝对地存在。"①

这是与以后斯宾诺莎的观点有着本质不同的。

只要明白了这一点,在寻觅上帝的旅程中,就如《大学》所云:"心诚求之,虽不中不远矣。"

---

① 库萨的尼古拉:《论有学识的无知》,尹大贻、朱新民译,商务印书馆,1988年2月第一版,第116页。

第二十七章　文艺复兴时期的三大科学思想家

这一章我们要讲一项比较特殊的内容——科学。

为什么在一本哲学史里要讲科学呢？有两个原因：一是科学与哲学有关，而在文艺复兴时期，它和科学更是密切相关。如赵老师在《基督教哲学1500年》的第十二章第八节"向近代哲学过渡"的开篇所言：

"在中世纪哲学向近代哲学过渡的进程之中，自然科学的诞生起到决定性的作用。"[1]

正因为科学对于哲学起到了如此巨大的作用，所以我们在讲中世纪或者说文艺复兴时期的哲学之时，也应当介绍一下这段时期的科学成就，一则这样才可以更好地理解这个时期哲学的发展之根，二则也是为了彰显这段时期的思想发展之特征。

第一节　科学与哲学

我们知道，西方哲学史上科学一向是和哲学密切相关的，西方

---

[1] 赵敦华：《基督教哲学1500年》，人民出版社，2005年5月第一版，第619页。

哲学最早的形态就是自然哲学，所谓自然哲学其实可以简单地理解为"有关自然的哲学"，哲学家们将自然万物当作自己的研究对象，探索世界的本原，这种探讨既是哲学的，也是科学的，因为他们较之以前时代以神话的与文学的方式探讨世界的起源不同，而是从科学的、同时也是哲学的角度去探讨，于是从此就不但有了哲学，还有了科学。这就是古希腊哲学早期一道特有的风景线——哲学与科学一体化，哲学家们不但是哲学家，同时也是科学家，既提出了伟大的哲学体系，也提出了伟大的科学体系。典型者如毕达哥拉斯和亚里士多德，前者的哲学体系乃是以数学为核心的哲学体系，并且发现了勾股定理；后者则不但是古代、也是整个西方哲学史上最伟大的两位哲学家之一、还是中世纪最受尊崇的哲学家，而且堪称最伟大的科学家之一，其地位在科学史上可与任何科学家相匹。他的著作中，就比例而言，科学的著作远远超过了哲学著作，这我们只要翻开《亚里士多德全集》看看就知道了。所以，从西方哲学诞生起，就一直与哲学紧密联系，甚至融为一体。

后来，到了中世纪，哲学开始与科学渐渐疏离了，哲学是哲学，科学是科学，哲学家很少兼科学家的了。当然还是有的，例如我们刚刚讲过的库萨的尼古拉不但是哲学家还是科学家，他也像大多数古希腊哲学家一样，对数学尤其是几何学深感兴趣，他的《论有学识的无知》第十一章就叫"数学对于理解各种神圣真理是巨大的帮助"，其中有这样的话：

"我们越从感性状况中进行抽象，我们的知识就越是确定和可靠。数学就是这种抽象知识的一个例子。这就说明了哲学家们为什么如此乐于到数学中寻找悟性所要考察的事例；没有一个古代的大师在解决难题时，不使用数学的例证，所以，罗马人中最有学问的波伊修斯甚至说，没有数学知识，要获得关于神圣事物的知识是不可能的。

按第一个被称为哲学家，事实上也的确是第一个哲学家的毕达哥拉斯所说，开启一切真理的钥匙，不是只有到数中去寻找吗？"[1]

尼古拉在这里将毕达哥拉斯视为第一个哲学家，这样说也是有道理的，并且西方的确有这样的传统说法，原因就在于毕达哥拉斯乃是西方第一个系统化的哲学家，他此前的泰勒士虽然更早一点，但思想却不成体系，留下的著作也少得可怜，因此第一个真正的体系式的哲学家乃是毕达哥拉斯。

因此哲学与科学之间的密切关系一向是一个自明的命题，直到今天在科学界也是一种常识。在我们中国也一样，物理学家方励之曾经在八十年代出版过一部有影响的著作叫《哲学是物理学的工具》，其中序言就叫"哲学与物理"，第一章则名"现代宇宙学及其哲学问题"。[2]

我们说过，中世纪时，科学已经与哲学基本脱钩，但中世纪之后，到了文艺复兴时期，这种情况有了很大的改变，不是说哲学家又兼当科学家了，而是说科学对哲学又发生了巨大的影响。

从文艺复兴的历史我们可以知道，它不但是文学与艺术的复兴，同样是科学的复兴，在这个时期，科学对于整个西方社会产生了巨大的影响。而且不止于此，对此后的整个西方历史甚至世界历

---

[1] 库萨的尼古拉：《论有学识的无知》，尹大贻、朱新民译，商务印书馆，1988年2月第一版，第21—22页。

[2] 参见方励之：《哲学是物理学的工具》，湖南科学技术出版社，1988年2月第一版。

史都产生了巨大影响。这原因就不多说了，因为科学对于我们生活的影响之巨大是不言而喻的。对于世界历史而言，可以说文艺复兴时期在科学上的伟大成就对后世的影响要比其文学与艺术都要大。因为文艺与艺术影响的只是生活的某一个方向，而科学影响的则是整个生活。为何？西方的文学与艺术影响的主要是西方人，而西方的科学则影响了整个世界所有的人。这就是原因。

对于哲学而言，科学的影响不止是这种广义上的影响，还有更为具体的影响。这里举两个例子。

第一个是哥白尼提出的日心说。这乃是文艺复兴时期最重要、最具革命性的科学思想，其意义显然不止于哲学，而是对于人类整个世界观，尤其是对于基督教的世界观产生了巨大的影响与冲击。此前人们都相信地心说，这种观点和《圣经》中的记载以及中世纪哲学家们最为尊崇的亚里士多德的哲学都是相符的，甚至可以说是基督教哲学的核心之一。因为《圣经》中说得很清楚，上帝创造了天和地，这里的地当然就是地球了；又在地球上创造了人，让人世代生活在地球上。这个地球是整个天与地的中心似乎是理所当然的。但哥白尼现在竟然提出来太阳是宇宙的中心，那还了得，势必使人们对《圣经》的神圣性与真理性提出怀疑，当然也会对于亚里士多德的哲学提出质疑了，而奠基于亚里士多德哲学的托马斯·阿奎那的哲学体系当然也会受到株连。基督教会当然要对此大加挞伐，后来的事实也是这样，伽利略和布鲁诺都是典型的例子。

第二个例子是伽利略发明了望远镜。此前，人们都是根据神话传说，包括《圣经》中的记载，去理解地球之外的天体，包括月亮。《圣经》中对月亮是这样描述的：

第二十七章 文艺复兴时期的三大科学思想家

"于是神造了两个大光,大的管昼,小的管夜。又造众星。就把这些光摆列在天空,普照在地上。"①

这里管夜的大光就是月亮了。中世纪的人们自然是根据这样的说法去理解月亮的,它不过是一团"大光"而已。但当伽利略发明望远镜之后,他用这个望远镜直接去看月亮,看到了月亮的本来面貌。哪是什么"大光"呢? 不过是一个布满了环形山的荒凉的星球而已。它也不是自己能发亮的"大光",而是通过反射太阳而发光的。这些都明显地挑战了《圣经》的权威性,同样可能使得人们对《圣经》产生了这样那样的怀疑。而这些怀疑导致世界的改变,也导致哲学的改变。不用说,这些改变是不怎么利于传统的中世纪哲学即神学或者经院哲学的。科学家们常常会遭到教会的迫害也是自然而然的事。但这毕竟阻挡不了科学的发展。传统以神为中心的中世纪哲学不可避免地受到了巨大的冲击,人们对于它的真理性提出了大量的质疑,这种质疑的结果便是中世纪哲学的衰落。

当然,我不是说,科学的发展是造成中世纪哲学衰落的唯一原因,但必定是重要的原因之一。这其实从哲学史一个简单的事实就看得出来:文艺复兴时期,哲学的主体其实还是传统的经院哲学或者说神学,中世纪两个最重要的哲学家库萨的尼古拉和我们后面要讲的苏亚雷都是神学家,其哲学实际上是直接承自十五世纪的,因此我才说并没有什么真正的独特的"文艺复兴时期哲学",文艺复兴时期哲学就哲学本身而言实际上只是中世纪哲学的一个阶段、最后的阶段、一条尾巴而已。

---

① 《圣经·旧约·创世记》第1章。

一直到了文艺复兴之后，神学才走到了它的终结，哲学才真正走到了另一个时代、一个全新的时代——近代哲学，这个时期的哲学与神学最大的区别就是不再以神为中心，而是重新以人、以世界为中心，回到了古希腊的老路。当然表现的形式已经大不一样了，思想的具体内容也大不一样了，但其核心却是一样的，就是神之外的世界本身，哲学是对世界的——包括属于世界的人——的解释而不是对神的解释。

这个转向是与文艺复兴时期科学的发展分不开的。我们甚至可以这样想象：倘若不是伽利略发明了望远镜、哥白尼没有提出日心说、开普勒没有提出行星运动三定律，没有这些伟大的科学思想，仅仅有莎士比亚的剧本、但丁的诗歌与薄伽丘的小说，再加上达芬奇的绘画与米开朗其罗的雕刻之类，是不大可能产生新的哲学，即近代西方哲学的。也就是说，对于近代西方哲学而言，它产生的基础与其说是文艺复兴时期的哲学，不如说是文艺复兴时期的科学，因为文艺复兴时期的哲学我们已经说过了，主体依然是以神为中心的哲学，其主要的思想之源就是《圣经》，而文艺复兴时期的科学则向此提出了大胆的挑战，并且挑战成功。而近代西方哲学，从它的基本特点去看，就是以科学为基础的，就像两个最早的，也是最伟大的近代西方哲学家培根与笛卡尔不但是伟大的哲学家，而且是伟大的科学家一样。

因此之故，为了使我们理解西方哲学将要发生的巨大改变——向近代哲学过渡，我们将要在这一章讲述文艺复兴时期一些最伟大的科学成就，介绍几位最伟大的科学家，应该说，这乃是文艺复兴时期对哲学最重要的贡献。

当然，我们要讲这些科学内容不仅仅是因为它们有贡献、影响了近代西方哲学，而且是为了使我们了解这些科学知识本身，这些科学对于我们正确地了解世界是极为重要的，可以说不懂得这些科学知识我们将很难了解或者说正确地了解这个世界；而不能正确地了解世界又何能正确地理解哲学呢？就像我此前多次指出的，哲学乃是对世界的解释，世界乃是哲学的中心与基础，对这个中心与基础的正确理解乃是我们的哲学正确的前提与保障。虽然哲学之中从来没有永恒的真理，但哲学不能违反科学已经是一个基本的常识，可以这样说：哲学没有永恒的、绝对的真理，但违反了科学常识的哲学一定不是真理，甚至也不是合格的哲学。

第二节　修士哥白尼

现在我们就开始讲文艺复兴时期的科学。

我们将讲三个人及其主要的科学思想，那就是哥白尼、开普勒与伽利略，这三人不但是文艺复兴时期最伟大的科学家，他们的思想对于他们之后的科学与哲学都产生了巨大的影响。

我们首先来讲哥白尼。

在文艺复兴时期，像文学与艺术一样，科学也取得了伟大的成就，其代表就是日心说的提出，它标志着人类认识世界的一个崭新的飞跃。

其实古希腊就曾有过日心说，那是阿里斯塔库斯提出的。他是萨摩斯岛人，和毕达哥拉斯是同乡，活动于公元前三世纪。他认为太阳乃宇宙之中心，太阳是寂然不动的，地球在绕太阳运转，同时地球还在绕自己的轴旋转。

不过，文艺复兴时期日心说的提出者哥白尼在提出他的学说时并没有参照古希腊的日心说，他很可能根本就不知道这一学说，他只是依据自己的科学观测发现流行的地心说不合理，从而提出更为合理的日心说。这可以从他为《天体运行论》写的序言中就可以看出来，他在那里提到了菲洛劳斯（Philolaus）、赫拉克利特和毕达哥拉斯学派的伊克范图斯（Ecphantus）等认为地球在运动的哲学家，却没有提到阿里斯塔库斯。[1]

哥白尼是波兰人，1473年生于波兰东部的一座小城托伦，临近维斯杜拉河。父亲尼古拉·哥白尼是一个富裕的商人，但哥白尼还很小时，父母就双双辞世，后由舅舅瓦茨任罗德抚养成人。舅舅曾留学意大利，并在博洛尼亚大学获得过教会法博士学位，是当时很有名的弗龙堡大教堂的神父，他对哥白尼慈爱有加，先将他送进了当地一个上好的学校去受教育，18岁后又把他送进了著名的克拉科夫大学。

克拉科夫当时是波兰的首都，克拉科夫大学不但是波兰最好的大学，也是闻名全欧的优秀学府。哥白尼上大学是为了将来好当教士，学习的主要内容自然是神学，托马斯·阿奎那等的神学著作是必读的，此外他对天文学也产生了浓厚的兴趣。现在还保存下来的一些哥白尼读过的著作里，有许多是亚里士多德与托勒密的天文学著作，哥白尼详细地阅读了它们，并在书页的空白之处留下了许多

---

[1] 参见哥白尼：《天体运行论》序言，李启斌译，科学出版社，1973年6月第一版，第5页。

的心得与评论，有的甚至还附上了自己的计算结果。

引导哥白尼走入天文学殿堂的是一位名叫布鲁楚斯基的天文学和数学教授，他是当时有名的天文学家。在教授的帮助之下，哥白尼不但掌握了丰富的天文学知识，也学会了自己制造一些简单的天文仪器。那时没有专门制造天文仪器的工厂，仪器大都是天文学家自己设计制造的。哥白尼学习的天文学当然是托勒密和亚里士多德的地心说，那时天文学的主要内容就是这些。

哥白尼在克拉科夫大学学习了4年左右，1495年左右回到了舅舅家。这时候他的舅舅刚刚当上了埃尔梅兰地方的主教。

按照原来的计划，他打算先将外甥送到他曾任职的弗龙堡修道院当修士，再慢慢打算。但由于修士的名额有限，哥白尼只有等到名额空缺时才能就任。看到一时还不会有空缺，舅舅便将哥白尼再送往他曾在那里获得博士学位的古老的博洛尼亚大学。

哥白尼在博洛尼亚大学的专业是教会法规，他当然没有忘记天文学，博洛尼亚大学的天文学教授叫诺瓦拉，是当时意大利文艺复兴运动的领头人物之一，他对哥白尼的思想产生了很大影响。在这里，哥白尼进行了一生中最早的天文观测之一，即观测月亮遮掩了金牛座α星，这颗恒星在中国古代的星表上叫毕宿五。这是1497年3月的事。

就在哥白尼观测天象这年，他终于等到了弗龙堡修道院的空缺，成了一名修士。但他并没有马上回去就职，而是继续待在博洛尼亚。其间1500年曾去罗马参加一次教皇的大赦庆典，还可能在那里作了一次数学讲演。次年回到了弗龙堡，这时他已经是正式的神父了。

一方面由于才智出众，另一方面由于舅舅的关系，哥白尼很是受器重，不久经神父团特批，他获准继续前往意大利留学。

这次他去了帕多瓦大学。帕多瓦大学也是意大利最负盛名的大学之一。在这里，哥白尼学习了医学与法学，后来又转入了费拉拉大学，于1503年获得教会法规博士学位。

拿到博士学位后，哥白尼在当年就回到了波兰，回到了在埃尔梅兰担任主教的舅舅身边，当他的顾问。他要顾问的事很多，例如舅舅在神学或者教会法上的疑问、他主教区的日常事务，还有他的健康，等等。他甚至还做了舅舅的文学顾问，为舅舅发表了七世纪拜占庭诗歌的拉丁文译本，名字叫《道德、牧歌、和爱情使徒书》。原文是希腊文，哥白尼将之译成了拉丁文。这部书大概是舅舅叫他翻译的，哥白尼也将之题献给舅舅。

除了拿到手里只有几秒钟后就去世了的《天体运行论》，这是哥白尼生前出版的唯一著作。

在舅舅这里，当顾问之余，哥白尼仍在进行天文学研究，他经常在家里夜观天象，并作了详细的观测记录。

在埃尔梅兰待了近10年后，舅舅逝世了，他是在去克拉科夫参加波兰新女王的加冕典礼后回家途中突然逝世的。

舅舅死后，哥白尼便离开了埃尔梅兰，到了他一直任职的弗龙堡大教堂，这也是埃尔梅兰教区最大的主教堂，成了这里的神父，并且兼任医生，为当地的人民特别是穷人治病。

从此，除少数几次短期出差，哥白尼在这里度过了余生。

哥白尼在弗龙堡担当过各种职责，由于在这一带实行的是一套政教合一的制度，哥白尼不但要做神父和医生，还要管理教区各种事务，他曾管理过磨坊、面包坊、酿酒厂，一度还担任过代理主教。1519年波兰和普鲁士爆发战争时，与普鲁士毗邻的埃尔梅兰遭到了普军入侵，哥白尼还作为外交使节与普鲁士人搞过谈判。他也为波兰的货币制度改革提出过一系列的意见，制订了一份比较详细的计划，只是未曾实施。

虽然教会工作如此繁重，哥白尼还是经常抽出时间来进行天文观测与天文学理论的思索。他在自己的住所建了一座小天文台，外表看上去是一座没有房顶的圆形塔楼，哥白尼在那里安装了几架仪器进行天文观测，这座塔楼叫"哥白尼塔"，如今还在，是波兰人最引以为自豪的名胜古迹之一。

哥白尼在天文学上有精深研究的名声慢慢地传开了。1514年时，他接到了教廷召开的拉特兰会议的邀请，这次会议是专门为讨论历法改革而召开的，不过在这次会议上哥白尼未发一言。

因为这时他已经形成了自己的宇宙观，一种与当时流行的宇宙观大不相同的新宇宙观。

就在这一年，哥白尼将自己的新观念写成了一部著作，名叫《从排列顺序论天体的运动理论》，里头已经包括了他后来的主要观点。只是他从来没有打算出版，手稿也只在朋友们中间秘密流传。

此后的岁月里，哥白尼继续完善着他的新理论，不断地进行着天文观测，不断地用数学来证明之，甚至不断地在形式上为一本更加伟大的著作做精心准备。

真理毕竟是真理，虽然只是秘密流传，但哥白尼的理论已经默默地传播开了，产生了相当广泛的影响。到16世纪30年代，这种影响已经大得足以让教廷的高层注意了。据说，1533年，当时的教皇克莱门特七世曾召他到梵蒂冈，请他讲解其新理论，并对他的理论表示赞许。后来教皇还特意致信，要求他公开发表自己的理论。当时的一位红衣主教肖因贝格也在这年写信给哥白尼，要求他提供介绍自己理论的有关资料，并对他的新理论表示赞同。这封来自教廷高层的信件让哥白尼十分欣喜，因为他原来最害怕的就是教廷的反对，作为一个神职人员，那反对足以让他倒大霉的。

哥白尼还在犹豫，虽然这时候他的新著《天体运行论》事实上已经完稿，但他仍然不敢贸然出版，因为他了解自己的新理论与千年以来在人们心里已经根深蒂固的旧理论是背道而驰的，他害怕遭到太多的反对，为此他忧心忡忡，几乎想要放弃公开出版，就像他在书之卷首给当时的教皇保罗三世的献词中所言：

"我深深地意识到，由于人们因袭许多世纪来的传统观念，对于地球居于宇宙中心静止不动的见解深信不疑，所以我把运动归之于地球的想法肯定会被他们看成是荒唐的举动。因此，我踌躇了很长时间。

……因为有这样一班庸人，除非是有利可图，从不关心任何科学研究；或者虽然被人鼓励和依照先例而去作哲学的探求，但智力又很笨拙，就像蜜蜂中的雄蜂一样，懒惰而又愚蠢。而我的理论又很新奇和难以理解。于是，担心遭到轻蔑的思想几乎使我放弃了自己的打算。"①

正当此时，他的朋友们起了重要作用，例如吉兹主教，他是哥

---

① 哥白尼：《天体运行论》序言，李启斌译，科学出版社，1973年6月第一版，第2页。

白尼在教堂的同事和最亲密的朋友。吉兹自己也是一个天文学爱好者，非常钦佩哥白尼的工作。甚至卡普亚的红衣主教舍恩贝格也支持他，哥白尼还有一个学生，也是他唯一的学生，名叫雷蒂库斯，同样劝老师出版著作，还为著作的写作及出版做了不少贡献，后来他结识了一位名叫裴崔阿斯的学术著作出版商，便将他介绍给自己的老师。这样，哥白尼终于同意出版著作，开始与裴崔阿斯一起修订书稿。这是1539年左右的事。

第二年，裴崔阿斯获准将修订好的手稿带到德国的纽伦堡，预备在那里印刷出版。

他要出版哥白尼新著的事已经传开了，这时候马丁·路德已经在德意志开始了他的宗教改革，取得了很大成果。虽然对天主教进行了改革，路德仍是上帝坚定的信仰者，也相信地球乃宇宙之中心。他，还有其他一些宗教改革者，都坚决反对哥白尼的学说。由于他们势力强大，裴崔阿斯的出版计划被搁置，他只得将书托付给了莱比锡一位出版商A.奥西安德尔。

奥西安德尔是个聪明人，他深知出版这样的书可能惹来大麻烦，便预先采取了一些法子。

先是，早有此准备的哥白尼撰写了一篇献词，将书献给当时的教皇保罗三世，希望书和作者都能得到教皇的庇护。后来，奥西安德尔又自己写了一篇序言附上，声称这本书中的内容只是为了计算星象历法之便利而采用的一个假设，不一定符合实际情况，甚至还说天文学里充满了奇谈怪论，谁要是信以为真，谁就是真正的傻瓜。

这些话当然不是哥白尼的本意，但想到当时的实际情况也未尝不可，因为加一篇无足轻重的序言总比书都出不了要好得多。

《天体运行论》于1543年初在纽伦堡出版。

此前一年，即1542年，年底，哥白尼就患了脑溢血，右半身瘫痪，一直卧床不起。

书在1543年5月24日被送到了哥白尼的病榻前，他此时已处在弥留之际，据说当朋友将书送到他的手上时，他只摸了摸，就瞑目而逝了，时年七十整。

第三节 《天体运行论》与日心说

日心说是哥白尼思想的主体，他关于日心说的思想集中体现在《天体运行论》里，这本书也是西方科学史上最有名的几本著作之一，能与之比肩的只有像牛顿的《自然哲学的数学原理》、达尔文的《物种起源》、弗洛伊德的《梦的解析》等少数几本。《天体运行论》的手稿在交给出版者时作者没有署名，甚至连名字都没有，这两样还有那篇序言都是出版商加的。

《天体运行论》共包括六卷和一篇序言，其中的序言表明了他的担心，还对当时流行的地心说提出了批评，而且这些批评都是从哲学的角度出发的。例如"序言"一开始就说：

"哲学家的目的是，在上帝允许人类所及的范围内追求一切事物的真理。所以，我认为应该摆脱那些违背真理的错误意见。"[①]

在哥白尼看来，对宇宙与天体运动的探讨当然也是属于哲学

[①] 哥白尼：《天体运行论》序言，李启斌译，科学出版社，1973年6月第一版，第1页。

的，他还对当时这些方面的错误见解提出了批判：

"我对传统数学在研究各个天体运动中的可疑之处思索了很长时间之后，对于哲学家们不能对造物主为我们造成的美好而有秩序的宇宙机构提出正确的理论而感到气愤，因为他们在别的方面，对于同宇宙相比极为渺小的事物都细心地作了成功的研究。因此，我不辞辛苦重读了我所能得到的哲学著作。"①

后面他还对那些可能从《圣经》中引用这句那句来批判他的人说了这样的话：

"对数学一窍不通的无聊的空谈家会摘引圣经的章句加以曲解来对我的著作进行非难和攻击。对这种意见，我决不予以理睬，我鄙视他们。"②

我前面引用了不少《天体运动论》序言中的字句，目的就是要说明对于哥白尼而言，他从事的几乎可以说不是科学的而是哲学的工作，而他的目的也正是要批判当时流行的错误的哲学观念——地心说在当时主要是一种哲学的观念。并且哥白尼清楚地看到了，他的观点不但将对地心说产生冲击，而且将对基督教的基本经典《圣经》产生冲击，将可能被视为异端，对于这一切后果哥白尼决定坦然承受。

我们将会看到，这种观念的传播正起到了这种效果，那效果所及当然远不止科学本身，对此后西方哲学的走向也将产生革命性的影响。

---

① 哥白尼：《天体运行论》序言，李启斌译，科学出版社，1973年6月第一版，第4页。
② 同上，第6页。

序言之后，《天体运行论》第一卷名叫"宇宙概观"，是全书之精华。由于它是以哲学式的语言来分析天文学，没有多少科学术语与数学公式，因此颇为明白易懂，关于日心说以及对地心说的批判等主要就集中在这一篇里。如第八章"驳地心说"和第九章"关于地球是否还有一种运动和宇宙中心问题"等。①

第二卷主要是讨论地球的三种运动，即公转、自转和赤纬运动及其所引起的一系列现象，例如昼夜交替、四季循环等等。在这里，哥白尼把一些数学，例如三角学的基本规则用于解释行星与恒星的视运动——就是在我们观察者的视觉里天体的运动，并将太阳的运动也归之于地球的运动。在这章的后面讲述了恒星方位的测定和星表的编制等，还附有一个他亲自测定的星表。

第三卷主要是用数学的方法来描述地球的运动，其中包括岁差现象。所谓岁差就是地球的自转轴因为受到太阳与月亮等的引力作用而产生移动，它会在天穹中画出一个圆锥形的轨迹。它也会造成地球的春分点，即黄道与天赤道的交点西移，这样，就使得地球的回归年稍短于恒星年。二者间的差异就是岁差了。

第四卷专门讨论月球运动。由于月亮是距我们最近的天体，我们有最多的条件认识与分析之，因此哥白尼也对之进行了尽量深入的研究。他认为：月球并不在黄道上运动，而是有自己的轨道——白道。所谓白道，也就是它绕地球公转的轨道平面。还有，月球的运行速率并不均匀，他对之进行了很好的解释。

---

① 参见哥白尼：《天体运行论》，李启斌译，科学出版社，1973年6月第一版，第21、25页。

《天体运行论》的最后两卷，即第五卷与第六卷，讨论的都是行星的运动，它在整本书里占了最大的篇幅。这也许是因为行星有五颗、每颗都各有其运动特征且这些特征都相当复杂的缘故吧！哥白尼指出行星的视运动并不是均匀的，其根本原因乃是地球的运动与行星本身的运动叠加引起的。仅仅这句话就标示他高前人一等。

以上就是《天体运行论》的大致内容，当然实际上的《天体运行论》比我说的要复杂得多，我所说的也并不一定精确，只是大抵如此。

《天体运行论》对于人类的意义是显而易见的。首先，它是一种科学的理论，虽然有其缺陷，然而比当时流行的地心说要科学多了。而且它还有着多方面的意义，由于其理论内容的特殊性——它是有关于人类所居住于之的地球的，地球与人类心灵、生命与历史都息息相关，因此当人类知道自己所居住的星球并非他们原来所想的是宇宙的中心时，对于他们的打击简直有点像对某个一向自命血统高贵的德国人说他有犹太血统一样，不啻是一次致命的打击呢！加之当时正处在基督教牢牢统治着人们思想，《圣经》中的片言只语都被当成绝对真理的时代，哥白尼的学说无异于是一声惊雷、一声当头棒喝，使西方的人们像一头沉睡良久的狮子，终于被唤醒，张开双眼去理解那真实的世界！

现在我们就来介绍一下哥白尼使人们睁开双眼的学说——日心说。

日心说的理论并不复杂，它主要包括以下几个要点：

一、太阳，而非地球，是宇宙的中心。

二、金、木、水、火、土五大行星与地球一起都在环绕太阳公转，而不是像托勒密所说的是五大行星与太阳在围绕地球转。它们绕太阳公转的轨道是圆形的，速度也是均匀的。

三、月球是围绕地球运行的，运行在以地球为圆心的圆形轨道上。

四、地球每天自转一周，我们所见之天上的日月星辰每天的东升西落并非是它们在绕地球转动，而是地球的自转所造成的。至于天空，就是恒星在上面的天穹，则是静止不动的。

五、恒星，像行星一样，是运动的。为什么看上去不动呢？只因为它们距我们实在太遥远，比地球与太阳的距离要大得多，因此我们无法察觉这种变化。

这就是哥白尼日心说的大致内容。很容易看出来，他的体系虽然比托勒密的地心说要进了一大步，但也有很大的改进空间，典型者如哥白尼认为不但宇宙与天体都是球形的、其运动的轨道也是圆形的——这是他对宇宙天体的基本认识。《天体运行论》第一卷第一章的名字就叫"论宇宙之为球形"，它指出：

"首先，我们应当指出，宇宙是球形的。这是因为球形是万物中最完美的形状；因为这种形状的容积最大，宜于包罗一切。因为宇宙的局部形体，即日月星辰，都是这种形状；因为万物都趋于这种形状，就像空中的水滴和别的液体一样。因此，谁也不怀疑，天空也应赋予这种形状。"[①]

紧接着的第二章则叫"论大地同样之为球形"，它说：

"大地也是球形的，因为它在任何方向上都趋于自己的中心。可是，由于地上有高山和深谷，乍看起来，大地并不像是一个标准

[①] 哥白尼：《天体运行论》，李启斌译，科学出版社，1973年6月第一版，第8页。

第二十七章 文艺复兴时期的三大科学思想家

的球。不过，山谷仍然没有使大地总体之圆球形状有多大改变。"[①]

与此相应，天体的运运行轨道也是圆形的：

"现在，我们应当指出，天体的运动乃是圆周运动。这是因为这种旋转运动对于球来说是固有的性质，它反映了球形的特点。球这种形状的特点是简单，没有起点，也没有终点，旋转时不能将各部分相区别。而且球体形状也正是旋转作用本身造成的。"[②]

他的圆周运动乃是一种匀速的且绝对圆的运动，第四章的名字就叫"论天球均匀永恒之圆运动或复合圆运动"。这些观点当然是有待改进的，事实上无论天体还是其运动的轨道都不是绝对的球形或者圆形，特别是轨道与圆形相去甚远，这一点后来开普勒作了修正。

日心说提出之后，就像《天体运行论》一样，命运多舛。一开始，由于出版者加了那个序言，读者可能以为它只是为了制订星表而作的一个假设，因此没多少人理会。加之它前面有一篇致教皇的献词，还有一位红衣主教的支持声明，教会也没有站出来反对它，只有马丁·路德反驳了几句。

几十年之后，到世纪末，布鲁诺开始大力传播日心说，在西方社会引起了巨大反响。由于这理论明显地违反了基督教千年以来的许多信条，例如认为人类是万物之灵，是上帝的特创，因而人类所居住的地球也是宇宙的中心，伤及了基督教的基本教义，令教会感到莫大的威胁，立即起来反击哥白尼及其日心说，对于它的支持者与宣讲者也辣手无情。

[①] 哥白尼：《天体运行论》，李启斌译，科学出版社，1973年6月第一版，第8页。
[②] 同上，第12页。

先是，1592年时，教会逮捕了布鲁诺，一直囚了他整整8年，虽然他的罪名中并没有一条与宣传日心说直接相关，但显而易见地，他之所以为教廷所憎恶，信仰日心说也必是原因之一。他的结局我们也都知道：1600年2月7日在罗马的鲜花广场被活活烧死！——关于布鲁诺的命运与思想我们后面还要细说。

再是，伟大的伽利略由于宣传日心说同样遭到了教会的迫害，这我们后面马上也要说。

到1616年，教会终于公开宣布《天体运行论》是禁书，任何人信仰它、阅读它都是犯罪。

然而真理是不会屈服于强权的，也是大火烧不死的，日心说毕竟是真理，它必将取得最后的胜利。

上面我们说过，哥白尼的理论虽然伟大，但不是完美的，它有一些缺陷，例如认为天体运动的轨道是圆形的，并且是匀速运动的。这些缺陷由另一个文艺复兴时期伟大的天文学家进行了修正，那就是开普勒。

第四节 天空的立法者

开普勒是德国人，在当时应该说是神圣罗马帝国人，1571年生于符腾堡。生活在一个贫穷且不睦的家庭里，体弱多病，身材瘦小，但从小就显示了过人的才智。那时的符腾堡大公国十分重视国民的教育，特别为那些有天才的穷人孩子提供了丰厚的奖学金，使他们能够上学。正是靠着这个好政策开普勒才接受了相当完整而系统的教育，先后在书写学校、拉丁文学校、阿代尔堡教会学校等处接受教育，后来又进了图宾根大学的预科学校，并于1587年正式进入图宾根大学就读。

上大学后，开普勒遇到天文学教授麦斯特林，他是哥白尼学说的热烈信仰者，将自己的信仰传播给了开普勒。

在大学里开普勒是一个出色的学生，入学仅一年之后就获得了文学学士学位，3年之后又获得了文学硕士学位。他决定将来当一名属于路德派新教的基督教信义会的牧师，于是又进入神学院就读。

1594年，开普勒眼看就要在神学专业毕业了，这时发生了一件事：奥地利格拉茨地方一所路德派的中学的数学教师去世了，便向图宾根大学求援。大学评议会经过商议，认为开普勒最适合这个职务，就一方面向学校大力推荐，另一方面又鼓动开普勒去。经过一阵犹豫之后，开普勒接受了这个职务，据说是麦斯特林教授极力劝告的结果。

不久，开普勒到了自己的新任之地。这是一所规模不大的新教中学，课也不多，开普勒上课之余还有许多空闲时间可以思索，他开始思索一些天文学与数学问题，特别是与哥白尼的日心说有关的问题。据说，在第二年的某一天，他上课时突然想到了这样一个问题：为什么太阳只有六个行星而不是7个、10个或者更多？还有，行星的轨道为什么大小会有变化？他又将这些问题与欧几里得的几何学、毕达哥拉斯与柏拉图的哲学联系起来考虑，其结果就是《宇宙结构的秘密》，这是开普勒的第一本著作。

著作出版之后，开普勒将它们分送给他所尊敬的天文学家们，例如伽利略和当时另一个著名的天文学家第谷，伽利略亲切地给他回了信，第谷则更详细阅读了他的作品，虽然对作者的观点不敢苟同，他却发现了开普勒了不起的数学与天文学才华，便诚心诚意地邀请他到他位于布拉格附近的天文台去，与他一起共同研究天文学。于是，1600年他到达了第谷在贝纳特屈城堡的天文台，这时候第谷已经获得了大量的第一手观察资料。

第谷和开普勒，一个是天才的观测家，但在理论构建上不怎么在行；另一个是天才的理论家，但在观测上很一般。因此他们是最佳拍档、天作之合。

1601年，第谷逝世后，开普勒正是运用第谷的资料，作出了他伟大的发现，这便是1609年出版的《新天文学》。

在这本书里，开普勒提出了两个崭新的观念：一是其它行星也像地球一样是由物质构成的，二是行星运行的轨道不是正圆的，而是椭圆形。这两个结论将古希腊以来直至哥白尼有关行星的理论都推进了一大步！因为即使哥白尼也认为行星的轨道是圆形的，因为只有圆形是"最完美的"。这些观念就是著名的开普勒行星运动三定律中的头两个，可以这样表述之：

一、行星的运行轨迹是一个椭圆，太阳位于它的一个焦点。

二、太阳与行星的连线在相同时间内扫过的面积相等。

二者又分别被称为"轨道定律"与"面积定律"。

这两个定律的发现对于天文学的意义几乎不亚于哥白尼的日心说，其创新性则更要超越之。我们知道，哥白尼的日心说虽然优越于地心说，然而日心说早在古希腊就有人提出过。而且，除了将宇宙的中心以地球代替太阳外，日心说其它内容与托勒密地心说并无本质区别，例如都认为行星的运行必须是正圆的轨道，运动也是匀速的。然而开普勒的运动定律根本性地否定了这些千年以来的传统观念：以轨道定律否定了圆形轨道，以面积定律否定了匀速运动。

基于之，也有人说文艺复兴时期天文学的伟大革新起源于开普勒而不是哥白尼，这种说法并不是全无道理的。

《新天文学》的副标题是《天体物理学》，这个名字也是革命性的。因为此前的天文学，从毕达哥拉斯、托勒密直至哥白尼，实际上都是一种天体数学，也就是说从数学出发去描述或者猜测天体的运行规律，这就是他们为什么执意认为天体运行的轨道是圆形的，只因为圆形是"最完美的几何图形"。开普勒此前也一度相信这个，也一度想用圆形去描述行星运行的轨道，只是因为他发现这样的描述没法与第谷实际观测得到的结果相符才不得不放弃之。从这时候起，天文学不再以主观臆想的完美几何图形之类出现，而是用实际的观测去探求运动等特性，这不能不说是一场天文学研究方法的革命。

在《新天文学》里，开普勒另一个伟大的创新是试图建立天体力学。这表现在当他论及太阳的运动时，指出它会在行星的轨道平面上散发出一股类似磁力的无形驱动力量，且此力量的强度同行星与太阳之间的距离成反比。这些观念的直接结果就是牛顿的万有引力定律，特别是第二定律。

开普勒在布拉格工作的时间前后加起来长达十余年，这是他一生中成果最丰硕的岁月。

然而，到了1611年，不幸接踵而至，爱子与妻子接连去世，一直支持他研究的鲁道夫二世皇帝也被迫退位，新任皇帝马蒂亚斯虽然同样任命他当皇家数学家，但支持日少。

这样，在布拉格生活了十多年之后，他被迫离开。

他迁居到了奥地利北部的林茨，继续研究，不久就出版了《宇宙和谐律》，在这里他提出了关于行星运动的第三定律：所有行星公转周期的平方与它到太阳之间距离的立方成正比。这也就是说，对于每颗行星，其公转周期与到太阳之间的距离之比乃是一个常数。

如此，开普勒就在时间与距离之间建立了巧妙的联系，结合上面的轨道定律与面积定律，开普勒终于完成了对于行星运行规律的描述。

这三个定律是至那时为止西方人千年以来对天体运行规律的漫长探索的总结，开普勒在这里扮演了一个集大成者的角色。不用说他扮演得非常好，他一方面总结了既往的天文学研究之精华，另一方面又为后来者——尤其是牛顿——的进一步探索提供了坚实的基础。

开普勒的下一项成就是《鲁道夫星表》，终于完成，并于1627年在德国乌尔姆出版。

这时候神圣罗马帝国的皇帝已经是费迪南德二世了，但星表名字仍源于支持第谷与开普勒研究事业的鲁道夫二世。这个星表无疑是到那时为止最为精确的星表，它是第谷与开普勒共同努力的结晶，其精确度之高使它到现在还有利用的价值。

由于经常不能按时拿到薪俸，开普勒度日艰难，1630年突逝于贫苦之中，时年59岁。

第五节　伽利略的人生与成就（上）

开普勒之后，我们要讲的第三位文艺复兴时期伟大的科学家是伽利略。

伽利略全名伽利略·伽利莱，1564年2月生于意大利比萨，10

岁时从比萨迁到了繁荣昌盛的佛罗伦萨。伽利略早年的学习主要靠自学，后来进入了比萨大学医学系。

这时的大学教医学就像教哲学一样，都只讲理论。上课时，教授像背书似地背诵人体各部分的器官名称，既没有图解，更没有尸体，甚至没有一个病人来进行示范。伽利略却天生有动手的爱好，对这种教学的方法提出了质疑。另外他对当时的哲学课也有类似的看法，那时学医学的学生都必修哲学课，主要讲的就是亚里士多德，教授们将之看作神圣的教条，宣称：天地万物的所有问题在亚里士多德的著作里都可以找到答案。

——这也是当时普遍流行的观念，也是我认为并不存在所谓的文艺复兴时期哲学的原因，不像一味要摆脱中世纪之黑暗的文艺复兴时期的文学与艺术，文艺复兴时期哲学可是对中世纪哲学亦步亦趋的，何来独立的文艺复兴时期哲学呢？

从对待上述医学与哲学两门课程的态度我们就可以看出伽利略有两种精神：重视实践的精神与敢于怀疑的精神，正是这两种精神将引导他走上未来的发现之路。

伽利略的第一个科学发现是钟摆的规律，即发现了钟摆摆动的周期与摆的长度的平方根成正比，而与摆锤的重量无关。换句话说，长度相同的摆，周期相同，这就是摆的等时性。他将这个发现写成了一篇论文，他的这个观点就与亚里士多德相冲突了，因为亚里士多德对于这样的摆动说过"摆幅小需时少"之类的话。

伽利略没有死心，他将自己的理论用之于实践，发明了一种"脉搏计"，其主要部分就是一个小摆，大夫能够用它来测定病人在一定时间内的脉搏次数。

到这时，已经上了大学的伽利略还没有接受过正规的数学教育。一天他巧遇了一个叫里奇的人，他是托斯卡纳大公爵的宫廷教师，也是伽利略父亲的熟人，精通数学。里奇深为伽利略的好学与天才而感动，经常找机会给他讲授数学、物理学等自然科学。在导师的引领之下，伽利略很快深入了科学王国，那里的一切都令他着迷。这时候他父亲的经济情况进一步恶化了，渐渐地连儿子的学费同生活费都供应不上了。在这种情况下，伽利略便选择了退学，回到佛罗伦萨。这是1585年的事。

回到佛罗伦萨后，不久后他在当地的佛罗伦萨学院当上了教师，不久又发表了一篇文章"小天平"，文章中提到了一种新的秤"比重秤"的原理及设计制作的方法。所谓比重秤，就是用来测量各种合金的比重的秤，又叫浮力天平。这种器具的发明无疑是很实用的，它为当时对各种合金的不同比重而煞费苦心的商人们、金匠们、首饰匠们解决了一个大问题。当时这些行业的规模都很大，伽利略的发明使他一时声誉鹊起，名字几乎传遍意大利。

到1589年，伽利略研究了物体的重心及其它力学方面的问题，写了"论固体的重心"。

这篇文章的发表更为他带来了学术方面的名声，这名声传到了他的母校比萨大学，比萨大学终于向他发来了聘书。

在比萨大学，伽利略一方面教学，同时积极进行自己的物理学研究。他首先关注的问题之一仍然是亚里士多德学说。例如亚里士多德认为物体的下落速度与其重量成正比，他在《物理学》第四卷中有这样的话：

"我们看到，相同重量或物体之所以被移动的快慢有所不同，是由于两个原因：或者因为移动所通过的东西不同（例如通过水、土或气）；或者因为被移动物所具有的重或轻的程度不同，假如其他条件都相同的话。"①

这种观点在漫长的岁月里成了教授们的神圣教条，无人敢怀疑，也没想到要去检验一下。但伽利略经过一些简单的实验，例如从两手同时落下一块大石头和一块小石头，就发现它们是同时落地的，与重量并无关系。于是他勇敢地公开表明了自己的怀疑。不用说，他的怀疑一开始便遇上了白眼，一个无名鼠辈竟敢怀疑至尊的亚里士多德，简直可笑！

伽利略可不是那种怕讥笑的人，决定用实验来证明一切。于是，1590年的一天，他来到了著名的比萨斜塔，在这样的地方往下丢东西简直太妙了。一则它高，二则因为斜，坠落时便不会砸到下面的某一层楼上去。由于事先就有许多人知道一个年轻人妄想在这里与伟大的亚里士多德作对，他的实验招来了不少观众。

伽利略双手分别捏着大小迥然不同的两个球，一步步登上了高高的斜塔，它共有8层，爬到最高一层后，伽利略将他的两手伸出栏杆，同时一松，两只大小分明的球顿时飞也似地往下堕去。不久，"呼"的一声大响，落到了地上。不错，是"呼"的一声，不是两声，因为两个同时着地了。

亚里士多德的理论在这简单的实验面前变得体无完肤。

不过，无论是亚里士多德这个理论的批判还是相应的实验，据

---

① 亚里士多德：《亚里士多德全集》（第四卷），苗力田主编，中国人民大学出版社，1996年9月第一版，第105页。

说都不是伽利略第一个做的。早在他在比萨斜塔上作自由落体实验之前,有人已作过类似实验。据佛罗伦萨历史学家瓦奇记载,早在1544年,一位名叫比多的多米尼克会修士和一位名叫基里的物理学家已经用实验证明自由落体重量与速度成正比的观点不正确。而1576年帕多瓦的数学家墨里蒂用实验证明同样大小的木球和铅球同时落地。①

然而,驳倒了亚里士多德对他在比萨大学的境遇一点也没好处,一方面由于他那些新奇的科学研究方法,另一方面由于他那经常与权威顶撞的倔强个性,他很快便到了不得不辞职的地步。

辞职后,他回到了佛罗伦萨的家里,不久父亲就去世了。作为长子,他要开始养活一家大小了。他给几所大学写了自荐信,由于他这时已经在科学界小有名气,也有些著名的科学家欣赏他,他的申请不久得到了回音,帕多瓦大学请他去担任教授之职。这仍是1592年的事。

到了帕多瓦大学后,伽利略继续他的科学研究,特别是力学研究。他提出了一个重要的概念和一条重要的定律,即加速度概念和自由落体定律,确立了经典力学中一个基本概念——加速度。

伽利略在做相关的运动实验时所用的方法是著名的"斜面实验"。

他做了一块长度超过10米的木板,在中间挖一道槽,并将之弄得十分光滑,以减少阻力。然后将一个球体在里面滚动并记录每一次滚落到底端所需的时间,在其间不断将木板的高度调动。他还用两个球,一个在木板上滚动,另一个则让它在相同的高度自由下

---

① 参见赵敦华:《基督教哲学1500年》,人民出版社,2005年5月第一版,第621页。

落。有时他又将两块这样的木板并在一起变成一个"V"形斜面，让球从一边滚下，再看它能够滚上另一斜面多高，然后将一边的斜面不断调低，再看球是不是能滚得更远。如此反复实验，10次、100次、1000次。伽利略发现，如果不考虑摩擦阻力，球也不受外力作用，那么当一边的斜面放到水平状态时，球将作永无休止的匀速直线运动。这种现象我们现在知道就是惯性，这个概念可以说是伽利略发现的，后来，牛顿正是在这个基础上发现了牛顿第一运动定律，即惯性定律。

伽利略最重要的物理学发现则是自由落体定律，它是这样表述的：自由落体运动是初速度为零的匀加速直线运动，物体下落的距离与所经过的时间的平方成正比。

到1604年，伽利略又有了一个新的伟大发明。

这年冬天，在意大利南部的天空中突然显现了一颗人们从未见过的明亮的星星，它在天穹闪烁着，直到第二年秋天才消逝。这个不平常的现象使伽利略暂时放下了物理学研究，转到天文学方面来。

早在这以前，伽利略已经对天文学深有兴趣，他先是用肉眼和那时已有的天文仪器观察天象，但那些仪器都不好用。一天他突然想到，要是有一架仪器，能够把天上的星星看得更清楚该有多好！到1609年，他在威尼斯听说有人制造出了一架能够看清远处小东西的新奇仪器，其主要设备就是两块呈凸状的玻璃片，便立即自己动手制作起来。第一次制作的望远镜能够将物体放大3倍，但他还不满意，继续改进，不久就使之能放大32倍了！他制作的这种望远镜如今还被称为伽利略望远镜，优点是结构紧凑，通过望远镜看到的物体是正像。

伽利略用这架望远镜搜索天空，作出了一系列了不起的天文发现。

这时候，天空对于人类就像一片从未开垦、然而满是宝藏的处女地！伽利略用望远镜这么随便一照，便捡到了许多宝贝。例如他发现月亮的表面根本不是人类以前所设想的那样光滑且平整，而是凹凸不平，有许多像倒扣着的碗的山峰，后来被称为环形山。他发现月亮不是靠自己发光的，而是靠反射太阳光而发亮。他发现银河系不是一长条云雾，而是由无数颗星星组成的星之河。他发现木星有四颗卫星。他发现了许多原来以为是一颗星星的其实不是一颗，而是几颗甚至好多颗合在一起，例如觜宿二，在西方就是著名的猎户座星团。伽利略甚至还绘制了一张表来标记这些星团，这是最早的星团表了。如此等等。这些现象在当时的人们看来似乎都是不可思议的。但又是无可怀疑的，因为伽利略给大家看的可不是一个理论或者推理，而是实实在在的天象！

1610年时他出版了《星际使者》，向世人报告了这些发现。

望远镜的发现对天文学的重要意义是不言而喻的，它等于给了天文学家们一双新的、比原来的肉眼厉害百倍的"千里眼"，凭此他们可以比以前远为深入地探索天空。

望远镜的发明使伽利略成了名人，亲眼目睹了伽利略伟大发明的威尼斯议员们决定授予他帕多瓦大学终身教授的职位。这对于一个进行学术研究的人来说是最好也最荣耀的职位了，等于他的一生都有了保障，可以无忧无虑地搞自己的学术研究了。

然而，令人感到十分奇怪的是，伽利略没有接受这个上好的提议，而是就在制造出望远镜的这年离开了帕多瓦大学，担任了托斯卡纳大公的"首席哲学家和数学家"。他之所以这样做，主要是因为这样的话可以不承担繁重的教学任务，而专心于科学研究。

算起来，从1592年到帕多瓦大学当教授，直到1610年离开，伽利略在帕多瓦足足待了12年。这12年算得上是他一生中成果最为丰富，生活也最为平安喜乐的岁月。

但此后的岁月就没有平安喜乐了，而是充满了动荡与痛苦。

第六节　伽利略的人生与成就（下）

自从离开帕多瓦后，他的生活就不那么平静了，因为他即将投入一场严酷的斗争。

这场斗争又可以分为两个分战场，第一个分战场的对手是亚里士多德的追随者们；第二个分战场的对手则是更为强大的教会。

我们先来看第一个分战场。

早在他还是比萨大学的讲师时，伽利略就已经公开批判过亚里士多德。现在伽利略进一步通过望远镜看到了月亮并非平如镜清如水，而是一个布满了凹凸不平的坑斑的丑陋之地，甚至太阳上也有黑子，这一切都与亚里士多德声称的"天体完美无缺"大相径庭。

1612年时，他发表了第一篇公开抨击亚里士多德的文章"论停止在水中的物体与在水中运动的物体"，猛烈抨击了亚里士多德的错误论点，例如亚里士多德认为冰能浮于水面不是因为冰比水轻而是因为冰的形状合适，因为它是平坦的薄块。亚里士多德的隔世弟子们硬是由此妄称木片会浮在水面而木球会下沉。这样的观念当然是荒谬绝伦的，伽利略对之进行了针锋相对的批判，并提出了科学的论点：物体之所以能浮于水是因为其比重小于水，比重大于水的物体则会下沉，与其形状无关。

对于伽利略的批判，亚里士多德的追随者们当然不会坐视不理，更何况他们还看到，如果伽利略的理论是正确的，那么将对基督教的教义产生巨大的冲击，因为如我们前面所言，卫护基督教教义、论证其合理性的主要便是亚里士多德哲学以及以亚里士多德哲学为基础而建立起来的托马斯·阿奎那神学，若亚里士多德错了，基督教教义岂能安稳？正所谓覆巢之下，安有完卵！他们赶快将这种危险性显示给了教廷。

教廷的许多人也有同感，便开始有人站出来抨击伽利略。这下，第二战场便开辟了。

伽利略这时也正好将他的另一个"薄弱面"现了出来，这就是他对哥白尼日心说的信仰。

早在1597年，伽利略就收到了开普勒寄给他的《宇宙结构的秘密》一书。阅读之后，他就开始坚信哥白尼的日心说了，相信太阳而不是地球才是宇宙的中心，相信如果只为了要地球保持静止，去让整个宇宙都运动是不合理的。后来，当他发明望远镜之后，通过对诸天象的仔细观察，更加坚信日心说。

1613年，他终于出版了《关于太阳黑子的认识》。在这本书里，伽利略公开说自己赞同哥白尼的天体学说。不过他也表明自己并非要反对教会与教义。他说，《圣经》与大自然都是不可能说错话的，如何使大自然的现象与《圣经》和谐正是神学家们要做的事。

——伽利略的这种观念虽然看上去简单，然而正是基督教神学今天的特色。今天，无论神学家抑或是教会都不可能对任何自然科学研究加以干涉或者不承认其得到验证的成果了，他们所要做的就是尽量将这些发现与《圣经》中的记载以及对上帝的信仰一致起来、至少避免本质性的冲突。

就在这前后不久，伽利略正好写了一封信给自己的一位教士学生，信中说神学干涉科学是错误的，后来这封信被另一个教士看到了，他立即向罗马宗教裁判所告密。这是1615年的事。这时候，那些一向敌视伽利略的人，包括亚里士多德的崇拜者们，都联合起来了，向伽利略以及他所维护的哥白尼学说展开了猛烈的攻击。并正式向罗马教廷控诉，指控伽利略违背基督教教义，传播异端思想。

在那个时代，这样的罪名足以使人丢掉脑袋，伽利略只好不顾有病在身，亲赴罗马。

他这次去的目的有两个：一是使自己不致因宣传哥白尼学说而受到宗教裁判所的惩罚；二是希望教廷不要公开宣布他的宣传哥白尼学说为非法。

伽利略这时已经很有名，还是教廷的林且科学院的成员，然而事情的发展很快变得不利，主要是因为教廷最重要的神学家兼红衣主教R.贝拉明不同意哥白尼的观点。他之所以这样只是因为发现哥白尼的学说可能使人们对上帝的信仰产生怀疑，并非指向伽利略个人。

还有，在贝拉明看来，伽利略的理论只是一种假设，他"对一种假设作经验的检证，并不必然证明它绝对的真。"[①]这其实也给了

[①] 柯普斯登：《西洋哲学史》（第三卷），陈俊辉译，台湾黎明文化事业股份有限公司，1988年12月第一版，第421页。

伽利略一条退路，就是承认他的理论只是一种假设，这样一来他和教廷之间的冲突就不会那么激烈了，教廷也就有了对他甚至他信仰的日心说网开一面的理由，但伽利略却拒绝承认那只是一种假设，而是强调其真理性，这样一来，教廷就没有选择了。

1616年3月，教廷正式颁布了对哥白尼学说的禁制令，宣布《天体运行论》为非法并禁止用一切方式传播之。

但对伽利略，教廷仍没有太为难他，只是要他公开声明放弃对哥白尼学说的信仰。

伽利略被迫这样做了，他不是布鲁诺那种性如烈火、为真理不惜立刻粉身碎骨的人。他更要理性一些，不希望与非理性的教廷公开对抗，他知道这样无异于以卵击石，无论对科学还是他自己都不利——他可不希望重蹈16年前布鲁诺在罗马鲜花广场被活活烧死的一幕。

这结果对伽利略无疑是一次沉重的打击，他带着忧郁不已的心情离开了罗马，不久就离开了喧嚣的城市，回到了自己位于佛罗伦萨附近的家中，在那里隐居下来。

从此，有相当长的一段时期，伽利略沉寂了，好像从科学界乃至这个世界上消失了一样。

事实上他也真的脱离了天文学研究，专注于改进自己发明的望远镜，使之适用于航海。就是搞学术研究也局限于力学与机械学。

两年之后，到1618年，秋去冬来之时，他的一个学生出版了一本反映老师思想的书。这本书的出版使本来差不多已经忘了他的敌人们又记起了这个可恶的糟老头子。很快，某位教士写了本小册子，对伽利略展开了疯狂的攻击，甚至妄称伽利略是欺世盗名的小人，称他的那些发现或者发明都是从别人那里剽窃来的。

对于如此蛮横无理的攻击，伽利略不得不作出回答。不过一方面由于他这时身体不好，另一方面他感到自己再次出版著作一定要慎重，要字斟句酌。所以直到5年之后，1623年，他才完成了一篇文章，名叫《分析者》，后来由林且科学院出版。

《分析者》虽然只是本小册子，但十分精彩，文中对世界及其物质的精彩论述以及对新科学方法，即重视实验与实践的方法，进行了十分透彻的分析，引人入胜。在书中伽利略说出了那句名言："大自然的书……是用数学语言写成的。"

伽利略将这本书献给了新任的教皇乌尔班八世。这个乌尔班八世长久以来是伽利略的朋友兼庇护人，他高兴地接受了伽利略的奉献。

这又激起了伽利略的雄心，他想也许新教皇能够解除以前对哥白尼学说的禁制令。于是，次年他再次赴罗马。

在罗马，他受到了新教皇的热情接待。乌尔班八世对老朋友和被庇护者十分友好，与他进行了多次友好的交谈。至于伽利略提出的请求，教皇由于所处的地位及这个问题的敏感性，不可能答应。但他同意伽利略写一本书来不偏不倚地介绍哥白尼的日心说与托勒密的地心说两个体系。同时教廷提出了一个明确的条件，在书中伽利略绝不能表态支持或同情哪一种学说，且结论必须遵循教皇事先对他的谕令，即人不能妄称自己知道世界形成的真实情况，因为上帝完全能够以人所不能想象的方式创造一切，因此伽利略的著作不能让人对上帝的全能产生怀疑。

从这里我们也可以看出来，这时候的教廷已经慢慢发生了转变,有了"文艺复兴"的特色了,即不再像以前那么沉浸于教义的纯净,而是能够在一定程度上接受不同的思想观点了,这应该是文艺复兴时期不同于中世纪的一种表现,对教廷而言,如此对待一个有异端嫌疑的人也算得上是一种相当大的进步了。

这里还提一件小插曲。就是这次在罗马,伽利略看到了根据他的望远镜原理制作成的一架显微镜,二者的区别是明显的:虽然同样是放大对象,但一者看远,一者看近。伽利略看到这架显微镜后,立即明白了它的原理,随即设计了一架更加完善的显微镜,它"可以将苍蝇放大成母鸡一般。"

伽利略回到佛罗伦萨后,开始埋首写作他得到准许的新作。这还是1624年的事。

此后的整整6年,伽利略完全用来写作这部新书,其间的辛苦自不待言,到1630年,他的新作终于杀青,名叫《托勒密和哥白尼两大世界体系的对话》,后面我们简称《对话》。

书中参加对话的共有3个人,第一个叫辛普利丘,是一位虽然受过教育但有点傻头傻脑的人,是地心说的信奉者;第二个叫沙格列托,是提问题的人,属于中立者;第三个叫萨尔维阿蒂,主张哥白尼的日心说。后面两个人伽利略都借用了朋友的名字,因此都是历史上的真实人物。他们在位于威尼斯的沙格列托的宅第中会齐了,经过简短的问候之后,便对托勒密与哥白尼两种学说到底孰对孰错的问题展开了辩论,全书的情节就围绕之展开。

辩论一共进行了4天,第一天讨论天体的组成与性质,第二天讨论亚里士多德的运动学说,第三天为地球绕日运行进行了答辩,第四天讨论了海洋潮汐的形成问题。

第二十七章 文艺复兴时期的三大科学思想家

书完成之后，伽利略先将之送到了罗马，那里有一个专门检查出版物是否违背教义、是否属于异端邪说的机构。经过那机构的审查之后，终于在1632年正式出版。

说实在的，若从教廷以后的反应看起来，这本书能够被批准出版实在是咄咄怪事。有人说是因为伽利略与教皇私交不错，因而审查人不敢太苛严，也有人说是因为这本书不是用当时西方学术界通用的拉丁文写成的，而是用意大利文写的，因此审查官误认为不会广泛流传，因此不太在意。

事实上又如何呢？《对话》甫一出版，立即产生了巨大的影响，第一版印刷的书籍很快被抢购一空，人们争相传阅，意大利一时洛阳纸贵。不久，欧陆其它地方也响起了一片赞誉之声。由于伽利略不但是杰出的科学家，其文字表达能力亦极为出色，加之对神学与哲学素有研究，因此书中的语言优美、精辟、深邃兼具，被认为是科学、文学与哲学三合一之杰作。

然而，这对于伽利略并非好事，所谓树大招风，由于《对话》影响太大，很快有人向教廷告密了。其理由无疑是充分的，虽然作者的标题没有表明他信奉哪种学说，但文中却振振有辞地为哥白尼的日心说辩护，其论据之众多、说理有力使与之对立的托勒密地心说毫无招架之力，只能显示它是何等荒唐。也使得篇末所列的、在一开始就说了的所谓"不偏不倚"的结论显得牵强附会，可以说毫无意义。据此，那些提出控诉的虔诚的耶稣会会士说，它对天主教的危害甚至大于路德与加尔文的新教！

教皇一听这些控诉，顿时大怒，立即下令彻查此事，并严加惩办。但由于伽利略事先早已经得到了教廷的特许，书也是经审查才出版的。因此教廷不好随便就把书禁了,得找一个冠冕堂皇的理由。

正所谓"欲加之罪,何患无辞",教廷方面不久就"发现了证据",那是一份保存在教廷档案库中的文件,说1616年,当伽利略与R.贝拉明红衣主教会面时,曾禁止他"以任何方式宣讲和议论哥白尼学说",如有违犯就将受到宗教法庭的审判与惩罚。

两百多年后的1877年,这份档案公布之后,史学家们经过考证,一致认为这份所谓的文件乃是教廷为了给伽利略添加罪名而伪造的。

但那时的教会可把它当成如山铁证,教廷公开对伽利略进行了指控,控告他"严重涉嫌异端",命令他到罗马接受审判。他们加给伽利略的罪名主要有三条:一是违反了教皇要他用假设性的口吻写作,并且在两种观点之间不偏不倚的指令,断然肯定了地球的运动与太阳的不动。二是在这个基础上又进一步根据地球运动、太阳不动的前提来解释潮汐的成因。三是他对1616年时贝拉明主教给他的禁令佯装不知。

随即《对话》被禁止出版,这是1632年8月的事,距它的出版不过半年。

这时伽利略已经年近七十,完全是一个老人了,更兼身体有病,显然不适合长途旅行去罗马受审,他的庇护者大公爵也积极替他斡旋,但都没用,此刻连乌尔班八世教皇也对此事极为愤怒,因此伽利略或者自己去罗马,或者被人用铁链绑着去。

这样一来,伽利略被迫动身去罗马,这是1633年2月的事。

到了罗马之后,教皇的气消了一点,宗教法庭也没有像对待其他嫌犯一样令他锒铛入狱，而是特别准许他可以在监外居住。

不久，残酷的审讯开始了，教廷的高官们对伽利略展开了轮番猛烈攻击，其程度之剧烈简直像要判他死刑！

伽利略呢，老人家一开始还不屈服，他毕竟是受了特许才出版《对话》的，其中对日心说的偏向不是什么大不了的罪名。至于教廷方面最有力的证据，即贝拉明主教17年前给他的那个不许谈论哥白尼学说的禁令，伽利略坚称他不记得。据说他甚至还在审讯中对自己相信的哥白尼学说进行了辩护。

伽利略的态度更激起了审判者们的恨意，使伽利略处于不利地位。不过，也有许多人，包括一些高级教士，替伽利略说话，有的是出于对他的学说与成就的尊重，有的是出于对他年老体弱的同情，但各种对伽利略比较有利的方案都被红衣主教会议拒绝了，他们宣布伽利略必须受到正式的惩罚并被判刑。

正式的判决书是这年的6月21日宣读的，判决伽利略犯有"相信并宣扬"哥白尼学说之罪，对他的惩罚主要有三条：

一、他必须公开声明放弃这种信仰。

二、在各地焚烧他的《对话》，同时他的所有著作都被列入禁书之列，不准再印。

三、他必须终生被监禁。

伽利略接受了判决。

这看上去也许会令人感到意外，其实仔细一想伽利略这样做是有理由的：一则年老体弱的他已经筋疲力尽，无力抗拒；二则作为一个虔诚的天主教徒，他从来没想过真的要反抗教会；三则他不是不知道布鲁诺的结局。

结果是伽利略宣誓不再信仰哥白尼的学说,"放弃、诅咒并痛恨"过去的错误。

但这时已经老态龙钟且疲惫得快要倒下的伽利略在朋友们的搀扶下慢慢走出宗教法庭时,他的嘴里仍在叽叽咕咕地说:"但地球的确是在转动的呀!"

看到伽利略已经屈服,气也就消了的教皇立即宣布将他的终身监禁改为终生软禁,而且将地点定在了伽利略在佛罗伦萨附近他自己的家中。

这年年底,伽利略回到了家,这家从此将是他的牢狱。

命运这时最后一次看顾了伽利略,前来软禁地看管他的是他的学生与朋友锡耶那大主教A.皮柯罗米尼,他对这位受到迫害的老师与朋友十分照顾,甚至鼓励他继续进行科学研究。

在这种情形下,伽利略很快又振作起来,开始研究少有争议的力学问题,并继续撰写著作,所用的方式仍然是《对话》中的对话方式。

被监禁约一年之后,1634年,他完成了另一部著作,名叫《关于两门新科学的对话》。这部著作的手稿被悄悄运出意大利,于4年之后在荷兰的莱顿出版。

遗憾的是,这时伽利略已经不能亲眼看见他的著作是什么样子了。因为在此前一年,即1637年,他已经双目失明。

成了瞎子并没有妨碍他继续进行科学研究,他的生活也不寂寞,经常有一些人来看望已经名满天下的老科学家,例如伟大的英国诗人弥尔顿和法国著名哲学家伽桑狄等,他后来还被准许接收学生,包括1639年入他门下的维维亚尼和两年后来的托里拆利,托里拆利后来也成为了一个著名的物理学家。

伽利略的最后岁月因有这两位得意弟子而颇感老怀安慰。据说师徒三人相处极为友好，经常讨论各种学术问题，伽利略向弟子们口授他对各种问题的看法，例如他设想可以用摆来调节钟表的运动、月球的运动、关于碰撞的理论等等。已经高龄的伽利略这时仍表现出了敏锐的思维、依旧闪射出智慧之光。

伽利略死于1642年1月，死因是慢性热病，由于怕教廷怪罪，他被像一个最普通的人一样草草葬于当地的圣十字教堂。

在和英费尔德合著的《物理学的进展》一书中，爱因斯坦曾高度评价了伽利略的伟大贡献，指出伽利略的发现以及他所应用的科学的推理方法是人类思想史上最伟大的成就之一，标志着物理学的真正开端。

还有，我虽然在前面主要讲了伽利略的科学成就，但他并非只是一个科学家，事实上他也有着相当丰富的哲学思想，主要表现在他对于万物的认知上，例如他曾经说过：

"当我必然地设想一物质或一有形实体时，我觉得应按它的本性设想它是有界限和具体形状的，相对于其它东西有大有小，处于一定位置和空间，或运动或静止，与其它物体或接触或分离，或是单个、少数，或是多数。总之，我无论如何不能想象一个形体不具有这些条件。然而，我并不觉得必须把白或红、苦或甜、有声或无声、香或臭等认作必然伴随着形体的条件；如果没有感官的传达，理性或想象也许始终不会知道这些东西。所以我想味、嗅、色等似乎存在于事物的方面，其实不过是名称而已，仅仅存在有感觉的身体之中；因此，如果把动物属性除去，这些性质也随之消除和消失了。"①

伽利略的这个思想是很深刻的,是对事物一种很深刻的理解,说明他认识到事物的各种性质之间是有不同的,有的是固有的,有的则不是固有的。他的这种思想后来在洛克那里得到了发扬光大,即关于事物的第一与第二性质的区分。

洛克认为,物体具有两种性质,即第一性质与第二性质,其中第一性质是这样的:

"我们所考察的物体中的性质可以分为两种:第一种不论在什么情形之下,都是和物体完全不能分离的;物体不论经了什么变化,外面加于它的力量不论多大,它仍然永远保有这些性质。"②

后面洛克还指明了具体地说什么样的性质是第一性质,就是凝性、广袤、形相、运动、静止、数目等等性质。

在洛克看来,第一性质的主要特点就是物体无论经过了多大的变化,第一性质总是不变的。例如一根棍子,哪怕你把它砍成一千段,它依然是有这些第一性质的。依然会有凝性、广袤、形相、运功、静止、数目等等性质,当然,具体的情形会有改变,例如可以由一个变成两个,但数目依然会有;可以由运动变成静止,但运动本身依然存在。哪怕再小也会有广延或者说体积,不会变成无体积的,如此等等,即这些性质本身是不会离开它的,它一定具有,这就是第一性质之为第一性质的关键所在。

---

① 转引自赵敦华:《基督教哲学1500年》,人民出版社,2005年5月第一版,第623页。

② 洛克:《人类理解论》(全两册),关文运译,商务印书馆,1959年2月第一版,第100页。

至于第二性质，洛克认为是这样的：

"第二种性质，正确说来，并不是物象本身所具有的东西，而是能借其第一性质在我们心中产生各种感觉的那些能力。类如颜色、声音、滋味等等都是借物体中微细部分底体积、形相，组织和运动，表现于心中的；这一类观念我叫做第二性质。"[1]

这个定义就没有第一性质的定义好理解了，从上面我们可以得到对第二性质的以下几点认识：

一、颜色、声音、滋味等是物体的第二性质。

二、第二性质并不是物体本身所具有的、更不是固有的，甚至可以说它是人的一种"幻觉"，至少是人一种主观的感觉，虽然其来有自，但却只是一种主观的东西。

三、第二性质的起源在于一种能力，这种能力实际上包括两方面：一方面是物体的，是因为物体有第一性质才具有的一种能力；另一方面是我们自己的，即我们能够对物体的第一性质作出反应，并且反应所得到的结果不再是第一性质如凝性、广袤、形相、运功、静止、数目等等，而是颜色、声音、滋味等表面上与第一性质大不相同的另外的性质。

如此等等，不难看出，伽利略已经将第一和第二性质进行了区分了，区分的方式也是和洛克一致的。从这个角度来说，伽利略可以称为一个经验主义哲学家，并且是其伟大的先驱之一。

关于伽利略最后要说几句的是，伽利略并非如有人可能想象

---

[1] 洛克：《人类理解论》(全两册)，关文运译，商务印书馆，1959年2月第一版，第101页。

的一样,是一个基督教的反对者。事实上,伽利略不但不反对基督教,而且是一个虔诚的基督徒,这点从他的《托勒密和哥白尼两大世界体系的对话》中就可以看出来。

在《对话》的序言中,伽利略表明了在他看来哥白尼的学说乃是一种假说——当然这也许只是一种托辞,但他也显示了自己对于教会的尊重,他说:

"我收集了专门有关哥白尼体系的所有见解,并将告诉大家,罗马的审查机关对这一切都已注意到了;这个国家不仅提出了拯救灵魂的教义,而且也提供了满足理性的许多才智发现。为了达到这个目的,我在讨论中站在哥白尼体系一边,把它作为一种纯数学假说来叙述,并用一切方法说明它,使它看来比假定地球静止的学说好——诚然,并非绝对如此。"[1]

不过,他对于亚里士多德派甚至其称号"逍遥派"就不客气了,他在上面的引文后紧接着说:

"这些人甚至连这个称号都不配!因为他们并不漫步逍遥;他们满足于崇拜死人;他们不是以应有的慎重态度来进行哲学研究,而仅仅是用他们所背诵的几条理解得很差的原则来谈哲学。"[2]

从这里可以看出来,对伽利略而言,当他谈论何为宇宙之中心时,他所谈论的其实不是天文学,而是哲学。事实上也是如此,对于中世纪与文艺复兴时期的人们而言,什么是宇宙的中心更是一个哲学问题而非科学问题。也因此之故,在讲中世纪与文艺复兴时期

---

[1] 伽利略:《托勒密和哥白尼两大世界体系的对话》,上海外国自然科学哲学著作编译组译,上海人民出版社出版,1974年3月第一版,第1—2页。

[2] 同上,第2页。

第二十七章 文艺复兴时期的三大科学思想家

哲学时不讲讲这个是不行的。

还有,伽利略在论述这一切时,一再提示他并不反对神学,更不会因此不信仰上帝,相反,他依然相信上帝的万能,他说:

"我希望,这里叙述的意见将向全世界表明,……我们承认地球静止的学说,并且认为对立的意见是数学上的空想,这不是由于对别人的想法不知道,而是由于(如果不是由于别的理由的话)虔诚、宗教、上帝是万能的认识和人类智慧是有限的自觉。"①

在《对话》的最后,他也借信奉哥白尼的萨尔维阿蒂之口说:

"这是一条可钦佩和圣洁的学说,而且和另一条同样神圣学说是吻合的,那就是虽说上帝容许我们论证宇宙构造的自由(也许为了使人类理智的能力不致削弱或者变得懒惰),但又说我们并不能发现上帝手迹的奥秘。所以尽管我们多么地不配窥测上帝无穷智慧的奥义,但是为了认识上帝的伟大并从而更加敬仰上帝的伟大,让我们仍旧进行这些为上帝容许并制定的这些活动吧。"②

这段话的意思简而言之就是说:当我们去探讨宇宙的奥秘时,这一切不但是为上帝所容许的,我们也因此会更加信仰上帝的伟大,因为我们越是认识这个世界、越是认识上帝,就越会相信上帝的伟大!这应该就是伽利略对上帝的态度,这种态度就本质而言与神学家们并无二致,只是表现形式不同而已。我们不妨联想一下奥古斯丁曾经说过的话:

"在一切可见事物中,这个世界是最伟大的;在一切不可见事

---

① 伽利略:《托勒密和哥白尼两大世界体系的对话》,上海外国自然科学哲学著作编译组译,上海人民出版社出版,1974年3月第一版,第2—3页。
② 同上,第599页。

物中，上帝是最伟大的。我们看见这个世界存在，而我们相信上帝存在。

……

即使撇开先知们的声音，这个世界本身，依据它的变化运动的完善秩序，依据它的一切可见事物的宏大瑰丽，也已经无声地既宣告了它是被造的，也宣告了它只能由一位在宏大瑰丽方面不可言说、不可见的上帝来创造。"①

是的，无论我们探讨宇宙的结构也罢，无论发现地球还是太阳或者别的什么是宇宙的中心也罢，总之我们越考察宇宙，就越会发现它结构的宏伟与奥妙，相信这样伟大的结构只能由上帝那万能的手创造而成，因此这样的结果只会使我们"认识上帝的伟大并从而更加敬仰上帝的伟大"！

这就是科学对于神学的意义。

---

① 奥古斯丁：《上帝之城》（上卷），王晓朝译，人民出版社，2006年12月第一版，第446—447页。

第二十八章 布鲁诺及其思想

从前面一章中我们可以看到,文艺复兴时期对哲学产生最大影响的并非哲学本身,而是科学。正是文艺复兴时期科学的巨大发展,为后来西方哲学从中世纪哲学过渡到近代西方哲学提供了基础。

但我们要注意的是,文艺复兴时期科学对哲学的影响乃是一种长远的影响,主要表现于后面的近代西方哲学,而对于文艺复兴时期哲学本身的影响却是有限的。因此,就如同我们前面所指出的,就哲学本身而言,所谓的文艺复兴时期哲学是不存在的。也就是说,并不存在一种独特且重要的哲学体系,足以在西方哲学史上自成一体,从而与古希腊、古罗马、中世纪及近代或者现代西方哲学并驾齐驱。至于客观上存在着的文艺复兴时期哲学,那是因为文艺复兴时期乃是西方历史上一个独特而重要的历史时期,因此,即使这个时期没有独特的哲学,也必须将之单独列出来。

至于文艺复兴时期的哲学本身,我们也说过了,它主要依然是传统的中世纪哲学即神学,最明显的根据就是文艺复兴时期最重要、最著名的两位哲学家——库萨的尼古拉与苏亚雷——都是神学家或者说经院哲学家,虽然有一定独特的思想,但总体而言与中世纪的哲学家并无二致,而且其独特性也并不较中世纪的哲学家们,例如邓·司各脱和奥康,来得多。

当然，也并不是说中世纪完全没有独特的哲学思想，那也是有的，那就是我们现在要讲的了。后面的两章我们要讲的就是具有文艺复兴时期特色的哲学了，不过它与一般意义上的哲学还不大一样，连名字也不大一样，一者是自然哲学，我们来讲布鲁诺；另一者是政治哲学，我们要讲马基雅维里等三个政治哲学家。他们严格来说都不是哲学家，而是思想家，但也可以说是广义上的哲学家，因此也可以说乃是最具文艺复兴时期特色的哲学家了。

第一节　布鲁诺的苦难人生

我们首先来讲布鲁诺。

在谈布鲁诺之前，我又要来说一下黑格尔了。在这里他同样表达着自己的"无知"。我这里的无知有两种含义：一方面是打上了引号，意思是黑格尔当然不是真正的无知，即使在哲学史上，他的知识之渊博也是罕见的；但另一方面也是说他确实比较无知——我指的是在中世纪与文艺复兴哲学方面，他确实可以这么说，至少不能算是很有知的。中世纪我们就不重复了。说到文艺复兴，他也是一样的。有两个简单的例子可以证明这一点：文艺复兴时期两个最重要的哲学家是库萨的尼古拉和苏亚雷，他们的大名和成就即便在黑格尔时代也是被广泛认可的。但黑格尔在他的《哲学史讲演录》里对这两个人却是只字不提。相反，却提了滂波那齐、弗其诺、诺伊希林、梵尼尼、比埃尔·拉梅一干陌生的名字。当然，都只是一笔带过，他对整个中世纪与文艺复兴哲学基本上都是如此。——整个文艺复兴哲学他只用了区区40页篇幅来说明。这也许说明不了多少问题，只是说明黑格尔对中世纪与文艺复兴哲学不够重视而已。

不过，当我们讲到布鲁诺时，特异之处就来了。大家知道黑格尔讲了多少页布鲁诺吗？整整20页！占了整个文艺复兴篇幅的一半。远远超过了中世纪与文艺复兴时期的任何一位哲学家！太夸张了吧！

更有意思的是，黑格尔对于布鲁诺并不是很赞许的，他在一开始讲布鲁诺时就说：

"乔尔达诺·布鲁诺也同样有一个这样的不安而沸腾的性格。他大胆地摒弃了一切天主教官方信仰。在近代，他是通过耶可比而被人记起的。耶可比在他自己谈论斯宾诺莎的信札后面，附上了布鲁诺的一篇著作，并把布鲁诺和斯宾诺莎平列对比；这样一来，布鲁诺就获得了一种超过他实际应得的声名。"[①]

从这些事实都可以看出来，黑格尔对哲学的认识其实在某些方面是有限的，我们要有清醒的认识。当讲古希腊罗马哲学时，黑格尔是伟大的，我甚至对他有一种崇拜的感觉。但当讲到中世纪与文艺复兴哲学时，他就很一般了，我们甚至不必理会他讲的——理会也是批判。所幸的是，到了近代，他又表现出了明智与高见，我们又可以经常地参考他的高见了！

总而言之，对于任何哲学家，或者任何人，我们都不要盲目地崇拜或者批判，一切要就事论事，这才是对待哲学史的正确态度。

再来说布鲁诺。从某个角度上说，例如从文艺复兴时期的哲学

---

① 黑格尔：《哲学史讲演录》（第三卷），贺麟、王太庆译，商务印书馆，1959年12月第一版，第347页。

这个角度上说，布鲁诺也许是文艺复兴时期最重要的哲学家，至少如赵老师所言，他乃是文艺复兴时期"最著名的自然哲学家"。[①]他也是最有文艺复兴特色的哲学家，在他的哲学里，向传统的中世纪哲学提出了相当大的挑战，他也为此付出了惨重的代价。——事实上，布鲁诺之所以有名，或者如此有名，关系最大的倒不是他的思想成就，而是他的肉体所付出的代价，这个代价用一句现在流行的俗话说：地球人都知道。所以，在讲布鲁诺的思想之前，我们还是先来讲讲他的人生，看他是如何走向那个悲惨的结局的。

布鲁诺是意大利人，1548年诞生于意大利南部那不勒斯附近的小镇诺拉，他的父亲是一名小贵族，也是个军官。从九岁开始，他按照当时的风气开始学习一些人文学科，如逻辑、修辞与辩论术之类，到17岁时进入了那不勒斯的多明我会，成了修士。但他似乎天然就有异端思想，据说十八岁时起就开始怀疑基督教义中最主要也最深奥的思想之一三位一体了。

到23岁时，他的异端思想已经很明显了，于是被罗马的宗教法庭召唤去，但这次平安无事，第二年还顺利成了神父，这在当时等于是捧上了铁饭碗。

此后，他在讲道之余，继续利用修道院中丰富的藏书博览广读。到1575年，27岁的布鲁诺又成了神学博士，熟悉了传统的中世纪哲学家如托马斯·阿奎那和波纳文德等的思想，倘若他这样下去，本可以成为一名传统的经院哲学家，说不定也会得享大名，但他对于异端的思想的兴趣越来越大，其中包括基督教史上最有名的

[①] 参见赵敦华：《基督教哲学1500年》，人民出版社，2005年5月第一版，第614页。

异端——阿里乌教派。

布鲁诺对自己的观点一向不加掩饰,很快就引起了注意,他知道这样下去大事不妙,于是三十六计——走为上计,就离开了修道院,也离开了那不勒斯,甚至离开了意大利,从此过上了一种流浪的生活。这是1576年的事。

这种生活将一直伴随他直到1591年被宗教法庭逮捕为止,为时达15年之久。在这漫长的十五年里,他几乎走遍了欧洲各国:

他先在意大利各地漫游,1578年时从意大利到法国;1579年又从法国到了瑞士,因为与加尔文派产生冲突,被送上了宗教法庭,还被关了几天,后来认罪才得以离开,又回到法国;1582年,他到了巴黎,在巴黎大学开讲《论神的属性》,大受欢迎,连法王亨利三世都欣赏他,任命他为皇室神学教师,但据说他最打动法王的不是哲学,而是惊人的记忆力。事实上,这时候的布鲁诺的第二个身份已经是记忆力研究专家了,还在巴黎出版了一本书《理念的影子》,认为人的记忆就是理念的影子,这思想无疑来自于柏拉图。他还有第三个身份,就是魔法和巫术研究专家,甚至称得上是魔法师和巫师,这时候他还出版过一本书叫《刻尔刻的咒语》。

1583年时,他又持亨利三世的介绍信到了英国,在牛津大学开讲,宣扬哥白尼学说,这倒没什么,但由于他强烈地反对亚里士多德,遭到驱逐。他又到了伦敦,据说多次见到了伊丽莎白一世女王,他对宽宏大量、美丽有为的女王大为倾倒,经常在著作中赞美她,但这时候的女王已经信奉了新教,与罗马教廷为敌,布鲁诺赞美异端女王自然更为他的将来增添了麻烦。

1584年时,布鲁诺一连出版了几本重要的著作,如《圣灰星期三晚宴》、《论原因、本原与太一》、《论无限、宇宙和诸世界》、《驱逐趾高气扬的野兽》,等等。1585年,由于法国驻英大使卡斯特尔诺要回法国,他也跟着离开,在英国这几年是布鲁诺流浪人生中少有的安稳岁月,卡斯特尔诺对布鲁诺帮助良多,布鲁诺对他也深怀感激,将好几本重要著作题献给了他。

在巴黎待了一段时间后,由于同样受到天主教与亚里士多德势力的排挤,布鲁诺便又到了德国,一样过得不顺,1590年时出版了《论魔术》和《魔术论文》。

1591年时,据说是应意大利一位年轻的贵族莫塞尼戈的邀请,布鲁诺在离开祖国十五年后又回来了,他自德国南下进入意大利,到了东北部的水城威尼斯。据说这位莫塞尼戈是为了要向布鲁诺学习记忆术才请他来的,来后不久,由于布鲁诺又提出要走,他为了留住布鲁诺,就向宗教裁判所告发了他。① 甚至据说他还亲自带人冲进了布鲁诺的住宿地抓住了他,将他扭送至宗教法庭。②

从此布鲁诺就失去了自由。

一般情况下,当时的宗教法庭断案是很快的,但布鲁诺的案件却拖了整整八年,这是为什么呢?

主要原因是两个:一是布鲁诺不肯认罪;二是宗教法庭不想杀他。

我这样说也许听上去有些耸人听闻,但事实上就是这样:我们只要简单逻辑一下就可以了,倘若布鲁诺认罪,那宗教法庭很快

---

① 参见《美国百科全书》,台湾光复书局/外文出版社,1994年第一版,第4卷,第407页。

② 参见布鲁诺:《论原因、本原与太一》,汤侠声译,商务印书馆,1984年10月第一版,第211页。

就会放了他，或者判他几年刑了事，就像他们对待伽利略那样，而不会像现在这样，就把布鲁诺关着，不作判决；倘若宗教法庭想杀他，那早就杀了，用不着等那么久，因为布鲁诺不肯认罪，他们要是想杀他，理由随时都有。所以，布鲁诺一直被关了整整八年，恰恰说明了他既不认罪，而宗教法庭也不想杀他。

事实上也是这样，被捕后，教廷想尽一切办法想让布鲁诺承认有罪，并且悔改，但布鲁诺断然拒绝，丝毫不肯妥协。

就这样，过了整整八年之后，到了1600年，布鲁诺终于被正式宣判为异端，其中包括不承认三位一体等八大罪状，但宗教法庭并没有判处他具体的刑罚，而是把这事交由世俗法庭处理。

1600年2月16日，两名多明我会修士最后要求布鲁诺承认错误，但布鲁诺仍断然拒绝。

这样一来，那最可怕的后果就不可避免了，他被世俗法庭宣布处以火刑。

据说当听到这样可怕的判决时，布鲁诺毫无惧色地回答道："你们在宣布判决时或许比我领受它还恐惧。"

1600年2月19日，在罗马的鲜花广场，布鲁诺被活活烧死。

又据说当熊熊烈火炙烤着布鲁诺时，他以这样一句话结束了他52岁的生命：

"火，并不能把我征服，未来的世纪会了解我、知道我的价值的！"

布鲁诺的结局是悲惨的，但对布鲁诺来说，他的死比他的生和他的思想更加有名，对于他的死，这里或许可以补充两点：

一是布鲁诺本来是可以不死的，教廷也并不想让他死，所以才关了他八年,这前面我们已经说过了。因此,布鲁诺之死有点像苏格拉底之死,雅典人本来也不想处死他的,他之所以死,事实上有相当一部分原因甚至主要的原因是他自己想死,他愿意为了自己坚持的信念而死,布鲁诺也是一样。他们实际上是为了信念而自愿赴死。

二是死因,我们一般地可能认为布鲁诺是因为宣传了哥白尼的日心说这样的真理而被处死的,事实上并非如此,布鲁诺的死几乎与日心说无关,在他的罪名里也没有一项是日心说,他被控的罪名如下:不承认上帝的三位一体、不承认耶稣的道成肉身、不承认圣灵的本性、不承认基督的神性、主张自然界的必然性、永恒性、无限性、宣扬灵魂轮回、颂扬异端世俗君主伊丽莎白一世,如此等等。

不难看出,这些罪名的确称得上是异端,特别是前面几条,无一不是大大的异端,宣扬这样的异端邪说而且拒不悔改,对教廷以及当时的宗教气氛而言,被处死几乎是理所当然的,但里面的确没有日心说,说明教廷也并不将他的宣扬日心说定为是一条罪,至少没有明确归罪。

一般的哲学史著作都将此作为布鲁诺被处死的原因,当然也有其它的,例如西方哲学史·学术版,就提出了这样的观点:

"当时的欧洲人也多目他为'魔法师'、'通灵者',而非哥白尼或伽利略那样的数学家和实测家。布鲁诺后来在罗马受宗教法庭审判,到最后遭火焚之刑,论其实际,与他所持自然哲学的观点并无直接关系,反倒与他竭力想要恢复的古代异教哲学和法术有关。简而言之,当时罗马教廷烧死的布鲁诺,实际上还不能完全算是一个深通哥白尼学说的自然哲学家,而主要是一个'魔法师'或'妖人'。称布鲁诺为近代自然科学的'殉道士',是17、18和19世纪以来，自然科学在文化领域里面变得越来越重要以后才产生的一种说法，有情感上的根据，却无多少文献的根据。"①

这番话也是有道理的，我们前面看到了，布鲁诺对于魔术与巫术之类是很感兴趣也很有研究的，而在当时，这些乃是教廷最大的忌讳，因为行巫术而被处死者——而且大都是被烧死的——在中世纪何止千百！仅仅这个就足以让布鲁诺上火刑台了。

第二节 无限的宇宙

我们也许可以说布鲁诺的思想是"奇思妙想"，为什么呢？看下去就会明白了。

首先，布鲁诺的思想是比较重要的，尤其对于文艺复兴这个特殊时期而言，《不列颠百科全书》是这样评价布鲁诺的思想的：

"作为哲学家，布鲁诺的理论影响了17世纪的科学和哲学思想。自18世纪以来，许多近代哲学家吸收了他的学说。作为思想自由的象征，他鼓舞了19世纪欧洲的自由运动，成为西方思想史上重要人物之一，也是现代文化的先驱者。"②

我们将分四个部分简单地谈谈布鲁诺的思想，即宇宙无限、单子论、万物有灵、对立统一。

第一个思想即宇宙无限也是布鲁诺最基本的思想。

所谓宇宙无限，简而言之就是说：宇宙是无限的。但在这里，

---

① 黄裕生主编：《西方哲学史·学术版》（第三卷），人民出版社，2011年5月第一版，第757页。

② 《不列颠百科全书》，中国大百科全书出版社，1999年第一版，第3卷，第195页。

对于布鲁诺的这个无限我们应当作一种最宽泛的理解，因为他的无限乃是一种最广大无边的无限，我们所能够想象的一切的一切通通位于这个无限之内。对于这个无限，布鲁诺是这样描述的：

"宇宙是统一的、无限的、不动的。……

它在空间中不动，因为在它自身之外，没有什么可容它移动的地方，因为它是一切。它不生，因为没有别的存在是它能够希望和期待的，因为它占有全部存在。它不灭，因为没有别的事物是它能够变成的，因为它是任何事物。它不能缩小或扩大，因为它是无限的。既不能给它增添什么，也不能从它拿去什么，因为无限没有可用某种东西通约的部分。它不能改变成另一种配置，因为没有任何外在的东西能够使它遭受到什么并使它处于被刺激的状态。"①

这是布鲁诺在《论原因、本原与太一》第五篇对话开始的一段，应该说，布鲁诺的思想并不难懂，但书却不大好读，主要原因是他的论述比较散乱，缺乏一种鲜明的系统性与逻辑的严密性，就像一团乱麻一样，要弄懂他的思想就必须将这团乱麻仔仔细细地清理才行。

在他的这一段引文以及后面的一长段话中，他都在谈论宇宙的无限性，从他这些谈论中，我们可以总结出他所谓宇宙的无限性中，这个无限大致应该包括以下的内容：

一、宇宙是统一、无限、不动的。

这三个特点实际上是混一的，所谓统一的，也就是说只有一个

---

① 布鲁诺：《论原因、本原与太一》，汤侠声译，商务印书馆，1984年10月第一版，第127页。

第二十八章 布鲁诺及其思想

宇宙，这一切的一切统称为宇宙，正因为它囊括一切，一切都在它之内，因此它不但是统一的，也必然是无限的。倘若是有限的话，那么也就是说在它之外还有别的东西，而那个东西不属于宇宙，这当然是不可能的了，与布鲁诺对宇宙的基本规定不符。还有，这里的统一也可以说是唯一，即只有一个宇宙，即广泛地包含着一切的宇宙。它当然是唯一的，倘若不是，在它之外还有另一个宇宙，那就同样与布鲁诺对宇宙的基本规定相背了。至于不动的，也好理解，因为这个宇宙囊括了一切，也就是说，整个的空间都充满了这个宇宙，没有任何的空间不属于这个宇宙，请问这个空间如何能够动呢？——这里的动当然指整体的移动——，当然不能，原因很简单：运动需要"额外"的空间，例如我从A点移动到B点，哪怕是最小的距离，但从A点到B点至少需要一点空间或空隙，倘若没有任何空间或空隙，即A点就是B点，请问如何移动呢？又用得着移动吗？这就是宇宙的情形，这个宇宙囊括了一切的空间，当然是不可能运动的。

与不能动相应的，它当然也不能扩大或者缩小，不能增添或者加减，如此等等。

关于宇宙的这些特点我们可以联想到巴门尼德对存在的认识：存在是唯一的和不动的，就有这样的含义，以及斯宾诺莎对于实体的分析：其实体和布鲁诺的宇宙是颇为神似的。

二、宇宙是无边无际的。

这是不用说的，作为无限的宇宙，当然不能够有任何的边际，因为它占有全部的空间嘛！倘若宇宙有边际的话，我们就完全可以问这样的问题：在这个边际之外是什么呢？像有一种说法：当我到了宇宙的边际之时，朝那"边"伸出一拐杖，会怎样？

实际上，这种"无边"的含义乃是布鲁诺对宇宙无限的主要认识之一，我们要注意。

三、这个宇宙是没有中心的。

这也是从它的无边得出来的。由于宇宙是没有边际的，因此它当然不可能有中心，因为中心的含义就是说从它起到周围其它地方的距离都是一样的，倘若这距离是无限，那么何来中心呢？当然，反过来也可以说，它有中心，那就是处处都是中心。因为从宇宙的任何一处往四周延伸，其距离都是"一样的"，都是无限，所以从这个角度上说，宇宙的每一个点都是中心。对此布鲁诺说：

"我们可以十分有把握地断言：整个宇宙完全是中心，或者，宇宙的中心处处在，任何部分上都没有圆周，因为它是不同于中心的，或者说，圆周处处在，但任何地方都没有中心，因为它是不同于圆周的。"①

如此说来，这个宇宙还有其它的特性，我们就不一一说明了。布鲁诺又将这个囊括一切的宇宙称为"太一"，这显然是借用了新柏拉图主义的观点，他这样说：

"因之，把太一的存在称作存在、实体、实质的人，是不错的；它无论在实体方面或在持续性、广延性、力量方面，都是无限无尽的，所以它既没有开端的意义，也没有受开端制约的意义，因为，由于任何事物都吻合于统一和同一——我说的是那同一个存

---

① 布鲁诺：《论原因、本原与太一》，汤侠声译，商务印书馆，1984年10月第一版，第130页。

在——，故它具有绝对的、而不是相对的根据。"[1]

不过，倘若我们将之与新柏拉图主义的观点如柏罗丁的相比较，就会发现布鲁诺的这个称谓其实是有点儿不合理的，因为在新柏拉图主义看来，太一与其说是一种物质的实体，不如说是一种精神，或者什么也不是，是不可知的，我们只是强名之为太一。这和布鲁诺的宇宙是相当不一样的。

在其《论无限、宇宙和诸世界》中，布鲁诺又将太一形容为那广阔无边的空间本身，而构成宇宙的万物就是存在于这个"包裹"之中的：

"因此，太一是天，是广阔无垠的空间，是胸怀，是宇宙包容物，是以太区域，在此区域中一切都在运动。在那儿，存在无数的星球、太阳和地球，可以明确地被发现，我们的理性可以论证这种无限性。广阔、无限的宇宙是由无限空间和众多被包容其中的天体构成的。"[2]

这段话是很重要的，除了说明太一是无限的空间之外，它还表明了布鲁诺两个重要的思想：一是宇宙之中的一切都在运动；二是在这个宇宙之中，有许多个"世界"，或者说，有许多个甚至无数个像地球、太阳这样的星球。

对于第一点，布鲁诺指的是虽然宇宙作为整体是不动的，也不可能动，但宇宙之中的具体万物则是运动的，这诚然如此，不需要

---

[1] 布鲁诺：《论原因、本原与太一》，汤侠声译，商务印书馆，1984年10月第一版，第132页。

[2] 布鲁诺：《论无限、宇宙和诸世界》，田时纲译，人民出版社，2010年10月第一版，第111页。

多说。

第二点则是布鲁诺一个相当重要的思想。

上帝是创造了一个世界还是多个世界,这一直是基督教神学中的论题之一,其实早在古希腊时代,德谟克里特就提出了这样的思想,他认为除了我们这个世界外,原子还构成了许许多多的其他世界,他如此说:

"有无数个大小不同的世界。在有些世界中既无太阳,也无月亮;在另一些世界中,太阳和月亮比我们这个世界中的太阳和月亮要大;而另一些世界中不只有一个太阳和月亮。这些世界距离不等,某一个方向大些,另一个方向小些。一些世界正处在鼎盛时期,另一些世界在衰落之中。这里的世界产生了,那里的世界毁灭了,它们是因彼此冲撞而毁灭的。某些世界没有动物、植物,也没有水。"[1]

在德谟克里特看来,有许多世界就像有许多座房子、许多头牛羊一样。这些世界就像这群牛羊一样,有些正在生长,有些却已衰老,有些互相冲突战斗,于是被毁灭了。总之,世界就像一个人,有生有死,没有永恒的世界,只有永恒的原子。

德谟克里特这些思想都被布鲁诺继承了,例如布鲁诺也认为有许多太阳,我们看到的天上的星星们就是像太阳一样的恒星,即所有熠熠发光的恒星都是火团或太阳,围绕着它们必然还有许许多多行星在旋转。

后面还会看到,他关于原子的思想同样继承了德谟克里特。

其实不但德谟克里特,古罗马时代的伊壁鸠鲁也有类似的思

---

[1] 汪子嵩等:《希腊哲学史》(第一卷),人民出版社,1997年5月第一版,第1069页。

想，他说只要有足够多的原子积聚在一起，就可以产生一个世界。伟大的奥古斯丁早年也提出过这样的想法：究竟有一个还是有多个世界？要么一个要么多个，但不能同时成立，因为这违反了矛盾律。一般而论，神学家们都只承认上帝创造了一个世界，但布鲁诺却直言存在着多个世界，而且他的理由是十分充足的，那就是上帝的绝对自由与万能。

布鲁诺在《论无限、宇宙和诸世界》里有这样一段话：

"现在开始论述为什么我们非要并能认为神的功效多余呢？为什么我们要说可以传递给无限事物并无限地传布的神的德行想要枯竭并强使自己无为呢（认为任何有限物同无限相比都是无）？为什么你们希望可以无限扩展一个无限区域（如果可以这样说的话）的神性中心，缩小其传布范围或（说得更确切些）不让它传布？就像一位令人羡慕的、威武英俊、生殖力强的父亲，你们非要他不能生育而不传宗接代，而根据却是值得赞美的上帝力量及其存在？为什么无限力量应当败落，可以存在的无限世界的可能性被剥夺，应当比镜中显现的更为光辉的神的形象的杰出性受到损害，根据是其无限的、无垠的存在方式？"[①]

这段话比较长，但那意思是很清楚的，就是布鲁诺认为，既然神是万能的，我们就没有理由要限制祂的万能，或者说，既然我们说上帝是万能的，就不能说祂不能创造多个世界而只能创造一个世界，这是自相矛盾的，也是对上帝万能的亵渎。

[①] 布鲁诺：《论无限、宇宙和诸世界》，田时纲译，人民出版社，2010年10月第一版，第66页。

布鲁诺的话显然是有道理的，一方面说上帝是万能的，另一方面说上帝不能创造多个世界或者只创造了一个世界甚至只创造了一个有限的世界，这的确有矛盾，所以布鲁诺说上帝可以创造多个世界逻辑上是成立的。

不仅如此，布鲁诺还认为，上帝实际上已经创造了无数个世界，他说：

"什么原因让我们愿意相信有能力创造一个美好、无限世界的造物主却创造了一个有限世界呢？若他创造了有限世界，为什么我们应当相信他有能力创造一个无限世界？因为对他来说能创造和创造完全是一码事。"①

布鲁诺在这里指出没有理由相信上帝只创造了有限的世界，祂创造的应该是无限的世界，而且他事实上也创造了，因为对于上帝而言，祂想与祂创造是同一码事。

还有，从这里也可以看到，布鲁诺并非如有人所想象的那样是无神论者，事实上不是，神在布鲁诺那里还是有地位的，当然神对于他和对于一般的神学家是不一样的，他的神的确有类于自然，是一种泛神论，或者也有类于新柏拉图主义的神，即太一。在《论原因、本原与太一》之最后，布鲁诺还强调了这一点：

"泰：赞美归于众神明，愿一切活着的都来赞扬无限的、最简单的、最单一的、最崇高的和最绝对的原因、本原与太一。"②

---

① 布鲁诺：《论无限、宇宙和诸世界》，田时纲译，人民出版社，2010年10月第一版，第68页。

② 布鲁诺：《论原因、本原与太一》，汤侠声译，商务印书馆，1984年10月第一版，第149—150页。

显然布鲁诺并不否认神,但这样的神对于传统的基督教当然是属于异端了,这是毫无疑义的。

第三节 单子论

单子论也可以说是原子论,布鲁诺在《论无限、宇宙和诸世界》中有这样一段话:

"因为我们处于连续不断的变化之中,这种变化带给我们自身的是,新原子连续不断地注入到我们身上,而以前注入的原子脱离我们。这大约如同精液,由于普遍的智能和灵魂(通过在其中质料聚集的工厂)的功效,原子不断聚积,人体成形并发育,这时原子的注入大于流出;其后,同一身体处于某种巩固状态,这时注入和流出相等;最终,同一身体每况愈下,因流出大于注入(我不在绝对意义上说流出和注入,而是说适合的和天生的东西流出,奇怪的和不合适的东西注入。注入不可能因流出被削弱本原,流出同样是生命力的继续,正如是无生命力的继续)。因此,为了回到论题,我说,由于这样的兴衰变迁不是不合适,而是更有理由断言,各部分和各原子因无限的(形式的和地点的)兴衰变迁,拥有无限流动和运动。"[①]

从这段话中我们可以大致了解布鲁诺的原子论,就是他认为我们人体是由原子构成的,原子乃是构成人体的基本单位,因此可以

[①] 布鲁诺:《论无限、宇宙和诸世界》,田时纲译,人民出版社,2010年10月第一版,第94页。

称为单子。这些原子的注入就构成了我们身体的生长，流出就形成了我们身体的衰老，而当流出与注入相等时，我们就处于一种不再发育也不再衰老的状态。不难看出来，三种情形大致相当于青少年、中年与老年了。布鲁诺以原子的注入与流出的方式阐述了人体的生长发育与衰老死亡。还有，原子是无限地流动的，即永恒地运动的。如此等等，这些思想当然同样可以用之于人体之外的它物，简而言之就是：一切都是由原子构成的，而原子是永恒地运动着的。

不用说，这些思想是来自于德谟克里特的，而此后在莱布尼茨那里得到了进一步的发展与完善。

我们要讲的布鲁诺的第三个思想是万物有灵。

在《论原因、本原与太一》里，布鲁诺从万物都有生机开始讨论灵魂。他首先认为，万物都是有生机的，包括那些一般认为不具有生机的东西，即僵死的物体也有灵魂。"我的鞋、我的拖鞋、我的勒子、我的马刺、我的戒指和我的手套都是有生机的。"[①]当然，布鲁诺并不是说马刺和拖鞋本身是有生机的，而是从另一个角度说的，是从物质和形式，或者质料和形式角度说的，而这些质料与形式都是有生机的，他这样说：

"桌子作为桌子，并不是有生机的，衣裳作为衣裳、皮革作为皮革、玻璃作为玻璃，都不是有生机的；但是，它们作为自然物和组合物，都包含着物质和形式。一个东西，不管怎样纤小、怎样微不足道，其中总有精神实体的部分，这种精神实体，只要找

[①] 参见布鲁诺：《论原因、本原与太一》，汤侠声译，商务印书馆，1984年10月第一版，第54页。

到合适的主体，便力图成为植物，成为动物，并受理任何一个物体的肢体，这就是通常所说的有了生机。因为精神处于万有之中，任何一个最最微小的物体，都不能不包含着成为有生机之物的可能性。"①

从这段话中可以知道，在布鲁诺看来，万物都是物质与形式的组合，这里的形式指的是与物质相对的精神，也就是说万物之中都有精神。这种精神也是与生机相联系的，但这种联系所指的并不是一种现实，即万物都是现实地有生命的，而是说有一种可能性，即万物都是有可能拥有生机，之所以能够如此的原因正在于万物之中有精神。就像他在一句诗中所言："精神充溢大地，塞满大地，它蕴涵着一切。"②

这里的精神换言之就是灵魂，这样一来，万物之中有精神也就是万物之中有灵魂了，还有，这精神就是形式，也就是说，在布鲁诺那里，精神、灵魂、形式、生机在实质上都是统一的概念，并且都是居于万物之中的。而与它们相对的概念乃是物质。二者之间地位如何呢？布鲁诺有一段话说得很清楚：

"既然精神、灵魂、生命处于万物之中，并按照一定的程度充满全部物质，因之，完全可以相信，它才是万物的真正现实，是万物的真正形式。所以，世界灵魂——乃是宇宙以及宇宙万物起形成作用的形式本原。我认为，既然生命处在万物之中，那么，灵魂必然是万物的形式；它在一切之中操纵着物质，并在一切复合物中占

---

① 布鲁诺：《论原因、本原与太一》，汤侠声译，商务印书馆，1984年10月第一版，第55页。

② 同上，第57页。

支配地位,它造成诸部分的组合与一致。因此,适用于物质的那种永恒性也同样适用于这种形式。

依我看,这形式是万物中的太一。……

因此,这个形式当改处所、变换情况时,是不可能被消灭的,因为,精神实体,其永恒性并不比物质实体的差一些。"①

在这里可以分明地看到,在布鲁诺看来,精神与物质之间的地位是不一样的,精神重于物质,或者说形式重于物质,这从他将形式名之为"太一"就可以分明地看出来了。对于太一的理解,布鲁诺大致是依循新柏拉图主义而来的,有着最本质与高贵的意涵。但精神与物质两者都是永恒的,这一点不相上下,不过他尤其强调了精神的永恒性。这也再一次证明布鲁诺并非唯物主义者,倘若一定要以唯心主义与唯物主义去鉴定布鲁诺的话,那么他至少部分地甚至主要是唯心主义者,因为他一方面承认物质的永恒性,但同时却强调物质是次于精神的。

不难看出来,布鲁诺的这个思想大体是亚里士多德质料与形式说的翻版,只是布鲁诺将形式直接地与精神勾连起来了。

对于人这种特殊的物质与形式的组合体,布鲁诺也提出了他的观点,在他看来,人当然是由灵魂与肉体组成的,缺一不可,而且因为二者皆永恒,因此我们无需要畏惧死亡,他这样说:

"大自然高声疾呼地向我们保证:无论灵魂、无论肉体,都不必畏惧死亡,因为,物质也好,形式也好,都是最最永恒的

---

① 布鲁诺:《论原因、本原与太一》,汤侠声译,商务印书馆,1984年10月第一版,第58页。

本原。"[①]

这里还要说明的是，布鲁诺所用的某些词可能在不同的场合有着不同的含义，典型者如形式这个词，在这里他是用与物质相对应的精神的含义，在另外的场合则用另外的含义，例如他在《论原因、本原与太一》的对话三中说过这样一段话：

"这种自然的物质不能够像技艺物质那样被感知，因为自然的物质绝对没有任何形式；而技艺物质则是已被自然赋予形式的东西。"[②]

这句话看似是与前面的话相矛盾的，但只要我们稍加留意前后文就明白了。因为在这里，布鲁诺对于形式有着特殊的用法，指的是当需要离开形式原有的含义而单独地考察事物的物质性时，这时候就要联系"技艺"一起考察了，这时候形式就有了另外的含义。他是这样说的：

"凡是想着辨别物质，并离开形式把物质单独加以考察的人，都是使用与技艺相比较的方法。毕达哥拉斯派、柏拉图派以及逍遥派都是这样做的。"[③]

那么，这时候的形式是什么含义呢？我们再看另一段话：

"技艺的形式同其物质的关系和相互关系，在一定意义上，也就是自然的形式同其物质的那种关系和相互关系。所以，如果就技艺而论，尽管形式可作无穷的变化（如果这是可能的话），但在这

[①] 布鲁诺：《论原因、本原与太一》，汤侠声译，商务印书馆，1984年10月第一版，第59页。
[②] 同上，第77页。
[③] 同上，第76页。

些形式之下总是保持着同一种物质，——譬如，木头的形式，先是树干的形式，而后是圆木的形式，而后是木板的形式，于是桌子，于是凳子，于是框子，于是梳子，等等，等等，但木头仍然是木头。就自然而论，情形也是这样。尽管各种形式变。化无穷、更迭不已，但物质仍然是那个物质。"①

从这段话中就可以看出来了，这里的形式实际上是一种可能性，即其可以变成各种各样的"形式"。对于这个形式或者可能性，我们可以简洁地理解为"形状"，即物质变成各种"形状"的"可能性"。例如现在是木头，现在它是木头的形式或者说形状，但它可以变成桌子，即具有桌子的形式或者说形状，当然还可以有各种各样其它的形式或者说形状，例如圆木、树干、凳子、柜子甚至柴火，如此等等，都可以。而且，虽然它可以变化成各种不同的形式，但其"物质"当然是没有变的，还是原来那个物质——木头。

从以上的分析可以看出来，在这里，布鲁诺已经不是在本原的意义上使用形式这个词了，而是从技艺这个角度去理解，从可能性的角度去理解，相应地，对于物质，也不是原来那种本原性的含义了，则是从技艺、从原料的角度去理解。

还有，布鲁诺的这个观点如他自己所言，也不是原创的，而是从毕达哥拉斯、柏拉图与亚里士多德那里学过来的，而且在亚里士多德那里说得更加清楚，那就是现实与潜能。我们知道，对于现实，亚里士多德虽然没有给出明确的定义，但却说得也相当清楚：

---

① 布鲁诺：《论原因、本原与太一》，汤侠声译，商务印书馆，1984年10月第一版，第78页。

第二十八章 布鲁诺及其思想

"现实就是事物不以我们所说的潜能方式存在。……我们所要说的,用归纳方法在个别事物上就看得清楚,而用不着去寻求全面的定义,只须满足于类比。如正在造着相对于能造屋,醒着相对于睡着,正在看相对于有视觉但闭着眼睛的人,已经从质料中分化出来的东西相对于质料,已经制成的器皿相对于原始素材。两类事物是互不相同的,用前者来规定现实,用后者来规定潜能。"[1]

从这段话里就可以清楚地看出现实是什么,而且,之所以不给出定义,在亚里士多德看来是没有这个必要,因为只要类比一下就可以清楚地看出来。例如我能够下棋,但现在没有下,所以下棋便是潜能;我现在正在打字,所以打字就是一种现实了。我现在没睡,但我能睡,所以睡觉就是一种潜能,相对于之,醒着便是一种现实了。就这么简单。当然稍微讲复杂点儿也可以,例如一块大理石,它现在是一块不规则的石头,就像山上那些乱石的形状,但它有一个潜能,就是能够被雕刻成一尊像,这便是潜能;当它被雕刻成一座像之后,它的潜能就成了现实。雕刻师也是,他看到这块石头时,没有雕刻它,雕刻对于他就只是潜能,当他从事雕刻、将像雕刻出来之后,那潜能就成了现实。

显而易见,布鲁诺所说的形式有类于亚里士多德的潜能,只是双方着重点不同,亚里士多德潜能的使用范围更宽泛一些,布鲁诺则着眼于物质的潜能。

---

[1] 亚里士多德:《亚里士多德全集》(第七卷),苗力田主编,中国人民大学出版社,1993年1月第一版,第209页。

第四节 既对立又统一的宇宙

我们最后来看布鲁诺对于对立统一的理解。

对立统一可以看作是布鲁诺对于宇宙的另一种认识,即宇宙不但是无限的,而且是对立统一的。

所谓对立统一,指的当然就是对立面的统一了。在布鲁诺看来,宇宙乃是对立统一,即那些看似对立的概念实际上是统一的,统一于宇宙之中。为了证明这个统一,布鲁诺还举了数学的例子,例如几何图形中的圆周与直线,看上去是对立的,但实际上却是统一的,他说:

"关于图形,请您告诉我,什么东西比圆周更不像直线?什么东西比曲线更对立于直线?然而在本原和最小中它们是一致的;所以,在最小的弧和最小的弦之间你能找到什么区别呢?——这正像那位几何学的最美妙奥妙的发现者库萨的尼古拉所神明般地指出的那样。"①

在这里布鲁诺还附上了一张图,但这是不难理解的,首先最大的圆周与直线是一样的,因为将圆周无限扩大之后,它就无限地接近于直线了,为什么呢?我们只要想象一下地球就是了,地球是一个球体,因此倘若我们在大地铺一张看上去笔直的纸条,它实际上是曲线而非直线,因为它铺在地面上,而地面是弯的,即曲面。这

---

① 布鲁诺:《论原因、本原与太一》,汤侠声译,商务印书馆,1984年10月第一版,第143页。

样反过来看，就是我们可以想象一下这样的情形：我们围绕着地球铺一根巨长的纸条，它无疑是一个圆，但请问看得出来吗？当然不能！相反，它看上去是一条直线。就像布鲁诺所言："难道你看不出，圆周愈大，它实际上也就愈加接近于直线么？"[①]

布鲁诺的这个思想是极其深刻的，他已经在实际上想到了这样一个问题：所谓理想的直线是不成立的，实际上的直线乃是曲线，而这个思想在数百年后导致一种崭新的数学思想的产生，那就是非欧几何，尤其是黎曼几何。我这里就顺便谈上几句，以彰显布鲁诺"神一般"的预见性。

黎曼几何学的出发点是认为在同一平面上，任何两条直线一定相交。或者也可以说成：世界上并不存在无限延伸的直线，任何直线都是有限的。

为什么这么说呢？他说，我们如果真的沿着欧几里得那种纯粹的"平面"上的直线行走，那么自然永远走不到尽头，也就是说直线是无穷的。但实际上这样的平面有没有呢？答案是：没有。假设我们在大地上的某一点铺上一根长长的白纸条，一路铺过去，就像一路将一条直线画过去一样，那么这纸条会不会永远没有尽头呢？答案是否定的。

这样的原因大家都明白：因为地球是一个球体，因此那些我们在地上画出来的直线实际上并非直线，而是曲线。当我们顺着地球表面延伸时，它走过的路实际上有如地球的一条经线或纬线，这样

[①] 布鲁诺：《论原因、本原与太一》，汤侠声译，商务印书馆，1984年10月第一版，第144页。

就会相交。

与直线相应，由直线的一部分线段构成的三角形也差不多，我们现在在纸上画一个三角形，看上去好像是由三条直线构成的，实际上不是，由于它们是画在一张纸上的，而纸是铺在大地上的，而大地表面可不是理想的平面，而是一个球面，因此那三角形也就是一种"球面三角形"。

这种球面三角形有什么特点呢？它的主要特点就是三内角和大于180°。这就是黎曼几何学得出的另一个独特的定理。

进一步地，黎曼设想出了这样一种几何学，它适合各种面，包括平面与曲面。就像丘陵地带一样，它有些地方是平坦的，有些地方却有着各样的山包高地等。在这样的地形，两点之间距离的计算公式将随着地点的不同而变化，例如在平面上是直线的，到了山包就是曲线了，二者计算距离的公式当然有所区别。因为这里有了一个所谓"曲率"问题，而黎曼就是要找到这样一种几何学，它能够根据曲率的不同而自行调整，并且能够计算出各种曲率下的距离等。

与线段的长度相似，黎曼认为平面与立体的空间也是这样，它也有着自己的"曲率"，由于"曲率"的不同，空间呈现不同的形式，他的几何学能够将所有这些空间统一起来。所有这些空间被总称为"黎曼空间"。

看得出来，黎曼空间较之我们平常所称的空间内容要丰富得多，我们平常所称的空间乃是黎曼空间的一种特殊形式，准确地说，它是曲率为零的空间。与之相对，罗巴切夫斯基几何学中的空间的曲率为负，而黎曼几何学的空间曲率为正。所有这些空间都属于"黎曼空间"。

这"曲率"说明了什么呢？简而言之，它说明了空间就像线一样是可以弯曲的，它可以有自己的"曲率"，即弯曲的比率、程度或者形式。

空间难道可以弯曲吗？有点不可思议吧？但事实上它不但可以，而且这弯曲的空间并非一种纯粹的数学幻想，而是实际存在的，它后来被爱因斯坦证实了，这就是爱因斯坦的相对论。在这里，爱因斯坦指出，一个物体，例如太阳或者行星，能影响周围时间与空间的特性，使空间弯曲。爱因斯坦在描述弯曲空间时所使用的工具就是黎曼几何学。这种弯曲空间已经为科学观测所证实。

怎样？是不是"玄之又玄"？我们在这里所讲的乃是非常高深的数学内容呢，不过由于太高深，我这里没办法作进一步陈述了。

从这个角度上说，布鲁诺称得上是非欧几何的天才预言家了！

布鲁诺认为，不但圆周与直线是对立统一的，其它似乎相互对立的概念如最大与最小、产生与消灭、爱与恨、友谊与敌对等也是一样的，都是一体的，他说：

"所以，归根到底，无限长的直线便成了无限大的圆周。由此可见，不仅最大和最小吻合于一个存在中，像我们在别处所已经证明了的那样；而且在最大和最小中对立面也是归于一、归于无区别的东西的。

……

谁看不见产生与消灭的本原是统一的呢？难道消灭的最后界限不就是产生的本原么？难道我们不是同时说：此去、彼来，过去是彼、现在是此么？当然，如果我们仔细思索一番，那就会看出消灭无非是产生，产生也无非是消灭；爱就是恨；恨就是爱；归根到底，对反面的恨也就是对正面的爱，对前者的爱也就是对后者的恨。因此，就实体、就根源而论，爱和恨、友谊和敌对是同一个东西。"①

总而言之，一切对立面都是统一的。

关于这种对立统一的思想我们还可以参考一下芝诺的辩证法，这两种思想表面上是对立的，而在他们的对立之中我们可以看到那思想与世界的玄之又玄。

不难看出，如他自己所指出的那样，布鲁诺关于对立统一的思想是源自于库萨的尼古拉的。我们前面讲过，尼古拉是一个非常博学的人，有些像古希腊的哲人们，尤其精通数学，不但在哲学中大量运用数学进行哲学与数学的类比分析，还撰写了好几部数学专著，如《论变动的几何学》、《论数学的完美》等。而他对神的一个基本认识就是认为神是矛盾的"对立统一"。即上帝包罗一切事物，甚至连矛盾也在内。②而在《论上帝的观看》里，他更是清楚地说神包含着一种自相矛盾。③尼古拉还举了一个很典型的例子，就是极大和极小，在他看来二者同时存在于上帝那里，即上帝既极大，又极小，极小与极大是同一的。④

关于对立统一我们要特别注意的一点是，在布鲁诺看来，对

---

① 布鲁诺：《论原因、本原与太一》，汤侠声译，商务印书馆，1984年10月第一版，第144、147页。

② 参见库萨的尼古拉：《论有学识的无知》，尹大贻、朱新民译，商务印书馆，1988年2月第一版，第45页。

③ 参见尼古拉·库萨：《论上帝的观看》，见《论隐秘的上帝》，李秋零译，三联书店，1996年11月第一版，第90页。

④ 参见库萨的尼古拉：《论有学识的无知》，尹大贻、朱新民译，商务印书馆，1988年2月第一版，第8页。

立统一固然是重要的,但同样重要的是那个"对立统一"最后的"一",即对立统一之后所达到的结果,这结果就是"一",就是对立面的融合,而这种融合乃是最完美、最值得我们欣赏的东西:

"我们欣赏颜色,但不是某一单一的颜色,不管这是什么颜色,我们最欣赏的是包罗所有颜色的复杂性的颜色。我们欣赏声音,但不是某一单一的声音,而是出自许多声音的谐和的复合声音。我们欣赏某种感性的东西,但最欣赏那种包含有全部感性事物的东西;我们欣赏某种可认识的东西,但最欣赏那包罗一切的可认识的东西;我们欣赏存在,但最欣赏那囊括一切的存在;我们欣赏一,但最欣赏那本身就是一切的太一。同样地,你,波里尼,与其说喜欢拥有成千上万的、跟你钱袋中的那个一样的索里多,恐怕不如说你更喜欢拥有一颗唯一的珍珠,它是如此的珍贵,以致能值世界上所有的黄金。"①

这句话很明白,不用多解释,就是对立面统一起来后,或者说,当一切对立面统一起来后,那结果就是"一",而这个一乃是包罗了一切复杂性的一,一个简单而统一的一,而这个一用另一个词来说,就是太一。

在布鲁诺看来,这个太一乃是最高的善、最高的向往对象、最高的完美、最高的幸福,是包罗全部复杂性的太一,这样的太一无疑也是我们认识一切的关键之所在,就像他在《论原因、本原与太一》的结尾处所言:

---

① 布鲁诺:《论原因、本原与太一》,汤侠声译,商务印书馆,1984年10月第一版,第149页。

"正如谁不明白太一,就不明白一切那样,谁真正地明白太一,也就明白一切,而且,谁愈接近于认识太一,也就愈益接近于认识一切。"①

这"一"可以说是布鲁诺全部思想终结成的一个最简单的字,倘若理解了这个字,也就理解了布鲁诺的整个哲学。

关于布鲁诺思想对后的影响是比较难说的,因为一方面,后世的有些重要哲学家如斯宾诺莎的泛神论与莱布尼茨的单子论显然是与布鲁诺的思想相关的,但这些伟大哲学家并没有读过布鲁诺的著作。就像黎曼一样,他显然是不知道布鲁诺的非欧几何思想之萌芽的。不过至少有一点可以肯定,就是布鲁诺是一个天才的思想家,只是他的思想被湮灭在历史的尘埃中了,一直没有得到应有的关注,也没有产生应有的影响,对此赵老师是这样说的:

"布鲁诺对后世的影响是难以估量的。他为了坚持自己宇宙观而献身的英雄气概为后来的科学家树立了榜样,他的泛神论、单子论和辩证法思想在近代哲学家著作中得到充分的论证和展开。斯宾诺莎、莱布尼茨的思想、甚至一些提法与布鲁诺论点有惊人的相似之处,只是我们没有历史证据表明他们确实读过布鲁诺的著作。"②

---

① 布鲁诺:《论原因、本原与太一》,汤侠声译,商务印书馆,1984年10月第一版,第149页。

② 赵敦华:《基督教哲学1500年》,人民出版社,2005年5月第一版,第616页。

第二十九章　三位政治哲学家

　　文艺复兴时期一般的形而上学式的哲学没有得到多大的发展，但非形而上学式的哲学，例如自然哲学与政治哲学则得到了一定的发展。自然哲学主要是出现了伟大的自然科学成果，如我们上面所讲的哥白尼、开普勒与伽利略，他们的成果其实也可以算作是自然哲学方面的，其对于哲学的影响殊不亚于科学，例如布鲁诺就是在哥白尼的日心说的基础之上发展出自己的基本理论的。开普勒与伽利略实际上是传播、完善和证明了哥白尼的日心说。

　　在政治哲学方面，文艺复兴时期更是取得了相当瞩目的成就，涌现了好几个著名的政治哲学家，例如马基雅维里、托马斯·莫尔、康帕内拉、博丹、格洛底乌斯等，其中前三位最为知名，我们下面就简单地介绍一下他们三位的思想。

　　总的来说，文艺复兴时期的政治哲学乃是中世纪政治哲学的延续，我们前面讲过了奥康和马西利奥，更早还有罗马的吉尔兹，他们都提出了自己鲜明的政治哲学，其主要内容无外乎两样：如何看待人民的权力、如何在教会与世俗统治之间分配权力，现在文艺复兴时期的政治哲学乃是这种思想的进一步发展。

第一节　马基雅维里与《君王论》

我们先讲三位中的第一位——马基雅维里。

如同称布鲁诺是文艺复兴时期最重要的自然哲学家一样，我们也可称马基雅维里是文艺复兴时期"最重要的政治哲学家"。[①]

不过，马基雅维里远不止是政治哲学家，他实际上有点像达·芬奇，也是文艺复兴式的天才，因为他既是著名的政治哲学家、历史学家、军事作家，还是诗人和剧作家。与达·芬奇不同的是，马基雅维里的著名可以用另一个词来表达——臭名昭著。这是因为在马基雅维里的最重要著作《君王论》里，我们看不到通常一位著作家常会在里面塞进的自由、平等、博爱之类的，相反，马基雅维里告诉读者：一个人为了达到目的应当不择手段，忘恩负义、背信弃义、自私自利、口是心非，这些一般人所不齿的东西马基雅维里全奉为圭臬。当然这不是说马基雅维里自己有这么坏，他不过是实实在在地记下了那些所谓政治家们的本来面目。然而他忘了，这世界上有些事只能说不能做，有些事只能做不能说，否则就会倒霉。马基雅维里就是行了后面这样只能做不能说的事，所以倒霉了。

文艺复兴时期的意大利虽然在文学与艺术上取得了欧洲其它国家只能瞠乎其后的巨大成就，但在政治与军事上却十分可怜，几乎是只任人宰割的羔羊。其原因很简单，因为意大利这时已经被分裂成无数个小单位，包括一些小公国、伯国、城市国家，还有教皇

[①] 参见赵敦华：《基督教哲学1500年》，人民出版社，2005年5月第一版，第565页。

国。它们之间不但不因都属于意大利而互相支持,相反倒不断地窝里斗,甚至勾结外国人攻打自己的同胞。这样的意大利如何不是砧板上的肉呢?

马基雅维里就诞生在这样一个时代,他的思想也深受这个时代的影响,但他深为这样的时代状况而痛苦,希望有一个更美好的时代来替代它,正如他希望有一个比现在的意大利更加团结而强大的意大利。他的一切思想都为之服务,正如他的《君王论》的最后一章就是"吁请将意大利从蛮族手里解放出来!"他借用了也属于文艺复兴时期的伟大的意大利诗人彼特拉克的诗,说:

> 有德的人拿起了刀枪,
> 反对那蛮人的狂猖;
> 战斗不会延长;
> 因为古罗马人武德的荣光,
> 并未泯灭在意大利人的胸膛。①

不过,在细讲他的思想之前,我们还是先看看他的身世吧。

马基雅维里与达·芬奇、但丁等好多文艺复兴时期的伟人一样,也是佛罗伦萨人。他生于1469年,父亲作律师,算是个破落贵族。7岁上学,12岁时到了罗西格列奥门下。罗西格列奥是当时的名师,学生中有许多著名人物。出师后,马基雅维里是青年人了,便上了家乡的佛罗伦萨大学,得遇欣赏他的老师阿德里安尼。

---

① 马基雅维里:《君王论》,惠泉译,湖南人民出版社,1987年6月第一版,第114页。

阿德里安尼后来被任命为佛罗伦萨政府的第一国务秘书后，就把心爱的学生也拉进了政府里。

这时的佛罗伦萨实行共和制，是在推翻美第奇家族的统治后建立的，执政者是一批社会精英。1489年马基雅维里加入政府，几年后就升任第二国务秘书。

他在政府里主要负责外交事务，其中主要的一项是处理同法国的关系。因为当时法国对意大利有重大影响，可谓法国一感冒，意大利就要打喷嚏。马基雅维里曾代表政府出使法国，这是1500年左右的事。

大约就在这时，意大利崛起了博基亚。他是亚历山大六世教皇公开的私生子，被封为罗马诺公爵。仗着有父亲的支持，博基亚东征西讨，不断扩充地盘，他还要强大的佛罗伦萨与他结盟。谈判的任务当然落到了马基雅维里的头上，于是他仗节出行，面晤博基亚。

与博基亚的这次会面是马基雅维里一生中的转折点，他通过对博基亚的近距离观察，发现他是个难得的统治者：才能出众、勇气十足，更重要的是他为了达到目的不惜一切手段。马基雅维里也将他当成了理想的统治者。

1511年，马基雅维里受人尊敬的外交官生涯发生了大变故。这年，教皇为了与法国人作战，同西班牙签订了同盟条约，西班牙于是派军攻入意大利，把法国人打得大败。佛罗伦萨与法国一向是盟友，这使它陷入了危机。这年9月，西班牙人向佛罗伦萨扑来，佛罗伦萨几乎是不战而降，共和国完了，美第奇家族卷土重来。

美第奇建立新政权之后第一件事就是向共和国的政敌们报仇，马基雅维里当然逃脱不了。他被撤了职，一年之内不得在佛罗伦萨随便走动，并被罚了1000弗罗林的巨款。

然而马基雅维里并没有绝望，他仍在想尽一切办法谋个一官半职。正当好不容易有了一线希望时，又一个飞来横祸毁了他。1513年，美第奇政府侦破了一个阴谋推翻政府的团伙，发现那个团体与马基雅维里有关——这其实是子虚乌有的事，马基雅维里也遭到了严厉的惩罚。

遭受这个打击之后，马基雅维里终于放弃了从政的梦想，带着妻小回到了父亲留给他的小农庄。在那里他一天到晚关在书斋，写了大量著作，最主要的当然是《君王论》。

在写给老朋友的一封信中，他记下了这段时间的生活情况，意思是说，当黄昏到来之后，他就回到屋里，走进书斋，还要在门外脱下沾满尘土的衣裳，穿上正装，将自己打扮得整整齐齐，然后开始想象自己与那些他要记述的古代人物对话，他询问他们所作所为的动机与理由，而他们也会亲切而诚恳地回答他的问话。在这样的问答与思考之中，他忘记了一切忧愁。

正是通过这样的想象性的对话，他写就了《君王论》，他自己也清楚地说明了，在这本书里，他要尽可能深入地探索有关"权术"的问题，讨论什么是王国，王国有哪些种类，讨论君王们如何夺得王国政权，如何维持政权，又怎样丧失政权，如此等等，这就是《君王论》的内容了。并且将此书献给了美第奇家族的洛伦佐。

这位洛伦佐是一位历史名人，号称"庄严的洛伦佐"，是意大利历史上最著名的美第奇家族中最了不起的人，在文艺复兴历史上产生过巨大的影响，许多伟大的艺术家都是经由他的培养与庇护而取得成就的。他在佛罗伦萨有一所特别的学校，里面收藏有大量艺术珍品,包括名画、雕刻等,尤其是雕刻,其中许多都是古希腊和古罗马的经典之作。洛伦佐并没有将这些珍品当作私藏束之高阁、藏之密室,而是陈列在府邸里,并且特派了一个艺术家,就是文艺复兴时期最杰出的雕刻家之一多纳太罗的弟子贝托尔多来管理他的收藏,同时教导那些想学习艺术的有天赋的年轻人,其中就包括米开朗其罗。据说他还曾写过一首描述今朝有酒今朝醉的诗,诗中说:

啊!青春多么美好,又多么短暂!
唱吧,笑吧!
今朝有乐今朝乐,
千万莫要等明天。

应该正是由于把杰作《君王论》献给了这位洛伦佐,1520年马基雅维里终于又来了一点运气,被任命为佛罗伦萨的"太史令",负责撰写佛罗伦萨历史。

然而,命运再一次戏弄了他。7年之后,美第奇的统治再度被推翻,佛罗伦萨重建共和国。马基雅维里真是"剑外忽闻收蓟北,漫卷诗书喜欲狂"。他立即"却从巴峡穿巫峡,便下襄阳向洛阳",飞一般赶到了佛罗伦萨,他以为凭他昔日的余晖,是可以做一番事业的。

然而他忘了自己曾经为美第奇做事,在新政府眼中已经是叛徒了,如何还会用他呢?

马基雅维里一腔热血被兜头浇了一盆冷水,他失望极了,只得回到了小农庄。

不久,马基雅维里在失意中死去,终年58岁。

马基雅维里的著作不少,如《君王论》、《兵法七卷》、《佛罗伦萨史》,等等。其中最重要的当然是《君王论》,它称得上是西方历史上最有名的政治哲学著作之一,即使离开哲学,放之于整个的思想史,也称得上是一部巨著。但由于它并不属于严格意义上的哲学著作,因此许多哲学史中没有纳入之,例如黑格尔就是如此,《西方哲学史·学术版》也是如此,但罗素对马基雅维里则情有独钟,在他两卷本的《西方哲学史》里用整整10页讲解了马基雅维里,与笛卡尔的篇幅差不多,而培根倒只有6页。至于原因,大概是因为罗素写西方哲学史时一向很尊重自己的偏好,而马基雅维里恰恰很合乎他的偏好吧!例如他俩有一点是相似的,就是都不在意世俗的道德观。在《西方哲学史》里,罗素是这样评价马基雅维里的:

"文艺复兴虽然没产生重要的理论哲学家,却在政治哲学中造就了卓越无比的一人——尼科罗·马基雅弗利。"[1]

在这里罗素用了"卓越无比"来形容马基雅维里,要知道他连柏拉图也只说是"最有影响"的[2],亚里士多德则只是"优点是极其巨大的"[3]。足可见他对马基雅维里之崇敬。他还说马基雅维里之所以有各种看上去"荒谬绝伦"的思想只是因为他"免除欺瞒人的假

---

[1] 罗素:《西方哲学史》(下卷),何兆武、李约瑟译,商务印书馆,1976年6月第一版,第17页。

[2] 参见罗素:《西方哲学史》(上卷),何兆武、李约瑟译,商务印书馆,1963年9月第一版,第143页。

[3] 同上,第208页。

道学",而"惯常加到他名字上的毁谤,一大部分出于恼恨人坦白自供坏事的伪君子的愤慨。"①也就是说,那些攻击马基雅维里的人大都是些假道学、伪君子。这样话恐怕只有罗素才写得出来,是否有理,就只能见仁见智了。

下面我们就根据《君王论》去介绍马基雅维里那看上去"荒谬绝伦"的思想吧。

由于《君王论》篇幅不大,我们就直接介绍它的具体内容吧。

《君王论》的篇幅很短,译成汉字只有几万字,却分成了26章,因此每一章大都很短,例如第一章"论世上有几种王国及其建立的方式"只有半页。他认为人类有史以来只有两种形式的国家:共和国与王国,王国又分成两种:世袭的旧王国与新王国。

第二章他论述了世袭的旧王国,认为这种王国比较好统治,因为这些旧王国立国已久,王国既久,说明老规矩是可行的,国王只要遵循老祖宗的规矩办事就可以了。

第三章比较长,论那些新王国。他认为这些国家就不好治理了。基本的原因在于人民自然会希望在新王国里获得更好的生活,但他们往往发现事实上并非如此,甚至相反。因为为了建立新王国,常常要发生种种灾难尤其是战争,经济陷于凋落,要马上过好日子自然困难。而且对新国王,无论军队还是人民都没有形成效忠之习惯,自然也易于反抗。这样一来,国家自然不好统治。

在这里,马基雅维里当然也为新王提出了不少统治的妙招,其

---

① 参见罗素:《西方哲学史》(下卷),何兆武、李约瑟译,商务印书馆,1976年6月第一版,第18页。

中一条是一定要有先见之明,对可能的不利早作打算,临时抱佛脚是行不通的,他说:

"凡事能预见到的就易于补救,你若等待到它们业已来临,那末就像毛病已入膏肓,药物已无能为力了。"①

第四章里马基雅维里提出了一个很有意义的问题:大流士的王国被亚历山大所占,当亚历山大逝世以后,为什么被占领地区人民不起来反叛他的继位者?

倘若我们对亚历山大帝国的历史有兴趣并且曾深思过,一定会想到同样一个问题:大帝在建立他庞大的帝国之后,匆匆而逝,这时候,按理被他征服的广大地区的人民应当乘机起来反抗,追求独立与自由。但事实上并没有,而是他的部将们通过瓜分他的帝国继续顺利地统治被占领地区的人们,其中不但包括古老埃及的,还包括原来波斯帝国的人民。这是为什么呢?

其中当然可能有多种原因,但马基雅维里的分析是很独到的。他认为这是被征服国家的属性民情不同所致。那些处于君主独裁体制下的国家难于征服,一旦征服了却是易于统治甚至长久统治的;那些没有专制君主,由一大群世袭贵族统治的国家易于征服,但征服之后却难以统治、更难长久统治。原因就在于前者的人民习惯于被独裁统治,无论哪个人当王他们并不太在意,所以只要击溃了君主,其他人自然降服;后者则等于有许多个君主,是难以一一降服的,总有人会起来反抗,因此难以长久安稳地统治。这是他在《君王论》的第四章里提出来的观点,这一章的题目就叫"大流士的王

---

① 马基雅维里:《君王论》,惠泉译,湖南人民出版社,1987年6月第一版,第11页。

国被亚历山大所占领,当亚历山大逝世以后,为什么占领地不起来反叛他的继位者?",文中,在列举了几种征服的例子后,总结说:"这两种人之所以会得到不同的结果,并非由于征服者的勇武才略的大小,而是由于那些被征服国的性质不同。"①

马基雅维里的这番结论用到中国的历史是相当符合事实的。自春秋战国以降,征服中国难,但征服之后统治就易了。因此我们看得多的是各种各样的征服之战,征服成功之后的反抗之战却很少看到。这就是中国朝代更替的内在原因:一个朝代被征服之后,人们便驯服了新的统治者,于是建立了新的朝代。如此循环往复。哪怕这个征服者是异族——例如蒙古人或者满人,中国人民也一样顺从。为什么如此?就是因为中国的属性民情所致。

马基雅维里这番话在后来的休谟那里产生了反响,他说:

"马基雅维里有一段话谈到亚历山大大帝征服的地方。这段话我觉得可以看作是那些时间和事件都不能改变的永恒政治真理之一。这位政治家说:看来奇怪的是,那些被亚历山大这样突然征服的地方,竟能由他的继承者和平享有;而且在希腊人内部一团纷乱、互相厮杀的整个时期,这些波斯人居然从未试图恢复他们原来的独立国家。"②

休谟在这里表达了对马基雅维里所表达的思想的肯定,认为这堪称永恒的政治真理,历史告诉我们的确如此!

第五章谈了一个很具体的问题,不需要多说。第六章讨论了那

---

① 马基雅维里:《君王论》,惠泉译,湖南人民出版社,1987年6月第一版,第19页。
② 休谟:《休谟政治论文选》,张若衡译,商务印书馆,2010年10月第一版,第11页。

些"借本人的武力与才干而取得新领地"的统治者。在这一章里，他对改革提出了深刻的见解：

"我们必须记在心里，在任何国家中企图推行一种新秩序，那是最难于着手，最险于进行，或者是最少成功把握的。因为一切从旧秩序中获取利益的人们都做了那个改革家的敌人，而一切有希望从新制度中得到好处的人，却都只是些不甚热心的保卫者。"①

第七章"论借他人之力或因佳运而取得的新国土"所谈的就是我们上面说过的博基亚了。

博基亚是依赖他的教皇父亲也就是说因"佳运"而取得他的领土的，但他此后苦心经营，为自己的统治奠定了十分牢固的基础，后来只是因为命运不济才归于失败的。马基雅维里对他是特别欣赏、引为理想君王之典范的。他在第七章里这样说：

"现在我们如果检讨一下伐伦丁诺公爵的全部经历，我们便能看出，他曾经如何设法给他的未来政权打下了多么坚固的基础；将这一层讨论一下，我以为不是多余的，因为要给一位新的君王提供足资遵行的教训，没有比研究这位公爵的行为更好的了；如果伐伦丁诺公爵所采行的办法并不会给他保证了最后胜利，那末不是他的过错，因为他的失败乃由于命运之最不寻常的恶意作弄。"②

这个博基亚是怎样取得成功的呢？简而言之，就像马基雅维里所言，"他不得不借重阴谋诡计"。③其中一件是，他初征服罗马诺之后，当地的老百姓不服从他时，他派一个将军去镇压他们，那

---

① 马基雅维里：《君王论》，惠泉译，湖南人民出版社，1987年6月第一版，第24页。
② 同上，第27页。
③ 同上，第29页。

将军听从主子的话，用残暴的手段压住了老百姓，使那里恢复了秩序。但当那里的人民后来又起来反抗时，不是为了不服从博基亚的统治，只是痛恨那个将军曾用残暴手段对付他们，博基亚便毫不犹豫地把那个将军斩首示众，还把尸体砍成两段，放在市场上示众，"尸体旁边还放着一大块砧木，一把染血的刀。这个可怖的景象教百姓们在一时间看得张口结舌，可是心满意足。"① 就这样把一切坏事都推到死人身上，他自己一干二净了，他的统治也就安如泰山了。

这样的事中国古代也有。大家还记得《三国演义》里曹操向军粮官借头的事吗？他先叫军粮官发粮时用小斗少发，当士兵们发现后，他就对军粮官说："我要借你的头用用"，一刀把人家宰了，然后说是军粮官私自克扣军粮，现已斩首示众，大家不要闹了。②

倘若我们仔细看看《三国演义》中的曹操，就会发现他乃是马基雅维里理想的君王、是中国的博基亚，或者说博基亚乃是意大利的曹操。

对于这位博基亚，马基雅维里在这一章里可谓极尽溢美之辞：

"现在回头去审视公爵一生的行事，我竟不知道在哪一点上应该责备他的，……无论何人，只要他认为在他新建的王国内必须让自己站稳脚跟以便反对他的敌人，必须争取朋友，必须以武力或巧计去从事征讨，必须使他自己为人所爱或为人所惧，必须为兵士们所拥护与崇拜，必须去摧毁那些能够加害与可以加害于他的人，必须去除旧更新，必须让自己做得既严肃又仁慈、既大度而又宽宏，

---

① 马基雅维里：《君王论》，惠泉译，湖南人民出版社，1987年6月第一版，第30页。
② 参见《三国演义》第十七回。

第二十九章 三位政治哲学家

必须解散旧军而创建新军，必须对各个君王与诸侯在这样的方式中保持友谊，即：他们以加惠于他为荣，却以加害于他为惧——这样的人，除了在伐伦丁诺公公爵之外，将再也找不到一个更好的足资摹仿的榜样了。"①

显而易见，在马基雅维里眼中，博基亚就是一切君王的典范。我们还可以看到，马基雅维里并不是以成败论英雄的人，他认为，只要一个人努力了，做对了，倘若因为时运不济，失败了，也一样是值得赞美的。这也是对他自己一生的写照。

第八章"论以罪恶手段取得王位者"，这一章体现典型的马基雅维里政治哲学。在这里，他从史实出发证明一个人的成功其实是极少要归因于命运的，同样也不归于美德，相反，一些品德恶劣之人，这些人"屠杀自己的公民同胞、出卖自己的朋友、背信弃义、残酷无情、不信宗教"，却成功夺取了政权。②这是事实，并且这样的人还可能安享王位，直至善终，这同样是事实。马基雅维里举了曾经统治西西里的阿加索格尔斯的例子，他正是这样的人。

这样的例子在中国的历史上其实也是所在多有的，例如唐太宗，我当然不说他有多坏，但他毕竟是杀了太子哥哥还有亲弟弟又逼父亲让位才当上皇帝的，结果却成了受中国人崇拜的千古一帝。这是为什么呢？马基雅维里也从实际的角度说明了原因，这原因用到唐太宗那里是再合适不过了：

"有的人，只是在仅仅一次的袭击中，而且为本人的安全所必

---

① 马基雅维里：《君王论》，惠泉译，湖南人民出版社，1987年6月第一版，第32—33页。

② 同上，第36页。

需时，才运用了残酷手段，而且当事过之后，除非它能转而有利于百姓，便不再延长运用这种残暴——如此方式，我们可以称之为善于运用（如果对于罪恶也可以用'善于'这两个字眼的话）。"①

在本章的最后，他对于君王所行的加害于人之事有一个很好的说明：

"加害于人一定要一次完成；这样，受害者尝到的痛苦滋味比较少，损害所予人的冒犯感也比较少。给人恩惠应该一点一点来，这样，人们更能感受到恩惠的好处。"②

个中深意，想想便知。它至少说明，马基雅维里认为有时候加害于人是可以的甚至是必须的，也就是说有时候干坏事是可以的甚至是必须的，但要注意方式。干好事也一样，这就是"马基雅维里主义"的神髓之一吧！

第九章"论市民王国"里，马基雅维里分析了市民与贵族对于统治者的意义。在他看来，对于稳定的统治而言，最重要的是广大普通人民的拥护而非少数贵族的拥护，而且赢得人民的拥护也比赢得贵族的拥护要容易一些，因为人民只要对他们公平诚实、不压迫他们就可以了。这样对待贵族们却没有用，因为他们想要更多的好处，得不到就会造反。还有，人民数目众多，人多力量大，贵族却人数少得多，力量实际上也小得多。因此，统治者要稳定地统治，获得人民的拥护是至关重要的，而且这也是相对容易的，他说：

"登上王位之后，最最要紧的事是设法把人民争取到自己一

---

① 马基雅维里：《君王论》，惠泉译，湖南人民出版社，1987年6月第一版，第38页。
② 同上，第39页。

边;而要做到这一点也不难,只要他将百姓置于自己的保护之下就够了。"①

不用说,马基雅维里这样说是很有道理的,过去如此、现在如此,将来也会如此,古今中外也都如此。

后面第十到第十四章主要论述一些具体的事情,如军队,没有多少哲学意涵,不必多说。第十五章又回到了前面的主题:即一个君主为了维护统治可以不顾道德。

在这一章里,马基雅维里一开始就指出,自己这样的主张可能显得"自恃而傲慢",但他所要的不是幻想,而是要直面事实,即政治的现实。对于那些幻想柏拉图式的"理想国"的人,他说:

"许多人曾经幻想过一些共和国与王国,而这些国家在真实中却从未见过,也从未存在过的。因为我们如何生活着与我们应该如何生活这二者之间,相去甚远。"②

相应地,他接着说,对于个人,倘若他也有这样理想,并且按照自己的理想去干、去做自己认为"应该做"的事,那么结果一定很坏:

"谁若抛弃他正干着的事情,去从事于他应该干的事情,其结果总只能是走向自毁而非自全。一个人,如果想在任何方面都做好事,结果就必定会悲叹于在很多方面做了坏事。"③

在此基础上,马基雅维里进一步认为,一个君王其实也与普通人一样:

---

① 马基雅维里:《君王论》,惠泉译,湖南人民出版社,1987年6月第一版,第42页。
② 同上,第65页。
③ 同上。

"一个君王，如果想保持他自己的权势，必须学会如何不做好事，而且当他学到了这种本事之后，要懂得依情况的需要，去应用这种本事和不应用这种本事。"①

以上三段引文实际上是连成一体的，为了说得更清楚，我将之分成了三段，它最全面而深刻地地表达了马基雅维里的政治哲学，表明了马基雅维里的几个基本思想：

一、政治中讲的不是理想与道德，而是现实，理想与现实常常是相违背的，并且现实往往是需要背离传统道德的。

二、马基雅维里反对的并不是政治中的理想与道德，而是看到了这种理想与道德虽然看上去美好，但带来的结果往往是适得其反。马基雅维里只是基于这样的现实而反对政治中的理想主义。

三、统治者为了实现其目的，可以干违背传统道德观之事。这样做并不是因为统治者有多邪恶，而是出于政治现实的需要：当需要时就干，不需要时就不要干。

四、统治者无论做好事还是坏事，无论有德还是无德，这些都不是重要的，重要的乃是统治事实上的安定以及由此安定为人民带来的福祉，这才是一个统治者应该有的理想。——这才是"马基雅维里主义"的终极目的与神髓之所在。

以上四点就是马基雅维里政治哲学的三个要点了，在这一章的最后，他还作出进一步的或者说更加极端的说明：

"我知道，每一个人都会承认：一个君王如果保有了上面所有列举的美德，那是非常值得称颂的。但是君王却不可能保有、不可

---

① 马基雅维里：《君王论》，惠泉译，湖南人民出版社，1987年6月第一版，第65页。

能遵守一切美德——人类的情况不允许这样办——因此他必须战战兢兢地规避那足以使他亡国的种种罪恶，同时要尽可能不做那些不会使他亡国的种种坏事；不过，如果做不到的话，那就放手做坏事，不要多所顾虑。同时，有些罪恶，如果不去干就难于挽救国家于危亡，那他就绝不该为了做坏事招来毁谤而介意。因为，如果你好好思索一下，你就能见到：某些事看来是道德的，但其结果却置国君于败亡，另外一些事，看来是罪恶的，其结果却使他获得了较大的安全与幸福。"①

引文中"上面所有列举的美德"就是君王的慷慨、仁慈、庄重、诚实，等等了。他说得是否有理，我们可以自己好好咀嚼。

此章之后，就主要是对这一章的具体补充说明了，例如第十六章"论慷慨与悭吝"说明了君王什么时候应该吝啬，什么时候又应该慷慨，关键就是对属于自己的财产要吝啬，对于他人的财产则要慷慨——反正是慷他人之慨。第十七章则分析了君王什么时候应该表现得仁慈，什么时候又应该残暴，对于君主而言有时候残暴是必须的，因为这样才能带来国家的安定，人民也因此蒙福；相反，片面的仁慈则可能使国家混乱、人民反因此遭殃。他又举了博基亚的例子："契莎雷·鲍其亚是公认的暴君，但他的残暴给罗曼那带来了秩序，使它统一起来，使它太平而又忠诚。"②

第十八章则是"论君王在什么方式中必须守信"，他在一开篇就说：

---

① 马基雅维里：《君王论》，惠泉译，湖南人民出版社，1987年6月第一版，第66页。
② 同上，第70页。

"人人知道,为君者能言而有信,其行为能完美正直,不事机巧,不耍手段,那是多么的值得称颂。虽然如此,我们这时代的经验告诉我们:那几位干大事成大业的君王却对信字非常轻视,他们能以手腕乱人心智,且终于征服了那些信守诺言的君王们。"①

这意思不用说,也符合古今中外的史实,例如中国的那位有名的宋襄公就是这样的典型,结果不但身死而且成为千古的笑柄,就是对马基雅维里这番话最好的注解。

此后的章节都比较具体,没有多少哲学的味道,我们就都不说了。

到了第二十五章,我们又有几句话说了。这章名叫"论命运对人事的影响,兼论如何可以反抗命运。"马基雅维里最后是这样说的:

"我的结论是,命运易变,而人的本性(作风)难改,故当二者相符之时,人是行时走运的,一旦二者相违,人就倒霉了。据我个人之见,人与其谨慎,毋宁行险,因为命运是一个女人,如果你要想制服她,你就得打她,虐待她,正如我们所见,她宁愿为行险激动者所制,却不愿为行事冷静者所役。因此,命运是永远女人般的,喜爱年青男人,因为后生小子比较的不瞻前顾后,比较的猛烈,并且有较大的勇气去指挥她。"②

他对命运这样的认知一定会受到很多质问的,无论基督徒还是中国人,大概是少有这样看待命运的,命运之为命运,即意味其是注定的,不可能被改变,就像在古希腊悲剧中所体现的命运一样,在这些悲剧之中,命运之为命运就是说,它是不可改变的,人无论

---

① 马基雅维里:《君王论》,惠泉译,湖南人民出版社,1987年6月第一版,第74页。
② 同上,第109页。

多么强大、无论做什么都不可能改变命运。例如埃斯库罗斯的《奥瑞斯提亚》中,人的命运就是神之命令,而索福克勒斯在《俄狄浦斯王》中更清楚地表明了这一点:俄狄浦斯一生所遭之罪何其多!刚一生下来就被自己的亲生父母弃之如敝屣,甚至遭遗弃之前两个脚踝还被凿穿,又被用绳丝穿过捆在一起,后来甚至"不知不觉之中和最亲近的人可耻地生活在一起,却看不见自己的灾难。"[①]然而,俄狄浦斯何罪?作为孩子,他爱自己的父母,为了避免那预言中的灾难,他放下王太子不做,远离家乡,四处流浪;作为君主,他是智慧而仁慈的,曾拯救人民于斯芬克斯的魔爪,他热爱自己的人民,当人民遭受灾难时,他比他们更加痛苦。

一个这样的人却遭受了最恶毒的人也不应当遭受的最大的痛苦!

为什么?除了愤懑命运的不公外,还能说什么?

欧里庇得斯在《美狄亚》中更借美狄亚之口说出了这样的话:"命运既然这样注定了,便无法逃避。"

所以,马基雅维里对待命运的认知是和传统西方的观念大不一样的,我想,大部分人是不认同他的。

关于马基雅维里思想整体的正确性与影响是不容易说清楚的,因为一方面,他的思想显然对后世产生了巨大的影响,然而人们又似乎并不认同他的思想,因为后世的政治哲学并不是马基雅维里式的,后世的许多国家的建立同样也不是如此,至少表面上是基于正义而来并且依据正义而治国的,如殖民地的独立战争就是这样,美国也是这么建立起来的,这些都似乎违背了马基雅维里的观念。也

[①] 《奥瑞斯提亚》,第一场。

许正因为如此,对马基雅维里表达过欣赏的休谟在谈到他的思想之整体时才说:

"马基雅维里肯定是个伟大的天才,但他的研究局限于古代凶狂暴虐的政府或者局限于意大利的一些混乱的小公国,因而他的推论,特别是关于君主制的一些推论,是极为错误的。在其《君主论》一书中,他所作的一切论断几乎全被后来的事实彻底驳倒。"[1]

至于是否如休谟所言完全如此,恐怕是一个见仁见智的问题了。

好了,题外话我们就谈到这,下面我们来说托马斯·莫尔。

第二节 托马斯·莫尔与乌托邦

马基雅维里是反对理想国的,托马斯·莫尔却恰恰主张建立一个这样的理想国——乌托邦,并且因之名垂青史。

托马斯·莫尔是一个空想社会主义者,1478年出生于伦敦一个有钱人家里,父亲曾是英国皇家法院的法官。他在儿子身上寄托了很大的希望,希望他将来能出人头地,更胜乃父。

为什么呢?因为他发现了这个儿子有超凡出众的天赋。

莫尔没有辜负乃父的希望。14岁便进入了牛津大学,而且成绩出类拔萃。本来他学的是古典文学,但他父亲想让他继承父业,向法律界发展。莫尔只得听众父命,16岁时转学法律,毕业后在伦敦执业做律师。

做律师后他便开始了律师们通常要走的另一条路——从政。他

---

[1] 休谟:《休谟政治论文选》,张若衡译,商务印书馆,2010年10月第一版,第53页。

26岁时就竞选众议员成功，这时候当政的是亨利七世。此后由于才能优越，仕途相当顺利，先后担任副财政大臣、下议院议长，并在1529年被任命为英国皇家最高法院大法官，成了英国政界举足轻重的大人物。这时候当政的已经是亨利八世了，他于1509年继位，算得是英国历史上的明君。当然，他也是典型的马基雅维里式的明君，为了自己的利益杀起人来是十分利索、也毫不犹豫的。

这时候莫尔的麻烦就来了。莫尔是个十分虔诚的天主教徒，亨利八世在英国掀起了一场新教革命。我们知道，罗马教皇在天主教国家一直像太上皇，国王都要受他的节制，各国教会还拥有巨大无比的财富。新教与天主教主要不同之一就是它的教士们没有那么大的权力，也没那么贪婪，要把俗界的财富与权力都抓在手里。新教还可以承认宗教隶属于国家，君主即是教主。这当然对国王们有利，因此当时的英王亨利八世对新教情有独钟，宣布自己是英国国教的最高首领，要他的大臣们承认这一点，并且宣誓效忠。

莫尔作为一个虔诚的天主教徒，不同意亨利八世这种"离经叛道"的主张，因而拒绝宣誓。这样一来，他的日子就不好过了，先是被迫辞职，接着被捕，投入伦敦塔。又过了一年，他被审判定罪，审判十分不公，莫尔被公认是道德的楷模、是一个大大的好人，却以莫须有的叛国大罪的罪名被处斩首，这年是1535年，他才57岁。

据说莫尔面对死亡时十分的从容，甚至玩起了幽默，他对刽子手说："打起精神来，不要对你所尽的公职畏缩。因为我的颈子很短，请注意别出错，以免丢丑。"头上了砧板后，他又说："等我把胡子挪开再动手，至少胡子没有叛国罪。"真是何等的气概啊！

莫尔是以空想社会主义而闻名于世的，他的空想社会主义思想体现在他的一本书中，这本书就是有名的《乌托邦》，描述了一个幻想的世界，在这里，人人平等、没有压迫和剥削，大家共同劳动、共同消费、按需分配，过着共产主义的美好生活。

后来马克思的共产主义思想有相当一部分就来自于托马斯·莫尔的乌托邦。

我们现在就以这本书为线索来介绍一下托马斯·莫尔的思想。

由于《乌托邦》不同于一般的哲学著作，实际上它算不上是一本哲学著作，非常好懂，比起一般的哲学著作来有点像童话故事，因此我在这里不准备多说，只是简述一下。

《乌托邦》全名是《关于最完美的国家制度和乌托邦新岛的既有益又有趣的金书》，出版于1516年。分成两部分，即第一部和第二部，都标明是"杰出人物拉斐尔·希斯拉德关于某一个国家理想盛世的谈话，由英国名城伦敦的公民和行政司法长官、知名人士托马斯·莫尔转述"。当然，这只是一种写作手法而已，实际上是托马斯·莫尔自己写的。还有，这里的许多词汇是很有意思的，都是一些隐喻，例如"乌托邦"意思是"没有的地方"，即"乌有之乡"；希斯拉德则是"空话"和"见多识广的"两词组合成而的，还有其中给乌托邦当雇佣军的塞波雷得人的意思就是"急于出卖自己的人"，都来自于希腊语，有明显的意指。

在第一部里，托马斯·莫尔对当时的社会现实进行了相当尖锐的批判。当时，英国在亨利八世的统治之下，工商业得到了很大发展，但社会不平等与不公平却有增无减，特别是这时候由于国外大量需求英国优质的羊毛，于是许多贵族地主不再租土地给佃农，而是圈起来养羊，造成了大批佃农流离失所，生活悲惨之极。这样的情形使莫尔愤怒不已，在《乌托邦》里说出了这样的话：

"你们的羊……一向是那么驯服，那么容易喂饱，据说现在变得很贪婪、很凶蛮，以至于吃人，并把你们的田地，宗园和城市践踏成废墟。全国各处，凡出产最精致贵重的羊毛的，无不有贵族豪绅，以及天知道什么圣人之流的一些主教，觉得祖传地产上惯例的岁租年金不能满足他们了。他们过着闲适奢侈的生活，对国家丝毫无补，觉得不够，还横下一条心要对它造成严重的危害。他们使所有的地耕种不成，把每寸土都围起来做牧场，房屋和城镇给毁掉了，只留下教堂当作羊栏。并且，好像他们浪费于鸟兽园圃上的英国土地还不够多，这般家伙还把用于居住和耕种的每块地都弄成一片荒芜。"①

后面还写道，他们将原来的佃农赶走，用"欺诈和暴力手段"剥夺了他们所有的财产，使他们流离失所，一无所有。总之猛烈地抨击了那些统治者，包括贵族甚至主教，而对被压迫的人们表现出了深深的同情，其中所体现的勇气与仁心令人敬佩。

此外，他甚至对国王也提出了这样的看法：

"老百姓选出国王，不是为国王，而是为他们自己，直率地说，要求国王辛勤从政，他们可以安居乐业，不遭受欺侮和冤屈。正由于此，国王应该更多关心的是老百姓的而不是他个人的幸福，犹如牧羊人作为一个牧羊人，其职责是喂饱羊，不是喂饱自己。"②

---

① 托马斯·莫尔：《乌托邦》，戴镏龄译，商务印书馆，2008年7月第一版，第21页。
② 同上，第38页。

正是基于对现实的不满,莫尔才在《乌托邦》里提出了他理想中的国家的样子。其中第一个是波斯的"波利来赖塔人",他们的国家很大,治理得宜,除向波斯国王进贡年税而外,他们过着自由、平静的生活,享受一种默默无闻的快乐生活。[①]

当然,这只是引出乌托邦的引子而已,莫尔所要谈的中心乃是乌托邦里的社会与政治制度,以及在这个制度下人民所过的美好生活。

《乌托邦》的第二卷就是描述乌托邦的。乌托邦是一个大岛,外人很难进入,因为它的"港口出入处甚是险要,布满浅滩和暗礁",因此外人不经乌托邦人领航是很难进入的,即使对乌托邦人自己也不能算是安全的,"除非他们依照岸上的明显标志作指引,这些标志一经移位,不管敌人舰队多么壮大,都容易被诱趋于毁灭。"[②]

也许正是这种易守难攻的地势使乌托邦人能发展出一套独特而堪称完美的制度,使这里的人民过着幸福的生活。

在乌托邦,首先是没有私有财产的。其实莫尔早在第一部中就说明了乌托邦人的这个基本特点,在莫尔看来,没有私有制乃是一种美好社会制度的最基本前提:

"任何地方私有制存在,所有的人凭现金价值衡量所有的事物,那么,一个国家就难以有正义和繁荣。除非一切最珍贵的东西落到最坏的人手里,你认为这符合正义;或是极少数人瓜分所有财富,

---

① 参见托马斯·莫尔:《乌托邦》,戴镏龄译,商务印书馆,2008年7月第一版,第26页。

② 同上,第48页。

你认为这称得上繁荣——这少数人即使未必生活充裕，其余的人已穷苦不堪了。"①

在这之后他还提到了柏拉图的理想国，认为"这位哲人当然轻易地预见到，达到普遍幸福的唯一道路是一切平均享有。"②

我们知道，柏拉图的理想国里有三种人，在财产上似乎是不同的，其中哲学王们应该是没有私有财产的，士兵们似乎也没有，也不应该有：

"那么我想要说的就是这个意思，我以前和现在所作的规定就是为了使他们能够成为真正的卫士，防止他们由于财产私有而把国家弄得四分五裂，对同一事物不能异口同声地说'这是我的'，而是各有各的私人财产，一个卫士把从别的卫士那里能弄到手的东西都拿回自己家里，另一个卫士也这样做，各自拥有自己的妻子儿子，把国家共同的快乐与痛苦变成个人的事，这样说不对吗？我们说，他们最好还是对什么是自己的东西有共同一致的信念，有一个共同的目标，从而拥有同甘共苦的体验。"③

但对于普通人，其欲望比较强烈，有一定私有财产应该是可以准许的。所以，乌托邦应该是比柏拉图的理想国更加理想的国。

在这个理想国中，主要的产业是农业，所有人都要从事农业生产：

"乌托邦人不分男女都以务农为业。他们无不从小学农，部分

---

① 托马斯·莫尔：《乌托邦》，戴镏龄译，商务印书馆，2008年7月第一版，第43页。
② 同上，第44页。
③ 柏拉图：《柏拉图全集》（第二卷），王晓朝译，人民出版社，2017年12月第一版，第449页。

是在学校接受理论，部分是到城市附近农庄上作实习旅行。"①

因此，城市和农村是所有人轮流居住的，土地也是大家共有的。事实上，为了做到绝对的公平，连农村和城市中的房子都是轮流居住的，每隔十年就换一次，大家都有机会住任何房子，而且所有房子的结构也都差不多，都是一样的舒适宜居。由于没有私有财产，这里当然也没有什么防盗设施例如门锁门闩之类。②

乌托邦里当然也没有商品，连物物交换也没有，因为这里是共同劳动、共同消费的，例如收割时，城市人会组成"收割大军"去乡下帮助收割，"收割大军迅速按指定时间到达后，几乎在一个晴天飞快地全部收割完毕。"③收割来的粮食，以及城市生产出来的东西，当然也是所有人共享的，大家各取所需就是，无需什么交换。

这里连吃饭都是一起吃的，即都吃公共食堂，当然乌托邦的人有权自己领取食材后自己作饭，但公共食堂里的饭菜十分美味可口，自然不必在家吃饭了。而且这里已经形成了一种传统，认为不这样做是有失体统的。④

乌托邦既然是一个组织严密的社会，当然必须有官员。他们都是民主选举产生的，每三十户每年选出官员一人，叫飞拉哈，这是最基本的官职。每十名飞拉哈又由一个首席飞拉哈管理。另外，全体飞拉哈通过秘密投票方式选举出总督，总督除非因有阴谋施行暴政嫌疑而遭废黜，否则终身任职，首席飞拉哈则每年选举，但若无

---

① 托马斯·莫尔:《乌托邦》，戴镏龄译，商务印书馆，2008年7月第一版，第55页。
② 同上，第53页。
③ 同上，第52页。
④ 同上，第63页。

充分理由也不必更换，飞拉哈则是一年一选。

这些被选出来的官员们本来是可以豁免劳动的，但他们并不肯利用这个特权，而是依然以身作则地劳动，以带动别人一起劳动。

此外，在乌托邦还有一些人也是可以不劳动的，那就是学者，他们可以将时间用在各种各样的学术研究之上。

不过，我们不要以为在乌托邦里大家劳动很辛苦，事实上根本不是这么回事，在乌托邦里，一昼夜均分为二十四小时，只安排六小时劳动。午前劳动三小时，然后是进午膳。午后休息二小时，又是继以三小时工作，然后停工晚餐。他们从正午算起是第一小时，第八小时左右就寝，睡眠时间占八小时。[①]

在这样的安排之下，乌托邦的人们有充足的时间用来娱乐，他们"夏季在花园中、冬季在进餐的厅馆内，或是演奏音乐，或是彼此谈心消遣。骰子以及类乎此的荒唐有害的游戏，乌托邦是从不知道的。"[②]但他们最多的娱乐似乎是进行学术探讨，也就是说听学者们的各种演讲。

这时候书中又提出了一个问题：是不是每天工作六小时太少了一些，不够生产足够多的生活资料呢？答案是：当然不会！接着，指出了当时的社会现实：

"假使你考虑到在别的国家只吃饭而不干活的在全人口中占多么大的一个例，首先是几乎所有的妇女，她们是全民的半数，或是妇女有事干的地方，男子又通常睡懒觉。而且，那伙僧侣以及所谓

[①] 参见托马斯·莫尔：《乌托邦》，戴镏龄译，商务印书馆，2008年7月第一版，第56页。

[②] 同上，第57页。

的宗教信徒又是多么队伍庞大,多么游手好闲呀!和他们加在一起的还有全部富人,特别是叫做绅士与贵族的地主老爷。再算上他们的仆从,我指那些干不出一件好事的仗势凌人的全部下流东西。末了,包括在内的又有身强力壮的乞丐,他们借口有病,专吃闲饭。这样,你就一定发见,创造人们全部日用必需品的劳动者远比你所想象的人数要少。"[1]

这番话用到今天也是有效的,大家心里想想吧!因此那些直接从事生产劳动的人有多少人、又有多辛苦!而在乌托邦里,由于绝大多数人都要从事生产劳动,当然大家就都不辛苦了,这是很有道理的。

如此等等,包括病人老人等在内,总之在乌托邦里所有人都得到很好的照顾,过着幸福无比的共产主义生活。还有,乌托邦也有战争与奴隶之类,但乌托邦人都处理得很好,战争的目的不是为了杀伤,而是为了自保与公义,而且努力避免死伤,连奴隶们也过着相对舒服的生活,由于篇幅有限,这些我们就不一一述说了。

最后我们要说的是两点:一是乌托邦的人对金银财宝的看法,二是对宗教的看法。

首先,在乌托邦那里,金子是很多的,但他们绝不把金子当成什么好东西,他们是这样对待金银的:

"我们如此重视黄金,如此小心翼翼地保护它,因此那个办法和我们的制度绝无相同之处,除身历其境者外,也无人相信。原来乌托邦人饮食是用铜器及玻璃器皿,制作考究而值钱无几;至于公

---

[1] 托马斯·莫尔:《乌托邦》,戴镏龄译,商务印书馆,2008年7月第一版,第58页。

第二十九章 三位政治哲学家

共厅馆和私人住宅等地的粪桶溺盆之类的用具倒是由金银铸成。再则套在奴隶身上的链铐也是取材于金银。最后，因犯罪而成为可耻的人都戴着金耳环、金戒指、金项圈以及一顶金冠。乌托邦人就是这样用尽心力使金银成为可耻的标记。所以别的民族对于金银丧失，万分悲痛，好像扒出心肝一般；相反，在乌托邦，全部金银如有必要被拿走，没有人会感到损失一分钱。"①

书中还举了一个例子，某个外国的使者来乌托邦，先把自己用金银财宝打扮起来，身上戴着黄金的链子，好显示身份的尊贵，但到了乌托邦后，他们却被当成奴隶与罪犯受到轻视，还出现了这么一个戏剧性的情节："有些乌托邦人对那些金链诸多挑剔，说太细，不合用，容易被奴隶挣断，并且太松，奴隶可任意把它摔脱，溜之大吉。"②而他们那些没有金银装扮的仆人却被当成主人受到尊重。

乌托邦人还对有人竟然重视金银与细羊毛制成的衣服大表惊异："乌托邦人认为奇怪的是，一个人可以仰视星辰乃至太阳，何至于竟喜欢小块珠宝的闪闪微光。他们认为奇怪的是，竟有人由于身上穿的是细线羊毛衣，就大发狂想，以为自己更加高贵；其实不管羊毛质地多么细，原来是披在羊身上的，一只羊终归还是羊。"③

无疑，这样的思想也是托马斯·莫尔的思想，他的思想也的确是有道理的，大家想想看吧，黄金珠玉、饥不可食、寒不可衣，难道真的比得上粮食和布匹重要吗？更不能比水与空气了。但水与空气都是最平常的东西。其实，这最平常也就是最宝贵。即令人也是

---

① 托马斯·莫尔：《乌托邦》，戴镏龄译，商务印书馆，2008年7月第一版，第68页。
② 同上，第70页。
③ 同上。

这样，那些所谓总统首相，甚至科学家作家，真的有普通老百姓重要吗？不用说别的，没有他们，老百姓还不照样过日子？也许更好呢，可没有普通百姓，他们还做得了总统作家吗？不但做不了，连活命都成问题哩！因为这些人里面十个有九个是五谷不分的家伙。

所以，乌托邦人，"他们看待铸钱的金银，都只按其本身真实性质所应得的价值，不超过这个价值。尽人皆知，金银的有用性远逊于铁。无铁，犹如无火无水，人类难以生存。自然所赋予金银的全部用途，对我们都非必要，假如不是由于人们的愚蠢而被看成物以希为贵。相反，自然如同仁慈而宽容的母亲一般，使一切最有用的东西都显露出来，像空气、水以及土本身，可是把所有空虚无益的东西尽量远之又远地从人类隔离开。"①

这些话是简明而深刻的，值得我们好好思索、仔细玩味，物以稀为贵，然而，这里的"贵"与重要是背道而驰的，大自然是最为慷慨的，那些最于我们有益的，给予我们最多，而那些其实对我们没什么价值，少了甚至没有也无所谓的，就予我们甚少，才稀，例如金银珠宝即是如此。以此推之，物以稀为贵、我们的重视金银财宝乃是不理解自然之天意呢！很是遗憾！

最后，对于宗教。首先，乌托邦的人们是信教的，而且他们将人生的幸福与宗教联系在一起，并且与善联系在一起。也就是说，在他们看来，幸福、宗教、善是三位一体的。

在乌托邦的人们看来，人人都应当追求幸福，但他们的幸福可不是指肉体的纵欲之类，而是一种高尚的幸福与快乐，是与"德

---

① 托马斯·莫尔：《乌托邦》，戴镏龄译，商务印书馆，2008年7月第一版，第68页。

行"有关的，也就是说是一种与善有关的幸福。至于其具体的内容则是与自然有关的，追求幸福与至善也就是说要使生活要符合于自然之道。在他们看来，人是上帝所创造的，而上帝之所以要创造人，为的就是要使人过这样的生活。那么应该怎样才能过上自然的生活呢？那就是要听从理性的指导了。理性会吩咐我们应当如何生活。①

这是乌托邦宗教的一些总原则。此外，乌托邦宗教的另一个原则是信仰自由。即每个人都可以信仰自己的神。这是一种大的原则，但这个原则同时又是受到很大限制的，即人不能任意信仰什么，而是有一些信仰的原则的。

这些原则可举例如下。灵魂不灭，灵魂由于上帝的仁慈而生来注定享有幸福。我们行善修德，死后有赏；我们为非作恶，死后受罚。②

也就是说，在乌托邦人看来，人不能相信没有神、没有灵魂，或者人死后灵魂会和肉体一起消灭。因此没有来世，也没有人死后会因为此生的行为而遭受赏与罚这样的信仰是不能有的。为什么呢？那是有原因的：

"乌托邦人的信仰是，人死后有过的必受罚，有德的必有赏。如有人有不同看法，乌托邦人甚至认为他不配做人，因为他把自己灵魂的崇高本质降到和兽类的粗鄙躯体一般无二。他们更不承认这种人是乌托邦公民，因为如果不是他还有所忌惮的话，一切

---

① 参见托马斯·莫尔：《乌托邦》，戴镏龄译，商务印书馆，2008年7月第一版，第73页。

② 同上。

法律和惯例都将对他无用处。当一个人除法律外什么都不怕,除肉体外对什么都不寄予希望,那么,毫无疑问,为了满足他的私人欲望,他会想方设法回避国家法律,或是力图用强暴手段破坏国家法律。"①

莫尔的这番话是极为深刻的,道出了信仰存在的根本意义:就是要使人有所畏,而且不是对法律有所畏,而是对神有所畏,对由于有神因而也有来世与惩罚有所畏。倘若人没有这些畏,即认为没有神与来世,只有此生,其所畏的只是法律的惩罚之类,那么他为了此生的利益定会不顾一切,就像法王路易十五,他的一句名言就是"在我死后,哪怕洪水滔天。"因而只管此生的享受,终使法国的千年君主制陷入万劫不复之深渊。还有,我们可以想象一下:倘若我们国人有乌托邦人那样的信仰,还会有这么多的贪官污吏吗?显然不会!所以,欠缺信仰乃是现代中国人最大的问题之一,当然,这是一个很复杂而敏感的问题,可以探讨的地方很多。

不过,因为有信仰自由,即便对于那样的人乌托邦也不会随意责罚,只是不让他们当官、享受各种荣誉而已,因为他们"深知一人愿意信仰什么不能由自己控制"。

只要不违反上面的原则,即大家都相信有神,有灵魂与来世之类后,其它的一切就都次要了。最后,乌托邦对所有信仰就产生了一种共同的认知:所有的信仰都是内在一致的,只是表现形式不同

---

① 托马斯·莫尔:《乌托邦》,戴镏龄译,商务印书馆,2008年7月第一版,第106页。

第二十九章 三位政治哲学家

而已。因此，在乌托邦便出现了如下的宗教景况：

"在乌托邦，大家的信仰不相同。然而信仰的表现形式虽分歧不一，可以说条条路通到一个目标，即崇拜神格。因此，教堂内所见所闻都显得与普遍的一切信仰不矛盾。任何教派如有其自己仪式，可在每人家中举行。所以教堂中没有神像，个人可自由去体会神的形象，不管他喜欢那一种最虔敬的方式。乌托邦人称呼神为'密特拉'，另无其他特殊名称。他们一致认为，可以用这个名称体现神成的性质，不管这个性质是什么。"[1]

这可以看作是莫尔对于宗教与神学的基本认知，也是他的宗教理想。

实际上，在这里还另有深刻的意涵，就是看到了各宗教共通的本质，即所有宗教的实质是一样的，只是表现形式不一样而已，而最主要的不一样的形式就是神的名字不一样，例如伊斯兰教的神名安拉、犹太教和基督教的名耶和华，这也是当今世界两大最主要的宗教，但若去掉其名，我们就会看到，二者实质上并不冲突，只要我们不拘于某个固定之名，一切宗教的冲突将烟消云散。

而且，大家想想吧，无论基督教还是伊斯兰教的神之名又是如何得来的呢？我们如何确知的呢？其实是不明确的，我们当然可以信其有神，但神之名则似乎是人定的，而且神名为何如此也是无法证明的。我们所能证明的或者说有限地证明的只是神之存在而非神之名。这只要看看此前一切神之证明就可以了，例如安瑟尔谟和托马斯·阿奎那对于神之存在的证明，这一切的证明都只是证

---

[1] 托马斯·莫尔：《乌托邦》，戴镏龄译，商务印书馆，2008年7月第一版，第112页。

明了神之存在或者说可能存在，但并未证明这神的名字乃是耶和华！他难道不会是其它的名字吗？例如安拉！因此，只要我们对神之名采取一种如乌托邦人所采取的态度，那么宗教容忍就是理所当然之事了，而有了这种容忍，世界就将去掉一个最大的冲突之根了！

关于莫尔的政治学观念的总的特征与评价，我依然想引用赵老师的话并且作为莫尔这一节的结尾：

"莫尔的政治蓝图以道德理性为基础，他以人文主义的高尚的德性标准否认财产的道德价值。虽然他得出了其他人文主义者没有说出的废除私有制的结论，但他的思想基础和理论前提仍然是人文主义者的政治道德化的主张，这一主张直接承袭了基督教政治的传统，因此有人称莫尔为'基督教人文主义者'。"[①]

对于这样的乌托邦，后人的答案似乎是比较一致的，就是认为它们只是一种幻想，虽然看上去美好，但不可能实现，或者说缺乏现实性，以休谟的话来说就是：

"一切假定人类生活方式要进行巨大变革的政府设计方案，显然都是幻想性的。柏拉图的《理想国》、托马斯·莫尔的《乌托邦》都属于这种性质。"[②]

好了，关于托马斯·莫尔及其《乌托邦》我们就说到这，下面简单说一下康帕内拉及其《太阳城》。

[①] 赵敦华：《基督教哲学1500年》，人民出版社，2005年5月第一版，第568—569页。
[②] 休谟：《休谟政治论文选》，张若衡译，商务印书馆，2010年10月第一版，第161页。

第三节　康帕内拉及其《太阳城》

康帕内拉是意大利人，他比莫尔要晚差不多一个世纪，生于1568年，死于1639年，是多明我会的修士，由于有异端思想，曾两次被修会处罚并被捕入狱，后来据说因为为乌尔班八世教皇使用法术才获得自由。倘若如此，这样的教皇才是真正的异端了，因为这样的法术在基督教看来应该是属于巫术一流的，行术者不但是异端，而且要被烧死的，就像布鲁诺一样，这也是他主要的罪名。

在赵老师的著作里，康帕内拉不是作为政治哲学家而是作为自然哲学家的，他也提出过不少的自然哲学思想，如认为感觉是最高的认识形式，概念知识只是基于感觉的形式的，并且是微弱的形式，还认为感觉只是消极的被动地接受自然赋予的印象，这是一种与经验主义颇为相似的观点。

关于对上帝的认识，康帕内拉认为自然是上帝的"活塑像"，是上帝的"镜子或影像"，即强调上帝与自然之间的相通，有一点斯宾诺莎式的泛神论色彩，难怪被认为有异端思想。

关于日心说与地心说之争，他整体来说支持布鲁诺的无限宇宙论，认为宇宙是无限的，因此无限宇宙是不可能有一个托勒密式的不动的中心的。但他又指出，在我们人类所处的宇宙空间，地球乃是中心，而太阳是朝地球移动的。他还因此认为如同太阳朝向地球移动，终将会合一样，人和自然也将结合在一起，即将会返回到一种原初的黄金时代,处于一位唯一的精神导师的领导之下。[①]

显然,这样的思想是属于自然哲学的,康帕内拉也的确可以说是自然哲学家。但是,由于他所撰写的著作——这也是他最有名的作品——乃是与莫尔的《乌托邦》相类的《太阳城》,在其中也提到了一种理想的国家形式,因此我们就将他放在政治哲学家之中来讲一下他的思想。

总的说来,康帕内拉的《太阳城》就水平而言不能与莫尔相比,影响也远远不及,甚至文笔也不能相比。又二者相似处甚多,例如基本主题是一致的,即都追求一种理想的社会制度与社会生活,其中的生活方式也是大体一致的,因此在这里只简单地提几句。

太阳城的基本制度如乌托邦一样,是没有私有财产的:

"太阳城的人断言,我们的所有制之所以能形成和保持下来,是由于每个人都有自己单独的住房,自己的妻子和儿女。自私自利就是由此产生的:因为人们都想使的儿子得到很多财富和光荣地位,都想把大批的遗产留给自己的后代;我们当中的每个人为了想成为富人或显贵,总是不顾一切地掠夺国家的财产;而在他还没有势力和财产的时候,还没有成为显贵的时候,是吝啬鬼、叛徒和伪君子。但是,如果我们能摆脱自私自利,我们就会热爱公社了。"[②]

在太阳城看来,我们这个社会之所以会有这么多坏事坏人,根本原因在于有私有财产,于是就产生了各种的自私自利,而太阳城没有这些东西,这乃是太阳城的公社之基础。

[①] 参见赵敦华:《基督教哲学1500年》,人民出版社,2005年5月第一版,第611—612页。

[②] 康帕内拉:《太阳城》,陈大维等译,商务印书馆,1960年4月第一版,第10页。

在太阳城里，也像在乌托邦里一样，大家共同劳动，而且工作时间不长，比乌托邦更少，只有四个小时，其余的时间用来休闲与高尚的娱乐：

"在太阳城里，一切公职，艺术工作，劳动和工作，却是分配给大家来承担的，而且每人每天只做不超过四小时的工作；其余的时间都用来愉快地研究各种科学、开座谈会、阅读、讲故事、写信、散步以及从事发展脑力和体力的活动，而且大家都乐意从事这一切活动。只是不准许玩骨牌、掷骰子和下棋以及其他静止不动的赌博游戏。打球、棒球、套环、摔跤、射箭、射击和标枪等是准许的。"①

此外，康帕内拉在"论最好的国家"中，也强调了共同劳动的重要性：

"一切因穷人过度劳动，富人游手好闲而产生的肉体和精神上的恶习也会同样地消灭，因为我们在一切人之间平均地分配劳动。"②

财产共有、共同劳动可以说是乌托邦和太阳城共同的特点，也是主要的相似之处。

还有，生活方式大体也差不多，例如吃饭。太阳城也是吃公共食堂，食堂的餐桌摆成两排，每张桌子的旁边排列着两行座位，一行是男人的，一行是妇女的，大家保持肃静，鸦雀无声地用餐，但在用餐前先要听教士念经。每人有自己的一份饮食，简单但足够。③

这些东西太阳城和乌托邦都是一样的，但也有不同，例如婚

---

① 康帕内拉：《太阳城》，陈大维等译，商务印书馆，1960年4月第一版，第24页。
② 同上，第66页。
③ 同上，第16页。

姻,在乌托邦里是青年男女是裸身相见,[①]然后有正常的婚姻生活。但太阳城却有很多奇怪的规矩,例如

妇女初次与男子性交后而不受孕者,便配给另一个男子;如果多次与男子合欢而仍不受孕,便被宣布为"公妻",而且也就不能像主妇那样在"生育会议"上,在神庙和公共食堂中受人尊敬了。这种办法是为了防止某些妇女贪图欢乐而有意避孕。[②]

太阳城里还有残酷的死刑,这也是乌托邦没有的:

"死刑只是用人民的手去执行,他们把犯人打死,或者甩石头砸死……另一种办法是授权犯人自杀:让他自己把一些装有火药的小袋子挂在身上,自己点燃火药,爆炸而死。"[③]

乌托邦和太阳城最大的差别也许是宗教。太阳城里宗教的地位极为重要,实际上是一种教权统治制度:

"他们的最高统治者是一位司祭,用他们的语言来说,叫作'太阳',而用我们的语言来说应该称他为'形而上学者'。他是世俗和宗教界一切人的首脑;一切问题和争端要由他作出最后的决定。在他的下面有三位领导人,他们的名字是'篷'、'信'、'摩尔',照我们的意见或者译为'威力'、'智慧'和'爱'。"[④]

宗教可以说是太阳城和乌托邦最大的不同,但正是在这点上,康帕内拉显示了与托马斯·莫尔的差异,例如太阳城甚至还有人祭

---

① 参见托马斯·莫尔:《乌托邦》,戴镏龄译,商务印书馆,2008年7月第一版,第83页。
② 参见康帕内拉:《太阳城》,陈大维等译,商务印书馆,1960年4月第一版,第20页。
③ 同上,第41页。
④ 同上,第6页。

制度。[①]太阳城所体现的宗教思想虽然带有一定的哲学色彩,但更显得原始、落后甚至野蛮,至少称不上文明,因此康帕内拉的"理想国"其实并不理想。相反,莫尔的思想则充满了人道主义与普世的关怀,这些关怀与远见都是康帕内拉所不及的。也因此之故,康帕内拉的影响要远逊于莫尔。同样因此之故,我们就不再另说康帕内拉了。我们下面再将目光投向哲学,投向文艺复兴或者中世纪最后一个可称伟大的哲学家——苏亚雷。

[①] 参见康帕内拉:《太阳城》,陈大维等译,商务印书馆,1960年4月第一版,第44页。

第三十章　中世纪最后一位杰出的思想家苏亚雷

到这里，整部《中世纪思想史》已经走向尾声了。我们要讲的最后一个中世纪思想家或者说哲学家是苏亚雷。

第一节　奇怪的苏亚雷

苏亚雷在哲学史上是一个很奇怪的人。

他的奇怪之处不在于他的哲学，也不在于他的人生，而在于他的地位。

有人说，苏亚雷是文艺复兴时期也是中世纪最伟大的哲学家之一，就像《不列颠百科全书》所言："人们常常认为他是圣托马斯·阿奎那之后最杰出的经院哲学家"，[①]《美国百科全书》也说苏亚雷"其哲学观点完全超越了圣阿奎那"，[②]柯普斯登在《西洋哲学史》中更是大篇幅地介绍苏亚雷，《劳特利奇哲学史》也是如此，赵老

[①]《不列颠百科全书》，中国大百科全书出版社，1999年第一版，第16卷，第276页。

[②]《美国百科全书》，台湾光复书局/外文出版社，1994年第一版，第25卷，第551页。

第三十章 中世纪最后一位杰出的思想家苏亚雷

师也称苏亚雷为"耶稣会最著名的哲学家",号称"独一无二的博士",[①]这些都称得上是对苏亚雷权威的定位,都说明苏亚雷在哲学史上的地位是很重要的。

按理说,一个这样重要的哲学家应该不但知名,而且诸哲学史著作应该好好介绍一番他的思想才对,然而我们看到的却是另一个事实:苏亚雷在哲学史上似乎并不很知名,虽然有些哲学史很重视他,但同样有不少哲学史不重视他,甚至基本不提他,例如罗素,他长篇大论地说马基雅维里,对苏亚雷却只字未提。黑格尔也是一样,梯利在篇幅不大然而内容极为丰富的《西方哲学史》里竟然也未曾提到苏亚雷,洋洋十大卷的《西方哲学史·学术版》只是提到了一次他的名字。同样,吉尔松在他的巨著《中世纪哲学精神》中也只提到了苏亚雷一次而已,还是在注释之中提到的。[②]文德尔班在他的《哲学史教程》中关于苏亚雷也只有一句评论。[③]这些事实又告诉我们,一味地认为苏亚雷很重要也是有一定问题的。

面对这样的情形,我们应该怎么办呢?思想再三,又考察了一番苏亚雷的思想,我认为苏亚雷的思想有这样两个特点:

一是内容庞杂。苏亚雷著作众多,仅仅十九世纪出版的不完整的著作集就有28卷之多,在这些著作之中所论述的问题也非常之多,甚至难以找到一条主线。于是就造成了一个这样的结果:在介

[①] 参见赵敦华:《基督教哲学1500年》,人民出版社,2005年5月第一版,第605页。

[②] 参见吉尔松:《中世纪哲学精神》,沈清松译,上海人民出版社,2008年11月第一版,第360页。

[③] 参见文德尔班:《哲学史教程》(下卷),罗达仁译,商务印书馆,1993年10月第一版,第494—495页。

绍苏亚雷思想的各著作中，包括《不列颠百科全书》和《美国百科全书》在内，介绍的内容都大不一样，少有重复的地方。

二是缺乏创造性的思想。也就是说，虽然苏亚雷提出了大量的思想，但似乎没有一个思想是鲜明地印着"苏亚雷创造"这样的标签的，即使有也不那么鲜明。我想这应该是苏亚雷知名度不那么高的主要原因吧。

当然，我这样说并不是有意要贬低苏亚雷，只是就事论事，试图解释一下上面那相互矛盾的事实的原因罢了。

而且，不管怎样，我们必须承认的是，苏亚雷是一个博学的智慧之士，人格高洁、思想深邃、著作丰富，——这些我们在后面都可以看到，这样的人无疑应当在西方哲学史上占有重要的一席之地，并且值得我们好好理解他的思想。

苏亚雷是西班牙人，1548年生于西班牙的格拉纳达。格拉纳达是西班牙甚至是整个欧洲一座很特别的城市，因为它长久以来一直处于信奉伊斯兰教的摩尔人的统治之下，直到1492年，也就是苏亚雷诞生之前五十余年，才被西班牙人或者说基督徒最终攻克，成为一座基督教的城市。此前摩尔人和伊斯兰教统治了它约八百年之久。而且，正是在对宗教采取宽容态度的摩尔人的统治之下，格拉纳达发展出了一种融合伊斯兰教、犹太教与基督教的独特文化。

苏亚雷时代，西班牙在美洲已经获得了辽阔的殖民地，从而获取了巨大的财富，西班牙人又用这些财富建立了强大的军队，使西班牙成为了当时欧洲最强大的国家。同时，西班牙还有一个特点，就是其统治者向来是十分虔诚的天主教徒，例如这个时代的伊莎贝拉女王被称为"天主教的国王"，正因为如此，他们强烈反对当时

第三十章 中世纪最后一位杰出的思想家苏亚雷

正在如火如荼地进行的新教运动,是罗马教廷最强大的支持者。

正是在这样的情形之下,当时的西班牙涌现了一大批出色的经院哲学家,如胡安·刘易斯·维苇(Juan Luis Vives, 1492-1540)、维多利亚的弗朗西斯科(Francisco de Vitoria, 1492/1493-1546)、多明戈·德·索托(Domingo de Soto, 1494-1560)、卡斯特罗的阿隆索(Alonso de Castro, 1495-1558),等等,[1]这些人使本来已经日薄西山的经院哲学在十六世纪重新崛起了一段时间,就像文德尔班所言:"托马斯主义经院哲学的传统在伊比利亚半岛的大学里最顽强地坚守着自己的阵地。"[2]其中最著名的当然就是苏亚雷了。

也许正因为出生在这样一个大背景里,出生在富人之家的苏亚雷从小就立志出家当修士。到了十三岁,他便先到了萨拉曼卡,学习教会法,正是在那里他接触到了耶稣会,并且申请加入。

我们前面讲过两个天主教修会,即多明我会和方济各会,现在又出现了耶稣会,它出现之后,天主教的三大修会就全了。三大修会中,耶稣会是最后出现的,但绝不是最不重要的,相反,而是青出于蓝而胜于蓝。耶稣会1534年时由西班牙贵族依纳爵·罗耀拉创立。主要特点有两个:一是绝对忠于教皇,因而反对任何宗教改革;二是纪律严明,像一支军队,事实上也是半军事的组织,其各级领导和总会长的称号都是"将军"。其宗旨是三愿,即贫穷、贞洁、服从。

---

[1] 参见约翰·马仁邦主编:《劳特利奇哲学史》(第三卷),孙毅等译,中国人民大学出版社,2009年1月第一版,第523页。

[2] 文德尔班:《哲学史教程》(下卷),罗达仁译,商务印书馆,1993年10月第一版卷,第480页。

耶稣会是罗马教廷反宗教改革的别动队，其诞生就是为了反对马丁·路德等进行的宗教改革，其使命也是如此。为了达到这个目的，他们的行事也完全不同于一般的修会，例如耶稣会士常常不穿僧衣、不过隐修生活，而是渗入到社会的各个阶层，参与各种社会活动，例如开办学校、医院、投资工商业，参加殖民探险、进行科学研究，等等，例如伟大的哲学家笛卡尔上的就是耶稣会办的学校，哲学伟大但人不伟大的海德格尔也是一样，伟大的作家马尔克斯也是这样。耶稣会士还经常出入宫廷，与达官显贵打成一片，甚至成为了达官显贵，例如在莫泊桑的《漂亮朋友》里，外交部长拉罗舍-马蒂厄就是耶稣会士。耶稣会士所行一切的目的就是不择手段地反宗教改革，所以它的口号就是"目的证明手段之正确"——一种典型的马基雅维里式的主张。为此耶稣很积极地推进海外传教，包括来中国传教，那些我们熟悉的早期来中国的外国名人，如利玛窦、汤若望、南怀仁等都是耶稣会士。

不用说，当时耶稣会在西班牙是很火的，想加入的年轻人很多，苏亚雷只是其中一个。他在刚刚开始学习教会法后就申请加入耶稣会，但没有获得批准。这并不奇怪，因为耶稣会可不是随便可以加入的，要经过严格的考察，很多人根本就通不过这种考察，例如海德格尔，他中学毕业后也申请加入，但由于身体不够强壮，没有成功。苏亚雷比他幸运，第一次被拒绝后，他继续努力，终于，到1564年，他获得准许，成功加入了耶稣会。

此后苏亚雷的一生就很简单了，主要是在各所大学之间转来转去，先当学生再当老师，他一辈子除了老师外，没干过别的职业。大学毕业后，他就开始当老师了，在各个大学讲授哲学，如1576

年时到了法来多利、1580年时又到了罗马的耶稣会学院,等等。后来又到过阿尔卡拉、萨拉曼卡等大学任教。他在每个地方都待得不久,一般五年左右就换一所学校,原因不知,也许是他在一个地方待久了觉得烦,也许是因为他负有耶稣会的什么使命,但更可能是他其实一直在找一所可以长待的对胃口的学校,但没有找到,所以要在各大学之间转来转去。1597年,在任教数十年之后,他终于获得了神学博士学位。也就是在这年,他到了葡萄牙的科英布拉大学,才终于找到了觉得可以长待的地方,于是从此就生活在这里了。这一待就是近20年,直到1616年。苏亚雷逝世于1617年,享年70岁。

不难看出,苏亚雷的生平事迹有点简单,就像一泓平静的湖水,看不到一丝涟漪。但他的思想与著作却并不是这样,事实上,他还活着时已经是很有名的人物了,被尊为"杰出博士",甚至罗马教皇都很器重他,请他参与了一场论战。

这场论战是在当时的英国国王詹姆士一世和教皇保罗五世之间进行的。詹姆士一世认为君权是神授的,即他的权力来自于神,在国会演说时甚至公开自称为神,并要求拥有绝对的权力。他这样做其实主要是为了在英国建立绝对的君主专制,但却冒犯了罗马教廷,因为在传统的基督教观念里,上帝在人间的代表只有一位,那就是教皇,现在他英国国王却自称代表神统治人间,那不是对他教皇的"谋朝篡位"吗!那还了得!詹姆士一世这样说当然有他的道理,当时也有一批御用神学家为他的主张著书立说、摇旗呐喊。为此保罗五世教皇特意找到了苏亚雷,请他著书和英王的御用哲学家展开论战。作为耶稣会士,苏亚雷当然责无旁贷,于是他写下了

《辩护书》和《论法律》等著作，严正地驳斥了詹姆士一世的君权神授说。他的辩护很成功，气得詹姆士一世在伦敦圣保罗大教堂的台阶上公开烧毁了他的《辩护书》。

苏亚雷通过这些著作打败了詹姆士一世，也许更为重要的是他在其中提出来的思想，这些思想使得他具有了另一重身份——伟大的政治哲学家和法律哲学家。就历史地位而言，他在这方面的成功丝毫不亚于他的哲学，也许犹有过之，这也是我们后面着重要讲的。

第二节 《形而上学论辩集》

我们首先要讲的当然是苏亚雷的哲学思想。

我们说过，苏亚雷的哲学著作很多，也占了他著作的绝大部分。但直到1590年，苏亚雷42岁时，才出版了其第一部著作《论道成肉身》；1597年又出版了《形而上学论辩集》，此外比较著名的有死后才出版的《论灵魂》以及《论恩典》。

这些著作中，《形而上学论辩集》乃是最重要的一部，对它，《劳特利奇哲学史》是这样说的：

"毫无疑问，最后这部书是西方哲学伟大的著作之一：第一部系统而综合的形而上学专著在西方形成，它并不是对亚里士多德的《形而上学》的评注。此外，它概括并评价了中世纪的形而上学思想，在当时的著作中，它是对亚里士多德的形而上学最全面的阐释。"[①]

[①] 约翰·马仁邦主编：《劳特利奇哲学史》（第三卷），孙毅等译，中国人民大学出版社，2009年1月第一版，第524页。

这里的"最后这部书"指的就是《形而上学论辩集》。这部书不但是苏亚雷最重要的哲学著作,还关涉到苏亚雷的哲学定位。

我们前面说过,对于苏亚雷在哲学史上的地位是有不同说法的,为什么如此,其中主要的原因之一是有些人认为苏亚雷不过是中世纪经院哲学的最后一抹余晖,也许美,但"夕阳无限好,只是近黄昏。"因此美得有限,文德尔班正持这样的观点,他说:

"苏阿雷兹是一位杰出的作家,文风清丽,目光敏锐,一丝不苟,并具有明朗地阐述自己思想的巨大才能;在驾驭语言技巧上大大超过了大多数老一辈的经院哲学家;但是在他的学说的内容上也跳不出传统的圈子。"①

这句话对苏亚雷是有褒有贬、前褒后贬,本质上却是明褒实贬,因为前面称赞的是说苏亚雷乃是一位杰出的"作家",意思就是说他不是一位杰出的哲学家,他的优点也仅仅是语言能力强而已,就这一点而言,他要超过老一辈的经院哲学家们。但就哲学本身而言他却是没有什么创新的,也就是一个传统的经院哲学家而已!正因为如此,文德尔班才只在这里提到了他的名字而已,对于他的哲学的具体内容则未作记述。

但《劳特利奇哲学史》对苏亚雷的看法就大不一样了,它是这样说的:

"苏阿雷斯在哲学史上的位置,常常引起争议。一些哲学史家,坚定地把他放在中世纪的传统中,声称在近代哲学改变西方哲学

---

① 文德尔班:《哲学史教程》(下卷),罗达仁译,商务印书馆,1993年10月第一版,第494—495页。

的方向之前,他也许应被看成是那个传统中最后一位世界级的人物。但是,另一些人,把苏阿雷斯看成为一些观点提供基础的人,因而是一位近代哲学的先驱。这些观点,终于形成后来哲学发展的核心。

这两种解释,都有理由为之辩护。的确,如果人们仔细地审视苏阿雷斯,显然他既是中世纪最后一位主要的神学家,又是近代第一位主要的哲学家。就《形而上学论辩集》所阐述的意向和方法而论,这也许能够得到最好的证明。"①

显而易见,苏亚雷在这里的地位要高得多,他不但在传统的经院哲学中是"世界级的人物"、是中世纪哲学传统的最后一位神学大师,而且是近代西方哲学的先驱和第一位主要哲学家,这样的地位简直要令人高山仰止了!而他这个地位只要从《形而上学论辩集》就可以得到!遑论苏亚雷还有其它的杰作呢!包括他还是伟大的政治与法律哲学家,是国际法的鼻祖之一!

从这两段话就可以看出来,西方的大哲们对于苏亚雷的评价差别之大简直令人匪夷所思!

但不管怎样,对苏亚雷而言,这一点是确定的:就是《形而上学论辩集》称得上是集其哲学思想之大成,我们后面就主要以此书为根据去讲述苏亚雷的哲学思想。

关于《形而上学论辩集》我们还要说明的是,在长达百余年里,它乃是欧洲大多数大学——无论是天主教的还是新教的大学——的标准哲学教科书。为什么能够如此呢?原因就在于在这部

---

① 约翰·马仁邦主编:《劳特利奇哲学史》(第三卷),孙毅等译,中国人民大学出版社,2009年1月第一版,第524页。

著作里，苏亚雷的写作目的就是要为形而上学作一个完整且系统化的整理与阐述，他很好地达到了这个目的，于是自然而然地成为了最好的教科书。

具体来说，《形而上学论辩集》将所有的形而上学问题——当然主要是与经院哲学相关的问题——分成了54个讨论的主题，然后又将每一个主题分成若干部分分别进行解释，使全书逻辑清楚、条理分明。

我们下面就选择一些主题来介绍苏亚雷的思想。遗憾的是由于篇幅有限，我们只能选择极少数的内容，主要是相对而言比较有特色的或者重要的内容。

第三节　论存在

在《形而上学论辩集》里，核心的概念乃是存在。

将存在作为哲学最核心与最重要的主题是不难理解的，因为存在从来就是经院哲学或者说神学的核心主题，也是整个西方哲学的核心主题，就像它是神的名字一样。

苏亚雷将存在作为其哲学的核心概念，这是他在《形而上学论辩集》中的第一论就明确指出来了的。[①]

那么，苏亚雷对于这个存在有些什么样的看法呢？这看法是非常之多的，我们在这里只能择其要而言之。

---

① 参见柯普斯登：《西洋哲学史》（第三卷），陈俊辉译，台湾黎明文化事业股份有限公司，1988年12月第一版，第530页。

在苏亚雷看来,存在的第一个特点应该是"一"。

这个意思既复杂又简单。复杂是因为要说清楚它很难;简单是因为它不需要解释,就是一个简单的"一",它仅仅是一个"形式概念"而已,即它是"不同于若干其它事物的形式概念"。[①]

这里的"形式概念"我们可以简单地理解为形式,存在就是一个形式,也就是说,它不包含任何具体的内容,不意指事物任何具体的性质,例如长宽高可见不可见等等等等。这是容易了解的,存在之为存在,显然不同于事物的任何别的性质,它自成一体,没有任何其它性质能与其相匹。而且它又是唯一的、最基本的、最重要的。对于上帝如此,对于万物当然也是如此。因此之故,称之为"一"也许是最为恰当的。

存在的第二个特点是它是事物必然具有的性质。

这个思想是很深刻的,在这里不便多说。前面我们在讲根特的亨利和邓·司各脱时都已经讲过这个问题,大家可以去参考一下。例如巴门尼德有一句名言:非存在不存在,或者说不可能存在不存在。这句话的意思就是说一切都是存在的,不可能存在不存在的东西。为什么呢?简而言之就是,当我们想到或者说到任何事物时,它必然地已经存在了,因为它即使没有客观地存在于外在世界,也存在于我们的头脑或者语言里,这也是一种存在。因此,存在不但是一种性质,而且是事物必然具有的性质。

现在苏亚雷也同样持这样的观点,即存在是事物固有的属性,

[①] 柯普斯登:《西洋哲学史》(第三卷),陈俊辉译,台湾黎明文化事业股份有限公司,1988年12月第一版,第532页。

任何事物都离不开"存在",或者说"一种事物的存在,是它所固有的。"①

存在的第三个性质是,存在是一种性质,它是从属于事物的,不能与事物分开。

这也是好理解的,存在既然是事物的一种性质,当然不能与事物分开。不但存在如此,任何性质都是如此。例如红,自然界中可能存在纯粹的红吗?当然不可能,可能存在的只可能是红色的东西,例如红苹果或者红布。存在也是一样,没有脱离个体之物的单纯的存在——当然在这里要排除上帝,上帝与存在之间关系是另一码事。

存在是一种性质,不能离开具体的事物而存在,这似乎是显而易见的,但在哲学史上却经常有人脱离具体事物而抽象地单独地谈论存在,造出了许许多多似是而非的所谓哲学问题——实际上是伪哲学问题,这将在以后的哲学史中成为形而上学受到猛烈抨击的一个重要原因。

对于存在不能脱离事物单独存在而是事物的一种性质,苏亚雷是认识得非常清楚的,他说:"如同它存在事物本身里,它不是实际上不同于它赖以存在的下级者的某种事物。这是整个多玛斯学派的共同见解。"②

前面关于存在的三种性质可以统称为"一",因为它标示的乃是存在与事物是统一的、不可分割的,这个"一",就是"统一",

---

① 参见柯普斯登:《西洋哲学史》(第三卷),陈俊辉译,台湾黎明文化事业股份有限公司,1988年12月第一版,第532页。

② 同上,第533页。

即存在与事物之间的统一。

此外,苏亚雷还说明存在有两种性质,即真与善。

这个理解起来有点困难,因为作为一种性质,说存在是真的与善的,似乎说不通,存在并非一个判断,怎么能够说是真呢?更非一个伦理学的概念,又如何能够说是善呢?这样显然是解释不通的,因此不能按照常规去理解。而要这样理解:首先,存在乃是事物一种真的性质,即事物的确具有这个性质,这乃是一种"真理"——真实之理!这个"真理"中的"真"就是这里的真的含义了。或者也可以说是事物真正具有存在这个性质,因而存在这个性质是真。其次,当我们说事物的存在为真的时候,也指向了上帝的存在,上帝的存在当然也必定为真,这是不言而喻的。[①]

至于善,这里的意思当指"完善"或"完美"。可以这样理解:当我们看到了事物的存在之时,也看到了事物最本己的性质,从另一个角度上看,也就是看到了事物最完美的性质,同时,我们认识到事物的存在的过程也就是对事物的认识趋向完善或完美的过程。

这样,我们就说完了存在的三种主要性质,即统一、真与善。在苏亚雷看来,这三种性质有一个共同之点,就是它们都是事物的一种"超验"的性质,即它们是超越于经验的,不是通过经验而得到的,它们所表达的目的其实也不是个体之物,而是存在本身,而存在之为存在本身无疑也是超验的。

对于存在的这些超验特性的认识在苏亚雷那里是很重要的,

[①] 参见柯普斯登:《西洋哲学史》(第三卷),陈俊辉译,台湾黎明文化事业股份有限公司,1988年12月第一版,第535页。

《劳特利奇哲学史》更是重视之,它说:

"关于各种超验之物的学说,苏阿雷斯又一次在他占有的范围内工作,但他通过把存在的两个超验特性——真与善——理解为存在的实在而外在的种种命名的表达而不是各种心理关系的表达,在这个学说里引入某些修正。把真与善理解为种种心理关系的表达,这在经院哲学家中是流行的观点。苏阿雷斯关于各种超验之物的这种理解,将打开通向各种解释的途径。而这些解释,又为未来的各样发展铺平了道路。"[1]

这段评论指出,对于作为存在的两种超验特性的善与善而言,它们乃是对于存在的一种外在的实在的表达而不仅仅是一种心理关系的表达,也就是说存在的确外在地具有真与善这样的特点。这种解释为未来近代西方哲学的发展铺平了道路。

不过,这话说得是否有理,因为其并没有指出具体的例证,大概只能见仁见智了。

除了存在这三个超验的性质外,苏亚雷还有关于存在的其它认识,例如他将存在分成两个词性——动词与名词,各有不同的含义;认为应当对存在者分出不同的种类。这些都是很重要的思想,我们下面一一说明。

对存在进行词性的分割,这是苏亚雷一个很重要也了不起的思想。存在在哲学中乃至上帝中的地位是不言而喻的,但一般而论哲学家们都只对存在整体言之。实际上存在的含义是极其复杂的,这

---

[1] 约翰·马仁邦主编:《劳特利奇哲学史》(第三卷),孙毅等译,中国人民大学出版社,2009年1月第一版,第539页。

种复杂不但表现在涵义的复杂，同样表现在词性上。存在这个词究竟是什么词性？是名词还是动词？或者形容词？似乎都是可以的。例如我们既可以说：存在是……，又可以说：X存在，或者说X是存在的。这些都是可行的。在这三种用法中存在似乎分别为名词、动词与形容词。这个问题相当复杂，尤其是作为动词的存在，后来在海德格尔那里得到了相当深入的分析，他着重探讨的就是作为动词的存在，即"去存在"的问题。

更具体地说，就是存在者何以获得其存在的、何以存在的？海德格尔认为，无论对于存在者有多少研究，但人们总得回答这样一个问题："存在者为何存在？"存在者是如何获得"存在"这一规定性的？这是根本性的问题，而传统本体论并未作出回答，这是其致命的缺憾，就像他在《存在与时间》的扉页中引用亚里士多德在《智者篇》中的话所指出的：

"当你们用'存在着'这个词的时候，显然你们早就很熟悉这究竟是什么意思，不过，虽然我们也曾相信领会了它，现在却茫然失措了。""'存在者'这个词究竟意指什么？我们今天对这个问题有答案了吗？不。所以现在要重新提出存在的这一意义问题。"[①]

为什么在传统本体论或者传统哲学中讲不清存在这个问题呢？海德格尔认为，原因在于提问的方式是错误的。传统哲学在提问存在时，最经常问的就是"存在是什么？"或者"什么是存在？"也就是说，将存在理所当然地当成了一个名词，意思就是存在者，他

[①] 海德格尔：《存在与时间》之扉页，陈嘉映、王庆节译，三联书店，1987年12月第一版。

们所考问的也就只是存在者的问题，而非存在的问题。现在海德格尔要将之作为一个动词去研究，即如何、何以存在。进一步地，当谈到人的存在——此在——时，那就是如何"去存在"了。

海德格尔对于存在的深入分析是对苏亚雷对存在分析的进一步深化，不过，海德格尔之前四五百年，苏亚雷已经窥探到了这个问题，这已经很了不起了。

在苏亚雷看来，存在有两种可能的词性，即动词与名词。这里的动词也可以说成是分词。苏亚雷在这里讨论了存在的动词的含义，即一种关于如何存在的行动。这实际上是苏亚雷对于存在的主要认识。

在他看来，这种作为动词的存在是将存在这种属性在一切存在者之中分有，让一切存在者都分享存在这个属性，并且在一切存在者——无论是在自然界之存在的个体之物还是仅仅在意识之中存在的东西例如我们正在讨论的作为名词的独立的存在——之中，存在这个词的含义乃是一样的，是一种最本质的存在，或者说就是存在本身，这就是作为动词或者分词的存在的含义。[①]

也许有人会问：这个存在本身、最本质的存在究竟为何呢？是何含义呢？这个问题是很难回答的。因为这是一个最根本性与基础性的词，无法以其它词汇去解释之，就像几何学中的点一样，总是直接的引用，我们知道什么是点，但能够解释什么是点吗？恐怕很难！存在在这里也是一样，当我们不考虑存在的具体形式、单单只

[①] 参见柯普斯登：《西洋哲学史》（第三卷），陈俊辉译，台湾黎明文化事业股份有限公司，1988年12月第一版，第533页。

考虑存在本身的时候,是很难再用其它词汇去描述之的,因为它太基础了,甚至于上帝也能用它去描述,上帝的适当名字就是"存有本身",即"存在本身",上帝就是存在,存在就是上帝,还能够有更进一步的描述吗?没有了!

至于作为名词的存在,苏亚雷在这里指的可不是"存在本身",那是上帝,而指一种脱离于存在者的独立的、有类于存在物的独立存在的存在。无疑,这种存在是不可能真正独立地存在的,存在乃是一种性质,就像红与黑一样,有独立存在的红与黑吗?当然没有!

这里要特别注意的是,作为"存在本身"的上帝不能够简单地理解成一个独立的作为性质的存在,那意义是完全不一样的,作为"存在本身"的上帝其实是有着无数其它的意义与属性的,只是我们作为人是无法了解的,或者说无法作出本质性的了解。因此,当我们试图了解上帝之时,那可能得到最为确切、最为本质的了解就只是存在了,我们只要知道上帝是存在的就可以了!即可以将上帝理解为存在本身就可以了,这是一种转义的、喻意的与隐喻的理解。

苏亚雷在这里所说的作为名词的存在当然是不存在的,即其不能作为一种个体之物独立地存在,这是我们一定要注意的,存在只是对存在者的描述,而不是一种独立存在的个体之物,理解这一点乃是理解存在的基础。我们往往想当然地认为有一种独立的存在,这实际上是理解存在的一个大误区。这有点像时间,其实,并没有独立存在的时间,时间只是我们对独立存在的个体之物的运动——包括位置运动与生命运动——的一种描述、测量与体验,如此而已,哪有独立存在的时间呢?

当然,这种说法也不是绝对的,例如存在和时间都是可以独立地存在的，只是那个独立存在的地方不是外在于我们人的自然界，而是内在于我们人的意识——我们可以在意识之中想象这样一种独立的存在与时间，倘若从这个角度去理解存在，那一切都是存在的并且是独立地存在的。

第四节　存在之分类

苏亚雷关于存在的另一个重要思想是对存在进行了分类。

这里的存在实际上是存在者，苏亚雷根据事物存在的方式对存在者进行了分类，主要是分成两大类，一类是实际存在，即存在于意识之外的存在者，例如太阳月亮杯子这样的个体之物，另一类则是不能够这样存在于意识之外，而是只存在于意识之内的存在者。

我们先来看第一类存在，这种存在可以说是实际的或者说是现实的存在，即存在于人的意识之外的存在者，这类存在者是最好理解的，一般而论就是可感知的一切，例如日月星辰、花草树木、高山流水，诸如此类，都是这样的存在者。

在苏亚雷看来，这些存在者是一种"个体化的存在"，即个别事物，按苏亚雷的话来说，它们是直接地存在的。[①]

那么，这种个体之物与存在之间是什么关系呢？可以这样简单地说，个体之物就是在存在这个"形式"加上其它的质料而形成的。当然，这个形式不止于存在，而是还可能有其它的形式，但不

[①] 参见柯普斯登：《西洋哲学史》（第三卷），陈俊辉译，台湾黎明文化事业股份有限公司，1988年12月第一版，第535页。

管怎样,将个体之物看成质料与形式的合一乃是从亚里士多德以来就定下的基本论调,苏亚雷对此也是认可的,他说:"个体化的适当原则,就是这种质料与这种形式的合一。"[1]他还说:"一个质料和一个形式的结合是个体化的完满原则,形式则是充足和主要的原则,使得某一个体在所属的类中能够成为数量上单一、并与类属保持同一的事物。"[2]

我们知道,如何理解个体之物也是哲学中一个很根本的问题,实际上,当我们用存在这样的词去描述个体之物时,是对之进行极度的简化。而个体之物是极其复杂的,哪怕是一片最小的树叶也有着无穷的奥妙,可以从各个角度——哲学的、科学的、艺术与文学的——进行不同的分析,而科学中又有更加细致的分析,如化学的、物理的与生物的,它们的分析方式又是大不一样的,所得到的结果也是大不一样的,几乎无穷无尽!所以说,当我们以为哲学难以理解的时候,其实最难理解的远不是哲学,哲学实际上是一种简化,真正难以理解的是个体之物,因为它具有无比的复杂性,要远远超过我们人类的认识能力。

还有,在苏亚雷看来,实际的存在者还要分两种情形,即现实的存在者与可能的存在者。

现实的存在者就是那些已经实实在在地存在的东西,例如日月星辰,就在天上亮着,这好理解。但还有另外一种实际的存在者不

---

[1] 柯普斯登:《西洋哲学史》(第三卷),陈俊辉译,台湾黎明文化事业股份有限公司,1988年12月第一版,第536页。

[2] 转引自赵敦华:《基督教哲学1500年》,人民出版社,2005年5月第一版,第606页。

是这样的情形，例如我养的一头宠物狗小白。我事实上没有养宠物狗，但在苏亚雷看来，并不能简单地说它不存在，或者说不是实际存在的，因为只要我想，我马上就可以养，实际上现在就有一个邻居的一只小白狗不想要了，我完全可以要过来养。那样一来它就成为我的宠物狗小白了，小白就变成实际的存在者了。所以，这样的存在者不能简单地说它不存在，或者说，它与我们后面要谈到的真正的不存在者是不一样的，因为它们虽然不现实地存在，不是现实的存在者，但却是可能存在的，即是可能的存在者。

思考到可能的存在者并且使之关联于人的心理，这是苏亚雷一个很大的贡献，在《劳特利奇哲学史》看来，它乃是近代哲学中心理主义的源头之一：

"实在的存在，包括可能的、未被实现的种种本质以及被实现的本质。这意味着：科学的对象，因而也是形而上学的对象，不局限于现实的实存的存在，而是要扩充到并包括可能的存在。这个关于形而上学的概念，作为不仅是对各种现实的本质而且是对各种可能的本质研究，被确认为近代哲学的心理主义的源头之一；根据证明，因为可能的存在只能是心理的，于是，形而上学作为一门关于心理对象的科学的概念之门便打开了。"[1]

这种解释也许从某个角度而言略有夸张，但苏亚雷已经从心理的角度思考到了存在问题却是一个事实。

上面现实的存在者与可能的存在者都是实际的存在者，它们

---

[1] 约翰·马仁邦主编：《劳特利奇哲学史》（第三卷），孙毅等译，中国人民大学出版社，2009年1月第一版，第530页。

都是可能存在于外在世界的。除此而外，苏亚雷在《形而上学论辩集》中的最后一个争论，即第54个争论中，提出了另外一种存在，即"理念的存在"。

这种理念的存在者简单言之就是指不能够存在于意识之外，而是只存在于意识之内的存在者。或者以他的话来说，是"只在心智里客观地拥有存有的事物"或者"心智想象为存有的事物，可是，它本身却没有存有。"①

这样的存在者其实是好理解的，即一方面它们是存在的，因为在人的意识里存在，但另一方面它们又不存在，因为它们只存在于人的意识之内，不存在于意识之外，即不能够存在于自然界之中。但尽管不存在于自然界之中，这样的存在者依然是很好找的，例如神话之中的各种怪兽，像每一根头发都是蛇的美杜莎、我昨天晚上梦到的一个不认识的人、我们前面提到过的方之圆，或者几何学上的没有宽度的直线与没有厚度的平面，如此等等，其实都是这样的存在者，上面说过的独立存在的作为性质的存在也是这样的存在者。它们都只能存在于意识之内，是一种"理念的存在"。

我们还可以用另一个词去描述这种存在——纯粹意识，即是这样的事物：它既不能够被正常地感知、原则上也不可以被正常地感知。我们设想不出某一种情形，在这种情形里这种存在者是可以被感知的，这也许是对"理念的存在"的更为细致的描述。关于这个问题，我们若有机会再述。

---

① 柯普斯登：《西洋哲学史》(第二卷)，陈俊辉译，台湾黎明文化事业股份有限公司，1988年12月第一版，第553页。

其实，对于这样的理念的存在，亚里士多德也作过陈述，在《物理学》第四卷里，亚里士多德讨论了事物存在的地点或者说位置的问题，开篇就说：

"自然哲学家必须像认识无限那样来认识有关地点方面的问题，即它是否存在、如何存在以及是什么。"①

不久亚里士多德就简单而深刻地提了这样一个问题："山羊牛或狮身人面的怪物存在于何处呢？"②这个问题看似简单，实则是很深刻的，它所涉及的就是苏亚雷在这里所说的"理念的存在"。

如此等等，关于存在的分类问题我们还可以说很多，不过由于篇幅有限，就此打住，这里总结一下。

在苏亚雷看来，上述对于存在的分类是很重要的，原因很简单：存在或者说存在者本来就是有不同种类的，而且如我们已经看到过的，不同类的存在者之间是大不相同的，对于这些不同种类的存在者作出区分是我们认识存在者或者存在本身的基础。也就是说，倘若不对存在作出分类，是不可能适当地认识存在本身的。③这是他在《形而上学论辩集》之第一论辩中就提出的观点。也可以说是他对于存在的一种基础性的认识。

除了对存在者分成个体的存在与理念的存在之外，苏亚雷还对存在作出了别的划分，例如有限的存在与无限的存在、由己的存在

---

① 亚里士多德：《亚里士多德全集》（第二卷），苗力田主编，中国人民大学出版社，1991年11月第一版，第82页。
② 同上。
③ 参见柯普斯登：《西洋哲学史》（第三卷），陈俊辉译，台湾黎明文化事业股份有限公司，1988年12月第一版，第531页。

与由彼的存在、必然的存在与偶然的存在、本质的存在与分受的存在，如此等等。这些都是对存在的分类。不过这些分类与上面的分类是大不相同的，它们实际上都指出一个共同的对象——上帝，一者是上帝的存在，另一者则是从不同的角度对上帝所创造的万物的描述。如上帝是无限的存在，万物则是有限的存在；上帝是由己的存在——依赖自己而存在的存在，万物则是由彼的存在——依赖于上帝而存在的存在；上帝是必然的存在，万物则是偶然的存在；上帝是本质的存在——其本质与存在是同一的，万物则是分受的存在，其本质与存在是有所区分的。

现在问题就来了，在这样的分析之中，是将同一个词"存在"同时用之于神与祂所创造的万物的，那么在二者之中，存在的含义是一致的吗？

对于这个问题，前面我们已经谈过许多，大致有两种意见，一种是说不是一样的，当我们用任何的词汇去描述上帝之时，这些词实际上的含义与我们用之于上帝之外的含义是不一样的。从奥古斯丁到伪名丹尼斯到亨利都持着这样的观点。

另一种认为是一样的，比如邓·司各脱就认为如存在、真、善、唯一这些词汇，当其用之于上帝时与用之于万物时，必然具有意义的同一性。[①]

对于这个哲学史或者神学史上一直存在的大问题，苏亚雷的观点是很鲜明的，就是反对邓·司各脱的观点，即认为神与祂所创造的万

[①] 参见柯普斯登：《西洋哲学史》（第二卷），庄雅棠译，台湾黎明文化事业有限公司，1988年3月第一版，第684—685页。

物可以用同样的词去形容，而且其含义是实在一致而并非类比的。[①]

这也就是说，在苏亚雷看来，当我们用存在、真、善、唯一这些词汇去描述上帝时，实际上是用了一种类比的含义。不过，苏亚雷也进一步指出，这种类比不是一般意义上的类比，它具有更为深刻的、本质性的意涵，是一种"本质性的类比"，对此他说：

"每种受造物，只要它分受，或者在某方面模仿神的存有，而且，就它拥有存有而言，它，在本质上依赖神，远远胜过一般种附质依赖一种实体，那么，它便是靠着和神有一种关系。"[②]

对于这种"本质性的类比"究竟是何深刻的含义，这恐怕是只可意会，不可言传的了，但我们或者也可以从对本质与存在的区分来稍加分析。

苏亚雷有一个观点，就是认为对于神而言，存在与本质是同一的、无法分割的，这是他在《形而上学论辩集》第30个争论中提出来的观点。当然，也有人对于神的存在与本质作出过区分，这是神学中一个很重要的问题，就像吉尔松所言：

"就这意义来看本质与存在的真实区别，不但是对于多玛斯派重要，对全部基督徒形而上学都很重要。若不论言辞，只论意义，则这个区分在圣奥古斯定著作中随处可见，这些话本身曾被批评，尤其是被苏亚略兹（Suarez）所批评。但苏亚略兹并不否认其中实质肯定的意义，也就是唯有天主藉己力而存在，其他无一物能依己

[①] 参见柯普斯登：《西洋哲学史》（第三卷），陈俊辉译，台湾黎明文化事业股份有限公司，1988年12月第一版，第537页。

[②] 同上。

力而存在。"①

这就是整部《中世纪哲学精神》中唯一一处提及苏亚雷思想的地方，所强调的就是在苏亚雷看来，神的存在与本质是不可分割的。他同时又强调了一点，就是当我们探讨存在时，我们对于存在的理解虽然在神那里与在万物那里是有所区分的，是一种类比的理解，但其实际上又有一种肯定的含义：即肯定在神的存在与人的存在之间的那种实质上的同义。正是在对存在的这种理解之下，我们可以看到神是依己之力而存在，万物则不能如此。这也就是我们刚刚说过的上帝的"由己的存在"与万物的"由彼的存在"。

对于万物的存在与上帝的存在之间这种意义的类比，或者其它如智能、完美这一类的词的用于上帝与万物的类比，在苏亚雷看来，也可以说是一种"健全的类比"："神与受造物之间，常有健全的类比为媒介。"②

苏亚雷认为，上帝的存在与本质是不可分割的，他还进一步地认为，对于万物而言，存在与本质同样是不可分割的，倘若有分割的话，也仅仅是一种心理上的分割。这种观点是好理解的，一个事物之存在当然必须与其本质一致，否则就不是这样的存在而是那样的存在——依据另外一种本质的存在。我们可以举个简单的例子说：我文某是一个大学教师，百米跑要二十多秒，我不能跑进十秒之内。我可以将"大学教师"看成是我此时的本质，也是我存在的

---

① 吉尔松：《中世纪哲学精神》，沈清松译，上海人民出版社，2008年11月第一版，第360页。

② 柯普斯登：《西洋哲学史》（第三卷），陈俊辉译，台湾黎明文化事业股份有限公司，1988年12月第一版，第541页。

状态。但我可不可以假设说，我跑一百米只要9.8秒？或者甚至只要9.57秒？当然可以，但这时候我的存在与本质将会一起变化，我将不是大学教师文某了，而是短跑运动员文某了，是比博尔特跑得还快的世界第一飞人！因为现在博尔特的百米世界纪录是9.58秒。

从这个例子我们就可以了解存在与本质之间的一致了，原因就在于事物的存在从某一个角度上说就是其本质，其本质就限定了其存在，对此苏亚雷是这样说的：

"因为，存在只不过是在实现上所构成的本质，所以，它便导致：正如实际的本质，在形式上是受它本身，或者受它自身的内在原则的限制；同样的，受造的存在，也有它来自本质的限制。这不是因为，本质是一种藉以接受存在之潜能，而是因为，实际上，存在只不过是实际的本质自身。"[1]

第五节 神之存在

由于篇幅的关系，对存在与本质这个问题我们不多说了，现在我们转向苏亚雷形而上学的最后一个问题：神的存在。

对于神，苏亚雷的描述与此前的神学家们大致一样，例如他说神是无限的、是没有任何部分的"一"、是绝对自由的、永恒不变的、不可言说的，如此等等，不一而足，主要见于《形而上学论辩集》的第30个争论里。这些不难理解，我们不必多说，我们要说

---

[1] 柯普斯登：《西洋哲学史》（第三卷），陈俊辉译，台湾黎明文化事业股份有限公司，1988年12月第一版，第545—546页。

的是更为基本的一个问题：如何证明上帝的存在？

关于上帝的存在之证明，我们前面已经说过了很多很多，从安瑟尔谟到托马斯·阿奎那，实在是相当的多，对于这些证明也有过不少批评，例如奥康的批评，现在苏亚雷又来进行了另一次类似的批评。

在苏亚雷看来，像安瑟尔谟和托马斯·阿奎那对于上帝存在的证明都是一种"物理的证明"，即从万物的某些特点去论证上帝的存在，这些证明是不可靠的，至少是不必然的。例如关于第一推动的证明，这也是最古老的证明，是亚里士多德就提出来了的，它的前提乃是所有的运动之物都必须有一个推动者才能动，不能自己运动，即A的推动者是B，B的推动者是C，但这个过程不能是无穷的，因此必须有一个最先的推动者，于是就是上帝了。

苏亚雷说，这个证明是有问题的，因为其前提"所有的运动之物，都必须有一个推动者才能动，不能自己运动"，这个前提是不成立的，似乎有的东西是可以自己运动的。还有，即使这个原理可以用之于天体，但上帝不是天体，甚至不是物质这样的物理性的存在者，完全是另一种存在，将用于物理性的存在者的证明用于上帝是有问题的。总之它们都不是一种确定性的证明方式，因此也就无法真实地证明上帝的存在，对此苏亚雷说："靠若干不确定原则的帮助，如何能够得到证明神存在的一种真实的论证呢？"[①]

进一步地，由于神并非物质性的存在，"它要靠什么样的必然

---

① 柯普斯登：《西洋哲学史》（第三卷），陈俊辉译，台湾黎明文化事业股份有限公司，1988年12月第一版，第538页。

论证、或明显论证,才能够从这种原则,证明有一种非物质的实体存在呢?"[1]

对于这个问题,苏亚雷也作出了回答,就是他主张不再用物理证明去证明上帝的存在,而是改用一种形而上学的证明。

所谓形而上学的证明就是不再依赖一些物理学的前提,如凡物都不能自己运动之类,而是利用一些形而上学的原则,如原则"凡存在者,皆由它物而存在"。也就是说,任何一个个体之物都不可能是自己存在的,而必须依赖于其它的存在者而存在。这是显然的,确实找不到任何一个个体之物是可以自己莫明其妙就存在了的,总可以找到一个使之存在的原因,这完全是可以接受的。于是,可以作下述的进一步推理:设诺A是因为B而存在的,B是因为C而存在的,C又是因为D而存在的……请问这个过程可以至于无穷吗?

回答当然是不!关于这个问题我们前面也已经说过多次了,它一开始也是亚里士多德提出来的,亚里士多德认为,倘若要获得知识,就必须找到那不需要进一步追溯原因的前提,并且以之作为知识的基础。[2] 在亚里士多德看来,这是理性的要求,即为一切的追溯找到一个"界限":

"如果不能期求达到某一界限,人就不会有所作为了,在世界上就没有理性这个东西,凡是有理性的东西,永远是有所为而为、

---

[1] 柯普斯登:《西洋哲学史》(第三卷),陈俊辉译,台湾黎明文化事业股份有限公司,1988年12月第一版,第538页。
[2] 参见亚里士多德:《亚里士多德全集》(第一卷),苗力田主编,中国人民大学出版社,1990年9月第一版,第249页。

所为的东西就是界限，所以目的就是界限。"①

当论到万物产生的原因之时，这个界限也是必须的，即不能无限止地追溯，于是，自然而然地，就必然要有一个最初的产生者了，其乃是万物产生的终极之因。

苏亚雷说，这个终极之因就是上帝。

还有，这个作为万物终极之因的上帝当然是高于万物的，这也是不言而喻的，于是进而上帝是绝对自由的、永恒不变的、不可言说的，如此等等属性就可以在此基础上进一步分析了。

不用说，就可信度或者说服力而言，苏亚雷的形而上学证明是比传统的托马斯·阿奎那式的证明更大的。

这时候，那些思想敏锐之士可能又提出来一个问题：这个论证只能证明万物有创造者，但并不能证明这个创造者是唯一的啊！为什么不是多个而是一个呢？对于这个问题苏亚雷也作出了回答。他说，这个证明的确不必然地证明万物只有一个创造者，但是整个宇宙告诉我们只有一个创造者，因为宇宙本身明显地告诉我们，它乃是一个有机的统一整体，其中的一切都有着严格的秩序，虽然极其复杂但却条理分明，宇宙的这种"统一性"说明它是由一个创造者来创造的，这样的秩序是由一个创造者来安排的：

"尽管若干个别的结果——以个别观察及考虑看来——并未指明，万物的造化者是同一个造化者，亦即在它里面，涵有整个宇宙与万物的美，它们令人讶异的关联性与秩序，充分显明了，有一种

---

① 亚里士多德：《亚里士多德全集》（第七卷），苗力田主编，中国人民大学出版社，1993年1月第一版，第61—62页。

第一的存有。它统理万物,并且,给予它们存在的根源。"[1]

至于苏亚雷这样的说法是不是有道理,我们可以有自己的看法,但不可否认的是,苏亚雷对于神的存在的证明比前人包括托马斯·阿奎那的证明都是有所进步的。

还有,对于神的存在及其证明,苏亚雷特别指出:这是不可能得到完全证明的,甚至于可以说,神的存在是没有原因的,祂存在了,就这么简单,我们也只知道这个。而且,"即使祂有原因,我们也不能够如此精确与完全认识神,也就是说,以致我们能够靠祂自己的原则来理解祂。"[2]

这样的话听上去很耳熟吧!的确,对于神,我们终究能说的只有这个。这也可以看作是苏亚雷对于神的终极理解。

以上就是苏亚雷的形而上学思想,其核心就是对存在与上帝的理解,下面我们来谈他的思想的另一个重要方面——政治哲学。

第六节 法之哲学

苏亚雷的政治哲学也可以说是法律哲学,因为在其政治哲学里,法律居于核心的地位,他基本上是从法律的角度去论述他的政治理念的,不过法律与政治本来就是密切相关的,就像法律与国家不可分割一样,这也不会令人意外。

苏亚雷的政治或法律思想是很丰富的,名著就有几种,如《论

---

[1] 柯普斯登:《西洋哲学史》(第三卷),陈俊辉译,台湾黎明文化事业股份有限公司,1988年12月第一版,第539页。

[2] 同上,第540页。

法律与神的立法》、《论法律》、《卫护天主教与使徒的信仰》，等等，我们只能撮其要而言之。

我们知道，苏亚雷是一个神学家，似乎与法律搭不上界，然而，在苏亚雷看来，这却是自然而然的事。因为人是神创造的，神在创造人时不是胡乱创造的，而是有所规则的。也就是说，人类与生俱来就必须遵循某些规则行事，这些规则将使人做或者不做某些事、可以做或者不可以做某些事，这些就是法律最初的根源，这个根源毋庸置疑是来自于神的，这也就是说，法即神意。一个最简单的例子就可表达出"法即神意"，那就是摩西十诫。

在前面讲邓·司各脱和奥康时，我们都讲过摩西十诫，它既是犹太人最早的律法，也是基督教基本的律法，请问摩西十诫是从哪里来的呢？就是从神那里来的。这在《圣经》里是说得很分明的，例如在《旧约·申命记》第4章中，摩西说十诫乃是在西奈山巅，神亲自告诉摩西的，埃及的万民也亲眼目睹了这神迹：

4：9你只要谨慎，殷勤保守你的心灵，免得忘记你亲眼所看见的事，又免得你一生，这事离开你的心。总要传给你的子子孙孙。

4：13他将所吩咐你们当守的约指示你们，就是十条诫，并将这诫写在两块石版上。

4：14那时耶和华又吩咐我将律例典章教训你们，使你们在所要过去得为业的地上遵行。

摩西说得很清楚，上帝所授的这律法就是著名的"摩西十诫"，在接下去的第五节，具体地载明了摩西十诫的内容，如：

第三十章 中世纪最后一位杰出的思想家苏亚雷

5：17 不可杀人。

5：18 不可奸淫。

5：19 不可偷盗。①

如此等等，这都说明最早的律法是来自于神的，神乃是一切律法之源。因此，作为神学家研究法律是理所当然之事。

那什么是法律呢？对于这个基本的概念问题，苏亚雷也作出了回答，他在《论法律》中定义说，法律是"一种已充分宣导的共同的、公正的与稳定的法则。"②

这里就标明了法律之成为法律的三个要点：共同，就是说法律是要求所有人共同遵守的，即"法律面前人人平等"；公正就是说法律的内容本身必须是公平正义的；稳定就是说法律必须具有稳定性，一旦制定就不要轻易修改，也就是说，"朝令夕改"乃是法律之大忌，甚至使法律不成其为法律。前面还有一个"已经充分宣导的"也很重要，"宣导"就是说，法律在制定之前必须先经过了充分的宣传，使人们了解有这个法律、为什么要制定这个法律，等等，这就是"宣"；在制定之后，还要充分地引导人们能够自觉地遵守这个法律，并且提供必要的协助，这就是"导"。

这样的定义虽然抽象，但却是相当简明扼要的，直到今天，倘若一个法律做到了这一点，就不失为很好的法律，但真正做到这一点是很难的，特别是在一个法律不健全的国家，往往有人不遵守这

---

① 以上引文均出自《圣经·旧约·申命记》。

② 柯普斯登：《西洋哲学史》（第三卷），陈俊辉译，台湾黎明文化事业股份有限公司，1988年12月第一版，第571页。

些要求，例如"刑不上大夫"；法律不是为广大民众服务，却是以法的形式为少数人谋利、多数人受损；朝令夕改更是常有的事。至于宣与导更是没有的事，又由于随意制定大批的法律，有些法律制定出来后就进了垃圾堆，恐怕法官都不知道。这些都是广泛存在的事实。显然是不符合苏亚雷的法律标准的。

对法律作出定义之后，苏亚雷还提出了两种比我们通常所说的法律更为基本的法，即永恒法与自然法。

所谓永恒法乃是一种来自于神的法律，但其基础乃是人的理性。可以这样说，正因为人有理性，神就必须给人制定一些人之作为理性动物必须遵守的规则。按苏亚雷的说法，永恒法乃是"神意志的一种自由的法令，神设定了人要遵守的命令；通常，就共同的善而言，神要宇宙内若干个别的部分遵守命令。……就特别而论，神要智慧的受造物，在他们自由的行为上遵守命令。"[①]

不难看出，永恒法乃是最根本的法律，因为它源自于神，且是基于人是有理性的动物这个根本的定义而来的。也正因为如此，可以自然地推论，所有别的法律都必须尊重永恒法、不能违反永恒法。

但是，另一个事实我们也同样要尊重：就是永恒法不是成文法，只是一些人的自然习惯的表达，是没有真正的法律强制力的，——除非将摩西十诫那样的律法算作永恒法。

永恒法之后就是自然法了。自然法是法理体系中一个很重要的概念，对它很难有一个明确的定义，这里只简单说一下。

[①] 柯普斯登：《西洋哲学史》（第三卷），陈俊辉译，台湾黎明文化事业股份有限公司，1988年12月第一版，第573页。

第三十章 中世纪最后一位杰出的思想家苏亚雷

简而言之，自然法就是自然与法的结合。自然就是说，自然法是源自于自然的；法在这里有着双重的含义：一是规律，二是法则。将这些结合起来我们就可以得到对自然法一个基本的观点，就是认为在大自然之中，或者说在自然宇宙之中，存在着某些自然的规律，正是这些规律使整个自然宇宙成为一个和谐的系统。因此之故，人类社会作为宇宙自然之一部分也必须有一定的规则，方能使社会和谐稳定，这些规则即是人类行为的法则。当然是一些很基本的法则，这就是自然法。

不难看出，自然法其实就是一种行为规则，所谓法都是一种行为规则，永恒法从神而来、自然法从自然而来。人既是神的受造物，又属于自然，因此既有永恒法，又有自然法。

二者之中当然永恒法是最为根本的，不过其内容也是最为模糊的，自然法就比较清楚一点了。它的主要特点是指明了善与恶，是一种"指明法"，并且要求人在行为上弃恶而行善。所以，自然法的内容有类于我们今天的道德。作为道德，一方面它与法律还是有区别的，因为没有一种明文规定的作为"自然法"的法律条文，并且有时候其内容也是模糊的，在相当多的具体情形下得依赖我们人一种天生的"正直理性"去判定一种行为是否符合道德、符合自然法的要求。例如你在一天晚上看到一个男人在你面前鬼鬼祟祟、匆匆忙忙跑过去，从他身上掉下一个钱包，你拾起来一看，是一个女式钱包。这时候你应该将这个钱包归还给那个男人吗？当然不，因为那很可能是他偷来的。你要揣自己腰包吗？当然也不可以。总之，自然法的理解与施行都有赖于人的道德或者说正直理性。但这也并不意味着自然法是可以不遵守的，相反，它也具有至高的效力，是人人应当遵守的，也是任何法律的制定者都不能违反的，就是教皇也不行。①

自然法之后苏亚雷又谈到了国际法。

苏亚雷乃是国际法最早的提出者之一，他也比较系统地论述了国际法。

在他看来，国际法的基本特点有三个：一是它是国与国之间的法律，二是它不是成文法，而是一些习俗与惯例的集合；三是它没有一国之内的民法那样的强制力。②

苏亚雷对国际法特点的描述是很正确的，实际上直到今天都是如此。例如直到今天也并没有什么正式的成文的国际法，只有一些条约与宪章，如《联合国宪章》，但都称不上是法律，因为并没有强制执行力。有一个国际海牙法庭，但其判决并不具有法律强制力，被判决国家可以选择接受或者不接受判决。国与国之间的关系依赖的还是一些历史的习俗以及双方的条约之类。

对于国际法之产生的必要性，苏亚雷也提出了自己的见解。他认为人类不管被划分为多少个民族与种族、多少个不同的国家，也依然存在着某种统一，有着所有国家的人都必须遵守的规则，例如道德的规则。简而言之就是，无论属于哪个国家与民族，既然大家都是人，就都必须遵守某些规则。

甚至可以这样说：这些民族与国家也可被看作是一些"人"，它们也要相处，相处当然也要遵守某些基本规则，例如相互友爱与

---

① 参见柯普斯登：《西洋哲学史》（第三卷），陈俊辉译，台湾黎明文化事业股份有限公司，1988年12月第一版，第581页。

② 同上，第584页。

同情弱者之类,这就是国际法存在的根源。

这种说法无疑是合理的,国与国之间犹如人与人之间,倘若没有这样的基本规则,完全成为弱肉强食的丛林社会,那人就不成其为人了。只是当苏亚雷之时,西班牙正在美洲进行大规模的殖民战争,丝毫不尊重相对弱小的印第安人国家如玛雅与阿兹特克的权力。不过对此苏亚雷是反对的,在《论战争和印度群岛》中,他认为那些美洲的印第安人国家也拥有与西班牙同等的权力,对他们进行殖民统治是不正当的,并且批评了殖民当局在殖民战争中的所作所为。这昭示了他的正义之心。[1]

到了《论法律》的第三卷,苏亚雷进一步谈起了一个国家中的法律问题。

谈到一个国家的法律,首先当然要谈到国家是怎样产生的,先有国家然后才有国家之法律,这是显而易见的。对于国家的产生,苏亚雷是赞同亚里士多德的意见的。

为了理解苏亚雷的国家理论,我们最好参考一下前面讲亚里士多德政治学时的国家理论。

亚里士多德在《尼各马科伦理学》之第二卷中,指出政治学让其余的科学为自己服务,它还立法规定什么事应该做,什么事不应该做。——也就是说法律是政治的一部分。[2]

而在《政治学》一开篇,亚里士多德就指出了其所研究的对

---

[1] 参见《不列颠百科全书》,中国大百科全书出版社,1999年第一版,第16卷,第276页。

[2] 亚里士多德:《亚里士多德全集》(第八卷),苗力田主编,中国人民大学出版社,1994年3月第一版,第4页。

象乃是城邦,并且指出了城邦的重要意义:它乃是一种政治的共同体,并且是最高的、最有权威的共同体。

亚里士多德的城邦到了苏亚雷这里变成了国家。在亚里士多德看来,人天生就是政治动物,就像他们天生就要聚集在一起生活一样,这乃是人之为人最主要的特点。

对于这些观点苏亚雷都是赞同的,人的确有一种天然的自然群居的欲望,最初群居体就是家庭,这些就是国家诞生的基础,同时也就是法律产生的基础了。①

既然国家是由许多人居住在一起的,自然就需要一些规矩了,所谓无规矩无以成方圆。这也就是说需要一种力量去统治、治理国家中的人民,使之产生秩序。于是就诞生了两样东西:统治与治理的人以及他们所制定出来的法律。

这里用了统治与治理两个词,含义是不一样的,统治指的是统治者,即国家之最高首脑,在古代社会一般而论就是君主了。治理则是治理者,即治理国家之内的某个区域的官员。在苏亚雷看来这些人就是文官。苏亚雷对于一个国家的文官制度是极其重视的,因为他看到国家可以靠着将军和战士们用武力与暴力建立,但认为不可以依靠这个去治理国家,治理国家得靠文官,而对于文官来说,必须在他所治理的范围内拥有相应的权力,其中最重要的就是制定法律的权力。②

苏亚雷的这种观点当然也是有道理的,我们中国的古人早就认

---

① 参见柯普斯登:《西洋哲学史》(第三卷),陈俊辉译,台湾黎明文化事业股份有限公司,1988年12月第一版,第586页。

② 同上,第587页。

识到了,可以在马上打天下,却不可以在马上治天下,即可以依赖武将们用武力去夺天下,却不能依赖他们去治理天下,治理天下必须得靠文臣们。就像《汉书》中所记载的,贾谊对认为天下是靠将军们用武力打下来的高祖说:"居马上得之,宁可以马上治乎?"① 那么靠谁去治理天下呢?当然应该是贾谊这样的文臣了,按苏亚雷的说法,也就是文官。

对于这个问题,我想中西方、贾谊与苏亚雷的观点大体是一致的,但到下面就不一样了,中国就止于此,然后就由文臣们去治理天下,颁布法律了。但苏亚雷却进一步考问起了这个问题:制定法律的权力因此就一劳永逸地归于君主与文官们了吗?人民因此就完全失去了这样的权力吗?

对于这个问题苏亚雷的回答是否定的。在他看来,虽然事实上制订法律的权力归给了君主与文官们,但就本质来看它依然是属于全体人民的:"单单从事物的本性来看,这种权力却不隶属任何个别的人,而是隶属整体的人类。"②

这段话是好理解的,就是说,制定法律的权力就本质而言属于全体人民。也就是说属于全体人民中的每个人,每个人都有这样的权力。进一步地我们还可以说:在制定法律这样的权力上面人人平等。

这种观点即使放到今天也是光明正大的,然而能够做到吗?对于许多国家的国民来说,这还是一种理想。然而,苏亚雷所表达的的确是真理,这不容置疑。

---

① 《史记·屈原贾生列传》。
② 柯普斯登:《西洋哲学史》(第三卷),陈俊辉译,台湾黎明文化事业股份有限公司,1988年12月第一版,第588页。

这时候一定会产生这样的问题：既然制定法律的权力原则上属于全体人民，但事实上却是也应该是掌握在少数人手中，这种权力是如何发生转移的呢？

对于这个问题，苏亚雷提出了一种类似契约论的观点。他说，人们"用一种契合的友谊，以及旨在获得一种单独政治目的上，能彼此帮助，便共同结合成一种政治体。"①这里的意思就是说，人与人是以一种有类于契约的形式而团聚在一起的，这是基于人们之间的"友谊"，而非一种天然的统治与被统治的高低阶层；其次，人们之所以要团聚在一起，乃是有政治的目的，就是要获得相互的帮助。正是基于这样的目的，人们才建立了"政治体"，这就是国家了。

也就是说，国家本质上是靠人们的一种契约式的关系建立起来的，当然这是从本质上来说的，他并不否认实际上的国家很多是依赖暴力建立的，与此相应，法律也就是一种类似契约的关系，即人们以一种契约的方式将立法的权力授予了某些人，即君主与文官们。

不过在这里我们要注意的是，苏亚雷的契约论并不是说人类社会是一种人为的社会，即早期的人与人之间真的像现在人与人之间一样是通过一种有意的契约而规定了彼此的权利与义务，从而建立了国家。他恰恰不是这样认为的，因为在他看来，这只是表面现象，实质上，人类之所以要团聚在一起建立国家并非是人为的结合，而是人类的天然本能的结果——人天然地是一种群居的动物，这就是国家最基础的根源。显然，在这一点上，苏亚雷与亚里士多

---

① 柯普斯登：《西洋哲学史》（第三卷），陈俊辉译，台湾黎明文化事业股份有限公司，1988年12月第一版，第588页。

德的观点是一致的。

苏亚雷的观点是有道理的，的确，人类之建立国家表面上是一种契约关系，但这种契约关系只是表面现象，也只能解释表面，而不能代表更深层的本质，例如吧，契约意味着可以制定，也可以不制定，这同样是契约的本质，但人类能够不制定国家这样的契约吗？诚然不能！也不会！人类是必然要制定这样的契约的，或者说，人类必然地、本能地，甚至也可以说是被迫地要制定这样的契约。

在苏亚雷看来，人类通过契约建立国家是由上帝决定的，上帝在创造人之后就决定了人是要群居的、要组成国家的，组成国家之后是要制定法律的，这种权力既是来自于人类的天性，也是来自于上帝。

这二者并不矛盾，因为人类有什么样的天性当然是由上帝决定的。不过我们一般而论不必从如此根本的角度去看法律的制定，而要从契约去看。

人类在建立了契约式的国家之后，在君主与人民之间的关系又如何呢？对这个问题，苏亚雷的答案是很明确的，那就是君权民授。即统治者的权力是由人民授予的，因为人民是天然地拥有权力的，包括制定法律的权力，可以说这是神授给人民的，而人民再将这种权力授给统治者。当然，这统治者不一定是君主，也可以是其它种类的对象即各种形式的政体，但一般地说，君主制是最普遍也最自然的制度，甚至是最好的政体。

所以苏亚雷指出，一个君主要合法地得到权力，就要合法地得到全体人民的授权，那些世袭的君主制国家，只要其先人是合法地得到权力的，也就意味着其后代也合法地得到了全体人民的授权。[①]至于那些通过武力而非法地夺取政权的人，苏亚雷也没有一棍子打死。一开始，固然他们没有得到人民的授权，他们的统治是非法的，也没有正当的权力制定法律，但经过一段时间之后，只要他们的统治得到了人民的认同，人们还是有可能将权力授予他们的，这时候他们就合法了。[②]

——苏亚雷提出这一观点是极有必要的，因为我们可以看到，古今中外世界上的绝大部分政权甚至可以说所有政权，其起源基本上都是通过武力夺取的，倘若没有这样的说明，那就意味着所有政权就都是非法的了。就像中国一样，有几个朝代不是通过武力或者至少是暴力建立的？原因很简单：某个朝代之前的朝代是断乎不会将政权拱手相让的，甚至越是昏庸腐朽的政权越是抓住政权不放，因为这政权乃是他们过腐朽生活的基础，这时候就只有通过暴力甚至武力去夺取政权了，如武王之伐纣、秦人之灭楚都是如此。中国如此，西方同样如此。新政权无疑是通过武力而建立的。但由于其得到了人民的拥护，因此就成了合法的政权，即获得了人民的合法授权。

这也就是说，一个统治者怎样才能成为统治者，获得人民的授权呢？对于这个问题苏亚雷的回答主要是两个字——认同，即人民认同你，于是同意将权力授予你。对此他说，一个统治者，"它必

[①] 柯普斯登：《西洋哲学史》（第三卷），陈俊辉译，台湾黎明文化事业股份有限公司，1988年12月第一版，第590页。

[②] 同上。

然是靠社群的认同，而赋给他的。"①

——这个问题同样是重要的，因为这意味着哪一个统治者要获得人民的授权就要获得人民的认同，这个认同以一种更通俗的说法就是拥护，只有人民拥护你，你才能获得人民的授权，你的统治才能具有合法性，否之则反。这简而言之就是说：君权民授，且民是因拥护君而授之以权，这直到今天都是民主政治的中心思想与核心价值。

从这样的观点可以自然而然地进一步推导出，当一个君主不再得到人民的拥护时，人民就可以合法地推翻之。

苏亚雷的确是这么认为的，在他看来，人民是一定要有统治者的，这统治者一般地说就是君主，人民是一定要有君主的，这是不能推翻的，但并不意味着一个具体的君主是不能推翻的，那是可以的。

什么样的君主可以推翻呢？对此苏亚雷也作出了回答，那就是试图对人民进行专制而暴虐的统治的暴君，对这样的暴君，人们是可以通过对他发动一场"义战"而推翻的。②

苏亚雷还对暴君作了分类：

一类是靠着非法手段而窃取国家的篡位者，对于这类暴君，苏亚雷说，举国之内的任何人都有权反对他，将之打倒推翻，这是不用说的，因为人民根本就没有授权给他，没有服从他的义务，当然是"人人得而诛之"的，人民反对他只是行使自己正当的自卫权而已。③

这样的君主的典型例子在西方也许是英国1483年至1485在位

---

① 柯普斯登：《西洋哲学史》（第三卷），陈俊辉译，台湾黎明文化事业股份有限公司，1988年12月第一版，第590页。
② 同上，第592页。
③ 同上。

的通过废除、囚禁和杀死兄长爱德华四世的两个儿子而上位的理查德三世了。在中国则是王莽,他推翻汉而建立新朝,但不久就遭到了全国人民的反对,他们两人都死得很惨。

另一类是合法但进行暴政统治的君主。对这样的君主,苏亚雷认为人民同样可以揭竿而起。原因就在于虽然他得到了合法的授权,但人民授权他是假定他的统治是仁慈而正义的,是为了国民的共同利益而统治,倘若他不如此,而是为了自己的个人利益进行暴虐的统治,人民当然可以合法地收回授权并且推翻之。① 这样的君主在西方是被送上断头台的法王路易十六,中国恐怕就是纣王了。

进一步地,苏亚雷认为,对于这样的暴君,人民不但有权推翻之,甚至在迫不得已时可以杀掉他们。——我们上面看到,无论中外,人们正是这样做的。但这并不意味着苏亚雷提倡弑君,是一个喜欢暴力的人,他对这样的弑君提出了好几个条件,例如这个暴君的暴虐统治是很明显的;由于暴君高高在上,人民投诉无门,除了杀掉他别无他法;而且杀掉他之后暴虐统治就会结束,人民也不致因为弑君而蒙受更大的损失。如此等等。总而言之除非万不得已,不要轻易弑合法之君。②

以上就是苏亚雷对于政治与法律的基本看法了。通过上述分析,可以对苏亚雷对于国家、政体与法律的授权的观念总结如下:

一、团聚在一起,建立国家乃是人类的一种本能与本性。

二、人类是通过契约的形式而建立国家的,即通过契约,人类

---

① 参见柯普斯登:《西洋哲学史》(第三卷),陈俊辉译,台湾黎明文化事业股份有限公司,1988年12月第一版,第592页。

② 同上,第593页。

将权力授予某个或某些统治者,由他们去制定法律。

三、人类一定要将权力授予某些人,这是本性之必然,但具体授予谁则是不一定的。

四、对于那些不合格的、得不到人民认同的统治者,尽管曾经得到人民的授权,但人民有权不再授权,有权推翻甚至消灭之。

显而易见,苏亚雷这些政治思想直到今天都是行得通的,也称得上是一种真理。也因此苏亚雷算得上是一位伟大的、深具真知灼见的政治哲学家。

还有,在政治哲学的许多方面,苏亚雷既汲取了亚里士多德许多的优点,也避免了亚里士多德的一些缺点,例如在亚里士多德看来,在城邦产生的过程中,或者说城邦即国家建立之后,人与人的地位是大不一样的,即必然地得有一个地位高低的问题,具体地说,就是有的人天生就该统治,有些人天生就该被统治,这是"天生的"。

此外,亚里士多德不但认为人与人之间天生不平等,他还有一个在我们看来比较可恶的观点,就是他认为种族与种族也不应该平等,有的种族天生就高贵,应当成为统治者;有的种族则天生就低贱,应当被高贵的种族统治。具体来说,他认为希腊人就是这样高贵的种族,而希腊人之外的其它民族通通都是野蛮人,他还借用了这样一句诗说:

"应当让希腊人来统治野蛮人。"[①]

[①] 亚里士多德:《亚里士多德全集》(第九卷),苗力田主编,中国人民大学出版社,1994年3月第一版,第4页。

这种人生而不平等的观念显然没有被苏亚雷接受，在他看来，人是生而平等的，从西班牙人到西印度群岛人，从白人到印第安人，从君主到平民，他们本质上或者说本性上而言都是平等的，是并且是生而如此的。这无疑是一种很大的进步。

当然，亚里士多德也进一步指出，他之所以有这样的观点是因为这并没有什么不好，即人生而不平等没有什么不好，相反，那是好的，对统治者和被统治者都有好处。对此他说：

"天生的统治者和被统治者为了得以保存而建立了联合体。因为能够运筹帷幄的人天生就适于做统治者和主人，那些能够用身体去劳作的人是被统治者，而且是天生的奴隶；所以主人和奴隶具有共同的利益。"①

亚里士多德是不是有道理哪怕是有部分的道理呢？——当然不是他的区分人为奴隶与主人，而是说人生而不平等并且这对大家都好这个原则，是不是有一点道理呢？或者说是不是符合事实呢？这就是另一个问题了。

讲完苏亚雷之后，我们也就讲完了整部中世纪哲学，也就是讲完了中世纪经院哲学或者也可以说是中世纪的神学。

不用说，无论是中世纪哲学还是经院哲学或者神学，其核心只有一个，那就是神。

关于神，我最后想说的是，上帝是可以理解与言说的，——我

---

① 亚里士多德：《亚里士多德全集》(第九卷)，苗力田主编，中国人民大学出版社，1994年3月第一版，第4页。

指的不是那种绝对的理解,想理解那种意义上的神是不可能的,就根本而言,神或者说上帝是超越一切理解的。

因此我在这里指的理解是语言方面的,即汉语完全可以像任何语言一样理解上帝,表述上帝,正如其可以一样地表述神学的理论一样。为何?原因有二:

一是无论作为上帝的造物抑或是自然进化的产物,说汉语的人与说英语或者希腊语的人并无身体结构的不同,这种身体的结构也包含着与语言相关的结构,例如我们的舌头与大脑皮层中的语言中枢,都是一样的,既然如此,能够用英语或者任何其它语言表达的内容,用汉语也一定可以表达,这从神学与科学的角度上看,都是显而易见甚至不言而喻的。

二是我们所表达的是上帝、是神学,我认为只有一个上帝,也只有一种神学,就是面对上帝本身的神学,无论这个上帝为何、有何名,他总是唯一的,当我们面向心中进行沉思,或者有所幸运,被那神妙的灵光照中时,我们会直接地感受到神的存在与伟大,在这一切的指引之中,我们其实并不知神之名。我也相信,神的真正之名是不可知的,甚至对于人而言,完全可以说不存在,我们给予神的一切名,都是"强为之"的。在我看来,这也是可以肯定的。但无论何名与无名抑或有名,神总是唯一的,只有一个神,我们所要表达的只是那唯一的神,倘若我们对这个神有所领悟,若领悟得当,总是会有一致的,总会有相通之处。

三是我们所用以表达神的方式与方法也是一致的。我们用语言去表达,我们的语言依托于我们的内在结构,这种结构本质上是一致的,只是表面的形式有所差异。这种形式的差异不会影响我们彼此的理解，这就是翻译之所以成立的源由。我们承认在文学上、艺术上、科学上，以及日常的交流之中，不同语言之间的翻译是可能的，为何到了神学或者哲学，这种翻译就成为不可能的呢？这诚然是没有道理的。因此我相信，我们可以在各种不同的语言的作品之间相互翻译，正如我们可以用不同的语言通过翻译相互对话与交流一样。对此不应该有任何的疑虑。当然，我们不可能要求这种翻译与交流是完全一致的，完全表达着对方每一丝一毫的意思，这诚然是不可能的，即便是持同一语言的两个人，甚至是同胞的兄弟，无论他说出什么，或者表达什么，我们也是不可能完全清楚他的意思的，因为一切表达，从另外一个意义上说，都是私人的，都具有私人性。用狄更斯略显夸张的话来说：每一个人对于他之外的任何一个人都是无限的谜。但这是一种夸张的说法，就不夸张的说法、就本质或者实质而言，我认为可以完全用汉语建立一个神学的系统，其能表达的神学与其它任何语言并无二致，更无高低之分。当我们面对一座巍峨的高山之时，我们没有信心走遍山上的每一个角落，遍览每一株小草，但我们有信心可以攀登这高山之巅。上帝诚然是无限伟大而巨大，我们无法知晓其本质的究竟，但我们却可以不断地探索、追问，就像这个宇宙一样，尽管我们永远不会知道宇宙有多大，它的尽头在何方，但我们可以无限地登陟、追索，直至生命的息止。

当然，本书的主体虽然是神学，但本身算不上是一种神学著作，正如本人并非基督教徒一样，我只是在这里努力从哲学的角度讨论神学问题，并且不但思考哲学史上的神学思想，而且思考这样一个问题：这些信仰的真理在何处？它们的哲学意义又在何处？

第三十章　中世纪最后一位杰出的思想家苏亚雷

一般而论，哲学与神学是两个不同范畴的东西，但从另一个角度来看它们又是有许多一致之处的，例如都想要追寻这个世界的本质，想探索其最初的根源，这种探讨曾经的根源是一致的，即一开始都是从神的角度思考的，认识万物皆由神所创造，后来到了古希腊的自然哲学那里有了转向，后来到了柏拉图与亚里士多德那里再次转向神，而到了中世纪之后，又转向了整体上属于另一种形式的自然哲学一样的探讨，例如转向了经验主义，但在这期间，神学依然有着巨大的力量，在笛卡尔与康德等伟大哲学家的思想之中起着举足轻重的作用。而总的来说，在我看来，哲学与神学之间是有着密切关联的，只是从不同的角度分析同一个对象而已，可以相互帮助而不必互相排斥，这就如教皇约翰·保罗二世在一次谈话中所言：

"哲学研究和神学研究是同一个真理进程中的两个不同的方面，它们势必汇合在一起，它们不是互相排斥，而是互构帮助。"[1]

在这次谈话之中，这位博学的教皇还指出了这样一个终极性的命题：

真正的哲学引导人归向上帝，正如上帝的启示使上帝接近人一样。

是否如此，值得我们深思。

---

[1] "约翰·保罗二世谈天主教哲学的现状与趋势"，见《哲学译丛》1981年第3期，第72页。

尾 声

苏亚雷之后，中世纪形式的哲学或者说经院哲学并没有结束，而是继续存在，我们在这里也简单说一下。

大致说来，中世纪以后的经院哲学的形态经历了三个阶段，即十七世纪的经院哲学、法国大革命期间的传统主义、十九世纪的新经院哲学。

第一个阶段是十七世纪的经院哲学。

我们知道，十六世纪之后文艺复兴就已经结束了，西方世界走向了近代史时期，但经院哲学却并没有消失，甚至在一定程度上得到了复兴。这主要是因为西方的几个大国如西班牙、法国与意大利仍然是天主教国家，天主教在这些国家的力量依然是十分巨大的，而天主教则是经院哲学的主要研究者与捍卫者，只要它有实力，当然依然会致力于其哲学的研究。研究的基地则主要是天主教的三大修会，即多明我会、方济各会与耶稣会，这些修会一直拥有巨大的力量。还有，这些修会还拥有许多自己的学校，包括小学、中学和大学，不但普通子弟，许多重要的思想家也是受教于这样的学校的，例如孟德斯鸠就从小在一所教会学校里接受教育的，谢林则是毕业于神学院的。最有名的当然是笛卡尔了，他是毕业于拉弗莱舍教会学校的，拉弗莱舍教会学校乃是当时全法国最知名的学校之一。

如此等等，这些地方无疑为研究经院哲学提供了良好的物质基础。

正因为有了这样的良好基础，所以文艺复兴之后，西班牙和意大利等都诞生了不少的著名经院哲学家，在西班牙，苏亚雷之后还产生了不少比较有名的经院哲学家，如冈察雷斯、阿尔冯斯、瓦留斯等等。在意大利则有罗马学院这个新的研究基地，有瓦斯奎兹这样有一定影响的经院哲学家，他有和苏亚雷的著作相类的《形而上学论题集》，还有《神学大全注》等诠释托马斯·阿奎那思想的重要著作。

第二个阶段是法国大革命期间的传统主义。

虽然十七世纪经院哲学有了一定程度的复兴，但这样的复兴并没有持续下去，到了十八世纪的法国大革命期间，几乎走向了毁灭。这主要是因为法国新兴的由资产者执政的政权推行政教分离的政策，因此取消了教育中原有的神学同时也是经院哲学的内容，政府还没收了教会和修会大量财产，原来作为经院哲学最后基础的教会学校和修院都纷纷被关闭了，甚至连不少天主教大学也被关闭了，如著名的卢汶大学也在1792至1833年间被关闭，使得经院哲学失去了研究的根基，自然难免衰亡了。

当然这并不真的意味着经院哲学完全消失了，只是以一种较新的面貌出现罢了，例如这时候可以不叫经院哲学而称为基督教哲学，就像赵老师的著作不叫《经院哲学史》而称为《基督教哲学1500年》一样，要知道经院哲学与基督教哲学两者的内容虽然有所区别，但主体是一致的。例如这时候有一位叫拉门奈的就应该属于经院哲学家，他写了一部《论对宗教事务的冷漠》，批判了无神论者认为道德基础是理性而非宗教的观点，并且指出"宗教的伦理意义在于克服个人主义,对宗教的冷漠必然危及社会利益。他还辩护说,宗教不仅有社会效用,而且是真理。"①

此外还有夏多勃里昂,他是著名的诗人与作家,也为基督教和经院哲学进行了辩护,如在1802年出版的《基督教真谛》中,他说:"基督教最有诗意和人性,最赞赏自由、艺术和文学。"②

第三个阶段是新经院哲学。

这也是最新形态的经院哲学了,也可以说是现代西方哲学的一个派别,例如其代表之一马里坦通常是要出现于现代西方哲学史中的。

新经院哲学的诞生与著名的教皇利奥十三世有关,他从小接受宗教教育,后来在罗马学院学习了经院哲学,于1878年成为教皇后,立志要恢复经院哲学的研究传统。于是,1879年8月4日,他发出了著名的《永恒之父通谕》,号召重建托马斯主义——这也是基督教哲学或者说经院哲学的主要形态。

这一新经院哲学的代表人物有著名的吉尔松,他著作众多,其中有《中世纪基督教哲学史》、《中世纪哲学精神》、《基督教精神与哲学》等等名作,还有对奥古斯丁、托马斯·阿奎那与波纳文德以及邓·司各脱等的研究专著,其中《中世纪哲学精神》影响尤大,国内有不止一个译本,我们前面也多所引用。

还有,他在其《论中世纪思想对笛卡儿体系形成的作用》中论证了从中世纪哲学到近代法国哲学之间有一种自然的延续性,这其实也说明了从中世纪哲学到近代西方哲学有一种自然延续性,因

---

① 参见赵敦华:《基督教哲学1500年》,人民出版社,2005年5月第一版,第634页。
② 转引自赵敦华:《基督教哲学1500年》,同上,第634页。

为近代西方哲学就是开始于笛卡尔的。就如黑格尔在《哲学史讲演录》中讲笛卡尔时所言:"勒内·笛卡尔事实上是近代哲学真正的创始人。"[①]罗素也说:"若内·笛卡尔通常都把他看成是近代哲学的始祖,我认为这是对的。"[②]

倘若我们了解笛卡尔的思想,会发现吉尔松所言是完全正确的,因为笛卡尔的思想之中,上帝是极为重要的,他的思想之内容虽然有许多与中世纪哲学是不一样的,但也有许多是相同的,例如都深入地分析了上帝、论证了上帝为何存在。并且在笛卡尔看来,认识上帝在一切认识之中是第一位的,只有认识了上帝才可能认识其余的一切,反言之,若没有认识上帝,则其余的一切都不可能知道,或者不可能确定地知道,对此他曾说:

"我说如果我们不首先认识上帝存在,我们就什么都不能确定地知道。"[③]

所以,当我们从他著名的口号"我思,故我在"中走出来,要去寻找具有自明性的存在者之时,首先就要去认识上帝的存在,这是必然的。而所谓认识上帝的存在当然就是证明上帝的存在了,对于如何证明上帝的存在笛卡尔也有深入的分析,例如他认为只有两条路可以证明上帝的存在:"一条是从他的效果上来证明,另一条

[①] 黑格尔:《哲学史讲演录》(第四卷),贺麟、王太庆译,商务印书馆,1978年12月第一版,第63页。

[②] 罗素:《西方哲学史》(下卷),何兆武、李约瑟译,商务印书馆,1976年6月第一版,第79页。

[③] 笛卡尔:《第一哲学沉思集》,庞景仁译,商务印书馆,1986年6月第一版,第144页。

是从他的本质或他的本性本身来证明。"①

如此等等,足可见到了近代西方哲学,中世纪哲学的精神并没有泯灭,而是依然存在并且闪闪发光。

此外还有卢汶学派的重要成员麦利切尔写过一本《形而上学的出发点》,书中将康德的先验哲学与经院哲学的思想结合起来,他所用的方法被称为"先验论证法",即从一个先验原则的可能性条件出发论证一个形而上学原则的必然性,这可以说是"新经院哲学的一项创造"。②

当然,这并不意味着新经院哲学在现代社会得到了复兴,而是相反,它正在一天天没落。到了1980年,约翰·保罗二世教皇在梵蒂冈召开了第八届国际托马斯主义大会,如利奥十三世一样,提出了要加强新托马斯主义的研究,虽然引起了一定的反响,但声音较利奥十三世要小得多了,因为包括新托马斯主义在内的经院哲学已经再次式微了,到现在可以说已经相当没落了,研究者寥若晨星。至于为什么,我还是引用赵老师的话来作为结束吧:

"新经院哲学的衰落有两个主要原因:一是现代西方哲学中'非意识形态化'趋向的冲击,新经院哲学很难维持天主教会意识形态的地位;二是本世纪西方哲学处于全面危机之中,在这一总趋势之中,新经院哲学不可能长久繁荣。随着新经院哲学的没落,已有近2000年历史的基督教哲学是否行将终结了呢?这一问题的答案可能取决于对另一范围更为广泛的问题的回答:哲学是否会终

---

① 笛卡尔:《第一哲学沉思集》,庞景仁译,商务印书馆,1986年6月第一版,第122—123页。

② 参见赵敦华:《基督教哲学1500年》,人民出版社,2005年5月第一版,第639页。

结?当前西方哲学界围绕这一问题的讨论方兴未艾。我们相信,只要西方哲学不会终结,已与哲学结下不解之缘的基督教就一定会找到新的表现形式。"①

---

① 赵敦华:《基督教哲学1500年》,人民出版社,2005年5月第一版,第640页。

后　记

关于这本《中世纪思想史》的出版，我首先要感谢赵敦华老师。赵老师是我国中世纪哲学研究的泰斗，多年以前我在北大读博士时就有幸认识了赵老师，当然赵老师是哲学名家，我这样的普通博士生没有多少机会和他交流。1998年博士毕业后我到了海南大学。到这里后不久，大概两三个月之后，在这里召开了中国现代外国哲学学会现象学专业委员会第五届现象学研讨会，赵老师也参加了会议。在这里我才和赵老师有了比较多的接触，赵老师的学问渊博与平易近人都使人难忘。

此后，时光荏苒，我与赵老师虽然没有了近距离的接触，但一直很喜欢读赵老师的著作，尤其《基督哲学1500年》更是我最喜欢的哲学作品之一。

多年以来我一直有一个规划，就是对整个西方哲学史做一个整体性的阅读，从古希腊直到现代。并且在此基础上写作一部比较完整的西方哲学通史，有类于柯普斯登的十一卷《西洋哲学史》（Copleston：*A History of Philosophy*）。这个工作一直在默默地进行，其中的中世纪部分在好几年以前就已经完成，只是一直以草稿的形态存在于电脑中，并没有出版的规划。

不但中世纪哲学的部分如此，其它部分也是如此。因为我在阅读与写作的过程中，有的哲学家，如笛卡尔与洛克等，本来只准备写一章，最多也就十万字左右，但由于心得很多，写下来之后才发现足有30万字以上，不是一章，而言一本书了。这些书我也并不打算出版，只准备将来进行大量的删节与精简，只留下一章的分量。

只是后来事情的发展有些出人意料，由于各种机缘，我在商务印书馆出版了其中有关笛卡尔哲学的整体内容，即《三重精彩——笛卡尔的人生、著作与思想》。后来有关洛克哲学的整体内容由于得到了教育部的支持，也准备出版。但关于中世纪哲学的这一部分依然没有想到会整体出版，主要原因是规模比较大，有七十多万字，印成书会大概会有800余页，心想没有哪家出版社会投资出版这种规模太大、内容又太小众的作品。但再次遇到赵老师使这一切都改变了。

2018年初，作为中国现代外国哲学学会的理事，我在学会的微信群里再次遇到了赵老师。我加了赵老师的微信，问好之余，我谈起了自己对中世纪哲学的喜爱与研究。赵老师便说6月份正好要在北大成立中华全国外国哲学史学会中世纪哲学专业委员会，邀我参加。我当然求之不得。于是6月份就去北京参加了此次会议。

会议期间，我拜访了赵老师，交谈时，我提及自己写了一部中世纪哲学史，并且在写作之时是有意识地配套他创作的《基督教哲学1500年》以及主编的《中世纪哲学》。具体来说就是，《基督教哲学1500年》收集了基督教哲学尤其是中世纪哲学极为丰富的资料，但由于篇幅所限，对哲学家的思想没有太多具体分析。而《中世纪哲学》则只是哲学原著的集合，更少有具体的分析。而我正是在主要参考这两种著作的基础之上，对相应哲学家的思想进行了比较具体深入的分析。赵老师听后很感兴趣,让我马上发给他。由于原稿就存在笔记本电脑中,我当即发给了赵老师。他只打开看了一会,就马上表明要帮助我出版。并且当即打电话给商务印书馆的陈小文先生,向他郑重地进行了推荐。赵老师还答应为我的书写序。几天后我专门去了商务印书馆一趟,和陈小文师兄见了面。陈小文师兄在西方哲学尤其是现象学上有深湛的研究,我一向敬慕。交谈之后,主要是基于赵老师的推荐,他当即表示应该可以出版,将请有关专家进行审定,并交由我的同门师兄弟关群德先生负责具体编辑事宜。

此后,过了一年有余,我收到了关群德先生寄来的打印样稿。

打开样稿一看,我既感激又惭愧,只见厚达800余页的稿子上,几乎每一页都有修改的痕迹,有红笔也有黑笔,明显修改了不止一遍。我对自己的文字功夫向来有点小自信,但想不到竟然还有如此之多的问题!而且这些改动几乎全是正确的。而部分存疑的,关兄也用加"?"等方式进行了标明,是要我自己进一步解释说明的。

现在,我的修改已经完毕,即当寄回商务印书馆。我只能怀着感动与感激之情说,商务印书馆之所以是中国学术出版界之执牛耳者、之所以百余年以来长盛不衰、高高屹立于中国乃至世界之出版社之林,是其来有自、实至名归的。

还有许多感想想要表达,但作为一篇后记不宜太长,因此在这里对于帮助过我的其他师长,我只能简单地表示感谢:感谢引我走上学术之路的我的学士和硕士导师倪梁康教授、我的博士导师陈启伟教授;感谢来到海南大学之后遇到的张志扬教授、傅国华校长和已故的萌萌教授,以及我所在单位的先后任领导的曹锡仁教授和张治库教授等,正是因为有了单位领导和同事们的帮助,使我有相当充足的时间可以自由地写作,这是完成这些作品的基础。此外还感谢商务印书馆外语室的郭可女士给予我的诸多帮助!

  我最后要说的是,由于本人的孤陋寡闻与才疏学浅,作品之中肯定会存在不少问题,诚望出版之后能得到大家的批评指正。

文聘元

2019年9月14日于海南岛

图书在版编目（CIP）数据

中世纪思想史：上下卷 / 文聘元著 . —北京：商务印书馆，2021
ISBN 978-7-100-19520-1

Ⅰ. ①中… Ⅱ. ①文… Ⅲ. ①思想史—世界—中世纪 Ⅳ. ① B13

中国版本图书馆 CIP 数据核字（2021）第 032405 号

权利保留，侵权必究。

中世纪思想史
（上下卷）

文聘元 著

商 务 印 书 馆 出 版
（北京王府井大街36号 邮政编码100710）
商 务 印 书 馆 发 行
北京艺辉伊航图文有限公司印刷
ISBN 978 - 7 - 100 - 19520 - 1

2021 年 5 月第 1 版	开本 880×1230 1/32
2021 年 5 月北京第 1 次印刷	印张 38 1/8

定价：148.00 元